DAS GROSSE BUCH VOM
WILD

DAS GROSSE BUCH VOM

WILD

Fotos: Teubner Foodfoto: Odette Teubner, Andreas Nimptsch

Küchengeheimnisse – *ausgeplaudert*

REZEPTE ₁₅₀

**Alle Rezepte sind für 4 Portionen berechnet,
sofern nichts anderes angegeben ist.**

Wild und Wildgeflügel – ein Fest für jeden Koch

Das Fleisch von Wild und Wildgeflügel lässt sich mit nichts vergleichen. Die besten Stücke sind gleichzeitig zart und aromatisch, saftig und herb.

Nichts begleitet die Menschen so lange wie die Lust am Jagen. Noch bevor sie sesshaft wurden, Häuser bauten, Land urbar machten, sicherten unsere Vorfahren durch die Jagd auf Mammut, Ren und Hirsch ihr Überleben. Das Fleisch von Wildtieren und Wildgeflügel war und ist so begehrt, dass es lange Zeit nur dem hohen Adel und Klerus vorbehalten war. Selbst reichen Städtern war es nicht erlaubt, es am heimischen Herd zuzubereiten. Und noch heute kann sich glücklich schätzen, wer in der eigenen Pacht auf die Pirsch gehen kann. Zum Glück für alle anderen ist nur die Jagd begrenzt, die Beute der Jäger aber frei verkäuflich, und so kann in unseren Tagen jeder einen saftigen Hirschbraten oder ein würziges Rehragout genießen.

KOCHEN MIT ALLEN SINNEN

Die Anlässe sind meist festlich, zu denen Wildbret auf die Tafel kommt. Denn weder Reh noch Hase sind jeden Tag zu haben. Wildliebhaber fiebern daher dem Herbst entgegen, wenn die Jagdsaison eröffnet wird und wieder frisch zu kaufen ist, was das Jahr über häufig nur tiefgefroren in den Handel gelangt. Aber natürlich kommt es auf die Zubereitung an, damit der feine Geschmack des Wildfleisches sich voll entfalten kann.

Für die Gerichte in diesem Band haben neun renommierte Spitzenköche ihre besten Wildrezepte preisgegeben. Herausgekommen ist eine Sammlung, die neben unverzichtbaren Klassikern auch raffinierte neue Rezeptideen enthält. Damit diese Gerichte auch garantiert gelingen, verraten die Profis Tricks und Kniffe aus ihrer Meisterküche. Lassen Sie sich von den aufwändig fotografierten Gerichten verführen und inspirieren.

AUS HANDWERK WIRD KOCHKUNST

Bei handwerklichen Fragen – Wie wird eine Rehkeule gespickt? – hilft ein rascher Blick in das Kapitel Küchenpraxis. Hier wird die richtige Vorgehensweise beim Zerlegen und Zubereiten in Wort und Bild genau erklärt. Praktische Querverweise machen es leicht, sich innerhalb der Kapitel zurechtzufinden. In der Warenkunde erhalten Sie grundlegende Informationen zu kulinarisch wichtigen Wild- und Wildgeflügelarten, die in unseren Breiten erhältlich sind. Sie erfahren, wie die Tiere gehegt und gejagt werden, welche Wildarten auch in Zucht gedeihen und wie sie zerwirkt werden. Schließlich haben diese Faktoren erheblichen Einfluss auf die Qualität des gekauften Fleisches.

Mit all diesen Informationen ist Ihnen der Erfolg in der eigenen Küche sicher. Damit aus solidem Handwerk ein delikates Geschmackserlebnis wird, benötigt jeder Koch eine Prise Leidenschaft. Anregung und Inspiration für Ihre kulinarischen Ausflüge ins Reich der »wilden« Tiere erhalten Sie in den Geschichten, Reportagen und Texten, die Sie immer wieder eingestreut in den Kapiteln finden.

Wir wünschen Ihnen viel Vergnügen beim Lesen, Kochen und Genießen!

Jagdszene auf einem assyrischen Flachrelief aus dem Pergamon-Museum in Berlin.

Wild in Geschichte und Kulturgeschichte

Wildfleisch stand schon immer, auch vor der Entdeckung des Feuers, auf dem Speiseplan der Menschen, allerdings roh, ungesalzen und ohne die heutigen Beilagen. Es war zu allen Zeiten das hochwertigste und vielseitigste Nahrungsmittel und bestimmte den Lebensrhythmus der Menschen, da sie sich an die Fersen wilder Tiere hefteten, die ihrerseits auf der Suche nach Nahrung auf Wanderschaft zogen. Neben Nahrung lieferte Wild alles, was zum Überleben notwendig war und noch eine Menge darüber hinaus: Kleidung, Werkzeuge, Waffen, Schmuck, Kult- und Gebrauchsgegenstände und vieles mehr ließen sich aus den Überresten, die nicht der Nahrungsaufnahme dienten, herstellen. Die Jagd war Sache der kräftigsten, wendigsten und stärksten Männer, die oft an der Spitze der Gemeinschaft standen. Auch vor großen und gefährlichen Wildtieren wie Elefanten, Bären, Wisenten, Nashörnern, Löwen, Auerochsen oder Mammuts machte der Steinzeitmensch nicht Halt. Körperliche Unterlegenheit wurde durch Verfeinerung der Waffen und Fangmethoden ausgeglichen. Die Germanen schätzten zum Beispiel Wildpferdefleisch über alle Maßen und jagten dazu die Tiere massenhaft über eine Felskante in den Tod, wie Knochenfunde von etwa 100.000 Wildpferden im Burgund zeigten. Ähnliches entdeckte 1929 ein Pilot auf einem Flug zwischen Kairo und Bagdad: Aus der Luft zeichnete sich die Form eines Drachens in der Wüste ab, der sich als etwa 7.000 Jahre alter Pferch herausstellte, in den ganze Gazellenherden zum Töten hineingetrieben wurden.

Vor etwa 10.000 Jahren begannen die Menschen sesshaft zu werden, Getreide und Feldfrüchte anzubauen und Vieh zu halten. Als Erste wurden Schafe und Ziegen domestiziert, ab circa 7.000 v. Chr. folgten Schweine, etwa 500 Jahre später Rinder und gegen 4.000 v. Chr. Esel und Pferde. Die Jagd verlor mit der Viehzucht stark an Bedeutung und der Anteil an Wildbret in der Nahrung der Jungsteinzeit (in Mitteleuropa um 5.000 v. Chr.) reduzierte sich massiv. Je mehr Wald für Siedlungen und Felder gerodet wurde, desto knapper wurden die Wildbestände und deren Lebensraum und desto höher stieg der Wert von Wildfleisch.

DAS SCHLEICHENDE ENDE DER FREIEN JAGD

Schon die Assyrer, Ägypter, Griechen und besonders die Römer schätzten die Vorzüge von Wildbret. Auch in den Außenposten Roms stand die Wildküche hoch im Kurs, wie zum Beispiel Ausgrabungen der vollständig erhaltenen Küchenabfälle einer Römervilla in Windisch in der heutigen Schweiz zeigen, das im 1. Jahrhundert n. Chr. als Vindonissa die größte Garnisonsstadt auf helvetischem Boden war. Analog zu den kulinarischen Vorlieben der »Hauptstadtrömer« gab es bei den Gelagen des ranghöchsten Legionärs viel Wild, Wildgeflügel und Fisch. Hirsch, junges Wildschwein und Hase führten die Rangliste der zooarchäologischen Auswertungen an. Bei den Vögeln war man in Vindonissa bescheidener als in Rom, wo den Reichen nicht nur gebratene Spatzen oder Hühner, sondern auch Pfauen, Störche, Flamingos, Schwäne oder Kraniche buchstäblich in den Mund flogen.

Theoretisch konnte nach römischem Recht jeder jagen, die Jagd war nur an Grundbesitz gebunden, in herrenlosem Land aber frei. De facto aber konnten sie sich nur mächtige und einflussreiche Bürger leisten. Desgleichen stellten in den Provinzen nur Privilegierte, wie das Beispiel Vindonissa zeigt, den begehrten Hirschen oder Jungebern nach, während niedrigere Chargen mit Kleinvieh und Getreidebrei vorlieb nehmen mussten.

Auch nördlich der Alpen kannte man die freie Jagd. Und auch hier sicherten sich die Stammesfürsten der Kelten und Germanen und später die Adligen die fetteste Beute und imposantesten Trophäen. Die fränkischen Könige schränkten etwa ab dem 5. Jahrhundert n. Chr. das Jagdrecht immer weiter ein, belegten herrenlose Wälder mit dem Bann und ließen ihre »Bannforsten« streng bewachen. 802 erklärte Karl der Große schließlich alles freie Terrain zum Besitz der Krone und drohte bei Zuwiderhandlung drakonische Strafen an: »Es wage niemand aus unseren Forsten Wild zu stehlen, was wir schon mehrfach untersagt haben [...] Wer aber einen Wilddiebstahl begangen, der büße, und kein Milderungsgrund soll gelten.« Das freie Jagen wandelte sich zum kriminellen Delikt. Dem hohen Adel wurde die Jagd auf »Hochwild« – Hirsche, Wildschweine, Gämsen, Steinböcke oder Mufflons – zugestanden, dem niederen die auf »Niederwild« – Rehe, Hasen oder Kaninchen –, wobei die Definitionen, was zu der einen und was zur anderen Kategorie zählte, fließend und flexibel waren. Zeitweise zählten auch Wildvögel wie Fasan und Auerhahn zum »Hochwild«. Dem Volk blieben bestenfalls Vogelfang und die Fischerei – wobei auch diese durch Jagd- und Fischereigesetze stark eingeschränkt wurden – und Raubwild wie Füchse und Wölfe.

In der Antike unterstand die Jagd der griechischen Artemis beziehungsweise der römischen Diana, die zugleich Schutzpatronin der Wälder und Urmutter aller Geschöpfe war.

JAGD ALS HÖFISCHES PLÄSIER

Im Zeitalter des Absolutismus (16.–18. Jh.) stand die höfische Jagd in ihrem Zenit. Sie wurde zum Mittelpunkt höfischen Vergnügens und verschlang immense Summen. Feudale Jagdhütten und trutzige Jagdsitze, die mit der Zeit Siedlungscharakter annahmen, reichten nicht mehr aus. Protzige Jagdschlösser von beeindruckenden Dimensionen wurden in riesigen, eingezäunten Wäldern errichtet. Bestes Beispiel ist das Renaissance-Schloss Chambord, das François I. zu bauen begann und das unter Ludwig XIV. noch immer nicht fertig gestellt wurde – bei bescheidenen 440 Räumen.

Marie de Rohan-Montbazon, Herzogin von Chevreuse (1600–1679) als Jagdgöttin Diana auf einem Gemälde aus dem Jahr 1627.

Damit den großen Jagdgesellschaften genügend Wild zur Verfügung stand, mussten Bauern den Berufsjägern mit Frondiensten zur Hand gehen. Bei wochenlangen Jagdveranstaltungen hieß das Tausende von Hunden, Pferden und Ochsen zu versorgen, Wege, Zäune und Hecken anzulegen und zu unterhalten, Treiberketten zu bilden, erlegtes Wild abzuführen und andererseits klag- und tatenlos zuzusehen, wie das überhegte Wild die Felder verwüstete. Währenddessen bogen sich die Tafeln des Adels unter den Köstlichkeiten – Wildbankette waren aufs Üppigste und Ausgefallenste bestückt.

Von großen gefüllten Braten am Spieß bis zu ganzen Landschaften aus Pasteten, von Galantinen und Terrinen bis zu aufs Kunstvollste zu »Leben« erweckten Schnepfen oder Rebhühnern in exotisch anmutenden Geschmackskombinationen durften manchmal Dutzende von Köchen ihrer Fantasie freien Lauf lassen. Kein Wunder, dass sich manchmal ganze Dorfgemeinschaften, Frauen inklusive, zusammengeschlossen haben, um zu wildern – und das nicht nur aus Hunger.

Während in Frankreich und England Parforcejagden zu Pferde, bei denen Hunde ein einziges Wildtier hetzten, nach höfischem Gusto waren, bevorzugte man in Deutschland die Hecken- oder »Teutsche Jagd«, bei der möglichst viel Wild gefahrlos auf einen Schlag erlegt wurde. Trieb man zunächst das Wild mittels weitläufiger Hecken in die Falle, legte man im Laufe der Zeit um die Jagdschlösser künstliche Landschaften mit Seen und Engpässen an. Die Hecken wurden durch Tücher oder Lappen ersetzt, und es musste schon mit dem Teufel zugehen, dass einem Schützen aus sicherem Hinterhalt das Wild durch die Lappen ging. Noch im 19. Jahrhundert fanden derartige Lustjagden statt, wie auf dem »Dianenfest« zu Ehren von Friedrich I., bei dem der König mit seinem Gefolge vom geschützten Jagdpavillon aus 832 Wildtiere niedergestreckt haben soll. Zusehends verkamen die Jagdfeste zu makabren Schauspielen, bei denen die chancenlosen Tiere vorher schon geschwächt und sogar kostümiert wurden, während die lustige Jagdgesellschaft voll und ganz auf der sicheren Seite stand.

Eine Wildschweinjagd mit Saufeder ist auf dem antiken römischen Mosaik in der Villa del Casale, Piazza Armenia, Agrigent, Sizilien, dargestellt.

Links: Ein Jagdfalke, wie er zur Beizjagd eingesetzt wird. Rechts: Ein Reiter mit Hundemeute zieht zur Hofjagd im brandenburgischen Döberitz (Aufnahme von 1910).

Die Beizjagd, das Jagen von Hasen, Kaninchen oder kleineren Vögeln mit Greifvögeln, ist eine der ältesten Jagdformen überhaupt, die schon bei den Pharaonen bekannt war. Kreuzritter brachten sie nach Europa, wo sie im 13. Jahrhundert in Kaiser Friedrich II. einen glühenden Anhänger fand. Auch bei zahlreichen hochwohlgeborenen Damen, wie Liselotte von der Pfalz, Kaiserin Sissi oder Maria Amalia von Bayern, war die Beizjagd beliebt, zudem fanden die Damen auch an Pirsch- und Treibjagden Gefallen. Vor allem Maria Amalia galt als exzellente Schützin, die Morast und Dreck auf der Pirsch nicht schrecken konnten, und die in grüner Männerkleidung und mit praktischer kleiner Perücke auf die Jagd ging. Dass Kurfürst Karl Albrecht seiner Gattin im Nymphenburger Schlosspark ein eigenes kleines Jagdschloss, die Amalienburg, errichten ließ, war nichts Ungewöhnliches. Solche Geschenke hatten mehrere Vorteile: Sie dienten den Gemahlinnen als Alterswohnsitz, sodass sie beim Tod des Gatten dem Thronfolger nicht im Weg standen, zum anderen konnte man sie schon früher dort einquartieren, wenn eine neue Mätresse ins Spiel kam. Umgekehrt waren die Jagdresidenzen beliebte, vor den Augen der Öffentlichkeit versteckte Liebesnester.

WILDBRET HEUTE

Erst mit der französischen Revolution wurde das Herren-Jagdrecht abgeschafft. In Deutschland dauerte es noch bis zur Revolution von 1848, bis das Volk endgültig zur Jagd gehen durfte. Aber nicht lange: Bereits 1850 regelten erneut Gesetze die Jagd und schränkten sie ein. Denn in den zwei »freien« Jahren stürzten sich die erbosten Bauern und Kleingrundbesitzer mit solcher Macht auf das Wild in deutschen Landen, dass sie es fast ausrotteten. Heute ist jedermann die Jagd möglich, sofern er die gesetzlichen Voraussetzungen mitbringt. Wildfleisch ist keine Sache der Privilegierten mehr und jederzeit zugänglich. Freilich in unterschiedlicher Qualität und nicht zwangsläufig aus freier Wildbahn. Denn, obwohl Deutschland inzwischen wieder reich an Reh, Hirsch und Wildschwein ist, da ihre natürlichen Feinde fehlen, decken die einheimischen Wildbestände die Nachfrage nicht. Feldhasen, Wildkaninchen, Wildschafe, Steinböcke sowie viele Wildvögel sind selten geworden und stehen unter jagdrechtlichem Schutz. In den Handel kommt häufig gezüchtetes Wildgeflügel aus deutschen, französischen, ungarischen, polnischen oder österreichischen Gehegen. Wildkaninchen und -hasen stammen aus noch entfernteren Ländern: Australien und Argentinien sind für diese Tierarten die derzeit führenden Exporteure. Auch ein Großteil des Rot-, Elch- und Renwilds wird importiert, zum Beispiel aus Neuseeland, Skandinavien oder auch aus Osteuropa. In der Regel handelt es sich dabei um Wild aus Gehegen, das unter naturnahen Bedingungen, aber nicht frei gehalten und teilweise zugefüttert wird. Wenn man das Glück hat, einen Fasan, ein Hirschkalb oder eine Gämse aus freier Wildbahn von einem Lieferanten oder Jäger seines Vertrauens zu bekommen, zählt man auch heute zu den – kulinarisch – Privilegierten, denn besseres Fleisch in höherer Bioqualität gibt es nicht! Heute wie früher ist es dann die Krönung einer festlichen Tafel. Daran hat sich im Lauf der Jahrtausende nichts geändert.

Ingrid Schindler

WARENKUNDE

WARENKUNDE

Wild-Lexikon

Haar- und Federwild

Die kulinarisch interessanten Wildarten:
Alles über Wildfleisch sowie über Merkmale
und Verwendung der einzelnen Teilstücke.

Eine kulinarische Herausforderung

Wildfleisch ist ein natürliches Lebensmittel, und jede Tierart hat ihre Besonderheiten, zumal das Aroma übers Jahr nicht immer dasselbe ist. Wildfleisch gekonnt zuzubereiten erfordert daher einiges an Know-how.

VIELLEICHT GIBT ES SIE heute noch? Persönlichkeiten, wie den römischen Patrizier Apicius, der vor rund 2.000 Jahren der Überlieferung nach sein gesamtes, nicht kleines Vermögen für gutes Essen ausgab. Wie seine überlieferten Rezepte belegen, selbst begeisterter Koch, wusste er das Fleisch von Wildtieren, in der Jägersprache auch als Wildbret bezeichnet, überaus zu schätzen. Damals wie heute war Fleisch von wild lebenden Tieren für den, der es zuzubereiten hatte, stets eine kulinarische Herausforderung. In Wald und Flur auf der Jagd erbeutet, unterscheidet es sich von dem als Schlachtvieh gehaltener Haustiere. Fleisch von Tieren aus freier Wildbahn ist ein natürliches Lebensmittel, das viele Vorzüge in sich vereint: Es stammt von Tieren, die sich im jahreszeitlichen Zyklus ernähren, die der natürlichen Auslese unterworfen sind, die noch über alle natürlichen Instinkte verfügen und die stressfrei und ungebunden leben.

HAAR- UND FEDERWILD

Unterschieden werden die in der Küche verwendeten Wildtiere nach ihrem äußeren Erscheinungsbild. Alles, was ein Haarkleid trägt, zählt zum Haarwild, wobei der Jäger dieses je nach Wildart als Decke (Reh, Hirsch, Stein- und Gamswild), Schwarte (Wildschwein, Dachs), Vlies (Muffelwild) oder Balg (Hase und Wildkaninchen) bezeichnet. Alle Wildtiere, deren Läufe in Schalen (Hufen) enden, gehören neuerdings nach EU-Definition zum Großwild. Damit zählt auch das Rehwild, das jagdrechtlich wie Hase und Wildkaninchen zum Niederwild (historisch: bejagt vor allem durch das niedere Volk) gehört, zum Großwild. Ein Begriff, den Jäger eigentlich dem Elefanten, Büffel, Nashorn, Löwen, Leoparden, aber auch Elch und Bär zuordnen. Alle anderen Wildarten, auch zum Federwild zählende Wachteln, Rebhühner, Fasane, Wildtauben, -enten und andere Federn tragende jagdbare Wildvögel sind nach EU-Festlegung »Kleinwild«.

NAHRUNG BEEINFLUSST DEN GESCHMACK

Das Aroma verschiedener Wildtiere vermag Aufschluss über das jahreszeitliche Nahrungsspektrum zu geben. Es lässt erahnen, in welcher Jahreszeit das Wild erlegt wurde. Rehfleisch ist im Mai feinwürzig aufgrund der über Wochen geästen frischen Kräuter und Blumen. Im Sommer führen junge Buchenblätter und -triebe, Hafer und Weizen im Wechsel mit Klee oder Luzerne zu einem arttypischen kräftigen Fleischaroma. Bucheckern und Eicheln, dazwischen Blätter von Himbeere und Brombeere sowie der eine oder andere Speisepilz sorgen im Herbst für leicht nussig schmeckendes Rehfleisch. Bei Wildschweinen, die sich zu 90 Prozent vegetarisch ernähren, lässt das Fleisch ebenfalls erkennen, ob sich die Schwarzkittel über längere Zeit am Rapsacker gütlich getan, am Getreide (Weizen, Hafer und Mais) genascht, den Klee- oder Kartoffelacker heimgesucht oder den mit Laub bedeckten Waldboden nach herabgefallenen Baumfrüchten durchwühlt haben. Unverkennbar schmeckt Hasenfleisch, wenn dieser zwischen Kohl- und Rübenfeldern lebte, während sein sich in Wald- und Wiesenarealen tummelnder Artgenosse mit angenehmeren Fleischaromen aufzuwarten weiß. Stockenten aus Küstengebieten wiederum schmecken anders als jene, die sich im Binnenland von Insekten, Schnecken und aufgelesenen Körnern ernähren. Und auch beim Fasan lässt sich herausschmecken, ob er in den Weinbergen zu Hause war oder in Rüben- und Kartoffelfeldern Insekten, im Mais Körner und im Buschwerk reifende Beeren fraß. Wer also Wildfleisch gekonnt zubereiten will, muss all dies beachten. Die folgenden Seiten vermitteln wertvolle warenkundliche Informationen und viel Wissenswertes über alle kulinarisch wichtigen Wildarten und ihre Zubereitung.

Unterschiede im Aroma

Auch bei tiefgekühltem Wildfleisch bleibt das spezielle, durch das jeweilige Nahrungsangebot ausgeprägte Aroma erhalten. Beim Würzen gilt es, dies mit zu berücksichtigen.

Wildfleisch in der Ernährung: *Sein*

Reichtum an Mineralstoffen, Spurenelementen sowie der hohe Anteil an ungesättigten Fettsäuren machen es zu einem gesunden Nahrungsmittel.

DAS FLEISCH von Wildtieren, die in der Küche Verwendung finden, wird seit Jahrhunderten mit Exklusivität verbunden. Verständlich wird dies in Anbetracht der Tatsache, dass Wildfleisch nicht beliebig verfügbar ist. So liegt der Verzehr von schierem Wildfleisch mit etwa 400 g pro Kopf und Jahr weit hinter Schweinefleisch (39,2 kg), Geflügel (10,5 kg), Rind- und Kalbfleisch (8,4 kg), sonstigem Fleisch wie Hauskaninchen (0,9 kg) sowie Schaf- und Ziegenfleisch (0,7 kg). Gelegentlich veröffentlichte höhere Zahlen, zum Beispiel 600 g und mehr, stellen den Verbrauch an Wildfleisch dar, bei dem auch Knochen, Sehnen, Häute und Fettauflagen (etwa beim Wildschwein) sowie bei Federwild das Federkleid mit eingerechnet sind.

Somit spielt Wildfleisch im Spektrum des Fleischverzehrs und in der Ernährung nur eine kleine, aber besondere Rolle. In seiner Muskelstruktur feinfaseriger als das Fleisch von Schlachttieren, ist Wildfleisch zugleich fettärmer. In Untersuchungen im Forschungsinstitut für Wildtierkunde und Ökologie der Veterinärmedizinischen Universität Wien bestätigte sich die Vermutung, dass Wildtiere aufgrund ihres Nahrungsspektrums über einen hohen Anteil an ungesättigten Fettsäuren und Omega-3-Fettsäuren verfügen (siehe Tabelle links oben).

Wie führende Wissenschaftler des Instituts aus ihrer Forschungsarbeit berichten, haben mehrfach ungesättigte Fettsäuren und insbesondere die Omega-3-Fettsäuren überaus positive Auswirkungen auf die menschliche Gesundheit. Sie sind nicht nur Energielieferanten für den Körper, sondern bilden auch entzündungshemmende Stoffe und Vorstufen für Vitamin D, ohne das keine Kalziumaufnahme im Körper möglich wäre.

Insofern ist der Verzehr von Wildfleisch nicht nur ein geschmackliches Erlebnis, sondern er vermag darüber hinaus auch einen wichtigen Beitrag zu einer gesunden Ernährung zu leisten. Allerdings: Ungesättigte Fettsäuren wandeln sich bei einer längeren Lagerung in gesättigte Fettsäuren um. Ein Vorgang, der die Haltbarkeit von Wildfleisch beeinflusst, zu einer schnelleren Verfärbung des Muskelfleisches führt und bei einer zu langen Lagerung Wildfleisch schließlich ranzig schmecken lässt.

FETTSÄUREANTEILE IM FLEISCH

Tierart	mehrfach ungesättigte Fettsäuren	davon Omega-3-Fettsäuren
Rotwild	68,1 %	13,3 %
Damwild	62,4 %	11,8 %
Rehwild	65,4 %	15,0 %
Feldhase	66,5 %	22,9 %
Schwarzwild	64,7 %	7,0 %
Hausschwein	48,2 %	5,6 %
Stallhase	44,6 %	3,6 %
Rind	34,5 %	8,9 %
Schaf	31,5 %	7,6 %
Pferd	64,5 %	7,2 %
Huhn	35,9 %	3,1 %
Strauß	51,7 %	5,6 %
Lachs	33,5 %	27,8 %

Quelle: Die Pirsch, 10/2005, Teresa Valencak/Prof. Dr. Thomas Ruf vom Forschungsinstitut für Wildtierkunde und Ökologie der Veterinärmedizinischen Universität Wien.

NÄHRWERT:

Wildart	Energie kcal	Hauptnährstoffe Eiweiß (g)	Fett (g)	Mineralstoffe Phosphor (mg)	Eisen (mg)	Vitamin B 2 (mg)
Hase (Durchschnitt)	124	21,6	3,0	220	2,4	0,06
Hirsch (Durchschnitt)	122	20,6	3,3	249	3,4	0,48
Reh, Rücken	132	22,4	3,6	220	3,0	0,25
Reh, Keule	106	21,4	1,3	220	3,0	0,25
Wildschwein (Durchschnitt)	118	19,5	3,4	120	–	0,10
Fasan	133	23,6	3,7	230	1,2	0,15

Wildfleisch ist reich an Mineralstoffen und Vitaminen. Quellen: AID nach Sousi, Fachmann, Kraut: Die Zusammensetzung der Lebensmittel, Nährwert-Tabellen, Stuttgart 2000. Die Angaben beziehen sich jeweils auf 100 g Wild- oder Wildgeflügelfleisch.

Der Rücken zählt beim Haarwild neben den Keulen zu den besten Teilstücken. Besonders saftig bleibt das zartfaserige Fleisch, wenn man es im Ganzen am Knochen gart oder mit Speckscheiben vor dem Austrocknen schützt. Beim Federwild gelten die beiden Brustfilets sowie die fleischigen Keulen als erste Wahl.

MINERALSTOFFE UND VITAMINE

Neben ungesättigten Fettsäuren ist Wildfleisch reich an den Mineralstoffen Phosphor, Kalium und Magnesium sowie an den Spurenelementen Eisen, Zink und Selen. Von den Vitaminen sind Vitamin B$_1$ und B$_2$ in nennenswerten Mengen enthalten. Im Choleseringehalt gibt es praktisch keinen Unterschied zu den anderen Fleischsorten.

Alles zusammen eine Empfehlung, Wild in der Diätküche einzusetzen. Dabei sollte vorzugsweise das Fleisch älterer Tiere (drei Jahre und mehr) verwertet werden. Der Grund: Das Fleisch jüngerer Wildtiere sowie alle verzehrfähigen Innereien von Wild enthalten deutlich mehr Purine – eine aus der Nukleinsäure der Zellkerne entstehende organische Verbindung – als das Fleisch älterer Wildtiere. Wird viel an Purinen reiches Fleisch verzehrt, steigt der Harn-

säurespiegel. Dieser kann Gicht und damit Schmerzen in den Gelenken verursachen.

ANTEIL AN BINDEGEWEBE

Die besten Teilstücke beim Haarwild sind der Rücken und die Keulen. Beide haben im Verhältnis zum reinen Muskelfleisch prozentual den geringsten Anteil an Bindehautgewebe (Faszien) und eignen sich daher besonders gut zum Kurzbraten, Grillen und Pochieren. Anders dagegen bei den Schultern und dem Rippenfleisch: Hier ist der Anteil an Bindehautgewebe im Vergleich zum schieren Fleisch wesentlich höher. Teile mit einem hohen Anteil an Bindegewebe benötigen eine längere Garzeit in ausreichend Flüssigkeit und sind daher eher zum Schmoren und Kochen als zum Braten und Kurzbraten geeignet.

Links: Die Jagd auf Schalenwild erfolgt häufig vom Hochsitz aus und erfordert einiges an Geduld. Rechts: Die Jagd war erfolgreich, wie die gelegte Strecke zeigt.

Die verschiedenen Arten der Jagd in Deutschland

Je nach Anzahl der beteiligten Personen unterscheidet man grundsätzlich zwei verschiedene Arten der Jagd: Bei der Einzeljagd ist der Jäger alleine oder mit einem ortskundigen Begleiter unterwegs, bei Gesellschaftsjagden dagegen sind in der Regel vier oder mehr Personen beteiligt, die exakte Regelung ist je nach Bundesland unterschiedlich.

DIE EINZELJAGD

Die Einzeljagd erfolgt vor allem auf Schalenwild wie Hirsch, Gams oder Reh. Nach Aufgang der Jagd für die einzelne Wildart setzt sich der Jäger entweder auf den Ansitz oder geht auf die Pirsch. Dort, wo Hoffnung besteht, dass das Wild noch bei guten Lichtverhältnissen aus dem Dickicht zur Äsung zieht, bietet sich der Ansitz entweder auf einem Hochsitz oder auch in einem Erdsitz an – das kann eine mit Reisern verblendete Sitzbank sein oder auch eine Erdkanzel. Bei der Pirsch, das heißt dem unbemerkten Annähern an das Tier, muss der Jäger sowohl die Revierverhältnisse als auch die Lebensgewohnheiten des Wildes sehr genau kennen. Zudem muss er, wie beim Ansitz auch, sehr genau auf die Windrichtung achten: Der Wind darf nicht von ihm dorthin wehen, von wo er das Wild erwartet. Sein Geruch würde es in eine andere Richtung wechseln lassen. Praktisch alles Schalenwild zieht gegen den Wind, um frühzeitig eine Gefahr zu wittern und ihr ausweichen zu können. Für den Schuss auf Schalenwild ist hierzulande nur die Kugel erlaubt. Sie wird entweder aus einer Büchse oder auch aus einer mit einem oder zwei Schrotläufen kombinierten Waffe (Büchsflinte, Drilling) geschossen und muss eine Mindestauftreffenergie aufweisen.

DIE GESELLSCHAFTSJAGD

Wildarten, für die kein Abschussplan besteht, wie beispielsweise Wildschweine, sowie all jene Tiere, die noch zur Erfüllung des Abschussplanes fehlen, werden im Herbst und Winter auf Gesellschaftsjagden bejagt. Das sind Jagden, bei denen das Wild mit Hunden und Treibern aus seiner Deckung heraus vor die Büchsen der im weiten Umkreis abgestellten Jägerinnen und Jäger »gedrückt« wird. Daher spricht man in diesem Zusammenhang auch von einer »Drückjagd«. Im Unterschied zur Treibjagd auf Niederwild werden bei der leiseren Drückjagd weniger Treiber eingesetzt, die das Wild dazu veranlassen, ohne allzu große Hast und Beunruhigung aus dem Einstand zu ziehen und sich auf die Schützen zuzubewegen. Denn bewegt sich ein Tier sehr schnell auf den Schützen zu, kann es nicht immer optimal und mit sofortiger tödlicher Wirkung getroffen werden.

Angeschossenes wie vor dem Schuss abgehetztes Wild liefert jedoch in der Qualität geringer wertiges Wildfleisch, da das zur Fleischreifung in der Muskulatur benötigte Glykogen (Reservekohlenhydrat) bei der Flucht rapide abgebaut wird. Anders dagegen, wenn das den Schützen ungehetzt anlaufende Wild mit gutem Schuss erlegt wird. Vor der jeweiligen Jagd erläutert ein Jagdleiter, auf welches Wild gejagt werden darf. Zuerst sollen immer die jungen beziehungsweise im Erscheinungsbild schwächeren Tiere erlegt werden. Ein Muttertier vor seinen Jungen zu erlegen, wird möglichst vermieden. Das Ausweiden (Aufbrechen) der erlegten Tiere erfolgt bei länger andauernden größeren Jagden, die 3 bis 4 Stunden dauern können, in einer speziellen, zeitlich festgelegten Aufbrechpause sowie nach dem Ende der Jagd. Während der Aufbrechpause darf dann auf anwechselndes Wild nicht geschossen werden. Angeschossenes und nicht sofort aufgefundenes Wild wird nach Jagdende mit Spezialisten unter den Hunden, den so genannten Schweißhunden, an der langen Leine nachgesucht und entweder verendet aufgefunden oder gegebenenfalls gehetzt, bis es stehen bleibt, um dann vom nachsuchenden Hundeführer, der zugleich auch Jäger ist, erlegt zu werden.

DIE TREIBJAGD AUF NIEDERWILD

Niederwild wie Hase, Wildkaninchen, Fasan oder Rebhuhn wird nur in Einzelfällen vom Ansitz aus bejagt, sondern in der Regel bei herbstlichen und winterlichen Treibjagden unter Einsatz von mehreren Jägern, Treibern und Hunden erlegt. Das Wild wird aufgescheucht und auf die Schützen zugetrieben. Geschossen wird aus Flinten mit inzwischen ungiftigen Schrotkugeln – heute werden Wismut- und Stahlkugeln statt der früher üblichen Bleiku-

geln verwendet. Je nach Vorgehen der Treiber und Stellung der Schützen werden verschiedene Arten der Treibjagd unterschieden. So gehen bei der »Böh-

Jahreszeit und Wildart bestimmen die Form der Jagd. Für jedes der etwa 70.000 Reviere in Deutschland werden die jeweiligen Abschusspläne individuell festgelegt.

mischen Streife« Treiber und Jäger in einer Reihe über Feld und Wiesen. Beim »Kesseltreiben« wird ein großes Areal durch Umlaufen eingekesselt, wobei zwischen zwei Jägern jeweils ein Treiber geht. Gemeinsam rücken alle auf einen fiktiven Mittelpunkt vor, wobei sowohl auf in den Kessel flüchtende als auch aus dem Kessel heraus flüchtende Hasen, Kaninchen und Fasane geschossen wird. Ist ein vorgegebener Sicherheitsabstand erreicht, gehen nur noch die Treiber weiter, geschossen wird jetzt ausschließlich auf aus dem Kessel heraus flüchtendes Wild. Eine dritte Variante stellt das »Vorstehtreiben« dar, bei dem die rundum abgestellten Schützen auf ihren angewiesenen Plätzen bleiben, die Treiber und Hunde dagegen das sich zwischen den Schützen befindende Gelände durchstöbern und das Wild vor die Büchse oder Flinte bringen. Da diese Formen der Treibjagd von relativ kurzer Dauer sind, finden an einem Jagdtag oft mehrere solcher Jagden statt. Die Erstversorgung des Wildes findet dabei unmittelbar nach jedem Treiben statt. Das Ausweiden von Hase, Kaninchen, Fasan oder Wildente erfolgt entweder sofort nach Beendigung der Jagd oder später. Je kürzer dabei die Zeitspanne zwischen Schuss und Ausweiden, desto besser ist die Qualität und der Geschmack des gewonnenen Wildfleisches.

Olgierd E. J. Graf Kujawski

Links: Bei den Gesellschaftsjagden kommt oft eine große Hundemeute zum Einsatz. Rechts: Ein Schütze befestigt als Zeichen seines Erfolges den Bruch am Hut.

Wildfleisch – Hygiene ist wichtig

D ie Gewinnung von Wildfleisch – soweit es von Tieren aus freier Wildbahn stammt – unterscheidet sich wesentlich von der Fleischgewinnung beim Schlachtvieh. Letzteres wird in amtlich zugelassenen, auf ihre hygienischen Gegebenheiten kontrollierten Schlachthöfen nach vorheriger Betäubung schnell und schmerzlos getötet. Vor der Schlachtung findet eine Lebendbeschau statt. Direkt beim Schlachten oder unmittelbar danach erhalten die Tiere einen Stromstoß, der den pH-Wert des Fleisches unter 6,0 fallen lässt und damit seine sofortige Säuerung auslöst. Es ist der Beginn der Fleischreifung. Das Häuten, Ausweiden und Zerlegen erfolgen bei optimalen Lichtverhältnissen und unter der Aufsicht eines amtlichen Tierarztes beziehungsweise eines unter seiner Aufsicht arbeitenden, in der Fleischhygiene tätigen amtlichen Fachassistenten. Gibt es bei der amtlichen Fleischuntersuchung weder bei den Organen noch beim Tierkörper Beanstandungen, wird dieser zur Verwertung frei gestempelt.

In der freien Natur liegt es in der Verantwortung des Jägers zu beurteilen, ob das ihn anwechselnde Wild einen gesunden oder einen kranken Eindruck macht. Er steckt, sinnbildlich gesehen, in den Stiefeln eines amtlichen Fleischkontrolleurs. Vermittelt das Wild einen gesunden Eindruck, kann er es erlegen, um sein Fleisch für den Verzehr zu gewinnen. Ist es ersichtlich krank, muss er es aus Tierschutzgründen, um die Leidenszeit des Tieres abzukürzen, ebenfalls erlegen, darf es anschließend jedoch nicht verwerten. Gleiches gilt für überfahrenes Wild, ausgenommen der Jäger ist der Auffassung, dass es

sowohl im Ganzen als auch in Teilstücken verzehrfähig ist. Erstmals forderte das deutsche Jagdgesetz 1977, dass angehende Jäger sich auch Wissen über die hygienisch einwandfreie Behandlung des Wildes nach dem Erlegen sowie Kenntnisse über für den Verzehr seines Fleisches bedenkliche Merkmale aneignen müssen. Zehn Jahre später folgten Verfahrensvorschriften für die Behandlung von Wild nach dem Erlegen und ein Katalog an für den Verzehr des Fleisches bedenklichen Merkmalen. Aufgelistet wurden diese in der bis vor kurzem geltenden Fleischhygiene-Verordnung und neuerdings auch in der Tierischen Lebensmittelhygiene-Verordnung (Tier-LMHV). Im Verlauf der Jahre entstand eine spezielle Fachliteratur für die Aus- und Fortbildung in Wildbrethygiene und die hygienisch einwandfreie Gewinnung von Wildfleisch. Mit In-Kraft-Treten der neuen EU-Verordnungen zum 1. 1. 2005 und zum 1. 1. 2006, die den Wild und Wildfleisch verkaufenden Jäger zum »Lebensmittelunternehmer« machen, und ergänzt durch die nationalen Lebensmittelhygiene-Verordnungen befinden sich die Jäger in einer neuen Situation. Sie müssen sich fortbilden, was letztlich der Wildfleischqualität und damit dem Verbraucher zugute kommt.

DER JÄGER ALS AMTLICHER FLEISCHKONTROLLEUR

Es ist zuallererst der Jäger, der nach dem Erlegen und Ausweiden eines Stückes Wild entscheidet, ob es einer amtlichen Fleischuntersuchung zugeführt oder von ihm als für den Verzehr unbedenklich bewertet wird. Die einzige Ausnahme: Wildschwei-

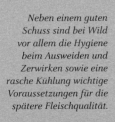

Neben einem guten Schuss sind bei Wild vor allem die Hygiene beim Ausweiden und Zerwirken sowie eine rasche Kühlung wichtige Voraussetzungen für die spätere Fleischqualität.

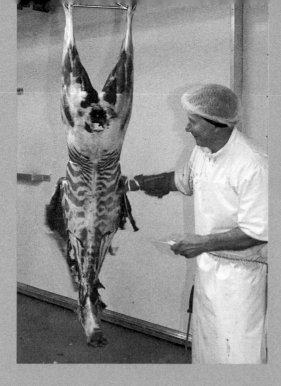

Hohen Hygienestandards unterliegt die Gewinnung von Hirschfleisch in Neuseeland (links). Die Teilstücke werden maschinell gehäutet, verwogen und vakuumiert (rechts).

ne müssen stets einer amtlichen Trichinenuntersuchung unterzogen werden. Der von ihm sorgfältig zu überprüfende Zustand der inneren Organe auf krankheitsbedingte Merkmale und die kritische Bewertung der Umstände der Erlegung bilden die Grundlage seiner Entscheidung.

Dass dies in vielen Fällen überaus schwierig ist, wird verständlich, wenn man die sich bei der Jagd ergebenden Situationen vorstellt: Die vom Hochsitz auf ein anvisiertes Stück Rehwild abgefeuerte Kugel streift einen kleinen Ast oder einen Grashalm und wird von diesem so abgelenkt, dass sie anstatt auf die Schulter (Blatt), wie ursprünglich gewollt, mitten auf den Körper des Tieres trifft. Im Körper werden Magen (Pansen) und Darm verletzt – der Jäger spricht in diesen Fällen von Waidwundschuss. Derart getroffenes Großwild flüchtet und muss mit einem für diese Arbeit speziell ausgebildeten Jagdhund nachgesucht werden. Es wird entweder verendet aufgefunden oder auf der Nachsuche erlegt. Bis zum Beginn der Nachsuche vergeht einige Zeit, meist mehrere Stunden. In dieser Zeit wird das verwundete Tier krank, es fiebert. Bakterien aus Magen und Darm breiten sich im gesamten Körper aus und vermehren sich schnell. Ihre Stoffwechselprodukte vermitteln dem Wildfleisch einen Geruch nach Harn und leberartigen Geschmack.

KERNTEMPERATUR VON 80 °C EMPFOHLEN

Eine Belastung mit Bakterien und Pilzsporen unterschiedlichster Art ergibt sich auch, wenn Wild in den Vorderlauf oder in die Keule getroffen wird oder einen Streifschuss erhält und danach flüchtet – oft über Kilometer. Zwischendurch ruht sich das

Tier immer wieder kurz aus. Durch Bodenkontakt mit der offenen Wunde dringen unter anderem Giftstoffe entwickelnde Bakterien in den Wildkörper ein und vermehren sich in ihm. Situationen, wie sie beispielsweise bei Drückjagden auf Schalenwild immer wieder gegeben sind. So gesehen wird Wildfleisch unter anderen hygienischen Bedingungen als das Fleisch von Schlachttieren gewonnen. Da eine Keimbelastung des Wildfleisches optisch nicht erkennbar ist, empfehlen für den Schutz des Verbrauchers vor gesundheitlichen Gefahren zuständige Institutionen seit Jahren, zuletzt im Januar 2007 das Bundesinstitut für Risikobewertung (BfR), Wildfleisch nur durchgegart (bei einer Kerntemperatur von 80 °C) zu verzehren. Um die Keimbelastung bei Wildfleisch gering zu halten, ist der Jäger verpflichtet, erlegtes Wild so schnell wie möglich auszuweiden und dabei selbst hygienisch zu handeln. Er muss die Technik des »Aufbrechens« beziehungsweise des »Versorgens« beherrschen. Er trägt – im Gegensatz zu früher – heute Latex-Handschuhe bei diesen Arbeiten und sorgt für den schnellen Transport des Wildes in die Kühlung. Wenn erforderlich, zum Beispiel nach einem Waidwundschuss, werden Brust- und Bauchhöhle mit kaltem Wasser in Trinkwasserqualität gründlich ausgespült. Je eher das Wildfleisch auf 7 °C (Großwild) oder 4 °C (Kleinwild) heruntergekühlt wird, desto besser, da bei sinkender Temperatur die Keimvermehrung verlangsamt und schließlich bei 7 °C gestoppt wird. Gut geschossen, schnell ausgeweidet und bald darauf gekühlt, das sind die wesentlichen Voraussetzungen für qualitativ gutes und schmackhaftes Wildfleisch.

Olgierd E. J. Graf Kujawski

Herkunft und Qualität von Wild:

*Die Beurteilung von Wildfleisch erfordert einiges an Fachkenntnissen
– eine kleine Koch- oder Bratprobe des Stückes verschafft Sicherheit.*

*Rotwild – hier ein Rudel Hirschkühe – lebt gesellig und bevorzugt offene Land-
schaften wie Wiesen, Heiden oder auch Flussauen. Tagsüber zieht es sich meist
in größere Waldgebiete zurück, wo es weniger gestört wird.*

RUND 80 PROZENT des in Gastronomie und Haus-
halten verzehrten Rehfleisches stammt aus heimischen Revieren, in denen jährlich über eine Million
Tiere getötet werden. Ein Großteil des Fleisches von
Wildschweinen stammt ebenfalls aus heimischen
Wäldern. Beim Hirschwild sind es rund 60.000
Stück Rotwild und etwa 50.000 Stück Damwild, die
hierzulande in freier Wildbahn erbeutet werden.
Eine annähernd gleich hohe Zahl an Damwild
kommt zudem aus landwirtschaftlicher Gehegehaltung. Da die Nachfrage nach Wildfleisch größer ist
als aus heimischen Revieren verfügbar, helfen Importe den Bedarf abzudecken. Sie kommen unter
anderem aus Osteuropa (alle Wildarten), aus Spa-
nien und England (vorwiegend Hirsch), aus Frankreich und Skandinavien (überwiegend Federwild),
aus Neuseeland (Hirsch), aus Australien (Fleisch

von verwilderten schwarzborstigen Hausschweinen)
und aus Argentinien (europäischer Feldhase).

KOCH- ODER BRATPROBE DURCHFÜHREN

Rücken, Keulen und Schultern gelten in dieser Rei-
henfolge als die besten Fleischstücke von Haarwild
für die Küche. Dies gilt für jede Wildart und un-
abhängig von Größe und Alter des Tieres. Ob es
bei der Zubereitung Freude und nachfolgend auch
Genuss bereitet, hängt jedoch von verschiedenen
Faktoren ab. Veränderungen in Qualität und Geschmack des von Natur aus hochwertigen Lebens-
mittels Wildfleisch ergeben sich durch die Art der
Jagd, die Lage der Einschussstelle und den Zeitpunkt des Ausweidens des erlegten Wildes.
Vieles, was früher und zum Teil auch noch heute als
»typisch nach Wild schmeckend« deklariert wird,
entspricht nicht dem tatsächlichen Wildfleischge-
schmack, sondern hat seine Ursachen im Erlegen
und Behandeln des Wildes nach dem Schuss. Ein
schlechter Treffer und/oder ein verspätetes Ausweiden des erlegten Tieres führen zu Geschmacks- und
Geruchsveränderungen, die die Qualität des Fleisches mindern. Gutes Wildfleisch hat einen fein-
würzigen, leicht säuerlichen Geruch. Letztlich vermag nur eine Koch- oder Bratprobe, bei der ein
Stück Wildfleisch in etwas kaltem Wasser aufge-
setzt und kurz gekocht oder in heißem Fett angebraten wird, Aufschluss über die Qualität zu geben.
Riecht das Fleisch nach Ammoniak, Schwefel, unangenehm muffig oder nach Harnstoffen, ist es nicht
verzehrfähig. Gleiches gilt für frisches, nicht tiefgekühltes Fleisch von männlichem Schalenwild, das
in der Paarungszeit (Brunft) erlegt wird. Es enthält
eine Vielzahl Geruch und Geschmack unangenehm
beeinflussende Pheromone. Wird das Fleisch brunftiger Hirsche (Rot-, Dam-, Sika- und Elchwild) oder
brunftiger Muffelwidder, Gams- oder Steinböcke
aber mehrere Monate tiefgekühlt, verschwinden der
unangenehme Geruch und Geschmack.
Es ist dann nach dem Tiefkühlen vom Fleisch nicht
brunftiger Tiere nicht mehr zu unterscheiden und

kann bedenkenlos verwertet werden. Was bei Hirsch, Mufflon & Co. durch Tiefkühlung funktioniert, lässt sich jedoch bei Fleisch von rauschigen, das heißt, während der Paarungszeit geschossenen männlichen Wildschweinen, nicht erreichen. Es ist auf Dauer nicht verzehrfähig und darf auch nicht als Beimengung zu einer Wildwurst verwertet werden.

GLYKOGEN BEFÖRDERT FLEISCHREIFUNG

Ergibt die Koch- oder Bratprobe keine Beanstandungen, ist ein wesentliches Qualitätskriterium erfüllt. Eine weitere wichtige Voraussetzung ist eine optimal verlaufende Fleischreifung – ein Qualitätsmerkmal, das man einem Stück Wildfleisch nicht unbedingt ansieht. Die Güte der Fleischreifung ist abhängig von dem in der Muskulatur enthaltenen Glykogen (Reservekohlenhydrat). Glykogen wird in Milchsäure umgewandelt, die zum einen kurzfristig antibakteriell wirkt und zum anderen die Bildung körpereigener Enzyme begünstigt. Diese zersetzen die sich in den Muskeln befindenden Muskelverhärter (Myofibrillen) und die im Bindehautgewebe (Kollagen) gegebenen großen Eiweißkörper. Eine gute Fleischreifung – sie dauert 36 bis 92 Stunden – macht das Wildfleisch zart und begünstigt die Entwicklung des fleischeigenen Aromas. Dabei wirken nach wissenschaftlichen Erkenntnissen über 500 verschiedene chemische Verbindungen mit. Wenn das Tier vor dem Erlegen gehetzt wird und einen Adrenalinschock erleidet oder angeschossen flüchtet, kommt es zu einer erhöhten Ausschüttung und zum Abbau von Glykogen in der Muskulatur. Die dabei entstehende Milchsäure wird noch im lebenden Tier zur Leber transportiert und abgebaut. Sie fehlt daher später bei der Fleischreifung und der ph-Wert des Fleisches ist zu hoch. Solches Fleisch erscheint wesentlich dunkler (dark), ist fest (firm) und trocken (dry). Man spricht dann von DFD-Symptomen, die häufig bei stark gehetzten oder bei nach langer Nachsuche verendet aufgefundenen Tieren feststellbar sind. Aber auch andere Mängel in der Fleischreifung können zu signifikanten Veränderungen des Wildfleisches führen. Erleidet ein Tier unmittelbar vor oder während des Tötens Stress, kommt es zu einer erhöhten Produktion an Milchsäure, diese verbleibt nach dem Tod des Tieres im Gewebe, der ph-Wert ist zu niedrig, es kommt zu einer Denaturierung der Muskelproteine, das Fleisch ist heller als normal, wässrig und von weicher Konsistenz. Der Fachmann spricht von PSE-Symptomen (pale = blass, soft = weich und exudative = wässrig). Solche Merkmale sind immer wieder bei auf der Nachsuche verspätet aufgefundenem Schwarzwild, gelegentlich auch bei Hirschwild festzustellen, wobei junges Wild meist stärker betroffen ist als ältere Tiere. Wird ein Wildkörper von körperlich schwachen Tieren zu schnell in die Kühlung verbracht, kann es zu einem weiteren unangenehmen Effekt kommen: Das Fleisch kühlt schneller auf 10 °C, ehe die Säuerung einen pH-Wert von 6,0 und weniger erreicht. Die Folge ist eine nicht rückgängig zu machende Muskelverhärtung (cold-shortening Effekt). Das Fleisch bleibt bei der Zubereitung zäh, auch wenn es von einem jungen Tier stammt. Gleiches gilt für Wildfleisch, das ohne durchlaufene Fleischreifung in die Tiefkühlung kommt.

Woran aber erkennt der Wildliebhaber qualitativ hochwertiges Wildfleisch? Obwohl vieles äußerlich nicht sichtbar ist und er deshalb vor Überraschungen nicht sicher sein kann, sollte er auf Folgendes achten: Es darf keinesfalls unangenehm riechen und auf der Oberfläche nicht schmierig sein. Wildfleisch sollte zudem eine normale Farbe (nicht schwarz und nicht zu hell) aufweisen und in der Textur nicht weich, sondern kernig sein.

Das Jagdhorn dient zur Verständigung auf der Jagd, vor allem bei Gesellschaftsjagden haben die Leitsignale auch heute noch ihre Bedeutung. Auf Parforcehörnern geblasen wie hier wird jedoch weniger auf der Jagd als vielmehr bei Veranstaltungen und Wettbewerben.

Haarwild — *hierzu rechnen die Jäger alle dem Jagdrecht unterliegenden Säugetiere. Charakteristisch für diese Gruppe ist, dass diese Wildtiere alle komplett behaart sind, also ein Fell tragen.*

VON BESONDERER BEDEUTUNG für die heimische Wildküche sind beim Haarwild in erster Linie vier Gruppen: die Geweih tragenden Wildtiere, die Hornträger, als dritte Gruppe das Schwarzwild und als vierte Gruppe die Hasenartigen. Gemeinsam ist ihnen allen, dass sie ein Fell tragen, das meist aus zwei Schichten besteht – dem Deckhaar und der Unterwolle. Die meisten dieser Tiere wechseln ihr Haar im Frühjahr und im Herbst, um sich den unterschiedlichen klimatischen Verhältnissen im Sommer und Winter anzupassen. Doch nicht jede, dem Jagdrecht unterliegende Haarwildart spielt auch kulinarisch eine Rolle: Einige Fellträger wie Fuchs oder Marderhund werden zwar bejagt, aber nicht verzehrt. Andere wiederum, wie beispielsweise der Steinbock, das Murmeltier oder der Schneehase, sind laut deutscher Bundeswildschutzverordnung ganzjährig geschützt. Sie werden zwar gehegt, aber nicht erlegt.

SCHALENWILD, HOCH- UND NIEDERWILD

Immer wieder taucht auch der Begriff Schalenwild auf: Damit werden alle, dem Jagdrecht unterliegenden Paarhufer zusammengefasst. Schalenwild ist also der Oberbegriff für alle Geweih- und Hornträger sowie für Schwarzwild. Die Hufe dieser Tiere werden fachsprachlich als Schalen bezeichnet – daher der Name. Die beiden Begriffe Hoch- und Niederwild haben nichts mit der Größe der Tiere zu tun, sondern sind historisch bedingt. Als Hochwild werden kulinarisch besonders geschätzte, ehemals dem Adel vorbehaltene Wildtierarten (Hohe Jagd) bezeichnet. Hierzu zählt alles Schalenwild mit Ausnahme des Rehwilds. Niederwild – hierzu gehören das Rehwild und hasenartige Wildtiere (Niedere Jagd) – durfte dagegen auch von Personen der unteren Stände bejagt werden.

GEWEIH TRAGENDE WILDTIERE

Diese Haarwildgruppe umfasst die Familie der Hirsche. Gemeinsam ist ihnen, dass die männlichen Tiere Stirnwaffen – das so genannte Geweih – tragen. Dieses besteht bei allen aus Knochenmasse, wächst jedes Jahr aufs Neue aus den Stirnzapfen (Rosenstöcke) hervor und ist mehr oder weniger verzweigt. Lediglich bei den Rentieren sind auch die Weibchen mit Stirnwaffen ausgestattet, allerdings bleibt das Geweih bei ihnen deutlich kleiner als bei den männlichen Rentieren.

HORN TRAGENDE WILDTIERE

Anders die große Familie der Hornträger, zu denen Wildrinder, Gämsen, Wildziegen, Wildschafe, Steinböcke und Antilopen zählen: Auch sie tragen Stirnwaffen, meist beide Geschlechter, werfen ihre Hörner im Gegensatz zu den Hirschen jedoch nicht ab. Es handelt sich dabei um unverzweigte Knochenstrukturen, die fest mit dem Schädel verbunden und von einer Hornschicht umgeben sind. Bei den meisten Arten sind die Hörner der Männchen größer und stärker ausgebildet.

SCHWARZWILD

Wie die beiden erstgenannten Gruppen zählt auch die Familie der Schweine zur Ordnung der Paarhufer, ihre Vertreter sind aber – im Gegensatz zu den Hirschen und Hornträgern – keine Wiederkäuer. Das Wildschwein ist vielmehr ein Allesfresser. Bewaffnet sind beide Geschlechter durch ihre stark ausgebildeten Eckzähne.

HASENARTIGE WILDTIERE

Zur vierten und letzten der für die Wildküche bedeutenden Gruppe gehören die hasenartigen Wildtiere. Alle zur Familie der Hasen zählenden Arten sind zwar Pflanzenfresser, jedoch keine Wiederkäuer. Charakteristisch für die Hasen ist das Fehlen der Eckzähne sowie das nagetierähnliche Gebiss.

WILDFLEISCH SEHR GEFRAGT

Da die Nachfrage nach Wildbret der genannten Gruppen das Angebot bei weitem übersteigt, wird ihr Fleisch auch importiert.

Vorzügliches Wildbret

Haarwild – von Hirsch über Gämse und Mufflon bis hin zu Wildschwein, Hase und Wildkaninchen – liefert ein ausgezeichnetes, überwiegend mageres und würziges Fleisch. Vor allem jenes von ein- bis zweijährigen oder noch jüngere Tieren ist sehr gefragt.

- Hirsche kommen in Europa, Asien, Amerika und Nordafrika vor. Eingebürgert wurden sie in Australien und Neuseeland.
- Hirsche haben keine Gallenblase. Männliche Hirsche tragen ein sich jährlich erneuerndes Geweih.
- Hirsche haben ein würziges, fettarmes Fleisch.

Hirsche – *von Elch bis Rehwild – sind weltweit in der Küche als Lieferanten von feinem Wildfleisch sehr geschätzt. Die Unterschiede in der Größe der einzelnen Vertreter sind jedoch beträchtlich.*

Wildarten, bei denen die männlichen Tiere ein sich jährlich erneuerndes Geweih tragen, gehören zoologisch zu den Hirschen.

Hirsche *(Cervidae)*

Die weit verbreitete Familie der Hirsche wird zur Unterordnung der Wiederkäuer *(Ruminantia)* gerechnet, die ihrerseits zur Ordnung der Paarhufer *(Artiodactyla)* zählt. Innerhalb der Hirschfamilie unterscheiden die Zoologen verschiedene Unterfamilien, von denen die Echten Hirsche *(Cervinae)* und die Trughirsche *(Odocoileinae* oder *Capreolinae)*, zu denen auch Elche *(Alces alces)* und Rentiere *(Rangifer tarandus)* gerechnet werden, die bedeutendsten sind. Allen

Arten der Hirschfamilie gemeinsam ist, dass die männlichen Tiere ein Geweih tragen, das im Jahresturnus abgeworfen und anschließend neu gebildet wird. Es wächst aus zapfenförmigen Knochengebilden am Stirnbein oder seitlich wie beim Elch und besteht aus Knochenmasse. Die Form des Geweihs variiert je nach Tierart und Alter. Einzige Ausnahme ist das geweihlose, in China und Korea beheimatete Wasserreh. Hirsche sind allesamt Pflanzenfresser und ernähren sich von Gräsern, Blättern, Rinde, Knospen und Zweigen. Eine weitere Besonderheit aller Hirsche ist, dass sie keine Gallenblase besitzen. Davon abgesehen unterscheiden sich die Angehörigen dieser Familie jedoch stark, vor allem was Größe und Gewicht anbelangt. So erreicht ein Reh eine

DURCHSCHNITTSGEWICHTE DER WICHTIGSTEN TEILE DER HIRSCHE VON REH BIS ELCH

Gewichte in kg: In der Tabelle werden beispielhaft die Gesamtgewichte der wichtigsten Hirscharten sowie das Gewicht der kulinarisch interessanten Teilstücke genannt. Differenzen zum Ausgangsgewicht resultieren aus den Flüssigkeitsverlusten beim Abhängen.

Hirschartige	Gesamt-gewicht*	Rücken	je Keule	je Blatt	Hals	je Rippen-bogen	je Bauch-lappen	Decke
Elchbulle	310	37,6	45,1	24,5	29,2	14,1	3,5	67,1
Elchkuh	204	31,3	28,8	16,1	18,2	8,7	1,8	38,8
Elchkalb	75	11,5	10,2	5,7	6,6	3,1	0,6	17,0
Rotwild, Hirsch	94,6	17,0	15,3	8,5	10,5	4,6	0,8	8,4
Rotwild, Schmaltier	38,0	5,7	6,9	3,6	3,0	1,7	0,4	4,0
Rotwild, Kalb	33,6	5,4	6,5	3,2	2,2	1,3	0,3	2,7
Damwild, Hirsch	54,2	7,5	8,2	4,0	9,0	2,7	0,6	5,6
Damwild, Alttier	36,5	5,7	6,3	2,6	3,6	2,6	0,5	3,3
Sikawild, Schmaltier	27,0	5,1	4,3	2,3	2,5	1,1	0,3	1,3
Rehbock	15,8	2,7	2,5	1,2	1,3	0,8	0,3	2,2
Ricke	16,1	3,4	2,6	1,1	1,0	0,8	0,2	2,3
Schmalreh	14,8	2,5	2,6	1,1	1,2	0,7	0,2	1,8
Kitz	8,7	1,5	1,5	0,7	0,6	0,3	0,1	1,2

* gewogen ohne Haupt und Läufe.

Schulterhöhe von 60 bis 90 cm, bei einem ausgewachsenen Elch – er ist der größte unter den Hirschen – kann sie 2 m und mehr betragen. Diese Größen- und Gewichtsunterschiede macht auch ein Vergleich der Keulen im Bild rechts deutlich.

Echte Hirsche *(Cervinae)*

Die zu dieser Unterfamilie zählenden Hirscharten sind in der Mehrzahl in Europa und Asien verbreitet. Der bekannteste Vertreter der Echten Hirsche ist der Rothirsch *(Cervus elaphus)*, aber auch Sikahirsch *(Cervus nippon)* und Damhirsch *(Dama dama)* gehören zu dieser Unterfamilie. Ebenso wie beispielsweise der in Indien beheimatete gefleckte Axishirsch *(Axis axis)* oder der tibetanische Weißlippenhirsch *(Cervus albirostris)*. Von den Trughirschen unterscheiden sie sich durch eine etwas andere Zehenstellung.

Trughirsche *(Odocoileinae* oder *Capreolinae)*

Die Mitglieder dieser Unterfamilie der Hirsche besitzen im Gegensatz zu den Echten Hirschen keine Augsprosse und keine Tränengrube. Außerdem sind bei ihnen nur die vom Fuß entfernten Knochen der verkleinerten zweiten und fünften Zehe vorhanden. Zu dieser wichtigen Unterfamilie zählen ungefähr 20 verschiedene Arten, die überwiegend auf dem amerikanischen Kontinent, aber auch in Europa beheimatet sind. Während das Reh *(Capreolus capreolus)* in Europa am weitesten verbreitet ist, ist der Weißwedelhirsch *(Odocoileus virginianus)*, engl. *white-tailed deer*, franz. *cerf de virginie*, in Nordamerika am häufigsten. Der eher als Einzelgänger lebende Hirsch ist sehr anpassungsfähig und kommt auch in Mittel- und Südamerika sowie in Finnland vor, wo er eingebürgert wurde. Eng mit dem Weißwedelhirsch verwandt ist der ebenfalls in Nordamerika lebende Maultierhirsch *(Odocoileus hemionus)*, engl. *mule deer*, franz. *cerf mulet*. Er ist dem Weißwedelhirsch sehr ähnlich, hat jedoch größere Ohren als dieser. Bedeutung hat das Wildbret der beiden Letztgenannten vor allem in der Küche ihres Lebensraums, während das Fleisch von Elch *(Alces alces)* und Ren *(Rangifer tarandus)*, auch sie werden zu der Unterfamilie der Trughirsche gerechnet, bei uns gelegentlich aus Importen erhältlich ist.

(1) VERSCHIEDENE HIRSCHKEULEN: Der Vergleich zeigt die Unterschiede bei den Keulen der Hirschartigen: So wiegt die Keule vom Rehwild (oben) 2 kg, vom Damwild (2. von oben) 4,6 kg und vom Rotwild (3. von oben) 7,3 kg. Die Keule vom Elchkalb (unten) ist 11,4 kg schwer.

- Rothirsche leben in Rudeln und sind die weltweit häufigste Hirschart.
- Rothirsche sind in Europa, Asien und Nordamerika beheimatet.
- Hirschfleisch ist kernig und langfaserig. Beliebt ist vor allem das Fleisch jüngerer Tiere.

Rotwild *ist die größte einheimische und eine der weltweit am weitesten verbreitete Hirschart. Das kernige, dunkle Fleisch zählt hierzulande zum beliebtesten Wildbret.*

In Europa gibt es heute zahlreiche Rotwild-Einzelpopulationen, lediglich auf Island sowie in weiten Teilen Skandinaviens ist der Rothirsch nicht anzutreffen. In Unterarten ist diese große Hirschart auch in Asien und Nordamerika verbreitet. Eingebürgert wurde der Rothirsch in Südamerika und Neuseeland, wo er in weitläufigen Gehegen gehalten wird.

Rothirsche *(Cervus)*

Rothirsche, die wohl bekanntesten Verteter der Hirschfamilie, gehören zur Gattung *Cervus* und werden zoologisch in verschiedene Unterarten eingeteilt. Einmal zählen dazu die Westlichen Rothirsche, zu denen auch der heimische Rothirsch sowie Hir-

Rothirsche in einem Wildgehege. Das Fell variiert bei ihnen wie auch bei anderen Hirscharten je nach Jahreszeit, im Sommer ist es rötlich braun, im Winter braungrau. Hirsche leben in Familienverbänden zusammen. Die weiblichen Tiere bilden mit den Jungtieren Rudel, denen sich jüngere oder schwächere Männchen anschließen. Vor der Brunftzeit im September/Oktober leben Rothirsche meist in größeren Rudeln zusammen. Die Anzahl der Enden der ausladenden Geweihe ist beim Rothirsch kein Altersmerkmal.

(1) **HALS** oder **TRÄGER** im Ganzen, von einem mittelschweren Rothirsch. Vor der Zubereitung werden die Nackenwirbel häufig ausgelöst und die Sehnen entfernt. Das rotbraune Fleisch ist kernig und langfaserig.

(2) **HIRSCHSCHULTER** oder **BLATT** – hier von der Unterseite gezeigt – mit anhängendem Unterarmknochen (Haxe) und freigelegtem Schulterknochen (Blattschaufel). Da die Schulter von einem ausgewachsenen Tier recht groß ist, wird sie zur Zubereitung meist entbeint und in Teilstücke zerlegt.

sche in Nordafrika, im Kaukasus und Anatolien gehören. Hinzu kommen mehrere asiatische Unterarten, die als Hangule bezeichnet werden sowie die Gruppe der Wapitis und Marale. Als Wapitis werden die großen nordamerikanischen Unterarten des Rothirsches zusammengefasst. Marale oder Sibirische Wapitis leben in Nordostasien und Sibirien.

EUROPÄISCHER ROTHIRSCH

(Cervus elaphus)

engl. red deer, stag; franz. cerf rouge; ital. cervo nobile; span. ciervo común.

Die größte heimische Hirschart lebt anders als das Reh in Rudeln zusammen. Ursprünglich war der Rothirsch ein Steppenbewohner, heute durchstreift er jedoch aufgrund des wachsenden Zivilisationsdrucks weite zusammenhängende Waldgebiete mit größeren Freiflächen. Rotwild ist wenig anspruchsvoll und ernährt sich von Gräsern, Kräutern und Knospen sowie von Wald- und Feldfrüchten. An Waldbäumen können die Hirsche durch Abziehen der Rinde erheblichen Schaden anrichten. Rotwild wird in Europa auch in Gehegen gehalten. Brunftzeit ist im September/Oktober, die Hauptjagdzeit dauert von August bis Januar/Februar.

Merkmale: Ausgewachsene männliche Rothirsche erreichen eine Schulterhöhe von 120 bis 150 cm und je nach Art und Lebensraum ein Gewicht zwischen

100 und 300 kg. Hirschkühe werden 70 bis 100 kg und Kälber 30 bis 70 kg schwer. Männliche Hirsche tragen ab dem zweiten Lebensjahr ein Geweih, das im Alter länger und stärker wird. Im späten Winter (Februar) verlieren die Hirsche es Jahr für Jahr und bilden innerhalb von rund vier Monaten ein neues aus. Dann wird die nun abgetrocknete Basthaut – sie ermöglicht das Wachstum des Geweihs – durch Schlagen der Geweihstangen an Bäumen und Büschen abgestreift (gefegt) und der weiße Geweihknochen wird durch Rindensäfte eingefärbt.

Verwendung: Der Rothirsch hat ein dunkles, rotbraunes, mageres Fleisch von kerniger Struktur und langer Faser. In der Küche hoch geschätzt wird das zarte Fleisch junger Tiere – insbesondere von Hirschkälbern und einjährigen Tieren (männlich: Schmalspießer; weiblich: Schmaltier). Das Wildbret älterer, während der Paarungszeit erlegter Hirsche weist oft einen unangenehmen Geruch und Geschmack auf und gilt als minderwertig. Nach 3 bis 5 Monaten Tiefkühlung verschwindet dieser jedoch und das Fleisch kann unbesorgt in der Küche verwendet werden. Der kompakte Hals (1) des Rothirschs kann im Ganzen geschmort werden. Löst man die Nackenwirbel aus, lässt er sich als Ragout zubereiten, ausgelöst und aufgerollt ergibt er einen Rollbraten. Die Schulter (2) von älterem Rotwild eignet sich, ausgelöst und in Teilstücke zerlegt, zum Schmoren, dient aber auch für Farcen. Schultern jüngerer Tiere können im Ganzen oder in Teilstücken gebraten werden.

Verwendung: Der Rücken (**1**) zählt zum Edelsten, was der Hirsch zu bieten hat. Sein Fleisch ist kernig, aber – insbesondere von jüngeren Tieren – dennoch zart. Er kann im Ganzen gebraten werden, dann kann die dünne Fettschicht auf dem Fleisch verbleiben. Will man sie ablösen, wird die Fettauflage entlang des Rückgrats eingeschnitten und zu den Seiten hin abgetrennt. Der parierte Hirschrücken lässt sich ebenfalls im Ganzen braten. Dafür löst man am besten die beiden Rückenfilets etwa 1 bis 2 cm tief vom Rückgrat ab, so kann sich die Hitze gleichmäßig verteilen und alles wird gleichzeitig gar. Häufig werden die beiden Rückenfilets auch ausgelöst und im Ganzen in Ofen oder Pfanne gebraten. Oder man schneidet sie quer zur Faser in Medaillons und brät sie kurz von beiden Seiten oder legt sie auf den Grill. Das Fleisch des Rippenbogens (**2**) wird in der Regel von den Knochen abgelöst und dann entweder in Würfel für ein Ragout geschnitten oder am Stück belassen und zu einem Rollbraten verarbeitet. Stammt das Wildbret von einem jüngeren Tier, können die Rippen auch als Spareribs gegrillt werden. Neben dem Rücken zählt die Keule (**3–7**) mit ihren Teilstücken zu den edelsten Stücken vom Rotwild. Die Keule (**6**) eines ausgewachsenen Rothirsches wiegt um die 15 kg und ist daher meist zu groß, um sie im Ganzen zuzubereiten. Ausgebeint und in ihre Teilstücke (**3–5, 7**) zerlegt, ergibt sie aber ausgezeichnete Braten. So kann die Unterschale (**3**) vom Rotwild beispielsweise im Ganzen gebraten werden, sie schmeckt aber auch, vor allem, wenn die Keule von einem älteren Tier stammt, geschmort ausgezeichnet. Ist sie von einem jüngeren Tier, kann die Unterschale auch in Schnitzel geschnitten und gebraten werden. In Würfel oder Streifen geschnitten ergibt dieses Teilstück feine Ragouts oder Geschnetzeltes. Die flachere Oberschale (**4**) ist ein vorzügliches Bratenstück, sie kann aber auch geschmort werden. Quer zur Faser in Schnitzel oder Steaks geschnitten, eignet sich dieses Teilstück der Keule auch gut zum Braten in der Pfanne oder zum Grillen. Die Nuss (**5**) ist hervorragend zum Braten im Ganzen geeignet. Quer zur Faser kann sie aber auch in Steaks geschnitten werden. Letztere schmecken aus der Pfanne oder vom Grill. Gepökelt und anschließend luftgetrocknet oder auch geräuchert, ergibt die Nuss einen delikaten Wildschinken. Das abgelöste Haxenfleisch (**6**) ist bindegewebs- und sehnenreich und benötigt deshalb eine lange Garzeit in feuchter Umgebung, wie es beim Schmoren der Fall ist. In Würfel geschnitten, eignet sich die Haxe daher bestens für Ragouts. Wird etwas Hirschfleisch zum Klären einer Consommé benötigt, so ist ebenfalls die Haxe die richtige Wahl. Die Innereien vom Hirsch können zu Pasteten und Terrinen verarbeitet werden, das Herz wird im Ganzen geschmort oder als Ragout zubereitet. Die Leber wird im Ganzen oder auch in Scheiben oder Streifen gebraten. Die Milz findet für Suppeneinlagen Verwendung und die Nieren schmecken gebraten oder als Ragout.

(**1**) **HIRSCHRÜCKEN** im Ganzen, hier mit einer dünnen, aufliegenden Fettschicht. Diese kann bei der Verwendung im Ganzen am Fleisch verbleiben, zur Gewinnung der beiden Rückenfilets wird sie entfernt.

(**2**) **RIPPENBOGEN VOM HIRSCH** von der Unterseite mit anhängendem Bauchlappen (oben) und halbem Brustbein (unten rechts). Zur Zubereitung wird das Fleisch von den Knochen gelöst.

(3) **UNTERSCHALE VOM HIRSCH,** auch als
Frikandeau bezeichnet, im Anschnitt. Das dunkle,
rotbraune, magere Fleisch ist kernig und langfaserig.
Geschnitten wird es stets quer zur Faser.

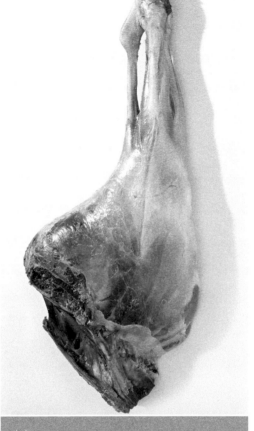

(4) **OBERSCHALE VOM HIRSCH,** im Anschnitt.
Dieses magere, beliebte Teilstück aus der Hirschkeule
ist noch etwas zarter als die Unterschale. Auch die
Oberschale wird immer quer zur Faser geschnitten.

(6) **HIRSCHKEULE** im Ganzen, von der Unterseite gesehen, mit Beckenknochen (unten links)
sowie mit anhängendem Unterschenkelknochen
(oben), wie die Haxe auch genannt wird.

(5) **NUSS VOM HIRSCH,** im Anschnitt. Das Fleisch
der Nuss ist mager und zart, sofern die Keule von
einem jüngeren Tier stammt. Dieses Teilstück der
Hirschkeule ist recht vielseitig in der Verwendung.

(7) **DAS HAXENFLEISCH,** es wurde vom Unterschenkelknochen abgelöst, weist einen hohen Anteil
an Bindegewebe und Sehnen auf und wird daher in
der Regel separat verarbeitet.

Waidwerk, Jagd und Hege

Waidwerk ist die traditionelle Bezeichnung für die Jagd schlechthin, wobei besonders das handwerklich Zünftige der Jagd betont wird. In früherer Zeit, als die Jagd vom Hochsitz aus noch als »unwaidmännisch« verpönt war, bedeutete »Ich waidwerke auf einen Rehbock«, das Tier nach allen Regeln jagdlicher Kunst anzupirschen und es zu erbeuten, es ordentlich auszuweiden, es später auch zu häuten und zu zerteilen.

Die Ausübung des Waidwerks gilt bis heute als Handwerk, das erlernt werden muss. Es verfügt über eine eigene Zunftsprache, die Waidmannssprache. Die Jagd selbst muss waidgerecht erfolgen. Gebote wie Verbote sind zu beachten und Fairness gegenüber dem Wild als lebendigem Wesen zu üben. Was Waidgerechtigkeit letztlich bedeutet und beinhaltet, hat sich im Lauf der Zeit gewandelt und unterliegt zudem regionalen Interpretationen. Manches, das als waidgerecht überliefert wurde, vermag heute einer kritischen Überprüfung nicht mehr standzuhalten.

Nach wie vor gehört jedoch die Hege zu den Aufgaben des Jägers. Sie hat – den Bestimmungen des Bundesjagdgesetzes zufolge – die Erhaltung eines den landschaftlichen und landeskulturellen Verhältnissen angepassten, artenreichen und gesunden Wildbestandes zum Ziel, ebenso wie die Pflege und Sicherung seiner Lebensgrundlagen.

Bereits in der zweiten Hälfte des 19. Jahrhunderts wurde daher die Jagd auf eigenem Grund und Boden durch die Festlegung einer bestimmten Jagdfläche für die genehmigte Jagdausübung (behördlich ausgestellte Jagdkarte) eingeschränkt – das bis heute gegebene Reviersystem entstand. Wer jagen wollte, der musste sich bei den Grundstückseignern, die nach wie vor das Jagdrecht, aber nicht das Recht zur Jagdausübung besaßen, eine bestimmte Flächengröße zusammenpachten.

DIE AUFGABEN DER HEGE

In seinem Revier übernimmt der Jäger die Pflicht zur Hege. Hierzu zählen einmal die Sicherung der Lebensräume der verschiedenen Wildtiere – hier gibt es Parallelen zum Naturschutz. Die heutige Hege erfolgt beispielsweise durch Anlage von Äsungsflächen, Hegebüschen und Feuchtbiotopen

Das Erfassen und Kontrollieren der Wildbestände im Revier zählt zu den wichtigen Aufgaben der Hege.

Links: Schwarzwild darf das ganze Jahr über bejagt werden, da die Bestände stabil gehalten werden müssen. Rechts: Im Winter übernimmt der Jäger auch das Füttern des Wildes.

in den Revieren und trägt mit dazu bei, neben dem jagdbaren Wild, vielen anderen Tieren und Pflanzen Überlebensräume zu sichern. Auch die Fütterung des Wildes in winterlichen Notzeiten und die Anlage von Suhlen und Salzlecken sind Aufgabe des Jägers.

Ein anderer wichtiger Aspekt der Hege ist die Bestandsermittlung und -kontrolle der einzelnen Wildarten sowie die Aufstellung und Erfüllung eines Abschussplanes. Denn im Gegensatz zum Schwarzwild (Wildschweine), das sich in der letzten Hälfte des 20. Jahrhunderts stark vermehrt hat und große Schäden in der Landwirtschaft anrichten kann, ist der Abschuss von Schalenwild wie Reh, Hirsch, Muffelwild oder Gämse zahlenmäßig genau reglementiert.

Die Jagdbehörde legt hier jeweils in Absprache mit den Revierinhabern und nach deren Beratung im Hegering für das einzelne Revier und die jeweilige Wildart eine jährliche Abschussquote fest. Diese ist gegliedert nach männlichen und weiblichen Tieren sowie nach Altersklassen. Sie orientiert sich am vorhandenen Wildbestand und dem zu erwartenden Zuwachs. Um eine nachhaltige Jagd zu sichern, wird im Normalfall zahlenmäßig nur das der Wildbahn entnommen, das im jeweiligen Jagdjahr – dieses dauert vom 1. April bis zum 31. März – an Nachwuchs dazugekommen ist. Erweist sich in einem Turnus von drei Jahren, dass die Schätzungen des Zuwachses zu niedrig waren und die Wildbestände über das für ihren Lebensraum erträgliche Maß zugenommen haben, wird der Abschussplan nach oben korrigiert. Bei zurückgehenden Wildbestän-

den, zum Beispiel durch Ausfall des Nachwuchses auf Grund von Nässe und Kälte, aber auch durch zahlenmäßig hohe Bestände an Beutegreifern wie Fuchs, Marderhund, Waschbär oder Dachs wird der Abschussplan nach unten korrigiert. Durch Auswilderung von Rot- und Damwild aus umzäunten Jagdarealen, durch die Einführung von Schonzeiten und durch Vermittlung von Wissen um Natur, Arten und Umweltschutz entstand so im Laufe der vergangenen Jahrzehnte ein modernes Jagdmanagement. Zwar kam und kommt überzogene Hege vor allem beim Trophäen tragenden Schalenwild wie Hirsch, Gämse und Reh immer noch gelegentlich vor, das Ausmaß ist jedoch heute gegenüber vergangenen Jahrhunderten vergleichsweise gering.

JAGD ERFORDERT PASSION

Die Jagd sachgerecht auszuüben, erfordert einiges an Passion. Schließlich ist es nicht jedermanns Sache, vor Tau und Tag über Stock und Stein in Höhen bis zu 3.000 Meter und mehr aufzusteigen, um eine Gämse zu erbeuten, oder stundenlang regungslos auf dem Ansitz zu verharren. Auch sind die Bemühungen der Jäger, die Bestände an Schwarzwild stabil zu halten, trotz mancher, bei Vollmond und Frostgraden auf dem Hochsitz verbrachter Nacht nicht immer von Erfolg gekrönt.

Wenn jedoch die Bestände vieler heimischen Wildarten intakt und die durch Verbiss angerichteten Waldschäden nicht zu groß sind, ist dies nicht zuletzt den Jägern zu verdanken.

Olgierd E. J. Graf Kujawski

- Damhirsche sind heute in Mittel- und Südeuropa sowie in Vorderasien verbreitet.
- Sikahirsche stammen aus Ostasien und wurden wie der Damhirsch in vielen Gegenden der Welt eingebürgert.
- Dam- und Sikawild haben ein saftiges, zartfaseriges Fleisch.

Dam- und Sikawild *ähneln sich in Größe und Aussehen: Die beiden mittelgroßen Hirscharten haben ein gepunktetes Fell sowie ein zartes und saftiges, in der Küche geschätztes Fleisch.*

Dam- und Sikahirsche liegen in der Größe zwischen Reh und Rotwild und sind aus ihren ursprünglichen Verbreitungsgebieten vielerorts eingeführt worden.

DAMHIRSCH

(Dama dama)

engl. fallow deer; franz. daim; ital. daino; span. gamo.

Damhirsche, eine der ältesten Wildarten des europäischen Kontinents, waren vor der letzten Eiszeit in Mittel- und Südeuropa verbreitet. Restbestände überlebten in Kleinasien und kamen von dort mit den Phöniziern und Römern wieder nach Europa zurück. Damhirsche sind anpassungsfähig und leben in unterschiedlich großen Rudeln. Sie bevorzugen lichte Mischwälder. Es gibt wild lebende Bestände, die Mehrzahl des angebotenen Wildbrets stammt jedoch von Tieren aus Gatterhaltung, Importe kommen aus Osteuropa. Brunftzeit ist im Oktober, die Hauptjagdsaison reicht von August bis Januar.

(1) **DAMWILDSCHULTER.** Das rotbraune Fleisch der Schulter weist eine ähnliche Struktur auf wie jenes der Damwildkeule, ist jedoch nicht ganz so zart. Die sehnenreiche Haxe (Unterarmbein) wird meist abgetrennt und separat verarbeitet.

(2) **RIPPENBOGEN VOM DAMWILD** mit geringem Fleischanteil. Das Fleisch wird meist flächig abgelöst.

(3) **DAMWILDRÜCKEN** – das edelste Teilstück – hat ein zartes Fleisch und wird mit und ohne Knochen verwendet.

(4) **DAMWILDKEULE** im Ganzen. Sie hat ein feines Fleisch, die sehnenreiche Haxe wird meist separat verwendet.

(5) **DIE TEILE DER KEULE** von links und oben: Haxe, Unterschale, Beckenmuskel, falsches Filet, Nuss und Oberschale.

Damhirsche tragen ein schaufelartiges Geweih. Charakteristisch ist ihr rotbraunes, mit hellen Flecken durchsetztes Fell.

Merkmale: Damhirsche erreichen eine Schulterhöhe von 85 bis 110 cm, Hirsche können 80 bis 130 kg wiegen, Kühe werden 50 bis 60 kg und Kälber 15 bis 25 kg schwer. Männliche Damhirsche tragen ein mit zunehmendem Alter stärker ausgebildetes Schaufelgeweih. Typisch sind die hellen Flecken auf dem Fell.

Verwendung: Das rotbraune Damhirschfleisch ist von zarter Struktur. Von Tieren aus freier Wildbahn schmeckt es würziger, Fleisch aus Gatterhaltung ist saftiger und fetter. Die Verwendung in der Küche ist ähnlich wie bei Reh: Die Schulter (1) wird gebraten oder geschmort, das Fleisch des Rippenbogens (2) kann zu Rollbraten oder Ragout verarbeitet werden. Der Rücken (3) lässt sich vielfältig zubereiten, häufig wird er wie die Keule (4) und ihre Teilstücke (5) im Ofen oder in der Pfanne gebraten oder auch gegrillt. Innereien (6–9) ergeben eigene Gerichte oder werden für Pasteten und Terrinen verwendet.

SIKAHIRSCH

(Cervus nippon)

engl. sika deer; franz. cerf sika.

Sikawild wurde um 1900 aus Ostasien eingebürgert, kommt hierzulande aber nur in kleinen Beständen vor. Brunftzeit ist im Oktober/November, die Hauptjagdsaison dauert von August bis Dezember.

Merkmale: Sikahirsche erreichen eine Schulterhöhe von 80 bis 110 cm. Die Hirsche wiegen bis zu 100 kg, die Kühe bis zu 70 kg und die Kälber bis zu 35 kg. In der äußeren Erscheinung ähnelt Sikawild dem Damwild, das braune Fell weist ebenfalls helle Flecken auf. Das Geweih erinnert an einen Rothirsch, bleibt aber kleiner als bei diesem.

Verwendung: Das feine Fleisch des Sikahirschs ist dunkler und würziger als jenes vom Damwild, in der Verwendung gibt es keine Unterschiede.

(6) **HERZ** vom Damwild. Das Herz variiert bei verschiedenen Hirscharten nur in der Größe.

(7) **LUNGE** vom Damwild. Sie wird vor der Zubereitung von den Bronchialästen befreit.

(8) **LEBER** vom Damwild hat eine bräunliche Färbung und wird von Adern und Fett befreit.

(9) **NIEREN** vom Damwild werden halbiert, kurz gewässert und von Fett und Röhren befreit.

Zum Aus-der-Decke-Schlagen, *wie*

der Jäger das Abziehen des Fells nennt – hier exemplarisch an einem Damhirsch gezeigt – gehört einiges an handwerklichem Geschick.

Zunächst einmal wird die Decke an der Unterseite der Vorderläufe durch die Achselhöhle bis zum Brustbein aufgeschnitten.

Es gibt verschiedene Gründe, einem frisch erlegten Tier, etwa einem Hirsch oder Reh, nicht sofort, sondern erst geraume Zeit später, das Fell abzuziehen. Schlägt man nämlich frisch geschossenes Wild sofort aus der Decke, trocknet die Oberfläche des Fleisches aufgrund der noch vorhandenen Körperwärme stark aus, die Oberfläche wird pergamentartig und das Fleisch verliert an Saftigkeit und verfärbt sich dunkel. Daher wird dem Wild immer erst nach der Fleischreife das Fell abgezogen.

Jäger schlagen ihr Wild meist selbst aus der Decke, wenn sie es für den Eigenbedarf vorgesehen haben. Gelegentlich verkaufen Jäger und Forstämter aber auch das geschossene Wild. Hier sind die ganzen Tiere – noch in der Decke – in der Regel zu einem günstigeren Preis zu haben als zerwirktes Wild. So kann es für den, der die entsprechenden Räumlichkeiten sowie eine Hängevorrichtung besitzt, unter Umständen interessant sein, ein Reh, eine Gämse oder auch einen Damhirsch, wie in dem Bild links oben und in der Stepfolge unten und rechts (1–15) gezeigt, selbst aus der Decke zu schlagen und so für die Küche vorzubereiten.

An Werkzeug wird dafür in erster Linie ein gut geschärftes Messer sowie eine stabile Küchenschere benötigt. Man hängt den Wildkörper entweder mit dem Haupt (Kopf) nach unten auf, wie im Bild ganz links zu sehen. Der Wildkörper kann zum Häuten jedoch auch mit den Hinterläufen (Beinen) nach unten aufgehängt oder auf einen muldenförmigen Rost (Schragen) gelegt werden. In diesem Fall wird dann die Decke beidseitig zum Rücken hin abgelöst. Unerfahrene folgen jedoch am besten der hier beschriebenen Methode.

Zunächst einmal setzt man mit dem Messer an der Innenseite der Vorderläufe (Beine) sowie am Brustbein an und löst die Decke an der Innenseite der Hinterläufe. Anschließend arbeitet man sich dann von oben nach unten Schnitt für Schnitt vorwärts, wobei das Wildfleisch nicht verletzt werden darf. Das verbindende Gewebe zwischen Fleisch und Fell wird nach und nach weiter durchtrennt, ab- oder durchgeschärft, wie der Jäger sagt. Eventuell vorhandenes Fett wird dabei nicht mit abgetrennt, sondern verbleibt am Körper. Schließlich wird die Decke dann am Windfang (Nase) abgeschnitten.

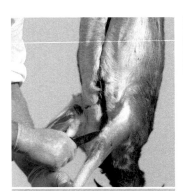

(1) Die Messerspitze mit der Schneide nach oben unter die Decke schieben und in Richtung Brustbein führen.

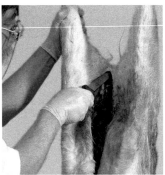

(2) Das Deckenstück über der die Keulen verbindenden Schlossnaht bis zum Waidloch mit dem Messer mittig aufschneiden.

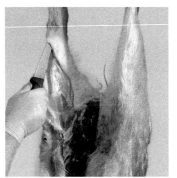

(3) Die Decke auf der Innenseite der Keulen von der Bauchhöhle aus bis über das Sprunggelenk mit dem Messer aufschneiden.

(4) Dabei das Messer stets so führen, dass beim Aufschneiden der Decke das Keulenfleisch nicht verletzt wird.

(5) Die Innenseiten der Keulen durch das Abziehen der Decke sowie das Durchschneiden des Bindegewebes freilegen.

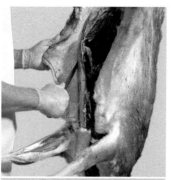

(6) Die Decke weiter abziehen, dabei das Bindegewebe mit dem Messer durchtrennen, um Rippenbögen und Bauchlappen freizulegen.

(7) Anschließend die Sprunggelenke freilegen. Dazu die Decke auf beiden Seiten an den Fußgelenken abschneiden.

(8) Die Decke von den Keulen abziehen, dabei gleichzeitig das verbindende Gewebe mit dem Messer durchtrennen.

(9) Den Wedel (Schwanz) direkt am Körper durch einen Schnitt zwischen den Wirbeln abtrennen und die Keulen vollends freilegen.

(10) Beim Ablösen der Decke das eventuell vorhandene Fettgewebe zwischen Decke und Fleisch am Wildkörper belassen.

(11) Das Bindegewebe, wo möglich, mit Daumen und Faust in Richtung Wildkörper von der Decke wegdrücken.

(12) Die Blätter (Schultern) mit Ober- und Unterarm freilegen, dazu die Decke seitlich wegziehen und vollends ablösen.

(13) Die Sehnen am Handwurzelgelenk mit dem Messer durch einen Rundumschnitt bis auf den Knochen durchtrennen. Dann den Mittelhandknochen durch seitliches Wegdrehen aus dem Gelenk hebeln und abschneiden.

(14) Den Träger (Hals) durch Abziehen der Decke nach unten in Richtung Kopf vollkommen freilegen.

(15) Zum Schluss die Decke an der Nase mit einer stabilen Küchenschere abschneiden und die Augen auslösen.

Höchste Qualitäts- und Hygiene-Standards verbunden mit einem strengen Kontrollsystem bei Aufzucht, Transport und Verarbeitung kennzeichnen die neuseeländische Hirschzucht.

Wildfleisch aus Import

Vielleicht ist der Deutschen Wildhunger über die Jahrhunderte gezähmt und gezügelt worden, als Hirsch und Reh, Wildschwein und Fasan Herrschern und Adel vorbehalten war, denn bis heute hält er sich in Grenzen. Doch selbst so kann er nur zu etwa 60 Prozent und vor allem als Reh und Wildschwein aus deutschem Tann geliefert werden. Woher kommen die restlichen 40 Prozent?

Fasane und Rebhühner finden häufig aus osteuropäischen Ländern ihren Weg in unsere Töpfe. Sie stammen zweifellos auch aus Zuchtbetrieben – selbst in den schottischen Hochmooren, dem Urbegriff der Wildvogel-Landschaft, ist diese »Unterstützung« des neben dem jagenden Menschen durch viele natürliche Feinde bedrohten Bestands seit langem gang und gäbe.

HASEN AUS ARGENTINIEN

Hasenfleisch hat in seiner Mehrheit eine Reise aus Argentinien hinter sich. Dort herrschen heute in der weiten Graslandschaft wesentlich bessere Lebensbedingungen als im immer mehr zersiedelten Europa, wo durch die Industrialisierung der Landwirt-schaft die häsischen Aussichten auf schmackhafte Kräuter und Gräser zunehmend schlecht sind. Interessanterweise ist der Hase überhaupt erst mit dem Menschen nach Südamerika gekommen. In Bratenform wird er deshalb auch gern als »europäischer Hase« sozusagen reimportiert. Die verwirrende Bezeichnung ist allerdings kein Betrug, sondern dient der Abgrenzung vom so genannten »Pampashasen« oder Mara, einer Meerschweinchenart, die zu den südamerikanischen Ureinwohnern gehört. Bei hiesigen Feinschmeckern stoßen sie auf entrüstete Ablehnung – ganz zu Unrecht, in Peru und Ecuador gilt mariniertes, am Spieß gebratenes Meerschweinchen als Delikatesse.

HIRSCHFLEISCH AUS NEUSEELAND

Hirsch in deutschen Wildtheken stammt wie ein großer Teil des in Deutschland konsumierten Lammfleischs häufig aus Neuseeland und reist nach Europa zumeist per Schiff, in Einzelfällen auch als Luftfracht. Es passt zu dem erdgeschichtlich ausgesprochen »jungen« Land, dass auch der Hirsch erst Mitte des 19. Jahrhunderts aus England und Schottland die Seereise ans andere Ende der Welt antrat. Wo er sich vor allem auf der Südinsel ausgesprochen wohl fühlte: angenehmes Klima, keine natürlichen Feinde, viel Platz, viel Grün – kein Wunder, dass Hirsch und Hirschkuh für reichlich Nachkommen sorgten und sich aus der Sicht der Farmer bis in die 1950er zur regelrechten Plage entwickelten. Dann jedoch hatten die neuseeländischen Bauern genug. In einem Akt wahrer Schläue kehrten sie Mitte der 1970er Jahre den Spieß um. Sie fingen wilde Hirsche ein und begannen, deren hohen Wohlfühlfaktor positiv zu nutzen: So entstand die neuseeländische Hirschzucht. Fährt man durch die vielerorts voralpin anmutende und oftmals geradezu unfasslich saftig grünen Heimatgefilde Neuseelands, lassen sich die Hirschfarmen sehr einfach erkennen; sie unterscheiden sich von den allgegenwärtigen Schafweiden durch die deutlich höheren Zäune. Etwaige Zweifel an der Authentizität von Gehegewild lassen sich mit einem Blick in die Geschichte widerlegen: 1368 trieb den Nürnberger Patrizier Peter Stromer die Sorge, ob seine Kinder und Kindeskinder auch noch genug Holz finden würden, dazu verödetes Waldland mit Kiefern zu besäen. Damit war die moderne Forstwirtschaft erfunden, und der deutsche Wald wurde zur intensiv bewirtschafteten Fläche, wo nur wenig dem »Zufall« der Natur überlassen bleibt. Auch »wilde« Rehe und Wildschweine delektieren sich außerdem aufgrund ihres stark eingeschränkten Lebensraums an Getreide und Mais, Rebtrieben und Tulpenzwiebeln ... Wie man es auch dreht und wendet: technischer Fortschritt und Urbanisierung verändern und verringern rund um den Erdball fortlaufend den Lebensraum wild lebender Tiere. Wir ziehen nicht mehr mit dem Speer aus, um uns mit Fleisch zu versorgen – und selbst beim traditionsverhafteten Waidwerk ändern sich die Dinge: noch Anfang des 18. Jahrhunderts ist zu lesen, derjenige, der mit der Büchse schieße, sei kein Jäger, sondern bloßer Schütze!

Hinter den Zäunen liegen nämlich sehr weitläufige Weideareale – Bewegungsfreiheit gibt es schließlich reichlich in Neuseeland. Nicht einmal vier Millionen Menschen leben auf den beiden Inseln, die in ihrer Fläche etwa Italien ohne Sizilien entsprechen – und nur 300.000 von ihnen auf der Südinsel! Wie in europäischen umzäunten Jagdarealen ernähren sich die Tiere artgerecht von Weidegras und Kräutern, im Winter zusätzlich von Heu und Silage. Hohe Ansprüche an die Güte des Fleisches verbieten den Einsatz von Kraftfutter oder wachstumsfördernden Substanzen.

ZEITGEMÄSSES MODELL

Mit der neuseeländischen Hirschzucht ist ein zeitgemäßes Modell entwickelt worden. Zahlreiche Qualitätssicherungssysteme regeln Haltung und Verarbeitung und werden von staatlicher Seite überprüft. Mit Hilfe von Chargennummern lässt sich jede Keule, jeder Rücken bis zum Ursprung zurückverfolgen. Das fett- und cholesterinarme Fleisch wird küchenfertig zerteilt, vakuumverpackt und ist das ganze Jahr über frisch, aber auch gefro-

Zart und saftig, fett- und cholesterinarm ist Hirschfleisch aus Neuseeland. Und dank regelmäßiger Kontrollen ist es auch aus wildhygienischer Sicht absolut einwandfrei.

ren erhältlich. Hirschfleisch aus Neuseeland zeichnet sich somit nicht allein durch eine gesicherte Qualität aus, sondern trägt durch seinen hohen Eisengehalt zu einer gesunden Ernährung bei. Hier geht es nicht um Jagdromantik, sondern um zartes, mildes Fleisch. »Modern venison« nennen es die Neuseeländer selbst und denken dabei an eine zeitgemäße, unkomplizierte, leichte Küche. Schließlich ist auch Hammel- und Schaffleisch von älteren Tieren mit seinen teils recht strengen Noten längst größtenteils durch das feinere Lamm verdrängt worden. Neuseeländisches Hirschfleisch braucht also weder gebeizt noch gespickt zu werden, sondern es kann zu rosa Saftigkeit kurz gebraten, gegrillt und pochiert werden!

Ursula Heinzelmann

Viel, viel Platz, mildes Klima, vielfältige Landschaften, Seen, fruchtbare Böden und leidenschaftliche Farmer sind die Garanten für eine artgerechte Tierhaltung.

Rehwild *ist in Europa sehr weit verbreitet und liefert ein zartes, wohlschmeckendes Fleisch. Vor allem das Wildbret der Kitze und einjähriger Tiere ist in der Küche sehr willkommen.*

- Rehe sind die in Europa häufigste und zugleich kleinste Hirschart.
- Sie kommen fast in ganz Europa sowie in Kleinasien vor.
- Rehfleisch von jungen Tieren ist kurzfaserig, zart und schmackhaft. Rehwild ist die in Europa am meisten verwertete Wildart.

Das Reh ist der kleinste und zugleich auch der in Europa am häufigsten vorkommende Vertreter der großen Hirschfamilie. Aufgrund des Fehlens natürlicher Feinde hat sich der Bestand in den letzten Jahrzehnten vergrößert.

Rehe *(Capreolus)*

Die Gattung der Rehe gehört zur Unterfamilie der Trughirsche und umfasst nur wenige Arten. Zur Unterscheidung vom größeren Sibirischen Reh *(Capreolus pygargus)* wird das heimische Rehwild gelegentlich auch Europäisches Reh genannt.

REH
(Capreolus capreolus)

engl. roe deer; franz. chevreuil; ital. capriolo; span. corzo.

Rehe sind Einzelgänger oder leben in kleinen Familiengruppen, im Winter manchmal auch in größeren Verbänden. Verbreitet ist das Reh fast in ganz Europa und Kleinasien, es fehlt lediglich auf den Mittelmeerinseln, dem Peloponnes sowie in Irland. Der Lebensraum der Rehe reicht dabei bis in die alpine Zone, sie bevorzugen jedoch Gebiete mit ausreichender Nahrungsvielfalt und Buschwerk, wie sie an Waldrändern anzutreffen sind. Rehe werden stark bejagt, hierzulande im Handel angebotenes Rehfleisch stammt überwiegend aus heimischen Revieren. Hinzu kommen Importe aus Osteuropa, etwa aus Polen, Tschechien und Ungarn, oder auch aus Österreich. Brunftzeit ist im Juli und August, die Hauptjagdsaison reicht von Mai bis in den Januar.

Merkmale: Rehe können eine Schulterhöhe zwischen 60 und 90 cm erreichen. Die männlichen Tiere (Rehböcke) bringen ein Gewicht von 15 bis 30 kg auf die Waage, bei den weiblichen Tieren (Ricken) sind es mit 13 bis 22 kg im Durchschnitt 15 bis 20 Prozent weniger. Kitze wiegen in der Regel zwischen 8 und 14 kg. Bei den »Hörnern« des Rehbocks handelt es sich wie bei allen Hirscharten um ein Geweih, das jährlich abgeworfen wird. Jede der beiden relativ kurzen Geweihstangen des Rehbocks hat in der Regel 3 Enden, die ab dem dritten Lebensjahr ausgebildet werden.

(1) BLÄTTER, SCHULTERN VOM REH, links die Oberseite, rechts die Unterseite. Die Schultern liefern ein gutes Fleisch, sind jedoch etwas weniger zart als Keule oder Rücken.

(2) RIPPENBOGEN VOM REH mit Brustbein (vorne links) und dem anhängenden Bauchlappen (rechts). Der Fleischanteil bei diesem Teilstück ist relativ gering.

(3) REHRÜCKEN im Ganzen. Die Rückenfilets liegen beiderseits des Rückgrats. Sie haben ein kurzfaseriges, zartes Fleisch und werden ausgelöst oder verbleiben am Knochen.

Verwendung: Rehe besitzen ein kurzfaseriges, rötlich braunes, mageres und in der Verwendung sehr vielseitiges Fleisch. Vor allem der Rücken und die Keule lassen sich unterschiedlich zubereiten. In der Küche geschätzt sind vor allem Kitze und einjährige Tiere. Das Fleisch älterer Rehe ist in der Struktur etwas kerniger und wird häufig geschmort. Eine Rehschulter (1) kann nach dem Abtrennen der Haxe (Unterarmbein) im Ganzen gebraten oder geschmort werden. Aber auch entbeint und zu einem Rollbraten gebunden liefert sie einen guten Braten. Sehr gut eignet sie sich für feine Ragouts. Und auch für Terrinen und Pasteten liefert sie das richtige Fleisch. Aus Rippenbogen und Bauchlappen (2) vom Reh lassen sich Ragouts herstellen. Das Fleisch kann aber auch flächig von den Rippen abgelöst und zu einem Rollbraten verarbeitet werden. Die Knochen dienen zur Herstellung von Wildfonds. Das edelste Stück vom Reh ist der Rücken (3), der klassisch gerne im Ganzen gebraten wird. Aus den ausgelösten Rückenfilets lassen sich aber auch sehr gut Medaillons zum Braten in der Pfanne, Grillen oder Pochieren schneiden. Zudem ergeben die zarten Rehrückenfilets eine feine Einlage für Pasteten und Terrinen. Auch die Rehkeule (4, 5) ist in der Küche sehr geschätzt. Ohne Haxe (Unterschenkelbein) und Schlossknochen (Beckenknochen) wird sie oft im Ganzen gebraten oder geschmort. Auch die Teilstücke eignen sich zum Braten, Ober- und Unterschale können auch als Steaks zubereitet werden.

Rehe beim Äsen auf einer Lichtung. Rehe sind Nahrungsselektierer, das heißt, sie suchen gezielt nach würzigen Kräutern und Gräsern, Blättern und Knospen. Das Futterangebot wechselt mit der Jahreszeit, im Herbst kommen beispielsweise Beeren und Pilze, Eicheln und Bucheckern sowie Wildobst und Kastanien mit hinzu. Das unterschiedliche Nahrungsangebot wirkt sich auch auf den Geschmack des Fleisches aus.

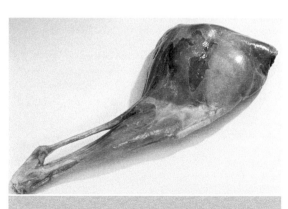

(4) **REHKEULE** im Ganzen, mit Haxe (im Vordergrund). Das Fleisch der Keule ist etwas zarter als jenes der Schulter. Die Haxe ist stark von Bindegewebe durchsetzt und wird daher separat zubereitet oder als Klärfleisch verwendet.

(5) **DIE TEILE DER REHKEULE** nach dem Ausbeinen und Zerlegen (von links oben im Uhrzeigersinn): Haxe, Unterschale mit anhängendem falschem Filet, Oberschale, Nuss und Beckenmuskel.

Elch- und Renwild *sind die nördlichsten Vertreter der Hirsche. In ihrem Verbreitungsgebiet wird ihr würziges Fleisch sehr geschätzt, inzwischen gelangt es auch gelegentlich nach Mitteleuropa.*

- Elche sind Einzeltiere und in Skandinavien, Nordosteuropa, Sibirien, Kanada und Alaska verbreitet.
- Rentiere leben in Rudeln in den Tundren Nordeuropas, -amerikas und -asiens.
- Elch und Ren haben ein mageres, zartes Fleisch, das wie Rotwild verarbeitet werden kann.

Elch- und Renwild stellen beide eine Besonderheit unter den Hirschen dar: Der Elch ist die größte Hirschart und das Rentier die einzige, bei der auch das Weibchen ein Geweih trägt.

Elche *(Alcinae)*

Elchwild ist im nördlichen Europa, Nordasien und Nordamerika beheimatet und wird entsprechend seiner Herkunft in verschiedene Unterarten eingeteilt. Wie römische Quellen belegen, war der Elch einst auch in Mitteleuropa verbreitet, noch im

Mittelalter ist sein Vorkommen auch in Deutschland bezeugt. Nach und nach zog er sich dann in den Norden zurück, in jüngster Zeit ist er aber wieder auf dem Vormarsch.

ELCH
(Alces alces)

engl. moose, elk; franz. élan; ital. alce; span. alce, ante.

Der größte unter den Hirschen ist ein Einzelgänger, lebt in der Taiga sowie in feuchten Wäldern und bevorzugt seenreiche und sumpfige Gebiete. In unwegsamem Gelände wird der Elch gelegentlich in geringem Umfang auch als Arbeits- und Nutztier eingesetzt, beispielsweise in Sibirien. Er ernährt sich von den Zweigen und Blättern von Laubgehölzen wie Weiden, Birken, Erlen und Pappeln, von Kieferntrieben und Wasserpflanzen. Aufgrund des Fehlens natürlicher Feinde hat er sich in den letzten Jahren stark verbreitet, etwa in Schweden, und wird regelmäßig bejagt. Brunftzeit ist im September, die Jagdsaison reicht von September bis November.
Merkmale: Elchbullen können ein Gewicht zwischen 300 bis 800 kg und eine Schulterhöhe von über 2 m erreichen. Elchkühe werden 200 bis 350 kg und Kälber 60 bis 130 kg schwer. Jüngere männliche Tiere haben ein stangenförmiges, ältere meist ein schaufelartiges Geweih.
Verwendung: Elchfleisch ist mager, würzig und sehr schmackhaft. Beliebt sind Schmorgerichte aus der Keule oder Schulter, etwa Elchgulasch oder auch Elchburger. Die Rückenfilets (1) lassen sich gut braten oder zu Schinken verarbeiten.

Der Elch ist ein guter Schwimmer und in nasser, sumpfiger Umgebung in seinem Element. Je nach Art können Elchbullen bis zu 800 kg schwer und über 2 m groß werden, ihr Schaufelgeweih erreicht eine große Spannweite.

Rentiere *(Rangiferinae)*

Das Rentier war einst auch in den gemäßigten Zonen verbreitet, besiedelt heute aber nur die arktischen Zonen Nordeuropas, -asiens und -amerikas sowie Grönland und andere arktische Inseln. Zwar ist sein Bestand mancherorts zurückgegangen, es gilt jedoch nicht als gefährdet. Unterteilt nach Verbreitungsgebiet und Farbe gibt es mehrere Unterarten.

Eine Rentierherde beim Überqueren eines zugefrorenen Flusses. Das dichte, oft graubraune Fell der Tiere wird im Winter heller.

REN

(Rangifer tarandus)

engl. reindeer, caribou; franz. renne, caribou; schwed. ren; norw. rein; ital. renna; span. reno.

Rentiere sind die einzigen Hirsche, die in größerem Stil domestiziert wurden. Während drei Viertel der wild lebenden Tiere die Tundren Nordamerikas durchwandern – dort *caribou* genannt –, leben drei Viertel der domestizierten, etwas kleineren Rentiere in Sibirien. Auch sie können frei umherstreifen und werden nur zu bestimmten Zeiten zusammengetrieben. Um der arktischen Kälte zu entgehen und Nahrung zu finden, schließen sich Rentiere zu riesigen Herden zusammen und wandern Tausende von Kilometern. Sie ernähren sich vorwiegend von Gräsern, im Winter auch von Flechten und Moosen. Die Brunftzeit ist im Oktober, die Hauptjagdzeit von September bis Oktober.

<u>Merkmale:</u> Im Gegensatz zu allen anderen Hirscharten trägt beim Rentier auch das Weibchen ein Geweih, das jedoch kleiner ist als beim Männchen. Die Hirsche erreichen ein Gewicht von 120 bis 220 kg, die Kühe können 80 bis 150 kg erreichen.

<u>Verwendung:</u> Rentierfleisch ist zart und wohlschmeckend. Die Keule (2) kann zu Ragout verarbeitet oder geschmort werden. Sie ergibt aber auch, wie die Rückenfilets (3) einen feinen Braten.

(1) RÜCKENSTRANG VOM ELCH. Elchfleisch ist mittelrot, heller als Rehfleisch, würzig und wohlschmeckend. In der Küche geschätzt wird vor allem das Fleisch jüngerer Tiere.

(2) RENTIERKEULE, ausgelöst. Rentierfleisch ist zart, wohlschmeckend und wird in der Küche sehr geschätzt. In der Farbe erinnert es an Elchfleisch.

(3) RÜCKENSTRANG VOM RENTIER. Die ausgelösten Rückenfilets weisen ein feines, kurzfaseriges Fleisch auf. Importe kommen aus Skandinavien und Russland.

Horn tragende Wildtiere, *und dazu gehören*

viele Tierarten von Bison über Antilopen bis hin zu Gämsen, Stein-böcken, Wildschafen und -ziegen, werfen ihre Stirnwaffen nicht ab.

TYPISCHES MERKMAL all dieser, in Form und Größe so unterschiedlichen Tierarten sind ihre Hörner, und nach ihnen ist die Familie der Hornträger *(Bovidae)* auch benannt. Sie umfasst weit mehr als hundert Arten und gehört zoologisch zur Ordnung der Paarhufer *(Artiodactyla)* und innerhalb dieser zur Unterordnung der Wiederkäuer *(Ruminantia)*. Die Hörner wachsen über einen Knochenzapfen, dabei bildet sich jährlich an der Basis eine neue Hornschicht, wodurch die Spitze immer höher geschoben wird. Die Hörner – bei einigen Arten tragen sie nur die Männchen, überwiegend aber beide Geschlechter, wenngleich die der Weibchen kleiner sind – werden zum größten Teil in den ersten 5 Jahren ausgebildet, später wachsen sie nur langsam. Die Form der Hörner kann je nach Tierart sehr unterschiedlich sein, sie können gekrümmt oder gewunden sein, verzweigt wie bei den Hirschen sind sie jedoch nie.

WILDRINDER

Die größten Verteter sind die Rinder *(Bovinae)*, zu denen die Asiatischen und Afrikanischen Büffel sowie die Bisons gehören. Letztere kommen in Europa kaum wild lebend vor, das magere, schmackhafte Fleisch des Amerikanischen Bison *(Bison bison)* wie das seines europäischen Verwandten, des Wisents oder Europäischen Bisons *(Bison bonasus)* kommt jedoch gelegentlich aus Gatterhaltung und Wildparks bei uns auf den Markt. Die letzte europäische Wildrindart wurde in den vergangenen Jahrzehnten aus Zoos vor allem in Osteuropa und im Kaukasus wieder ausgewildert, diese Populationen werden jedoch in der Regel nicht bejagt.

ANTILOPEN

Antilopen – eine Sammelbezeichnung für mehrere, oft nicht näher verwandte Arten von Hornträgern – kommen in Afrika, Amerika und in weiten Teilen Asiens vor. Das Wildbret dieser Tiere ist in den Küchen ihres Lebensraumes von Bedeutung. Nur das an Reh erinnernde Fleisch des Springbocks *(Antidorcas marsupialis)* kommt auch bei uns auf den Markt.

ZIEGENARTIGE WILDTIERE

Eine Unterfamilie der Hornträger bilden die Ziegenartigen *(Caprinae)*. Zu dieser gehören neben Gämse und Steinbock auch Wildziegen und Wildschafe sowie deren nächste Verwandten. Die Wildziege *(Capra aegagrus)* war einst in Westasien weit verbreitet, heute leben nur noch geringe Populationen in trockenen Gebirgszonen. Für die Wildküche spielen sie jedoch kaum eine Rolle. Ausgewilderte Hausziegen, die von der Wildziege abstammen, gibt es heute noch im Mittelmeerraum, beispielsweise auf Kreta.

GÄMSEN

Die Gattung *Rupicapra* umfasst mehrere, regional unterschiedene Unterarten der Gämse *(Rupicapra rupicapra)* sowie die Pyrenäen-Gämse *(Rupicapra pyrenaica)*. Die Gämsen gehören zur Unterfamilie der Ziegenartigen, ihr Lebensraum sind die Hoch- und Mittelgebirgslagen in Europa und Kleinasien. Für die Küche spielt das Gamswild neben Muffelwild die bedeutendste Rolle unter den Hornträgern.

STEINBÖCKE

Die Steinböcke bilden keine eigene Gattung, sondern stellen mehrere Arten innerhalb der Gattung der Ziegen *(Capra)*. Vom Gemeinen Steinbock *(Capra ibex)* existieren verschiedene Unterarten. Lebensraum des Steinbocks ist das Hochgebirge bis hinauf in sehr große Höhen.

WILDSCHAFE

Schafe sind eng mit den Ziegen verwandt und stellen innerhalb der Unterfamilie der Ziegenartigen die Gattung *Ovis*. Bei der weiteren zoologischen Unterteilung dieser Gattung existieren jedoch verschiedene Meinungen. So werden Wildschafe *(Ovis orientalis* oder *Ovis gemlini)* heute meist als eigene Art betrachtet, zu der das Mufflon als Unterart gehört.

Eine Rarität in der Küche

Das Wildbret der Horn tragenden Wildtiere gilt als Rarität, da es, einmal abgesehen vom Gamswild, eher selten zu haben ist. Das Fleisch dieser Tiere ist kernig in der Struktur, würzig im Geschmack und sehr saftig. Vor allem die Bratenstücke jüngerer Tiere sind eine Delikatesse.

- Gämsen sind in den Gebirgen Europas und Kleinasiens verbreitet.
- Gämsen sind hervorragende Kletterer und leben in Rudeln und als Einzelgänger.
- Gämsen haben ein dunkles, sehr aromatisches Fleisch.

Gamswild *ist in den Alpenländern weit verbreitet, jedoch nicht einfach zu jagen. Das dunkle, aromatische und saftige Fleisch jüngerer Tiere und Kitze ist in der Küche hoch geschätzt.*

Gämsen sind in allen Alpenländern anzutreffen, besonders häufig im Osten. Zudem kommen die einst auch in Mittelgebirgslagen verbreiteten, ziegenähnlichen Kletterer in Südeuropa, Kleinasien und im Kaukasus vor. In Deutschland wurden Gämsen im Schwarzwald und in der Sächsischen Schweiz ausgewildert. Nach Neuseeland gelangten sie mit dem Menschen und wurden dort eingebürgert.

Gämsen *(Rupicapra)*

Die Gattung der zur Familie der Hornträger *(Bovidae)* zählenden Gämsen umfasst nur zwei Arten, wobei die in den Alpen und weiter östlich vorkommende Art *(Rupicapra rupicapra)* je nach Lebensraum in weitere Unterarten eingeteilt wird. Die in den Pyrenäen, in den Gebirgen Nordspaniens und in Mittelitalien verbreitete, schlankere Pyrenäen-Gämse *(Rupicapra pyrenaica)* bildet eine eigene Art.

GÄMSE

(Rupicapra rupicapra)

engl. chamois; franz. chamois; ital. camoscio; span. gamuza.

Die Geißen bilden mit Kitzen und einjährigen Tieren Rudel, die Böcke leben in kleinen Gruppen oder als Einzelgänger, nur zur Brunftzeit bei Wintereinbruch gesellen sie sich zur Herde. Im Sommer leben die tagaktiven Gämsen meist oberhalb der Waldgrenze und ernähren sich von Trieben und Knospen, Gräsern, Kräutern und Beeren. Im Winter suchen sie tiefer liegende Regionen im Bergwald auf und ernähren sich dann auch von Flechten und Moosen. Brunftzeit ist im November/Dezember, die Hauptjagdzeit reicht von August bis Dezember.

Merkmale: Die ziegenähnliche, gedrungene, kräftige Gämse erreicht eine Schulterhöhe zwischen 70 und 85 cm. Böcke werden 30 bis 50 kg schwer, Geißen bringen 25 bis 40 kg und Kitze 12 bis 18 kg auf die Waage. Beide Geschlechter tragen Hörner, an deren Jahresringen sich das Alter des Tieres genau ablesen lässt. Das Hauptwachstum der Hörner ist im vierten Lebensjahr beendet, von da an werden diese von Jahr zu Jahr nur noch wenig höher und stärker. Die Farbe ihres Fells wechselt auch bei der Gämse zweimal im Jahr, im Sommer ist es rötlich braun mit einem dunklen Strich auf dem Rücken, im Winter verfärbt es sich dunkel- oder schwarzbraun. Der dunkle Rückenstreifen ist bei den Böcken im Winter besonders lang, die bis zu 25 cm langen Haare liefern den so genannten »Gamsbart«.

Gämsen bewohnen die oberen Wald- und Felsregionen der Hoch- und Mittelgebirge, daher ist die Gämsenjagd relativ anstrengend. Charakteristisch ist neben den Hörnern auch der zum Maul hin schmäler werdende Kopf mit dem dunklen Längsstreifen von den Ohren über die Augen zum Maul.

<u>Verwendung:</u> Gämsenfleisch ist dunkel und sehr aromatisch, kann jedoch etwas fett (talgig) sein. Stammt es von älteren Tieren, ist es gelegentlich zäh, schmeckt etwas streng und wird daher häufig vor der Zubereitung in eine Beize gelegt. Besonders geschätzt in der Küche sind Kitze und einjährige Tiere (Jährlinge). Aus dem Hals der Gämse (1) lassen sich aromatische Fonds und Suppen herstellen. Seltener wird das Fleisch ausgelöst und für Ragouts verwendet. Die Schulter (2) ergibt im Ganzen mit den Knochen geschmort einen saftigen Braten, entbeint wird sie oft als Ragout zubereitet. Für Farcen oder Hack ist die Schulter ebenfalls das richtige Teilstück. Der fleischige Rücken (3) kann mit Knochen im Ganzen gebraten werden. Werden die Rückenfilets ausgelöst, ergeben sie ebenfalls einen feinen Braten, quer zur Faser in Medaillons geschnitten, eignen sie sich auch zum Kurzbraten in der Pfanne oder zum Grillen. Die Keule ist recht groß und wird daher zum Braten häufig entbeint und in ihre Teilstücke zerlegt. Aus diesen lassen sich auch Steaks zum Kurzbraten schneiden. Die Haxe wird meist für Fonds verwendet.

Garprobe machen

Das Fleisch älterer, während der Brunftzeit erlegter Gamsböcke hat oft einen unangenehmen Geruch. Wenn Sie nicht sicher sind, ob Sie ein solches Stück erhalten haben, hilft im Zweifelsfall eine Garprobe. Sind Geruch und Geschmack unangenehm, hilft nur, das Fleisch vor der Zubereitung 5 bis 6 Monate in die Tiefkühltruhe zu legen.

(1) **HALS, TRÄGER** von der Gämse, hier mit einem Gewicht von 1,2 kg. Das Fleisch dieses kompakten knochen- und sehnenreichen Teilstücks zählt zu den weniger zarten Partien und wird daher meist gekocht.

(2) **SCHULTER, BLATT** von der Gämse im Ganzen mit anhängendem Oberarmknochen (Haxe), hier mit einem Gewicht von 1,8 kg. Die Schulter kann mit oder ohne Knochen zubereitet werden.

(3) **RÜCKEN, ZIEMER**, 2,3 kg schwer. Das zartfaserige Fleisch ist von einer dünnen Fettschicht bedeckt. Sie kann beim Braten im Ganzen als Schutz vor großer Hitze am Fleisch verbleiben oder entfernt werden.

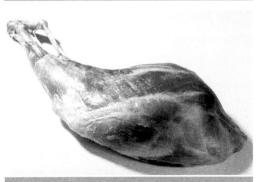

(4) **KEULE, SCHLEGEL** von der Gämse im Ganzen mit anhängendem Unterschenkelknochen (Haxe), hier mit einem Gewicht von 2,6 kg. Das sehnenreiche Haxenfleisch wird meist separat zubereitet.

Jäger ohne Jagdschein:
Der Wilderer als Volksheld

A ls Johann Josef Pföderl, Jagdgehilfe, und Georg Jennerwein, Sohn eines Wilderers, 1871 aus dem Deutsch-Französischen Krieg ins Miesbacher Land heimkehren, verdingen sie sich als Holzknechte. Zum Überleben reicht es nicht. Die beiden jungen Männer beginnen zu wildern, die Beute verkaufen sie an Wirte oder verteilen sie an Arme. Die beiden Rechtsbrecher sind beim einfachen Volk beliebt, werden als mutige Rebellen bewundert.

Der gut aussehende, junge Jennerwein, bekannt als »Girgl von Schliers«, hat das Zeug zum Helden. Einerseits zeichnet er sich durch einen großen Freiheitsdrang, Kühnheit und Gewandtheit aus, andererseits zeigt er ausgeprägte Fachkenntnisse und behandelt Wild waidgerecht wie ein rechter Jägersmann. Und er ist schlauer als Berufsjäger, Obrigkeit und Adel zusammen, denen er kapitale Böcke vor der Nase wegschießt. Die Frauen lieben ihn, gebären ihm uneheliche Kinder. Und mit einer »Weibergeschichte« nimmt dann auch das Verhängnis seinen Lauf: Pföderl und Jennerwein begehren dieselbe Frau, Jennerwein macht das Rennen. Pföderl rächt sich, wechselt die Fronten und verrät den zum Rivalen gewordenen Freund. Als Jennerwein am Leonharditag 1877, erst neunundzwanzigjährig, auf dem Hohen Peißenberg auf die Pirsch geht, lauert ihm Pföderl auf und erschießt den Freund von hinten.

Pföderl kommt wegen eines »gänzlich ungetrübten Leumunds« glimpflich davon, glücklich wird er nicht. 12 Jahre später stirbt er im Tegernseer Hospital als einsamer Alkoholiker, dem man den frühen Tod des Wildschützen nicht verzeiht. Jennerwein dagegen wird zum Robin Hood vom Schliersee stilisiert. »Ein stolzer Schütz in seinen schönsten Jahren« – mit diesen Worten verewigt ihn das »Jennerwein-Lied«.

WEM GEHÖRT DAS WILD?

»Den Reichen zu nehmen und den Armen zu geben« ist ein edles Motiv. Es geht um Recht und Gerechtigkeit und die stellt der Wildschütz aus der Sicht der Benachteiligten wieder her. Es war ja nicht immer so, dass das Wild im Besitz einiger Mächtiger war, sondern es gehörte allen. Im Römischen Recht war das Wild »res nullius«, eine herrenlose Sache, die in den Besitz dessen überging, der es erlegte. Auch bei den Germanen stand das Recht auf Jagd allen freien Menschen zu. Noch bis ins Mittelalter hinein durften freie Bürger und Bauern jagen, um ihre Felder, Gärten und Vieh zu schützen und sich Nahrung zu beschaffen. Mit dem Ende der freien Jagd und dem Forstbann der Bauern klaffte dann die Schere immer weiter auseinander: Während dem privilegierten Adel die Jagd zum Vergnügen gereichte, wurde sie den Bauern zur Last.

Der Schutz des Wildes hatte Vorrang vor dem der Bevölkerung, damit den königlichen Jagdgesellschaften immer genügend Wild zur Verfügung stand – gleich, welchen Schaden es anrichtete. Selbstverständlich wurden da die Wilderer von der Landbevölkerung gedeckt: Jodler dienten als Warnsystem, Gewehre wurden zerlegt, Läufe abgesägt und versteckt, Schuhe verkehrt herum besohlt, damit die Volkshelden den Jägern und Gendarmen nicht in die Hände fielen.

EIN STOFF, DER DIE GEMÜTER BEWEGT

Kein Wunder, fanden die Rächer der Entrechteten ähnlich wie die Freibeuter der Meere und mancher Räuberhauptmann als romantisierte Helden Eingang in die Kunst. Von der Malerei über die Volksmusik und das Bauerntheater bis in die Literatur und den Heimatfilm gibt es viele Beispiele – von Schillers »Räuber« bis zu Ganghofers Romanen. Vor allem der schwarz-weiß malende Bergroman und der triviale Heimatfilm sind für die Wildererromantik empfänglich. Schon die dramatischen Schauplätze der Alpen – tosende, reißende Wildbäche, felsige, sturmzerklüftete Gipfel und steil abfallende Bergwälder – lassen Pantoffelhelden wohlig erschaudern. Berühmt-berüchtigte Wildschützen wie Mathias Klostermayr alias »Bayerischer Hiasl« (1736–1771) oder Mathias »Räuber« Kneißl (1875–1902) sind Vorbilder für unerschrockene Naturburschen, die sich vor solcher Kulisse besonders eindrucksvoll von den verweichlichten, verderbten oder spießigen Städtern abheben. Bis in die heutige Zeit hinein erweist sich dieser Stoff als ausgesprochen vital und wurde keineswegs mit Ludwig Ganghofer, einem Meister seines Fachs, zu Grabe getragen.

DIE REALITÄT IST WENIGER ROMANTISCH

Nicht in jedem Wilderer steckt ein guter Kerl, der zum Helden taugt. Mancher geht aus weit weniger »ehrenwerten« Gründen auf die Jagd. Trophäensammeln, Blutrausch, Geldgier, der Reiz des Verbotenen, Autowildern, das Geschäft mit dem Pelz – Motive jenseits von Existenzsicherung oder sozialem Ausgleich finden sich viele. Selbst vor Mord schreckt manch rabiater Wilderer nicht zurück und erst recht nicht vor Grausamkeit gegenüber Tieren, die oft gar nicht waidgerecht zur Strecke gebracht werden und qualvoll verenden. Derartige mitleidslose Fallensteller, Trophäenjäger oder absichtliche »Autowilderer« gehören zweifelsfrei nicht in die Kategorie der Jennerweins.

Seit der Revolution von 1848 ist die Jagd kein Privileg des Adels mehr. Dennoch gibt es den Strafbestand des Wilderns auch heute, wenn keine Berechtigung zur Ausübung der Jagd besteht. Die Strafen

Glück hatte, wer mit Schimpf und Schande davonkam: Das Leben der Wildschützen war einst keineswegs so romantisch, wie viele Geschichten und Legenden erzählen.

sind jedoch im Vergleich zu früher sehr viel milder, als Wildern ein Majestätsdelikt war und den Tod durch Strang oder Schwert, Handabschlagen, Frondienste oder öffentliche Schmähung auf dem Pranger mit einem Hirschgeweih auf dem Kopf zur Folge hatte. Das Leben als Wilderer war keineswegs so romantisch, wie der Mythos vorgaukelt.

Natürlich gibt es auch Wilderer mit Jagdschein, wie im Fall eines Jägers aus Wolfratshausen im Süden von München: Dieser wilderte von 2002 bis 2005 in großem Stil, was er akribisch in einem Jagdtagebuch festhielt. Über 70 Trophäen und 27 Schusswaffen fand die Polizei in seiner Wohnung. Verkauft habe er das Fleisch weit über seinen Landkreis hinaus, die Wirte im Glauben gelassen, dass alles seine Rechtmäßigkeit habe. Ein solcher Wilderer aus Eigennutz steht nicht in der Gunst der Bevölkerung. Ganz im Gegensatz zum Wildschützen Jennerwein, der heute noch so populär ist, dass die Friedhofsverwaltung in Schliersee gelegentlich auf einem Schild an dessen Grab darum bitten muss, von Kulthandlungen Abstand zu nehmen.

Ingrid Schindler

Um das Grab des Georg Jennerwein in Schliersee ranken sich Legenden. Aber ob er nun wirklich dort begraben ist oder nicht, populär bleibt er auch durch den gleichnamigen Film und das »Jennerwein-Lied«.

- Steinböcke leben in felsigen Gebirgsregionen in Europa und Asien.
- Steinböcke sind die besten Kletterer und leben meist in Rudeln.
- Steinböcke haben ein rötliches Fleisch mit kräftigem, würzigem Geschmack.

Steinböcke sind noch gewandtere Kletterer als Gämsen und im felsigen Hochgebirge zu Hause. Auffällig sind die großen, bis zu 1 m langen, nach hinten gekrümmten Hörner der Böcke, mit denen sie gegen konkurrierende männliche Tiere kämpfen. Nur mindestens 6-jährige Steinböcke haben eine Chance, diesen Kampf zu gewinnen.

Steinwild *bewohnt die Felsregionen der Hochgebirge. In den Küchen der benachbarten Alpenländer spielt das Wildbret des Steinbocks regional eine Rolle, begehrt ist vor allem das Fleisch junger Tiere.*

Da ihm die Menschen früher besondere Heilkräfte zuschrieben, wurde der Steinbock in den Alpen seit dem Mittelalter beinahe ausgerottet. Nur eine kleine Zahl lebte zu Beginn des 19. Jahrhunderts noch im Gran-Paradiso-Gebiet in Italien. 1816 stellten die Behörden die letzten, etwa 100 überlebenden Tiere unter Schutz, 1854 übernahm König Viktor Emanuel II. persönlich den Schutz der Steinböcke. Das Gran-Paradiso-Gebiet wurde 1922 zum ersten Nationalpark Italiens erklärt und der Steinbock sein Wahrzeichen – die Art wurde vorm Aussterben gerettet. Inzwischen ist es gelungen, den Steinbock von Italien aus in vielen Regionen der Alpen erfolgreich wieder anzusiedeln. Allerdings sind einige kleine Populationen an den Randgebieten der Alpen, wie etwa auch in Deutschland, weitgehend isoliert.

Ziegen *(Capra)*

Die Gattung der Ziegen, auch sie gehört zur Familie der Hornträger, wird in verschiedene Arten unterteilt. Hierzu zählt einmal die einst in Westasien weit verbreitete Wildziege *(Capra aegagrus)* mit mehreren Unterarten, von der die heutige Hausziege abstammt. Eine weitere Unterart ist die in Zentralasien vorkommende Schraubenziege *(Capra falconeri)* sowie verschiedene Steinbockarten. Zur besseren Unterscheidung spricht man dabei auch vom Gemeinen Steinbock *(Capra ibex)*, der in Europa, Asien und Afrika mit drei Unterarten am weitesten verbreitet ist. Daneben gibt es den Iberiensteinbock *(Capra pyrenaica)*, den Äthiopischen Steinbock *(Capra walie)* sowie zwei kaukasische Arten.

ALPENSTEINBOCK

(Capra ibex ibex)

engl. ibex; franz. bouquetin; ital. stambecco; span. cabra montesa.

Steinböcke sind hervorragend an das Leben im Hochgebirge angepasst, sie erklimmen Höhen bis zu 3.500 m. Im Winter leben die Tiere auch in tieferen Regionen, in Wäldern sind sie jedoch nicht anzutreffen und auch Tallagen werden gemieden. Mehrere Weibchen und Jungtiere bilden eine Herde, daneben gibt es Zusammenschlüsse junger Böcke sowie als Einzelgänger lebende, ältere Böcke, die sich nur über den Winter einer Herde anschließen. Steinböcke sind genügsam, tagaktiv und ernähren sich von Kräutern, Gräsern und Knospen, im Winter auch von Moosen und Flechten. Brunftzeit ist im Dezember/Januar. In Deutschland stehen Steinböcke unter Schutz, in Alpenländern wie der Schweiz dürfen sie von September bis November geringfügig bejagt werden.

Merkmale: Die ziegengroßen Steinböcke sind kräftig und erreichen Schulterhöhen von 70 bis 90 cm. Böcke können 70 bis 120 kg, die Geißen 40 bis 50 kg und die Lämmer 10 bis 15 kg wiegen. Beide Geschlechter tragen säbelförmige, nach hinten gebogene Hörner, wobei die der Böcke im Schnitt etwa 70 cm lang werden. Bei den Geißen bleibt das Gehörn mit bis zu 35 cm kleiner. Im Sommer ist das Fell der Böcke dunkelbraun, das der Geißen rötlich oder goldbraun, im Winter verfärbt sich das Fell beider Geschlechter gräulich.

Verwendung: In der Verwendung unterscheidet sich das etwas hellere Fleisch des Steinbocks kaum vom Gamswild, allerdings sind die Teilstücke etwas größer. Steinwild kommt nur selten auf den Markt und ist eine rare Delikatesse, vor allem das Fleisch jüngerer Tiere – also von Lämmern oder Jährlingen – schmeckt ausgezeichnet. Ältere Steinböcke sind oft etwas fett (talgig). Da ihr Fleisch zudem relativ langfaserig ist, empfiehlt sich in diesem Fall eine Zubereitung als Ragout. Hierfür wird etwa das Fleisch des Halses (1) von den Knochen getrennt und in etwa 4 cm große Würfel geschnitten. Bei älteren Tieren ist zudem das Einlegen in eine Rotweinbeize ratsam, um das Fleisch mürber zu machen. Entbeint, in Würfel geschnitten und geschmort, schmeckt die Steinbockschulter (2) als Ragout. Sie kann aber auch, ebenso wie die Keule (3), im Ganzen geschmort werden. Stammen Schulter und Keule von einem jungen Tier, lassen sie sich auch im Ganzen oder in Teilstücken braten, ebenso wie das zarte, ausgelöste Rückenfilet. Der Rücken eines ausgewachsenen Tieres wird dagegen aufgrund seiner Größe selten im Ganzen zubereitet.

Luftgetrocknet

Die ausgelösten Rückenfilets eines Steinbocks ergeben – gepökelt, gewürzt und bei entsprechenden Bedingungen an der Luft getrocknet – einen wunderbaren Wildschinken. Das Fleisch weniger wertvoller Teilstücke wird in der Schweiz auch zu würziger Salsiz (Salami) verarbeitet.

(1) Der **STEINBOCKHALS, -TRÄGER** ist besonders stark und massig, da das schwere Gehörn getragen werden muss. Das rötliche Fleisch ist von relativ langer Faser.

(2) **STEINBOCKSCHULTER, -BLATT**. Sie ist im Vergleich zur Gämse sehr kräftig ausgeprägt und auch größer. Besonders bei älteren Tieren kann das Fleisch relativ fett sein.

(3) **STEINBOCKKEULE**. Im Vergleich zur Schulter ist die Keule beim Steinbock eher klein. Das sehnenreiche Haxenfleisch wird in der Regel separat verwertet.

- Mufflons sind heute in Europa in Deutschland, Frankreich und Österreich sowie in der Slowakei, in Ungarn und Kroatien verbreitet.
- Mufflons bevorzugen hügeliges Gelände und leben in Rudeln.
- Das Fleisch des Mufflons zählt mit zum Besten, was die Wildküche zu bieten hat.

Muffelwild *ist die kleinste der verschiedenen Wildschafarten und war ursprünglich nur auf Korsika und Sardinien verbreitet. Sein aromatisches Fleisch gilt mit als das das beste Wildbret Europas.*

Vor einigen Tausend Jahren gelangten Mufflons aus Kleinasien nach Korsika und Sardinien, wo sie überleben konnten, während sie im übrigen Europa und in ihrer Heimat verschwanden. Ob es sich dabei um echte Wildschafe oder um Nachkommen einer alten Hausschafrasse handelt, darüber gehen die Meinungen der Zoologen auseinander. Seit etwa 200 Jahren werden Mufflons an vielen Orten Europas ausgewildert, um 1900 auch in Deutschland. Und während die Bestände an Muffelwild auf den großen Mittelmeerinseln zurückgehen, sind sie in Deutschland stabil, derzeit leben hier etwa 19.000 Tiere.

Schafe *(Ovis)*

Die Gattung der Schafe ist eng mit den Ziegen verwandt und gehört wie diese zu den Hornträgern. Neben dem Hausschaf, einer domestizierten Form des Wildschafs *(Ovis orientalis* oder *Ovis gmelini)*, umfasst die Gattung noch andere in Asien, Sibirien sowie in Nord- und Mittelamerika beheimatete Arten.

MUFFLON

(Ovis ammon musimon, auch Ovis orientalis musimon oder Ovis gmelini musimon)

engl. mufflon, bighorn; franz. muflon; ital. muffione, mufflone; span. muflón.

Ursprünglich lebten die Mufflons in offenem, trockenem, steinigem Gelände. In Mitteleuropa bevölkern sie heute auch Laub- und Mischwälder. Sie ernähren sich vor allem von Gräsern, Kräutern und Laub. Brunftzeit ist im November/Dezember, die Hauptjagdzeit dauert von August bis Januar.

Merkmale: Mufflons erreichen eine Schulterhöhe von 65 bis 80 cm. Widder wiegen 35 bis 50 kg, Schafe 25 bis 40 kg und Lämmer 12 bis 18 kg. Typisch sind die schneckenförmig eingedrehten Hörner.

Verwendung: Mufflonfleisch ist sehr begehrt, vor allem von Lämmern und Jungtieren. Der Rücken eines ausgewachsenen Tieres kann 3 bis 4 kg schwer sein und wird selten im Ganzen zubereitet. Die ausgelösten Rückenfilets (1) ergeben einen feinen Braten und schmecken auch als Medaillons gebraten oder vom Grill. Die Teilstücke der Schulter eignen sich zum Braten oder Schmoren sowie für ein Ragout. Die Teilstücke der Keule (2), sie kann 3 bis 4 kg wiegen und wird meist zerlegt, ergeben einen guten Braten oder auch Steaks zum Kurzbraten.

Mufflons kommen hierzulande wild vor, werden aber auch in Gattern gehalten. Die Widder verfügen über ein großes, schneckenförmig eingedrehtes Gehörn.

(1) RÜCKENFILETS vom Mufflon. Quer zur Faser geschnitten ergeben die Filets zarte Medaillons.

(2) MUFFLONKEULE mit abgetrenntem Unterschenkel. Das rote Fleisch ist zartfaserig und saftig.

Exoten in der Wildküche

Meerschweinchen und Schlange, Hund und Pferd, Kuh und Hirsch – was wir essen, ist eine gesellschaftliche und ethische Frage, die in China, Korea und Indien anders als in Frankreich oder Deutschland beantwortet wird. Das Känguru etwa hat in seiner Heimat Australien als Fleischlieferant unterschiedlichste Phasen durchgemacht. Die artenreichen Beutelsäuger hatten mit den Aborigines zu einem ausgewogenen Miteinander gefunden. Deren System der Brandrodung schuf auch Lebensraum für die äußerst energieeffizient und bodenschonend hüpfenden Grasfresser. Von weißen Siedlern wurde das Wappentier Australiens jedoch erbarmungslos bejagt und seine Artenvielfalt stark dezimiert. Nach einer kurzen Hochzeit Ende des 19. Jahrhunderts – als auch der Berliner Hoflieferant Julius Fehér »Känguruh-schwanz grillé« anbot – galt Känguru in australischen Küchen im Gegensatz zu Lamm und Rind als unzivilisiert. Erst mit der jüngsten Gastro-Generation wurde es wieder gesellschaftsfähig. Geschmacklich liegt das

kräftige dunkle Fleisch zwischen Rind und Hirsch, ist aber sehr mager und wird deshalb zu lang gegart schnell zäh und trocken.

BÜFFEL, WISENT UND STRAUSS

Das gilt für die meisten »Exoten«: Büffel beziehungsweise Bison wird seit etwa 15 Jahren in Nordamerika und vereinzelt auch Deutschland auf ausgedehnten Ranches gezüchtet. Das robuste Steppentier liefert ausgesprochen fett- und cholesterinarmes Fleisch mit gut verwertbarem Eiweiß. Sein europäischer Verwandter, das Wisent, ist nur noch ausnahmsweise bei Überschüssen aus Zoos und Wildgehegen kulinarisch zu erleben; seit den 1920ern wird an der Erhaltung des letzten Ur-Rinds und größten europäischen Landsäugetiers gearbeitet. Der weder mit Emu noch Nandu verwandte

Strauß wird im südlichen Afrika bereits seit dem 19. Jahrhundert größtenteils in Farmen gehalten; seit Anfang der 1990er wie schon um die vorletzte Jahrhundertwende auch in Deutschland. Das dunkle Fleisch des größten Vogels der Welt erinnert mit seiner Würze entfernt an Bison.

SPRINGBOCK: KEIN ETIKETTENSCHWINDEL

Feiner im Geschmack ist das Fleisch des afrikanischen Springbocks. Der gazellenartige *Antidorcas marsupialis* mit den geringelten, leierförmigen Hörnern gehört zu den schnellsten Säugetieren überhaupt und kann fast aus dem Stand nach oben springen. Im allgemeinen Sprachgebrauch werden die etwa rehgroßen Tiere oft als Antilopen bezeichnet; ein Begriff, der so weitläufig verwandte Wiederkäuer wie Kaffernbüffel, Kudu, Gnu, Gazellen und Impala umschließt, zoologisch aber keinen Sinn macht. Die großen Herden in den Savannen des südlichen Afrikas wurden durch organisierte Massenabschüsse im 19. Jahrhundert extrem reduziert und in Südafrika ganz ausgerottet;

das Wappentier des Kapstaats ist erst im 20. Jahrhundert aus Nachbarstaaten wieder eingeführt worden. In den 1970ern kamen Springbock-Exporte aus Namibia nach Europa. In dem wildreichen Land gilt es neben Kudu, Oryx, Elenantilope, Impala, Gnu und Zebra zu Recht als Delikatesse, wurde aber wegen der UNO-Handelssanktionen gegen Südafrika, das Namibia bis 1990 besetzt hielt, und auch des damit zu erzielenden, höheren Preises wegen als Rehfleisch deklariert. Bis heute haftet Springbock daher der Ruf des Betrügerischen an, was dem zarten, aromatischen Fleisch mehr als unrecht tut. Zuverlässige Importfirmen sind heute auf Artenschutz und Bestandspflege bedacht und pflegen engen Kontakt mit den zuständigen Behörden.

Ursula Heinzelmann

Schwarzwild *kann sich unterschiedlichsten Bedingungen anpassen und hat sich in den letzten Jahrzehnten stark verbreitet. Es ist heutzutage beinahe auf der ganzen Welt anzutreffen.*

AUCH DIE SCHWEINEARTIGEN *(Suina)* werden zur Ordnung der Paarhufer *(Artiodactyla)* gerechnet und bilden die Unterordnung der Nichtwiederkäuer *(Artiodactyla Nonruminantia).* Die Nichtwiederkäuer oder Schweineartigen werden wiederum in zwei Familien unterteilt: zum einen in die Echten oder Altweltlichen Schweine *(Suidae),* zum andern in die Nabel- oder Neuweltlichen Schweine *(Tayassuidae),* auch Pekaris genannt, die hauptsächlich in Süd- und Mittelamerika vorkommen. Im Gegensatz zu den Wiederkäuern *(Artiodactyla Ruminantia)* haben sich die Nichtwiederkäuer auf keine bestimmte Nahrung spezialisiert, sondern sind Allesfresser, so genannte Omnivoren.

ECHTE ODER ALTWELTLICHE SCHWEINE

Die Familie der Echten Schweine *(Suidae)* – hierzu zählen Buschschweine, Warzenschweine sowie das Riesenwaldschwein – ist in Afrika, Europa und Asien weit verbreitet, die meisten Arten leben jedoch in Südostasien. In Europa ist als einziger Vertreter der Gattung *Sus* das Wildschwein beheimatet. Weltweit umfasst diese Gattung ungefähr zehn Arten, darunter verschiedene asiatische Arten von Bart- und Pustelschweinen.

WILDSCHWEIN VIELERORTS EINGEBÜRGERT

Das ursprüngliche Verbreitungsgebiet des Wildschweins *(Sus scrofa),* dem Ahnherrn der heutigen Hausschweine, erstreckte sich von Westeuropa bis nach Südostasien, in südlicher Richtung bis Nordafrika, wo die Art heute jedoch eher selten ist. Durch Einbürgerung ist das Wildschwein inzwischen fast weltweit vertreten. Anfang des 19. Jahrhunderts wurden Wildschweine in Australien eingeführt, wo sie inzwischen als große Plage gelten. Zu Beginn des 20. Jh. gelangten die Tiere dann mit dem Menschen nach Nord- und Südamerika. In Hawaii, Neuseeland und einigen karibischen Ländern wurden sie ebenfalls eingebürgert. Überall dort vermischten sich die Wildschweine mit ausgewilderten Hausschweinen. Diese Populationen haben jedoch ein helleres Fleisch als reinrassige Wildschweine.

WILDSCHWEINE SIND ANPASSUNGSFÄHIG

Im Gegensatz zu stärker spezialisierten Tierarten sind Wildschweine als Allesfresser in der Lage, sich den unterschiedlichsten Lebensräumen anzupassen. Vor allem in den klimatisch gemäßigten Zonen Mitteleuropas mit Eichen- und Buchenwäldern sind sie stark vertreten. In wärmeren Regionen lebende Tiere haben ein dünneres Haarkleid und weniger Unterhautfett. Da Wildschweine jedoch auf Wasser angewiesen sind, kommen sie in Wüstengebieten nicht vor, ebenso wenig wie in nördlichen Gebieten mit einem über mehrere Monate gefrorenen Boden. Auch in Hochgebirgslagen sind Wildschweine nicht anzutreffen.

GRÜNDE FÜR DAS RASCHE ANWACHSEN DES SCHWARZWILD-BESTANDES

Während das Wildschwein in der ersten Hälfte des 20. Jahrhunderts in weiten Teilen Deutschlands durch Bejagung selten geworden war, ist in den letzten Jahrzehnten ein rasantes Anwachsen der Schwarzwildpopulationen zu verzeichnen. So sind Wildschweine inzwischen auch in Mittelgebirgslagen wie dem Harz ganzjährig anzutreffen. Die Gründe dafür sind unterschiedlich: Einmal spielen klimatische Faktoren eine Rolle, wie etwa das Ausbleiben langer, schneereicher Winter mit anhaltenden Dauerfrostperioden, was den Frischlingen eine größere Überlebenschance sichert. Hinzu kommen eine Reihe aufeinander folgender Jahre mit einem großen Nahrungsangebot an Eicheln und Bucheckern. Entscheidend sind zudem Veränderungen in der Landwirtschaft, wie beispielsweise die Ausdehnung des Maisanbaus – die Flächen haben sich seit 1960 mehr als versechsfacht – und das damit verbundene, weiter verbesserte Nahrungsangebot. Heute wird Schwarzwild, das zunehmend auch in stadtnahe Gebiete vordringt und nicht gefüttert werden sollte, wieder verstärkt bejagt.

Untersuchungspflicht

Da Wildschweine von Trichinen, einer Art Fadenwürmer, befallen sein können, muss nach der Jagd bei ihnen grundsätzlich eine Trichinenuntersuchung durch eine berechtigte Person oder den amtlichen Tierarzt durchgeführt werden.

- Wildschweine waren ursprünglich in Europa, Asien und Nordafrika verbreitet.
- Wildschweine sind Allesfresser und leben in Familienverbänden zusammen.
- Wildschweinfleisch ist fettärmer, fester und aromatischer als jenes von Hausschweinen.

Wildschwein *kommt in der Gastronomie immer häufiger auf die Speisekarte – kein Wunder, denn die Schwarzkittel liefern ein saftiges, kerniges und würziges Fleisch.*

Das Wildschwein ist eine Millionen Jahre alte Wildart. Es war schon in der Mittel- und Jungsteinzeit in Mitteleuropa weit verbreitet und stellte eine wichtige Nahrungsquelle dar. Schätzungen zufolge machte der Anteil an Wildschweinen seinerzeit knapp die Hälfte der gesamten Jagdbeute aus.

Schweine *(Sus)*

Die zur Familie der Echten oder Altweltlichen Schweine *(Suidae)* zählende Gattung der Schweine umfasst verschiedene Arten. In Europa kommt jedoch nur eine Art, das Wildschwein *(Sus scrofa)* vor, das entsprechend seines großen Verbreitungsgebietes in mehrere Unterarten eingeteilt wird.

WILDSCHWEIN

(Sus scrofa)

engl. wild boar; franz. sanglier; ital. cinghiale; span. jabalí.

Die in Europa, Asien und Nordafrika beheimateten Wildschweine leben in Familienverbänden (Rotten) in Laub- und Mischwäldern mit Sümpfen und Schilfgebieten. Die Tiere durchwühlen den Boden, ihre Nahrung besteht aus Wurzeln, Würmern, Schnecken, Pilzen und Feldfrüchten wie Mais und Kartoffeln. Die Paarungszeit (Rauschzeit) ist von November bis Januar. Die Hauptjagdzeit für ausgewachsene männliche und weibliche Tiere (Keiler und Bachen) ist von Juni bis Januar, für Frischlinge und einjährige Tiere (Überläufer) ganzjährig.

Merkmale: Ausgewachsene Wildschweine erreichen eine Schulterhöhe von 60 bis 115 cm. Keiler wiegen zwischen 50 und 350 kg, Bachen können 40 bis 200 kg und Frischlinge 10 bis 80 kg auf die Waage bringen. Wildschweine haben ein schwarz- bis graubraunes Fell mit dichter Unterwolle. Der gedrungene Hals (Träger) sowie die Schulterpartie sind durch eine extrem dichte Behaarung (Schwarte) vor Angriffen geschützt.

Verwendung: Gelegentlich gelangt Schwarzwild aus Importen auf den Markt, angeboten wird es etwa aus Australien. Dabei handelt es sich jedoch um verwilderte, schwarzborstige Hausschweine mit hellerem Fleisch, ebenso wie bei Importen aus Südosteuropa. Das Fleisch reinrassiger Wildschweine ist dunkelrot, aromatisch und saftig. Es weist zwar

(1) NACKEN, TRÄGER VOM WILDSCHWEIN, mit aufliegendem Fett. Der Hals ist beim Wildschwein relativ kurz, das Fleisch kurzfaserig und aufgrund der Marmorierung besonders saftig.

(2) RIPPENBOGEN VOM WILDSCHWEIN, von innen gesehen, ohne anhängenden Bauchlappen. Meist wird das Fleisch entlang des Rippenbogens von den Knochen gelöst.

Eine Bache mit Jungtieren (Frischlingen) im Frühjahr. Ihr Fell weist noch die typischen gelblichen Längsstreifen auf, diese Zeichnung verblasst im darauf folgenden Herbst.

einen höheren Fettanteil als andere Schalenwildarten auf, im Vergleich zum Hausschwein ist es jedoch mager und kernig. Der Wildschweinnacken (**1**) wird von Kennern als Braten oder Schmorbraten geschätzt, entbeint lässt er sich in Steaks zum Kurzbraten und Grillen schneiden. Wird das Fleisch des Rippenbogens (**2**) abgelöst und für ein Ragout verwendet, sollte das Fett zwischen Rippen und Bindegewebe entfernt werden. Für einen Rollbraten oder zum Grillen (Spareribs) kann das Fett am Fleisch verbleiben. Die Schulter (**3–5**) mit Knochen lässt sich im Ganzen braten. Stammt sie von einem jungen Tier und wird frisch verarbeitet, bleibt die dünne Fettschicht am besten am Fleisch (**3**). Soll die Schulter zerteilt werden, wird sie entbeint (**5**). Ausgelöst ergibt sie einen feinen Braten, kann aber auch geschmort oder als Ragout zubereitet werden. Und auch für Wildschweinhack ist sie das richtige Stück.

(**3**) **WILDSCHWEINSCHULTER,** von der Oberseite, mit Fettauflage und Unterarmbein (Haxe). Das dunkelrote Fleisch ist schmackhaft, aber etwas weniger zart als Rücken und Keule.

(**4**) **WILDSCHWEINSCHULTER,** von der Unterseite, mit freigelegtem Schulterknochen. Die Schulter kann im Ganzen zubereitet werden, häufig wird sie jedoch entbeint.

(**5**) **AUSGEBEINTE SCHULTER** vom Wildschwein. Ohne Knochen lässt sich das Fleisch der Schulter vielfältig zubereiten. Die Knochen dienen zur Herstellung kräftiger Wildfonds.

Verwendung: Der Wildschweinrücken (1) kann im Ganzen gebraten oder im Drehkorb gegrillt werden, sofern er von einem jüngeren Tier stammt. In diesem Fall sollte die Fettschicht vor der Zubereitung nicht entfernt werden, so bleibt das Fleisch saftiger. Der Rücken lässt sich aber auch quer in Doppelkoteletts teilen und in der Pfanne braten oder grillen. Ist der Rücken größer, wird er meist geteilt. Auch ein Teil des Kotelettstrangs (2) ergibt einen guten Braten. Die einzelnen Koteletts eignen sich zum Kurzbraten und Grillen. Das zarteste Fleisch beim Wildschwein liefern die Filets (3), sie können vielfältig zubereitet werden. Sehr gut schmecken sie im Ganzen oder als Medaillons gebraten, die Filets eignen sich aber auch zum Pochieren und Dämpfen. Und auch gepökelt und geräuchert sind sie eine Delikatesse. Ebenfalls vielseitig ist das Fleisch der Wildschweinkeule (4–7). Kleinere Keulen werden oft mit den Knochen im Ganzen gebraten. Größere Keulen werden meist entbeint (6). Die Teilstücke der Keule (7), bei einem ausgewachsenen Tier kann sie schon einmal 6 kg und mehr wiegen, ergeben kleinere Bratenstücke. Aus der Ober- und Unterschale sowie der Nuss lassen sich quer zur Faser Schnitzel und Steaks zum Braten oder Grillen schneiden. Das Fleisch der Haxe wird entweder geschmort, für einen Fond oder auch zum Klären verwendet. Jungtiere bis 20 kg können auch im Ganzen wie ein Spanferkel gebraten oder gegrillt werden. Von den Innereien des Wildschweins sind die Leber (8), das Herz (9) und die Nieren (10) in der Küche geschätzt. Die Leber wird meist gebraten, das

(1) WILDSCHWEINRÜCKEN im Ganzen, mit aufliegendem Fettgewebe. Das magere Fleisch der darunter liegenden Rückenfilets ist kurzfaserig und zart.

(2) WILDSCHWEINKOTELETTSTRANG. Dafür wird der Rücken entlang der Wirbelsäule geteilt. Schneidet man ihn zwischen den Rippen ein, erhält man einzelne Koteletts.

(3) WILDSCHWEINFILETS werden von der Unterseite des Rückens abgelöst. Sie zeichnen sich durch ein besonders zartfaseriges und feines Fleisch aus.

(4) WILDSCHWEINKEULE, von der Oberseite her gesehen, mit anhängendem Unterschenkelbein (Haxe). Das sehnenreiche Fleisch der Haxe wird meist separat zubereitet.

(5) WILDSCHWEINKEULE, von der Unterseite gesehen. Wie im Vordergrund zu erkennen, ist der quer liegende Schlossknochen (Beckenknochen) hier bereits ausgelöst.

(6) AUSGELÖSTE WILDSCHWEINKEULE. Gut zu erkennen sind die Teile der Keule, rechts die Oberschale, links die Nuss und vorne rechts das sehnenreiche Fleisch der Haxe.

Herz geschmort oder zu Ragout verarbeitet. Die Nieren werden halbiert, 10 bis 30 Minuten gewässert und anschließend gebraten oder gedünstet.

WANN IST WILDSCHWEIN UNGENIESSBAR?

Mit ein Grund, weshalb Wildschwein von einigen wenig geschätzt wird und früher nicht allzu häufig auf den Speisekarten auftauchte, liegt vermutlich darin, dass dem Fleisch männlicher, während der Paarungszeit (Rauschzeit) erlegter Tiere ein penetranter, geschlechtsspezifischer Geruch anhaftet, der das Fleisch ungenießbar macht. Im Gegensatz zu brunftigem Rotwild oder Muffelwild hilft hier auch Tiefkühlen, Beizen oder Marinieren nichts – Geruch und Geschmack lassen sich nicht vertreiben. Daher gehört solches Fleisch nicht in den Handel. Um ganz sicher zu gehen, dass sich der Wildschweinbraten bei Tisch nicht als ungenießbar herausstellt, empfiehlt sich, vor der Zubereitung eine Garprobe durchzuführen. Einfach ein kleines Stück Wildbret in Wasser aufkochen oder in wenig Fett in der Pfanne anbraten – riecht es dann unangenehm, lohnt die Zubereitung nicht!

Dass Wildschwein aber zu Unrecht verschmäht wird und ein ausgezeichnetes Wildbret liefert, beweist das zarte Fleisch von Frischlingen und einjährigen Tieren. Ideal sind Wildschweine, die ausgeweidet in der Schwarte zwischen 40 und 60 kg auf die Waage bringen. In guten Jahren können Frischlinge aber auch bis zu 80 kg wiegen. Das Fleisch von älteren, über 5-jährigen Tieren ist weniger zart und daher eher zum Schmoren als zum Braten geeignet.

(7) DIE TEILE DER WILDSCHWEINKEULE von oben nach unten: Unterschale, Oberschale, links darunter der Beckenmuskel, auch kleine Nuss genannt, daneben die Nuss und ganz unten die Haxe.

(8) WILDSCHWEINLEBER, sie ist in Lappen unterteilt und wiegt um die 1,2 kg. Die Gallenblase wird beim Ausweiden entfernt.

(9) WILDSCHWEINHERZ, hier mit einem Gewicht von etwa 300 g. Innereien von jungen Tieren sind nur selten erhältlich.

(10) WILDSCHWEINNIEREN, hier mit einem Stückgewicht von 180 g, müssen vor der Zubereitung nur kurz gewässert werden.

Abschwarten eines Wildschweins

Von Jägern oder aus Wildgehegen sind immer wieder Wildschweine in der Schwarte zu haben, die dann selbst abgeschwartet werden müssen.

Wer über geeignete Räumlichkeiten verfügt, zum Beispiel einen gefliesten Kellerraum mit Hängevorrichtung und Wasseranschluss, der kann ein Wildschwein selbst von dessen Fell – der Schwarte, wie der Fachmann sagt – befreien und zerwirken. Doch während es beim Zerwirken keine großen Unterschiede zwischen den einzelnen Haarwildarten gibt, sollte man beim Abschwarten eines Wildschweins um dessen Besonderheiten wissen.

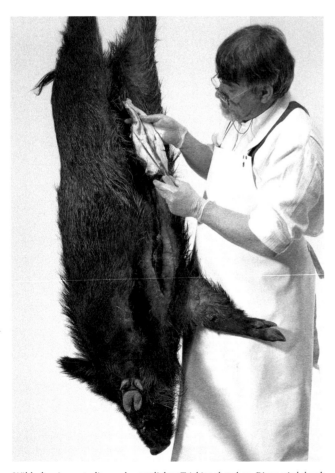

Wildschweine unterliegen der amtlichen Trichinenbeschau. Diese wird durch einen Stempel an der Innenseite der Keulen, den Bauchlappen und Rippenbögen dokumentiert – und sollte immer kontrolliert werden.

AMTLICHE TRICHINENUNTERSUCHUNG IST PFLICHT

Grundsätzlich sollte vor Beginn des Arbeitens überprüft werden, ob die amtliche Trichinenuntersuchung nach Erlegung des Tieres durchgeführt und dokumentiert wurde. Hierfür werden vom amtlichen Tierarzt oder einer berechtigten Person Proben aus Zwerchfell und Vorderlauf entnommen und nach der Digestionsmethode (Verdauungsmethode) auf Trichinen untersucht. Finden sich keine, wird das Tier zur Verwertung freigegeben.

DAS ABSCHWARTEN

Am besten lässt sich die Schwarte ablösen, wenn das Tier, wie im Bild links zu sehen, mit dem Kopf nach unten aufgehängt wird. Da Wildschweine einen höheren Fettanteil als andere Haarwildarten haben, wird zunächst das locker sitzende Fettgewebe (Flomen) von der Innenseite der Rippen abgezogen (1). Dieses Fett kann zusammen mit dem weißen Rückenspeck zu Schmalz ausgelassen und anschließend wie gewöhnliches Schweineschmalz zum Braten verwendet werden. Die Schwarte wird jetzt zuerst an den Vorderläufen und auf den Innenseiten der Keulen mit einem scharfen Messer eingeschnitten und gelöst (1–4). Weiter löst man die Schwarte parallel zum hängenden Wildkörper in der weißen Speckschicht von Bauch und Rippen (5). Anschließend wird die Schwarte oberhalb der Sprunggelenke der Hinterläufe ringsum abgetrennt (6) und nun Schritt für Schritt von oben nach unten weiter abgelöst (7, 8). Liegt der Tierkörper beinahe ganz frei, wird die Schwarte am Vorderfußknochen durchgeschnitten und mit diesem entfernt (9, 10). Zuletzt wird die verbliebene Schwarte noch ringsum von Kopf und Nacken gelöst und dicht am Wurf (Nase) abgeschnitten (11).

Vor dem nun folgenden Zerwirken – dieses wird stellvertretend für alle Haarwildarten auf S. 114 bis 117 gezeigt – wird der Wildschweinkörper nun noch, der leichteren Handhabung wegen, mit der Knochensäge oder auch mit dem Beil in seine beiden Hälften geteilt (12).

(1) Zuerst das Fettgewebe (Flomen) von der Innenseite der Rippen abziehen. Es kann mit dem Speck zu Schmalz ausgelassen werden.

(2) Die Schwarte an der Unterseite der Vorderlaufe aufschneiden und den Schnitt bis zum Brustbein weiterführen.

(3) Die Schwarte an der Innenseite der Keulen aufschneiden und den Schnitt bis über das Sprunggelenk führen.

(4) Die Keulen anschließend von der Schwarte befreien. Dafür die Schwarte abziehen und das Bindegewebe durchtrennen.

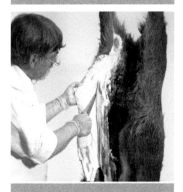

(5) Bauchlappen und Rippenbögen freilegen und die Schwarte parallel zum Wildkörper innerhalb der weißen Speckschicht abschneiden.

(6) Die Sprunggelenke freilegen, die Schwarte oberhalb des Gelenks mit dem Messer abtrennen und ringsum ablösen.

(7) Den Schwanz (Pürzel) direkt am Wildkörper abschneiden. Der Schnitt erfolgt zwischen den Schwanzwirbeln.

(8) Anschließend den Rücken freilegen: Dafür die Schwarte gespannt halten und von Rippenbogen zu Rippenbogen abtrennen.

(9) Den Fußknochen abtrennen: Mit einem Rundschnitt Sehnen und Muskeln am Sprunggelenk bis zum Knochen durchschneiden.

(10) Das Sprunggelenk durchschneiden: Dafür den Mittelfußknochen fassen, seitlich aus dem Gelenk drehen und abtrennen.

(11) Nacken und Kopf (Haupt) freilegen. Die Schwarte bis zur Nase (Wurf) rundum ablösen und dicht am Wurf abschneiden.

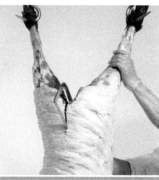

(12) Den Wildkörper von der Innenseite her mit der Knochensäge oder mit einem Beil entlang der Wirbelsäule in zwei Hälften teilen.

Hasenartige *wie Feldhase und Wildkaninchen liefern ein aromatisches Fleisch und sind beide in der Küche sehr geschätzt. Allerdings geht die Zahl der europaweit erlegten Hasen zurück.*

Die Familie der Hasen zählt zur Ordnung der Hasenartigen *(Lagomorpha)*. Alle Vertreter haben ein typisches, nagetierähnliches Gebiss. Charakteristisch ist das Fehlen der Eckzähne, dafür haben sie jedoch ein zweites Paar Schneidezähne, das aber nur stiftartig entwickelt ist. Auffällig sind zudem die weiten Lücken zwischen den Schneide- und Backenzähnen. Die großen Schneidezähne sowie die Backenzähne wachsen immer wieder nach. Eine weitere Besonderheit ist die doppelte Verdauung der Hasen. Der schwer verdauliche Zellulosebrei wird zunächst im Blinddarm aufgeschlossen, ausgeschieden, dann erneut aufgenommen und erst jetzt können die Nährstoffe in den Körper gelangen.

WELCHE ARTEN GEHÖREN DAZU?

Innerhalb der Familie der Hasen *(Leporidae)* bilden die Echten Hasen *(Lepus)* eine eigene Gattung mit weltweit etwa 30 Arten, zu der neben dem Feldhasen *(Lepus europaeus)* auch der Schneehase *(Lepus timidus)* sowie drei weitere in Europa heimische Hasenarten gerechnet werden. Feldhasen werden je nach Lebensraum auch als Waldhasen bezeichnet, diese stellen jedoch zoologisch keine eigene Art dar. Kaninchen bilden eine eigene Gattung, deren einziger Vertreter das Wildkaninchen *(Oryctolagus cuniculus)* ist. Feldhasen und Wildkaninchen werden in der Natur immer wieder verwechselt, obwohl es signifikante Unterschiede gibt: So sind Wildkaninchen wesentlich kleiner als Feldhasen und leben in Kolonien, während der Feldhase ein Einzelgänger ist. Die wichtigsten Unterscheidungsmerkmale sind im Folgenden bei der jeweiligen Tierart beschrieben. Eine Kreuzung zwischen Echten Hasen und Kaninchen findet nicht statt.

RÜCKGANG DER POPULATION

Obwohl Feldhasen und Wildkaninchen sich stark vermehren, ist seit Jahren ein Rückgang der Populationen festzustellen. Mitverantwortlich dafür ist zum einen die Intensivierung der Landwirtschaft und die Rodung der Hecken für eine Flächenbewirtschaftung mit großen Maschinen in den letzten Jahrzehnten. Zum andern dürfte auch die Zunahme der Füchse, der Umweltverschmutzung und schlechtes Wetter einen Anteil am Rückgang der Hasen haben. Junghasen vertragen keine Nässe. Regnet es in den ersten Monaten sehr viel, ist die Vermehrungsrate geringer als bei trockener Witterung. Auch Wildkaninchen macht Feuchtigkeit zu schaffen. Sie sitzen zwar geschützt in ihrem Bau, die Bestände werden aber immer wieder durch Seuchen wie Myxomatose oder die Chinaseuche stark dezimiert. So lag beim Feldhasen die Jahresstrecke, das heißt, die Zahl der erlegten Tiere, in den 1970er Jahren in den alten Bundesländern bei über 1,3 Millionen, heute sind es in Gesamtdeutschland noch etwas über eine halbe Million. Da vielerorts die Jagd auf Hasen freiwillig verringert oder ausgesetzt wurde, sind die Bestände inzwischen wieder stabiler.

FELDHASEN AUS ARGENTINIEN

Da die Nachfrage nach Wildhasenfleisch das Angebot an heimischen Feldhasen und Wildkaninchen bei weitem übersteigt, stammt das in Handel und Gastronomie angebotene Hasenfleisch in der Mehrzahl aus Argentinien, wohin der Feldhase im 19. Jh. durch einen deutschen Konsul gelangt ist und sich dort explosionsartig verbreiten konnte. Von Mai bis Juli werden Hasen dort bejagt und gelangen dann frisch oder tiefgekühlt nach Europa.

NICHT GEGENEINANDER AUSTAUSCHBAR

Feldhasen und Wildkaninchen unterscheiden sich nicht nur in Erscheinungsform und Lebensweise, sondern auch in der Fleischbeschaffenheit und im Geschmack. Daher können sie in der Küche nicht immer durch die jeweils andere Art ausgetauscht werden. Und auch gewichtsmäßig ergibt sich ein Unterschied: Einen Überblick über das Gewicht der Tiere und Teilstücke gibt die Tabelle auf Seite 67.

Junghasen gefragt

In der Wildküche besonders gefragt sind Junghasen. Zu erkennen sind sie an einem Knötchen an der Außenseite des Vorderlaufs. Diese knotenartige Verdickung der Elle, das so genannte »Stroh'sche Zeichen«, ist bis zu einem Alter von etwa 8 Monaten ertastbar, später verschwindet es dann wieder.

Feldhasen, *oft auch nur Hasen genannt, waren ursprünglich Steppenbewohner. Sie besitzen ein in der Wildküche geschätztes, hochwertiges Fleisch, das heute überwiegend aus Importen zu uns gelangt.*

- Feldhasen sind in Europa, im westlichen Teil Asiens sowie in Nordafrika beheimatet.
- Sie sind überwiegend Einzelgänger. Auf der Flucht können sie Geschwindigkeiten bis zu 70 km/h erreichen.
- Feldhasen haben ein wohlschmeckendes, rotbraunes Fleisch.

Ursprünglich waren die Echten Hasen nur in Europa, Asien sowie in Nordamerika bis nach Mexiko verbreitet. Mit dem Menschen gelangten sie dann nach Australien, Neuseeland sowie nach Südamerika, insbesondere nach Argentinien und Chile, sodass die Angehörigen dieser Gattung heute beinahe weltweit vorkommen.

Echte Hasen *(Lepus)*

Von den als Kaninchen bezeichneten Arten unterscheiden sich die Angehörigen der Gattung Echte Hasen zum einen durch ihren Körperbau, zum andern aber auch durch ihre Lebensweise. Echte Hasen errichten keine Baue, sondern leben oberirdisch im offenen Gelände oder auch in Wäldern. Von den etwa 30 Arten der Gattung leben 5 in Europa, darunter der in Italien verbreitete Korsika-Hase *(Lepus corsicanus)*, der Iberische Hase *(Lepus granatensis)* und der Schneehase *(Lepus timidus)*. Der Lebensraum des Schneehasen liegt in den kühleren Regionen Europas und Nordamerikas. Er kommt in Schottland, in den nördlichen Regionen Europas, in Kanada und Alaska vor, ist aber auch im Alpenge-

biet anzutreffen. Die Paarungszeit ist im zeitigen Frühjahr, die Jagdzeit reicht von Oktober bis Dezember. Bejagt wird der Schneehase jedoch nur in den nördlichen Gebieten der Erde, ansonsten ist er geschützt. Der Schneehase kann – je nach Lebensraum – 4 bis 10 kg schwer werden. In den warmen Sommermonaten ist sein Fell (Balg) graubraun, im Herbst wechselt er dann die Farbe und verfärbt sich zur besseren Tarnung weiß. Lediglich die Löffelspitzen bleiben durchgehend schwarz. In den Küchen seines Verbreitungsgebietes wird der Schneehase wie der Feldhase zum Braten sowie für Schmorgerichte verwendet. Gelegentlich gelangen bei uns Importe aus Schottland, Skandinavien oder auch aus Russland auf den Markt.

FELDHASE

(Lepus europaeus)

engl. brown hare; franz. lièvre; ital. lepre; span. liebre común.

In Europa ist der Feldhase vielerorts anzutreffen, lediglich in Nord-Skandinavien und auf der Iberi-

(1) HASENSCHULTERN UND -KEULEN haben ein feines Fleisch. Vor der Zubereitung werden alle locker sitzenden Häute entfernt und die Keulen mit dem Küchenbeil getrennt.

(2) HASENRÜCKEN im Ganzen, hier noch mit aufliegender Sehnenhaut. Sie wird vor der Zubereitung meist entfernt. Das rotbraune Fleisch des Rückens ist zart und saftig.

(3) INNEREIEN VOM HASEN, links die Hasenleber, die als besondere Delikatesse gilt. Rechts oben das Herz und rechts unten die beiden kleinen Nieren.

Der Feldhase hat lange Ohren (Löffel) mit deutlich sichtbaren schwarzen Spitzen. Auffällig sind auch die langen, kräftigen Hinterläufe.

schen Halbinsel fehlt er, dort leben andere Arten. Im Osten reicht sein Verbreitungsgebiet bis Mittelasien und auch in Nordafrika kommt er vor. Der Feldhase bevorzugt als Steppentier landwirtschaftliche Nutzflächen mit trockenem und warmem Klima, ist aber auch in Wäldern sowie seltener in höheren Lagen bis etwa 1.600 m anzutreffen. Tagsüber versteckt er sich in Sträuchern oder hohem Gras, in in der Dämmerung und nachts geht er auf Nahrungssuche. Feldhasen ernähren sich vorwiegend von Kräutern, Gräsern, Knospen und Zweigen, aber auch Getreide, Kohl und Klee. Feldhasen leben einzelgängerisch in Gruppenrevieren. Gut getarnt flüchten sie erst im letzten Moment. Paarungszeit ist ab dem zeitigen Frühjahr bis in den Sommer, die Hauptjagdzeit liegt in Europa in der Zeit von Oktober bis Januar, in Südamerika von Mai bis Juli.

Merkmale: Der Feldhase wird 50 bis 70 cm lang, das Gewicht eines ausgewachsenen Tieres kann zwischen 3 und 7 kg liegen. Sein Fell (Balg) ist rötlich braun und weist hellere und dunklere Brauntöne auf, die Unterwolle ist weiß. Charakteristisch sind die langen, kräftigen Hinterläufe sowie die im Vergleich zum Wildkaninchen längeren Ohren (Löffel) mit schwarzen Spitzen. Auch die Schwanzoberseite ist schwarz. Junge Hasen weisen am Vorderlauf etwas oberhalb des Handwurzelgelenks eine knotenartige Verdickung auf, die mit den Fingern ertastbar ist. Dieses Jugendmerkmal verschwindet im achten Lebensmonat wieder.

Verwendung: Das dunkle, rotbraune und würzige Fleisch von Feldhasen ist sehr beliebt, insbesondere jenes von jungen, knapp einjährigen Hasen. Vor der Zubereitung werden grundsätzlich alles sichtbare Fett sowie die locker sitzenden Häute entfernt. Die Schultern und Keulen (1) eignen sich hervorragend zum Schmoren, können aber auch gebraten werden. Der Hasenrücken (2) wird im Ganzen gebraten. Ausgelöst eignen sich die zarten Rückenfilets auch hervorragend zum Kurzbraten. Schräg in Scheiben geschnitten und mit einem Salat serviert, sind sie eine delikate Vorspeise. Die übrigen Teilstücke wie Rippen und Bauchlappen können zusammen mit den Schultern als so genannter Hasenpfeffer geschmort werden. Von Liebhabern geschätzt sind auch die Innereien vom Hasen (3), insbesondere die Leber, die gern gebraten wird. Dennoch sollten Innereien aufgrund ihrer Schwermetallbelastung nicht zu häufig auf dem Speiseplan stehen.

Feldhase und Wildkaninchen können nicht beliebig gegeneinander ausgetauscht werden, sie haben nicht nur ein unterschiedliches Fleisch, sondern unterscheiden sich auch im Gewicht. Während ein ganzer Feldhase für 4 Portionen reicht, sollten dafür zwei Wildkaninchen gerechnet werden. Einen kurzen Überblick über das jeweilige Gewicht der einzelnen Teilstücke wie Rücken und Keulen gibt die unten stehende Tabelle.

GEWICHTE VON FELDHASE UND WILDKANINCHEN

Gewichte in kg

	Hase	Wildkaninchen
unausgeweidet	4,4	1,6
ausgeweidet	3,0	1,3
abgebalgt (mit Kopf)	2,5	1,0
Balg mit Läufen	2,3	0,9
Rücken	0,6	0,27
Keulen	1,0	0,39
Schultern	0,38	0,14
Rippen mit Bauchlappen	0,28	0,12
Kopf und Hals	0,22	0,14

Wildkaninchen *sind die kleinsten europäischen Vertreter der Familie. Aufgrund ihrer Ähnlichkeit werden sie häufig mit Hasen verwechselt, das Abbalgen funktioniert jedoch bei beiden gleich.*

- Wildkaninchen sind heute in Süd-, West- und Mitteleuropa verbreitet.
- Wildkaninchen leben in Großfamilien in unterirdischen, weit verzweigten Bauen.
- Wildkaninchen haben ein helles, zartes Fleisch.

Das Wildkaninchen war ursprünglich nur auf der Iberischen Halbinsel sowie in Nordafrika verbreitet. In der Antike kam es dann mit dem Menschen über die Pyrenäen in viele Länder Europas. Es ist die einzige Art der Gattung *Oryctolagus*.

WILDKANINCHEN

(Oryctolagus cuniculus)

engl. wild rabbit; franz. lapin de garenne; ital. coniglio selvatico; span. conejo común.

Das Wildkaninchen ist heute in Süd-, West- und Mitteleuropa sowie auf den Britischen Inseln verbreitet. Durch Auswilderung gelangte die Art auch nach Australien, Neuseeland und Feuerland, wo sie sich so stark vermehrte, dass Wildkaninchen dort als Landplage gelten. Die ehemaligen Steppenbewohner sind gesellig und leben in Kolonien in unterirdischen, selbst gegrabenen Bauen. Die Tiere bevorzugen ein trockenes, warmes Klima und lockere, sandige, mit Kräutern und Büschen bewachsene

Böden. In Höhen oberhalb 500 m sind Wildkaninchen selten anzutreffen. Paarungszeit ist vom ausgehenden Winter bis ins zeitige Frühjahr hinein. Bejagt werden können Wildkaninchen hierzulande meist ganzjährig, mancherorts auch nur von Oktober bis Mitte oder Ende Februar, säugende Häsinnen dürfen jedoch nicht bejagt werden.

Merkmale: Das Wildkaninchen ist deutlich kleiner als der Feldhase. Es kann ein Gewicht von 1,3 bis etwas über 2 kg sowie eine Körperlänge zwischen 35 und 50 cm erreichen. Sein Fell (Balg) ist meist braun- bis blaugrau gefärbt, kann aber auch scheckig oder schwarz sein. Die Ohren (Löffel) sind beinahe einfarbig, kürzer als der Kopf und weisen beim Wildkaninchen im Gegensatz zum Feldhasen keine schwarzen Spitzen auf. Der Schwanz (Blume) des Wildkaninchens ist oben grau, nicht schwarz wie beim Feldhasen, ebenso das Unterhaar. Die Hinterläufe sind beim Wildkaninchen im Vergleich zur Gesamtgröße kürzer als beim Feldhasen.

Verwendung: Wildkaninchen haben ein helles, fast rosafarbenes Fleisch von zarter Struktur und gutem Geschmack. Im Vergleich zum Hauskaninchen ist das Fleisch des wilden Verwandten feiner im Aroma und wird daher in der Wildküche sehr geschätzt. Je nach Größe reicht ein ganzes Tier für 2 bis 3 Portionen. Ein Wildkaninchen wird meist gebraten oder

Das graubraune Wildkaninchen ist deutlich kleiner als der Feldhase und hat kürzere Ohren.

(1) **KEULEN UND SCHULTERN** vom Wildkaninchen. Das Fleisch ist hell, fast rosafarben und zart.

(2) **DER RÜCKEN** vom Wildkaninchen ist sehr viel kleiner als jener vom Feldhasen.

(1) Den Balg des Wildkaninchens in Rückenmitte fassen, leicht hochziehen und mit einem kleinen scharfen Messer quer zum Körper einschneiden.

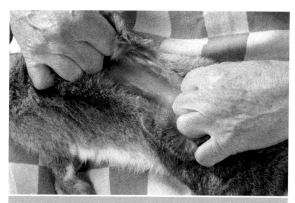

(2) Mit beiden Händen in die Öffnung fassen und diese durch das Auseinanderziehen des Balges in Richtung Kopf und Schwanz vergrößern.

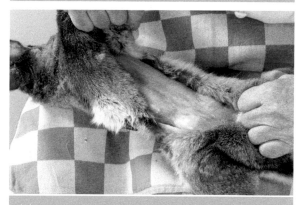

(3) Kräftig ziehen und den Wildkaninchenrücken durch Auseinanderreißen des Balges in Richtung Kopf und Hinterläufe freilegen.

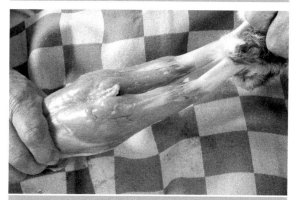

(4) Die Vorder- und Hinterläufe durch das Abziehen des Balges freilegen und den Balg an den Vorder- und Hinterläufen vom Wildkörper abtrennen.

geschmort, entweder im Ganzen oder – je nach Rezept – auch nur die Keulen und Schultern (1) oder der Rücken (2). Das Aroma frischer Kräuter wie Petersilie, Thymian oder Rosmarin ergänzt das feine Fleisch ideal. Das zarte Fleisch bedarf keiner allzu langen Garzeit, beim Braten sind etwa 40 Minuten ausreichend, schmoren kann es etwas länger.

Das Abbalgen

Nach der klassischen Methode wird der Balg vom Wildhasen oder -kaninchen an der Innenseite der Hinterläufe bis zum Sprunggelenk aufgeschnitten und dann nach und nach im Ganzen in Richtung Kopf hin abgezogen. Heute gibt man dagegen in aller Regel der in der Stepfolge oben gezeigten, so genannten »Schnellmethode« den Vorzug (1–4). Dabei wird der Balg in der Mitte des Rückens quer eingeschnitten und dann in beide Richtungen abgezogen. Wichtig: Beim Ausweiden, Abbalgen und anschließenden Zerwirken darf das gelblich graue Sekret zweier an der Schwanzwurzel sitzender Drüsen nicht an das Fleisch gelangen, sonst wird es bitter und ungenießbar. Daher müssen diese beiden Drüsen sorgfältig entfernt werden, wie auf Seite 125 beschrieben. Nach dem Herausschneiden muss zudem das Messer vor dem Weiterarbeiten gründlich gereinigt werden.

Heute spielt Fuchs in der Küche keine Rolle mehr. Und auch die eingewanderten Waschbären werden hierzulande nicht gegessen.

Wildtiere, die man jagt, aber nicht verzehrt

Je umfangreicher und größer das Nahrungsangebot, desto mehr wird differenziert zwischen Wildtieren, deren Fleisch man isst, und jenen, die man zwar erjagt, aber nicht als Nahrungsmittel verwertet. In der Schweiz zum Beispiel wurde noch in den 80er Jahren des vorigen Jahrhunderts Ragout vom Fuchs und Dachs als »Fuchspfeffer« beziehungsweise als »Dachspfeffer« angeboten und nachgefragt. Heute zählt auch in der Schweiz der Fuchs zu jenen Wildtieren, die zwar aus Gründen der Wildhege bejagt, aber nicht mehr verzehrt werden. Der Schutz von Jungwild und Bodenbrütern vor Füchsen und anderen Beutegreifern ist eine starke Motivation für deren Bejagung. Ein weiterer Grund ist, dass Füchse häufig von auf den Menschen übertragbaren Krankheiten wie der Tollwut oder dem Fuchsbandwurm befallen sind.

SCHUTZ DES KLEINWILDES

Mehr oder weniger stark bejagt werden auch eine Reihe von unliebsamen Einwanderern, die seit der Entdeckung der Neuen Welt nach Mitteleuropa eingedrungen sind. So beispielsweise der Marderhund, eine aus Ostasien stammende und die Reviere erobernde Wildart. Dieser, auch Enok oder Ussurischer Waschbär genannt, zählt wie Fuchs und Wolf zur Familie der Hunde. Der Marderhund wurde in der ersten Hälfte des 19. Jahrhunderts im europäischen Teil Russlands zur Pelzgewinnung gezielt ausgesetzt und hat sich vor allem in den letzten Jahrzehnten stark vermehrt. Er lebt in Feuchtgebieten in der Nähe von Seen, Teichen und Flüssen und ernährt sich unter anderem von Nagetieren, Fischen, Eiern und Jungvögeln. Der Marderhund ist ebenfalls ein Überträger der Tollwut.

Ein weiterer Fremdling in unserer Wildbahn ist der aus Amerika stammende und 1934 mit dem Ziel der Pelzgewinnung am Edersee ausgewilderte Waschbär. Auch der Waschbär bevorzugt wasserreiche Gebiete und ist als Allesfresser eine Gefahr für Niederwild und Raufußhühner.

Mit dem aus Pelztierfarmen entwichenen Mink, ein amerikanischer und bei uns nicht geschützter Nerz, kommen die »Einwanderer« inzwischen in ganz Westeuropa vor. Die Vermehrung und damit auch Ausbreitung dieser Wildarten übersteigt bei weitem die Erlegungszahlen, zumal ihnen, da sie nachtaktiv sind, oft nur mit der Falle nachgestellt werden kann. Da sie in unseren Breiten keine natürlichen Feinde haben, bedrohen ihre großen Populationen kleinere heimische Tierarten und werden deshalb – wenn auch nicht mit durchschlagendem Erfolg – so scharf wie möglich bejagt. Weitere dem Jagdrecht unterliegende Haarwildarten, die entsprechend der Jagd-

und Schonzeitenverordnung bejagt werden, ohne der menschlichen Ernährung zu dienen, sind Baum- und Steinmarder, Iltis und Wiesel.

RABENVÖGEL, GRAUREIHER, KORMORANE

Unter den gefiederten Wildtieren gibt es ebenfalls einige, für die im jagdlichen Jahreskalender regional unterschiedlich eine Jagdzeit ausgewiesen ist, ohne dass sie in der Küche (noch) Verwendung finden. Hierzu gehören in erster Linie die zur Gattung der Rabenvögel zählenden Rabenkrähe, Elster und Eichelhäher. Letzterer unterliegt zwar dem Jagdrecht, ist aber ganzjährig geschont. Junge Rabenkrähen und Eichelhäher haben ein vorzügliches, würziges Fleisch, daher findet sich für ihre Zubereitung in alten Kochbüchern noch manches Rezept. Zum Schutze der Teichwirtschaft dürfen auch in verschiedenen Bundesländern Graureiher und Kormoran erlegt werden. Ihr Fleisch soll fischig schmecken und wird deshalb verschmäht. Manchmal ist es jedoch auch das unattraktive Federkleid, das zur Ablehnung der Verwertung des Wildkörpers in Kochtopf und Bräter geführt hat. Schließlich ist es nicht verboten, jagdbare Wildvögel zu verzehren.

NICHT IMMER IST DAS FLEISCH BEGEHRT

In Osteuropa, auf dem Balkan, in Russland und in Nordamerika gibt es ebenfalls Wildarten, die erbeutet werden, ohne dass ihr Fleisch eine besondere Rolle in der menschlichen Ernährung spielt. Hierzu zählen in erster Linie die Braun- und Schwarzbären, deren Abschuss limitiert ist, und auf die in erster Linie wegen ihres als Trophäe geschätzten Pelzes ge-

Die Jagd auf Nutria, Marderhund oder Waschbär dient heute in erster Linie der Hege. Jungtiere und Bodenbrüter haben so größere Überlebenschancen.

jagt wird. Dass ihr Fleisch gelegentlich im Kochtopf der einheimischen Bevölkerung landet, ist in Gegenden mit geringem Haustier- und Wildbestand nicht ungewöhnlich. Lange und gut gekocht vermag auch mit Trichinen belastetes Fleisch die Esser nicht zu gefährden. Dagegen stammt in Feinkostgeschäften angebotener Bären- oder Löwenschinken selten von in freier Wildbahn erlegten, sondern von in Gehegehaltung überschüssigen Tieren.

Olgierd E. J. Graf Kujawski

In alten Kochbüchern findet sich noch manches Rezept für »Dachspfeffer« und junge Krähen.

Federwild — *hiermit bezeichnen die Jäger alle dem Jagdrecht unterliegenden Vögel. Zwar sind die meisten Wildvögel essbar, in der Küche werden bei uns heute jedoch nur einige Arten verwendet.*

KULINARISCH INTERESSANT sind heute vor allem drei Gruppen von Wildgeflügel: die Hühnervögel, die Tauben sowie die Gänsevögel. Auch Singvögel wurden früher zubereitet, wie das heute noch gelegentlich in Südeuropa der Fall ist, sie stehen jedoch inzwischen unter Schutz und spielen in der heutigen Wildküche keine Rolle mehr.

HÜHNERVÖGEL

Hühnervögel sind in fünf Familien mit Ausnahme der Arktis und Antarktis beinahe weltweit verbreitet. Typisch für die Angehörigen dieser Ordnung sind die kräftigen, zum Scharren geeigneten Beine. Fliegen können Hühnervögel hingegen nur über kurze Distanzen, wenn überhaupt. Daher gehören sie zu den Bodenvögeln und -brütern. Für die heimische Wildküche von besonderer Bedeutung sind die in Asien und Europa beheimateten Fasanenartigen Hühnervögel. Die ebenfalls zu dieser Ordnung zählenden, aus Afrika stammenden Perlhühner werden dagegen meist zum Hausgeflügel gerechnet. Zu den Fasanenartigen gehören neben dem Fasan auch das Rebhuhn, die Wachtel sowie das Wildtruthuhn. Des Weiteren werden heute auch Raufußhühner wie Stein- und Schneehuhn sowie die großen Auer- und Birkhühner als Angehörige dieser umfangreichen Familie betrachtet. Die beiden Letztgenannten spielen jedoch für die hiesige Wildküche keine Rolle, da sie in Deutschland unter Schutz stehen und nicht bejagt werden. Moor- oder Schneehühner kommen hingegen aus schottischen, skandinavischen oder russischen Importen auch bei uns auf den Markt.

TAUBEN, WAT- UND KRANICHVÖGEL

Tauben sind gute Flieger, charakteristisch ist ihre leichte, dennoch gedrungene Körperform sowie der schlanke Schnabel. Das Fleisch junger Tiere gilt als Delikatesse. Ebenso wie jenes der unscheinbaren, zu den Watvögeln oder Regenpfeiferartigen zählenden Schnepfe. Sie wird zwar bejagt, ist aber nur selten erhältlich. Nur regional für die Wildküche von Bedeutung ist das Blässhuhn, eine zu den Kranichvögeln zählende Rallenart.

GÄNSEVÖGEL

Bei den Gänsevögeln handelt es sich überwiegend um Wasservögel, typisch für sie sind die breiten Schwimmhäute zwischen den Vorderzehen. Gänsevögel – hierzu zählen neben den eigentlichen Gänsen auch Enten und Schwäne – haben meist einen kleinen Kopf und einen langen Hals. Der Schnabel ist in der Regel breit und abgeflacht. Gänsevögel sind vor allem in den Feuchtgebieten der Erde verbreitet und haben ein wasserdichtes Gefieder.

FEDERWILD AUS AUFZUCHTSTATIONEN

Aufgrund der veränderten natürlichen Lebensräume, insbesondere durch eine intensivere land- und forstwirtschaftliche Nutzung, sind einige, früher in freier Natur häufig anzutreffende Wildgeflügelarten selten geworden, wie beispielsweise das Rebhuhn oder die Wachtel. Vielerorts wird daher versucht, die Bestände durch gezielte Hegemaßnahmen und Auswilderungen von in der Voliere aufgezogenen Tieren zu stabilisieren. Heute stammt daher ein Großteil des Angebotes an Fasanen, Wachteln, Rebhühnern und Raufußhühner, aber auch Wildenten, aus Aufzuchtstationen, aus denen sie kurz vor Beginn der Jagdsaison ausgewildert werden.

Kochen empfohlen

Wer das Alter des gekauften Wildgeflügels nicht genau einschätzen kann, kocht es am besten erst, lässt es im Sud abkühlen und brät es anschließend noch 5 bis 10 Minuten bei großer Hitze im Ofen – dann wird das Fleisch schön zart und die Haut knusprig.

WILDGEFLÜGEL IN DER KÜCHE

Wildgeflügel gilt in der Wildküche als sehr delikat, vor allem wenn es von jungen Tieren stammt. Das Fleisch älterer Vögel ist fester und weniger zart. Junge Vögel, etwa Fasane, Rebhühner oder Wildenten, eignen sich daher gut zum Braten, sie werden aber auch am Spieß gegrillt. Ältere Tiere werden dagegen besser geschmort. Ihr Fleisch lässt sich aber auch zu einer Farce verarbeiten und für Pasteten und Terrinen verwenden. Oder es dient als Basis für einen aromatischen Wildgeflügelfond, der wiederum die Voraussetzung für eine feine Sauce ist.

- Der Fasan stammt
  ursprünglich aus Asien
  und ist heute beinahe
  weltweit anzutreffen.

- Fasanenhähne haben
  ein farbenprächtiges
  Gefieder und besonders
  lange Schwanzfedern.

- Fasane haben ein helles,
  langfaseriges Fleisch.

Im Gegensatz zum farbenprächtigen Fasanenhahn (rechts) ist die Fasanenhenne mit ihrem braungrauen, dunkel gesprenkelten Federkleid wesentlich unauffälliger und hat auch etwas kürzere Schwanzfedern. Fasane bevorzugen offenes Gelände mit Feldrainen und lichtem Baumbestand. Im 18. Jahrhundert wurden Fasane in Europa verstärkt ausgewildert, wobei es zu einer Vermischung der verschiedenen Arten kam.

Der Fasan *mit seinem prächtigen Gefieder zählt in Deutschland zu dem am häufigsten angebotenen Wildgeflügel. Vor allem junge Hähne sind aufgrund ihres zarteren Fleisches in der Küche gefragt.*

Der aus Asien stammende Fasan gelangte bereits mit den Griechen und Römern nach Europa, die den Hühnervogel als Ziergeflügel und Fleischlieferanten schätzten. Später wurden Fasane an Fürstenhöfen in so genannten Fasanerien gezüchtet. Gelegentlich konnten sie entkommen, teilweise wurden sie auch ausgewildert. So kam es im Lauf der Zeit zu einer Vermischung der Arten.

Fasanenartige *(Phasianidae)*

Die Familie der Fasanenartigen stellt im Vergleich zu den anderen Familien innerhalb der Ordnung der Hühnervögel *(Galliformes)*, die ihrerseits zur Klasse der Vögel *(Aves)* zählt, die meisten Arten. Hierzu gehören neben dem Fasan *(Phasianus colchicus)* auch Rebhühner *(Perdix)*, Wachteln *(Coturnix coturnix)* und

Truthühner *(Meleagridinae)*. Die große Familie der Hühnervögel ist insbesondere in Asien, aber auch in Europa und Afrika verbreitet. In Australien kommen nur wenige Arten vor. Von allen Hühnervögeln ist der Fasan hierzulande für die Küche das wichtigste Federwild. Am häufigsten anzutreffen sind der Mongolische Ringfasan *(Phasianus colchicus mongolicus)*, der Chinesische Ringfasan *(Phasianus colchicus torquatus)* sowie der Colchische Edelfasan *(Phasianus colchicus colchicus)*, der sich von den Ringfasanen durch das Fehlen des weißen Halsringes unterscheidet. Daneben gibt es in Europa, vor allem in Großbritannien, einige andere eingebürgerte, aus Asien stammende Arten. Hierzu zählen der nordchinesische Königsfasan *(Syrmaticus reevesii)*, der Goldfasan *(Chrysolophus pictus)* aus Mittelchina sowie der größere ostasiatische Diamantfasan *(Chrysolophus amherstiae)*.

FASAN

(Phasianus colchicus)

engl. pheasant; franz. faisan; ital. fagiano; span. faisán.

Der Fasan, der auch als Jagdfasan bezeichnet wird, lebt polygam, auf einen Hahn kommen meist 5 bis 6 Hennen, bejagt werden in der Regel nur die Hähne. Sein Lebensraum sind von Gehölzen und Wasserläufen unterbrochene weite Landschaften wie Flussauen, Wiesen, Felder oder Heiden. In Lagen über 600 m ist er nur selten anzutreffen. Fasane ernähren sich vorwiegend von pflanzlicher Kost, vor allem von Getreidekörnern, Samen, Beeren oder jungen Gräsern, aber – speziell bei Jungtieren – auch von Insekten und Würmern. Die Paarungszeit reicht von März bis Juni, Hauptjagdzeit ist von Oktober bis Januar. Importe kommen bei uns aus Ost- und Südosteuropa auf den Markt. Dort werden Fasane in großem Maßstab in Fasanerien aufgezogen und für die Jagd in die Natur entlassen oder auch direkt verkauft.

Merkmale: Die Länge der Vögel beträgt beim ausgewachsenen Fasanenhahn von der Schnabelspitze zum Schwanzende 80 bis 90 cm, die Henne erreicht eine Länge um die 60 cm. Das Gewicht eines Fasans liegt, je nach Geschlecht und Alter, zwischen 0,5 und 1,5 kg, wobei Hennen und Jungtiere leichter sind als ausgewachsene Hähne. Typisches Merkmal ist der lange Schwanz sowie die bei den Hähnen meist auffällige Färbung des Gefieders. Am Körper ist es häufig kupferfarben bis goldbraun, der Kopf schimmert grünlich bläulich. Durch die Kreuzung der verschiedenen Arten haben viele Fasanenhähne zudem einen mehr oder weniger breiten weißen Halsring. Die Hennen sind dagegen besser getarnt, haben ein gelb- bis graubraunes Gefieder mit dunklen Flecken. Das Alter der Fasanenhähne lässt sich an der Länge eines rückseitigen Fußsporns (im Bild rechts) erkennen, im ersten Lebensjahr ist dieser 3 bis 5 mm lang, später wächst er weiter. Hennen haben im ersten Lebensjahr noch recht kurze Schwanzfedern, später sind sie etwas langer.

Verwendung: Das relativ helle, langfaserige Fleisch junger Tiere wird in der Wildküche sehr geschätzt. Junge Fasane können sehr gut im Ganzen gebraten werden, die Garzeit beträgt in der Regel zwischen 40 und 60 Minuten. Ältere Fasane kocht man besser bis zu einer Kerntemperatur von 80 °C, lässt sie im Sud erkalten und stellt sie vor dem Servieren noch einmal 5 bis 10 Minuten bei 220 °C in den vorgeheizten Ofen, damit die Haut schön kross wird. Ein ganzer Fasan reicht für 2 Portionen. Als beste Teilstücke gelten wie bei allem Federwild die Keulen (1) und die Brüste (2, 3). Beide werden entweder gebraten oder auch geschmort, wobei die Keulen 30 bis 40, die Brustfilets 20 bis 25 Minuten Garzeit benötigen. Keulen und Brustfilets von jungen Tieren können auch pochiert oder geräuchert werden.

Fasanenhähne haben im Gegensatz zu Hennen oberhalb der Zehen einen Sporn. Je länger dieser ist, desto älter ist das Tier. Links ein junger, rechts ein älterer Hahn.

(1) **KEULEN VOM FASAN** mit Haut. Das relativ helle Fleisch ist langfaserig und von jungen Tieren kernig und saftig. Stammt es von älteren Fasanen, ist es eher trocken und zäh.

(2) **FASANENBRÜSTE**, hier mit Haut und anhängendem Flügelknochen und einem Gewicht von je etwa 200 g. So werden Brustfilets in der Gastronomie gerne serviert.

(3) **FASANENBRUSTFILET**, ohne Knochen und Haut, mit einem Gewicht von etwa 160 g. Das ausgelöste Brustfleisch von jungen Tieren bedarf keiner allzu langen Garzeit.

*Beim Nassrupfen wird
der Wildvogel, hier ein
Fasan, entweder gebrüht
oder mit heißem Wasser
übergossen und dann
gerupft, wodurch ein
Herumfliegen der Federn
verhindert wird.*

Rupfen und Ausnehmen *von Federwild*

*am Beispiel eines Fasans. Küchenfertig vorbereitet, kann es dann je
nach Rezept weiterverarbeitet werden.*

Ein Großteil des heutigen Angebots an Federwild,
wie beispielsweise Rebhühner, Fasane, Wachteln,
Raufußhühner sowie ein Teil der Wildenten und
-gänse kommt inzwischen aus kommerziell betriebenen Aufzuchtstationen bereits küchenfertig, das
heißt ausgenommen und gerupft, in den Handel.
Wildgeflügel im Federkleid wird heute im Gegensatz zu früher kaum mehr angeboten. Anders ist das
bei in der freien Wildbahn erlegtem Wildgeflügel.
Aus lebensmittelhygienischen Gründen sollte Federwild generell – egal ob mit der Kugel oder, wie
bei kleineren Vögeln meist der Fall, mit Schrot
erlegt, unmittelbar nach dem Schuss ausgenommen
werden. Auch der Kropf von Wildtauben und Hühnervögeln muss rasch entfernt werden. Verbleibt der
Kropf mit Inhalt über längere Zeit am Wildvogel,
säuert er das Fleisch, was sich in einem unangenehmen Geschmack bemerkbar und es letztlich ungenießbar macht. Haben Sie ein komplettes, unausge-
nommenes Tier erworben, wird es in der Regel erst
gerupft und anschließend ausgenommen. Falls die
Innereien in einem guten Zustand sind, können sie
mit verwendet werden. Wichtig ist hierbei, die Gallenblase vorsichtig von der Leber zu trennen, sonst
wird sie ungenießbar.

RUPFEN VON FEDERWILD

Beim Rupfen von Federwild gibt es zwei Möglichkeiten: Der Wildvogel kann entweder trocken oder
nass gerupft werden, wie das bei Hausgeflügel üblich ist, die Arbeitsschritte sind dabei jeweils bei
allen Wildgeflügelarten dieselben. Meistens wird
das in der Stepfolge unten gezeigte, einfachere Tro-
ckenrupfen (1–4) angewandt. Hierfür hält man den
Vogel gut fest und beginnt, die Federn an der Brust
entgegen der Wuchsrichtung herauszuziehen. Dabei braucht es etwas Fingerspitzengefühl, da die
Haut der Tiere leicht einreißen kann, beim Rupfen
jedoch nicht verletzt werden soll. Etwas schwieriger
zu rupfen sind die Flügel, weil hier die Federn sehr
fest sitzen. Sind schließlich – Lage für Lage – alle
Federn entfernt, lassen sich die restlichen Federkiele leicht abflämmen, dabei darf die Haut jedoch
nicht angesengt werden. Beim Nassrupfen wird der
Vogel kurz in etwa 80 °C heißes Wasser getaucht. Zu
heiß darf es nicht sein, denn er soll dabei nicht anga-
ren. Oder man hält das Wildgeflügel über ein Gefäß,
übergießt es nach und nach mit heißem Wasser und
entfernt jeweils die nasse Federschicht.
Bei Schwimmvögeln wie Wildenten wird die Haut
manchmal gleich mitsamt den anhängenden Federn

(**1**) Wildgeflügel trocken rupfen:
Den Vogel gut festhalten und von
Hand an der Brust beginnend die
Federn entfernen.

(**2**) In Richtung Hals und Kopf
weiterarbeiten, dabei die Federn
immer entgegen ihrer Wuchsrichtung herausziehen.

(**3**) Mit einer Gasflamme die restlichen Federkiele vorsichtig absen-
gen und anschließend entfernen,
dabei die Haut nicht verbrennen.

(**4**) Zuletzt wird noch der Kopf
entfernt – und der gerupfte Fasan
kann je nach Rezept weiterverarbeitet werden.

abgezogen. Dies ist vor allem dann zu empfehlen, wenn die Tiere sich über längere Zeit in verunreinigten Gewässern aufgehalten haben, weil die im Wasser gelösten Schadstoffe unsichtbar an der Haut der Tiere haften.

AUSNEHMEN VON FEDERWILD

Falls der Wildvogel noch nicht ausgenommen ist, sollte dies so rasch wie möglich geschehen. Welche Arbeitsschritte dabei nötig sind, zeigt die Stepfolge unten (1–5). Ist der Kropf – eine beutelartige Ausbuchtung der Speiseröhre, in der die Nahrung durch Säuern vorverdaut wird – entleert oder entfernt und das Gescheide (die Eingeweide) herausgenommen, muss jetzt nur noch der Hals mit einem Messer abgetrennt werden. Anschließend spült man das Federwild innen und außen mit fließendem kaltem Wasser gründlich ab und lässt es sehr gut abtropfen. Dann wird der Wildvogel noch innen und außen mit Küchenpapier oder einem Tuch trockengetupft. Das Federwild ist nun küchenfertig und kann entweder gleich zubereitet oder für 1 bis 2 Tage in die Kühlung gebracht werden. Zum Tiefkühlen wird es zudem in Folie verpackt.

AUSSCHNEIDEN DES FLEISCHES

Erst nach dem Rupfen lassen sich durch den Schuss entstandene Verletzungen erkennen. Meist sind dadurch Teile des Fleisches unbrauchbar geworden, sie müssen vor der Zubereitung entfernt werden. Die Stellen um das Ein- und Ausschussloch – oder um die Löcher, falls das Federwild mit Schrot erlegt wurde – werden herausgeschnitten und alle unterbluteten Partien großzügig entfernt.

(1) Wildgeflügel ausnehmen: Die Haut auf der Brustseite über dem Kropf in Richtung des Brustbeins aufschneiden.

(2) Den Kropf freilegen und entweder im Ganzen entfernen oder, wie hier, vom Inhalt entleeren.

(3) Den Bauch vom Darmausgang bis zum Brustbein vorsichtig aufschneiden, dabei jedoch den Darm nicht verletzen.

(4) Die Eingeweide mitsamt den Innereien mit zwei Fingern aus der Bauchhöhle und dem Brustkorb herausholen.

(5) Zuletzt die Halshaut etwas zurückschieben und den Hals mit einem scharfen Messer abtrennen. Das Wildgeflügel anschließend innen und außen gründlich mit kaltem Wasser ausspülen und sehr gut abtropfen lassen.

Mit ausgebreiteten Schwingen und Balzruf verteidigt der ältere Fasan hier seinen Platz.

Federwild aus Zucht:
Fasan, Rebhuhn & Wachtel

Tom Wolfe führt die Hauptfigur seines Romans »Ein ganzer Kerl«, den neureichen, angeberischen Charlie Croker, bei der Wachteljagd auf seiner riesigen, verschwenderisch geführten Plantage in Südwest-Georgia ein: »Wachteln! Die Aristokraten des amerikanischen Wildbrets! Sie [sind] das, was Moorhühner und Fasane in England und Schottland und Europa [sind] – nur besser!« Jagd als Helden-Inszenierung, zugleich Fest und ultimatives Statussymbol: all dies wird in dieser amerikanischen Saga ebenso eingesetzt wie bei der Fasanenjagd europäischer Herrscher zu Zeiten August des Starken. Dass sowohl Wachtel als auch Fasan als äußerst schmackhaft galten und gelten, ist ein zusätzlicher Effekt, der dabei allerdings nur selten als Beweggrund genannt wird.

FEDERWILD STAMMT OFT AUS ZUCHT

Gelüstet es einen als Städter heute nach Fasan, Rebhuhn oder Wachtel, wird man seine Schritte zweifellos zum Wildhändler oder zur entsprechenden Theke in der Lebensmittelabteilung lenken. Die Herkunft der neben Reh, Hirsch und Wildschwein angebotenen Vögel entspricht allerdings nur seltenst der allgemein herrschenden Vorstellung von Wild, Wald und Jagd, sondern diese sind aufgrund der geringen »wilden« Bestände meist wohl behütet in einer Zucht aufgewachsen, nicht viel anders als normale Haushühner.

WACHTELN UND REBHÜHNER

Die Wachtel etwa darf in Deutschland gar nicht mehr gejagt werden, sie ist in der freien Wildbahn bereits so gut wie ausgerottet und steht auf der Roten Liste gefährdeter Arten. Welch Glück für alle Feinschmecker, dass sich dieser kleinste der europäischen Hühnervögel und einziger Zugvogel in seiner japanischen Variante bereitwillig hat domestizieren lassen. Bei der Zucht ist er unproblematisch und futtert sich ebenso schnell Fettpolster an, als gelte es wie einst bei seinen Vorfahren, bei Wintereinbruch nach Afrika zu fliegen. Gezüchtete Wachteln kommen heute überwiegend aus Frankreich, sind aber auch von deutschen Höfen erhältlich.

Auch beim Rebhuhn sind die Bestände heute stark rückläufig, zweifellos eine Folge unserer sich erbarmungslos ausbreitenden Zivilisation und damit der immer seltener werdenden »Natur«. Noch vor einigen Generationen wird davon berichtet, wie die schnellfüßigen Vögel auf Feldern so zahlreich waren, dass sie sich förmlich mit der Hand fangen ließen. Flurbereinigungen sowie chemische Unkraut- und Schädlingsbekämpfung haben ihren Lebensraum stark eingeschränkt. Das Reb- oder Feldhuhn, dessen Namen übrigens nicht auf eine Vorliebe für Weinstöcke zurückgeht, sondern auf das Repp-Repp seines Warnrufs, tut sich in Gefangenschaft wesentlich schwerer als die Wachtel. In der Zucht sind die kleinen Hühnervögel nicht nur als ganz junge Küken in der ersten Lebenswoche ausgesprochen empfindlich, sondern auch zeit ihres Lebens sehr scheu. Nach erfolgreicher »Partnervermittlung« leben sie außerdem streng monogam und vertragen sich schlecht mit anderen »Familien«. Ganz anders als beim »vielweibernden«, verträglicheren Fasan erschwert das ihre Haltung in großen Frei-Volieren außerordentlich.

SCHON LANGE BEGEHRT: DER FASAN

Die Geschichte des Fasans zeigt, dass »gezüchtetes Wild« kein modernes Phänomen ist. Seine Urahnen lebten in den Kaukasusländern zwischen Kaspischem und Schwarzem Meer, von dort bringen ihn Jason und seine Argonauten in der griechischen Legende auf der Suche nach dem goldenen Vlies mit nach Hause. Kolchis, das Land der Medea, und der Fluss Phasis verbergen sich in seinem lateinischen Namen: *phasianus colchicus*. Die Vorstellung von dem exotischen Land passte zum prachtvollen Federkleid des (männlichen) Fasans. Die alten Römer »übernahmen« ihn von den Griechen und perfektionierten seine Zucht. Anleitungen zur Fasanenmast aus den ersten Jahrhunderten unserer Zeitrechnung zeigen, dass es ihnen dabei keineswegs nur um optischen Genuss ging. Sie sorgten in Gallien, Germanien und England für seine Verbreitung – durch unfreiwillige Verluste auch über die Gehege hinaus in der freien Wildbahn.

Nach dem Verfall des Römischen Reichs wurde die Fasanenhaltung von Fürstenhöfen und Klöstern übernommen, Bedeutung als Jagdwild erlangte er jedoch erst im 15. Jahrhundert. Der Fasan gehörte zum Hochwild, selbst seine Zucht war nur Privilegierten mit besonderer Konzession erlaubt, und es waren Auflagen zum Aussetzen als Ausgleich für die Jagd zu erfüllen. Seine große Hochzeit erlebte der Fasan im 18. und 19. Jahrhundert: neue bunte Arten aus Fernost entsprachen der damaligen Vorliebe der »guten« Gesellschaft für alles Exotische. August der Starke etwa ließ die unweit von Dresden gelegene Moritzburg mit dem umliegenden Friedewald zu Jagdschloss und Tiergarten umgestalten. Selbstverständlich mit Fasanerie, wo Fasaneneier

Federwild stammt heute größtenteils aus Zuchtbetrieben, ohne diese kämen Wachtel, Rebhuhn oder Fasan hierzulande wohl kaum mehr auf den Tisch.

von Puten ausgebrütet wurden, um den »Wildbestand« sicherzustellen und die höfische Tafel zu versorgen. Ob in freier Natur oder »umhegt« fühlt sich der Fasan auf Wiesen und Äckern wohl. Er braucht eine Wasserquelle, aber auch etwas gemischten Wald, weil er außer bei Gefahr zwar selten auffliegt, nachts aber auf Bäumen schläft. Alle diese Voraussetzungen mussten damals ebenso geschaffen werden wie in heutigen Zuchtbetrieben, etwa der Fasanerie Reith in Rottendorf bei Würzburg. Seit 16 Jahren haben die Landwirte Reith sich dieses zusätzliche Standbein geschaffen. Ab der sechsten Woche werden die jungen Tiere hier allmählich an das Leben im Freien in den weitläufigen Volieren gewöhnt, die mit allem von Brennnesseln über Raps bis zu Gebüsch und kleinen Bäumen bewachsen sind. Ursprünglich ging es den Reiths ausschließlich um die Belieferung von Gastronomen mit hochwertigem Fleisch. Doch seit etwa einem Jahrzehnt zählen auch viele Jäger zu ihren Kunden, die den Fasan in ihren Revieren wieder einbürgern möchten und keinesfalls den schnellen Abschuss als Ziel haben. Durch die naturnahe Aufzucht leben sich die Rottendorfer Tiere, vor allem die erfahrenen einjährigen Zuchttiere, besonders gut in freier Wildbahn ein. Auch in den Spaliergärten am Moritzburger Fasanenschlösschen werden wieder Fasane für die ortsansässige Gastronomie gezüchtet – ohne Zucht gäbe es bei uns gar keine Fasane, sie sind hier ein Kulturphänomen.

Ursula Heinzelmann

Das Gelege einer Wachtel ist heute kaum noch in freier Wildbahn zu finden. Sämtliche im Handel angebotenen Vögel stammen aus Zuchtbetrieben.

Rebhuhn und Rothuhn *sehen sich beide recht ähnlich, gehören aber unterschiedlichen Gattungen an. Das Fleisch dieses Federwildes ist zart, sehr aromatisch und in der Küche hoch geschätzt.*

- Das Rebhuhn ist in Europa und Asien beheimatet.
- Das Rothuhn lebt auf der Iberischen Halbinsel sowie in Teilen Italiens und Frankreichs.
- Rebhühner wie Rothühner haben ein kurzfaseriges und sehr aromatisches Fleisch.

Die Rebhuhnbestände in Mitteleuropa sind heute rückläufig, in den 1970er Jahren wurden noch etwa zwanzig Mal mehr Tiere pro Jagdjahr geschossen. Die Ursachen für den Rückgang des hierzulande bekanntesten Feldhuhns liegen zum einen in einer großflächig betriebenen Landwirtschaft, zum anderen aber auch in einer großen Zahl von Fressfeinden wie Raubvögeln, Fuchs und Marder. Rebhühner werden daher heute nur dort in maßvollem Umfang bejagt, wo die Bestände es zulassen.

Durch gezielte Maßnahmen

wie die Anpflanzung von Hecken und Sträuchern, der Wieder- oder Neuanlage von Feldrainen und dem Erhalt von Brach- und Ödflächen wird versucht, den Lebensraum der vorhandenen Rebhuhnbestände wieder zu verbessern.

Rebhühner *(Perdix)*

Die Gattung der Rebhühner umfasst wenige verschiedene Arten und gehört zur Familie der Fasanenartigen *(Phasianidae)*.

REBHUHN

(Perdix perdix)

engl. partridge; franz. perdrix; ital. pernice; span. perdiz.

Verbreitet ist das Rebhuhn fast in ganz Europa und Asien, in Nordamerika wurde es eingebürgert und kommt dort heute in großer Zahl vor. Je nach Lebensraum wird es in verschiedene Unterarten eingeteilt. Das Rebhuhn ernährt sich überwiegend

Rebhühner sind Bodenbrüter und bevorzugen offene Kulturlandschaften wie Wiesen, Felder oder Brachflächen. Durch ihr graubraun gesprenkeltes Federkleid sind sie gut getarnt. Im Gegensatz zum Fasan unterscheiden sich beim Rebhuhn Hähne und Hennen nicht wesentlich im Gefieder. In Höhen oberhalb 600 m ist es seltener anzutreffen, oberhalb von 1.000 m nicht mehr.

von Samen und Insekten, während der Paarungszeit im zeitigen Frühjahr leben die Rebhühner in Einehe. Hauptjagdzeit ist von September bis Dezember.

Merkmale: Ausgewachsene Rebhühner erreichen etwa eine Körperlänge von 30 cm und ein Gewicht von 300 bis 450 g. Sie haben eine rundliche, gedrungene Form, das Gefieder ist graubraun gesprenkelt, Kopfseiten und Kehle sind rotbraun. Auf der grauen Unterseite befindet sich ein hufeisenförmiger dunkelbrauner Fleck, der beim Hahn etwas größer ist.

Verwendung: Das Rebhuhn liefert ein zartes, wohlschmeckendes Wildbret, vor allem junge Tiere gelten als Delikatesse. Sie werden in der Regel im Ganzen (1) zubereitet, ungefüllt oder gefüllt und dann gebraten, geschmort oder gegrillt. Wird das Rebhuhn in seine Teilstücke zerlegt, lassen sich die Keulen (2) ebenso wie die Brustfilets (3) braten, schmoren oder grillen, sie können aber auch als Ragout zubereitet, pochiert oder geräuchert werden.

Steinhühner *(Alectoris)*

Zur Gattung der kräftigen, kurzhalsigen Steinhühner, die wie die Rebhühner zur Familie der Fasanenartigen *(Phasianidae)* zählen, gehören etwa eine Hand voll Arten. Darunter befindet sich neben dem Rothuhn das gräuliche Alpensteinhuhn *(Alectoris graeca)*, oft auch nur Steinhuhn genannt, das heute in den Alpen, in Italien, Südosteuropa und Vorderasien verbreitet ist. Das ähnliche, nach seinem Ruf benannte Chukarhuhn *(Alectoris chukar)* ist die unter den Steinhühnern am weitesten verbreitete Art, sie ist vom Balkan bis in die Mandschurei anzutreffen.

Das Rothuhn ist ein kräftiger Vogel mit kurzem Hals, großem Kopf und mittellangen Flügeln. Der Schnabel und die Füße sind leuchtend rot. Es kommt in Höhen bis 2.000 m vor, bevorzugt aber ebenes oder hügeliges Gelände. Einst war das Rothuhn auch in Deutschland verbreitet, aufgrund einer Klimaverschlechterung verschwand es hier jedoch im 16. Jahrhundert.

ROTHUHN
(Alectoris rufa)

engl. red-legged partridge; franz. perdrix rouge, ital. pernice rossa; span. perdiz roja

Heute ist das Rothuhn auf der Iberischen Halbinsel, in Südwestfrankreich und Norditalien beheimatet, auf einigen Mittelmeerinseln sowie in Großbritannien wurde es eingebürgert.

Merkmale: Das Rothuhn kann etwa 35 cm lang werden. Im Aussehen ähneln sich alle Steinhühner, typisch sind der kräftige Körperbau sowie die seitlichen dunklen Fleckenreihen im Gefieder.

Verwendung: Spanische Rothühner wiegen küchenfertig etwa 400 g, haben ein feines Fleisch und kommen bei uns gelegentlich als Rebhuhn in den Handel.

(1) **REBHUHN** im Ganzen. Das rötlich braune Fleisch ist kurzfaserig, aromatisch und zart, wenn es von jungen Vögeln stammt.

(2) **REBHUHNKEULEN** haben nicht viel, aber ein feines, zartes und aromatisches Fleisch. Sie werden meist mit der Haut zubereitet.

(3) **REBHUHNBRUSTFILETS**, einmal mit anhängendem Flügel (oben), einmal mit abgeschabtem Flügelknochen (unten).

Wachtel und Truthuhn — *das kleinste unter den Feldhühnern und der größte Hühnervogel in freier Wildbahn — alle beide sind in der Wildküche beliebt und liefern ein zartes Fleisch.*

- Wachteln sind Zugvögel und in Europa und Asien, vor allem aber in Afrika verbreitet.
- Truthühner stammen aus Amerika und wurden in Deutschland regional ausgewildert.
- Das Fleisch der Wachtel ist zartfaserig. Truthuhnfleisch weist eine unterschiedliche Faserstruktur auf.

Wie die Rebhühner sind auch die Wachteln in den letzten Jahrzehnten in Mitteleuropa deutlich seltener geworden als früher. Die Zugvögel finden nicht mehr genug Deckung und Nahrung, was vor allem auf die moderne großflächige Landwirtschaft sowie den Einsatz von Insektiziden und Pestiziden zurückzuführen ist. Wachteln unterliegen zwar dem Jagdrecht, werden jedoch in Deutschland nicht bejagt, da sie unter Schutz stehen.

Erdwachteln *(Coturnix)*

Die Gattung der Erdwachteln umfasst knapp zehn Arten, von denen bei uns lediglich die Wachtel als Zugvogel vorkommt. Sie gehört zur Familie der Fasanenartigen *(Phasianidae)* und damit zur Ordnung der Hühnervögel *(Galliformes)*. Charakteristisch für die Erdwachteln ist ihre geringe Größe, die rundliche Körperform sowie der kurze Schwanz und die im Vergleich dazu langen Flügel.

WACHTEL

(Coturnix coturnix)

engl. quail; franz. caille; ital. quaglia; span. codorniz.

Die Wachtel ist in verschiedenen Unterarten in Afrika, Europa und Asien verbreitet. Zu uns kommt der scheue kleine Hühnervogel jedes Jahr im April/Mai und fliegt im Oktober wieder übers Mittelmeer zurück. Wachteln bevorzugen offenes Gelände, feuchte Wiesen und Getreidefelder, sie ernähren sich vorwiegend von Samen und Insekten. Paarungszeit ist im April/Mai, Jagdzeit gibt es keine. Alle heute in Handel und Gastronomie erhältlichen Wachteln stammen aus Aufzuchtbetrieben und sind in der Regel Abkömmlinge der etwas größeren japanischen Unterart.

Merkmale: Wachteln werden 16 bis 20 cm lang und wiegen zwischen 120 und 250 g. Das Gefieder ist auf der Oberseite braun gestrichelt und auf der Bauchseite gelblich braun. Henne und Hahn sind sich ähnlich, zu erkennen sind die Hähne an der schwarzen Kehle und dem weiß gebänderten Hals. Bei den Hennen ist das Kopfmuster weniger ausgeprägt und das Gefieder eher sandbraun.

(1) **WACHTELN** im Ganzen. Sie haben ein zartfaseriges, aromatisches Fleisch. Im Handel erhältliche Tiere weisen Gewichte zwischen 120 und 240 g auf.

(2) **WACHTELKEULEN** mit Haut. Gelegentlich sind die kleinen zarten Teilstücke auch separat erhältlich, sie haben ein Gewicht zwischen 20 und 30 g.

(3) **WACHTELBRÜSTE**, links oben mit Haut, daneben mit Haut und Flügelknochen. Unten die gehäutete Brust von der Ober- und Unterseite. Die zarten Wachtelbrüste wiegen etwa 60 g.

Die Wachtel ist durch ihr gelblich braunes, gestricheltes Gefieder hervorragend getarnt. Dennoch ist sie heute aufgrund der veränderten Lebensräume in Mitteleuropa eher selten geworden. Im Aussehen gibt es keine großen Unterschiede zwischen den Geschlechtern.

Truthähne sind deutlich größer als die Hennen. Charakteristisch sind der bläuliche, federlose kleine Kopf, die rote Kehle und der lange, fächerartige Schwanz. Aufgrund ihrer Größe sind Truthühner sehr schlechte Flieger.

Verwendung: Wachteln haben ein feines, wohlschmeckendes Fleisch und werden in der Regel, gefüllt oder ungefüllt, im Ganzen (1) zubereitet, meist gebraten oder gegrillt. Dabei können Speckscheiben oder Weinblätter das zarte Fleisch vor dem Austrocknen schützen. Die Keulen (2) und Brüste (3) des kleinen Hühnervogels schmecken in der Pfanne oder im Wok gebraten oder als Ragout, lassen sich aber auch gut pochieren oder räuchern.

Merkmale: Das Truthuhn kann über 1 m lang und bis zu 7,5 kg schwer werden. Das Körpergefieder ist dunkel, die Flügel sind bronzefarben. Bei der Balz verfärben sich die blassroten Kopfanhänge der Hähne in ein kräftiges Rot.

Verwendung: Junge Truthühner schmecken im Ganzen gebraten. Die Brust kann in Scheiben oder Streifen in der Pfanne gebraten werden, zwei Brüste ergeben einen Rollbraten. Das Fleisch der Keulen (1) eignet sich zum Braten oder Schmoren als Ragout.

Truthühner *(Meleagridinae)*

Auch die Gattung der Truthühner *(Meleagris)* gehört zur Familie der Fasanenartigen *(Phasianidae)*. Truthühner sind die größten unter den Hühnervögeln.

TRUTHUHN

(Meleagris gallopavo)

engl. wild turkey; franz. dinde (weibl.), dindon (männl.); ital. tacchino; span. pavo.

Das aus Amerika stammende wilde Truthuhn ist die Stammform des Haustruthahns (Pute). Es ernährt sich überwiegend von Pflanzen und Insekten. Truthühner wurden in Deutschland ausgewildert, es gibt kleine regionale Vorkommen. Paarungszeit ist im Frühjahr, Hauptjagdzeit von Oktober bis Januar.

(1) **KEULE VOM WILDTRUTHUHN.** Das Fleisch ist von unterschiedlicher Faserstruktur und dunkler als bei Puten. Vor der Zubereitung der Keulen müssen die zahlreichen festen Sehnen entfernt werden.

Raufußhühner, *Tauben und Schnepfen: Sie liefern ein begehrtes Wildbret. Außer den Tauben sind diese Wildvögel heute jedoch seltener geworden und werden nur regional bejagt.*

EINES VERBINDET die meisten der unterschiedlichen Familien angehörenden, im Folgenden vorgestellten Federwildarten: sie werden nicht oder deutlich weniger als früher bejagt. Die Ursachen für den Rückgang dieser Wildvogelarten sind vielfältig: Eine ungünstige, nasskalte Witterung im Frühjahr und Frühsommer, die die Jungen schwächt, gehört ebenso dazu wie die Veränderung der Habitate durch die moderne großflächige Land- und Forstwirtschaft oder die Störung der Vögel durch eine steigende Zahl an Freizeitsportlern.

RAUFUSSHÜHNER

Die Raufußhühner *(Tetraoninae)*, aufgrund ihres bevorzugten Lebensraumes auch Waldhühner genannt, ordneten die Zoologen früher als eigene Familie *(Tetraonidae)* ein, inzwischen werden sie jedoch meist als eigene Gattungen der großen Familie der Fasanenartigen *(Phasianidae)* zugerechnet, die wiederum zur Ordnung der Hühnervögel *(Galliformes)* zählt. Die Bezeichnung »Raufuß« erhielten sie wegen der über die Laufbeine bis zu den Zehen reichenden, durchgängigen Befiederung. Zu den Raufußhühnern gehören einmal die großen Waldhühner wie das Auerhuhn *(Tetrao urogallus)* und Birkhuhn *(Lyrurus tetrix)*, das Moore und Heiden besiedelt. Von beiden Arten gibt es in Deutschland jedoch nur noch einzelne Vorkommen in den Bergwäldern der Alpen und in den Mittelgebirgen, daher stehen das Auer- wie das Birkwild bei uns ganzjährig unter Schutz. Importe kommen jedoch gelegentlich aus Russland oder aus den skandinavischen Ländern auf den Markt.

HASEL- UND SCHNEEHÜHNER

Auch diese beiden Raufußhühner zählen zu den Fasanenartigen und sind in Deutschland ganzjährig geschont. Beide sind aber in den skandinavischen Ländern noch häufig anzutreffen – Haselhühner vor allem in Finnland und Moorschneehühner in Norwegen. Aus Importen kommen Moorschneehühner daher gelegentlich aus Nordosteuropa, aber auch aus Schottland bei uns in den Handel, zumeist unter der Bezeichnung »Moorhuhn«. In der Küche ist ihr dunkelrotes, überaus würziges Fleisch hochwillkommen, vor allem, wenn es von jungen Tieren stammt. Ältere Raufußhühner werden dagegen, wie alles ältere Federwild, besser gekocht und anschließend noch kurz gebraten.

TAUBEN

Zu einer ganz anderen Ordnung, nämlich zu den Taubenvögeln *(Columbiformes)*, gehört als einzige, dafür mit über 60 Gattungen und etwa 300 Arten sehr umfangreiche Familie der Tauben *(Columbidae)*. Von den vier in Deutschland vorkommenden Wildtaubenarten sind nur zwei für Jagd und Küche von Bedeutung: einmal die zur Gattung der Feldtauben *(Columba)* zählende Ringeltaube sowie die kleinere, erst vor einigen Jahrzehnten aus Südosteuropa eingewanderte Türkentaube, die zur Gattung der Turteltauben *(Streptopelia)* gehört. Das Fleisch von Wildtauben kommt nur selten in den Handel, bei den auf dem Markt angebotenen Tieren handelt es sich in der Regel um gezüchtete Vögel.

SCHNEPFEN

Die Schnepfenvögel *(Scolopacidae)* bilden eine artenreiche Familie innerhalb der Ordnung der Regenpfeiferartigen *(Charadriiformes)* oder Watvögel. Schnepfen sind in der Mehrzahl Zugvögel, im Sommer leben sie in nördlicheren, feuchten Gebieten, im Winter im Süden. Vor gut hundert Jahren waren verschiedene Schnepfenarten in Deutschland noch häufig und wurden regelmäßig bejagt. Inzwischen ist ihr Bestand stark rückläufig, allerdings nicht aufgrund einer zu intensiven Bejagung, sondern weil Entwässerung, intensive Landwirtschaft und Zersiedelung ihre Lebensräume stark verändert haben. Für den Rückgang der Waldschnepfe *(Scolopax rusticola)*, der einzigen, heute in Deutschland noch zur Jagd zugelassenen Schnepfe, dürften zudem die gewachsenen Wildschweinpopulationen eine Rolle spielen.

Federwild ausnehmen

Das Ausnehmen von Wildgeflügel sollte am besten gleich nach dem Erlegen geschehen. Bei Taubenvögeln muss zudem der Kropf geleert oder besser noch entfernt werden, damit das aromatische Fleisch nicht durchsäuert und dadurch einen unangenehmen Geruch und Geschmack erhält.

Hasel- und Schneehuhn *sind bei uns geschützt, werden aber dort, wo sie zahlreicher vorkommen, entsprechend ihrer Bestandsdichte gejagt und zählen zum beliebtesten Federwild.*

- Das Haselhuhn ist in Mitteleuropa und Asien beheimatet.
- Schneehühner leben in Mittel-, vor allem aber in Nordeuropa, Nordasien und -amerika.
- Das Fleisch beider Arten ist aromatisch und wohlschmeckend.

Hasel- und Schneehühner zählen zu den in Deutschland unter Schutz stehenden Raufußhühnern. In anderen Gebieten Europas sind sie allerdings noch weit verbreitet und werden entsprechend bejagt.

Haselhühner *(Tetrastes)*

Die Gattung der Haselhühner gehört zur Familie der Fasanenartigen *(Phasianidae)*. Sie wird in einige wenige Unterarten unterteilt.

HASELHUHN

(Tetrastes bonasia)

engl. hazel grouse; franz. gélinotte des bois; ital. francolino (di monte); span. grévol.

Die kleinen und scheuen Waldhühner leben bevorzugt in unterholzreichen Nadel- und Mischwäldern. Sie ernähren sich vornehmlich von Knospen und Samen verschiedener Bäume, aber auch von Wildfrüchten und Beeren. In Deutschland gibt es nur noch wenige größere Vorkommen des Haselhuhns, beispielsweise in den Nationalparken Bayerischer Wald und Böhmerwald. In den baltischen Staaten und in Skandinavien, insbesondere in Finnland, aber auch Südosteuropa ist das Haselhuhn dagegen noch weiter verbreitet und wird entsprechend bejagt. Importe gelangen jedoch nur selten zu uns. Paarungszeit ist im Frühjahr, die Hauptjagdzeit in Skandinavien dauert von September bis Januar. In Deutschland ist das Haselhuhn ganzjährig geschützt und wird nicht bejagt.

Merkmale: Das Haselhuhn kann eine Länge von etwa 35 cm erreichen und ist damit ungefähr so groß wie das Rebhuhn. Durch sein grau-braun-schwarz geflecktes Federkleid ist der Bodenbrüter gut getarnt. Der Hahn unterscheidet sich von der Henne durch die schwarze, weiß umrandete Kehle, bei ihr ist die Kehle weißlich.

Verwendung: Das feine Fleisch des Haselhuhns gilt als besondere Delikatesse. Vor allem jüngeres Feder-

Das scheue Haselhuhn weist auf der Oberseite ein grau- bis rotbraunes, dunkel geflecktes Gefieder auf. Auf der Bauchseite ist es heller, schwarz gemustert und nur in Richtung Kehle rotbraun. Hahn und Henne sind sich recht ähnlich.

Ein Moorschneehuhn bei der Mauser vom Sommer- ins Winterkleid. Im Sommer tragen beide Geschlechter ein rötlich braunes, dunkler gemustertes Gefieder und sind damit ideal an die jeweilige Umgebung angepasst.

wild schmeckt ausgezeichnet im Ganzen gebraten oder geschmort. Es kann aber auch halbiert und gegrillt werden. Die Keulen und Brustfilets eignen sich zum Braten oder Schmoren, können aber auch geräuchert werden.

Schneehühner *(Lagopus)*

Die nur in wenigen Arten vorkommende Gattung der Schneehühner gehört zu den Fasanenartigen *(Phasianidae)*. Neben dem Moorschneehuhn zählt hierzu auch das mit etwa 36 cm Länge etwas kleinere, im Norden Europas und Asiens sowie in Nordamerika verbreitete Alpenschneehuhn *(Lagopus mutus)*. In Mitteleuropa ist dieses oberhalb 1.800 m in den Hochgebirgslagen der Alpen und Pyrenäen anzutreffen. Das in Deutschland geschützte Alpenschneehuhn ähnelt im Aussehen dem Moorschneehuhn, unterscheidet sich jedoch von diesem durch das eher graubraune Sommerkleid sowie durch einen bei den Hähnen im Winterkleid sichtbaren schwarzen Streifen vom Schnabel zum Auge.

MOORSCHNEEHUHN

(Lagopus lagopus)

engl. grouse; franz. grouse; ital. fagiano di monte

Im Gegensatz zum Alpenschneehuhn, mit dem es oft verwechselt wird, bevorzugt das Moorschneehuhn flaches, sumpfiges und mooriges Gelände. Sein Verbreitungsgebiet erstreckt sich von Skandinavien über Sibirien bis Nordamerika. Moorschneehühner ernähren sich hauptsächlich von pflanzlicher Kost, etwa von Trieben, Knospen und Beeren. Paarungszeit ist im Frühjahr, die Hauptjagdsaison reicht in Mitteleuropa von April bis Mai, in Skandinavien von September bis Januar. Eine Unterart ist das Schottische Moor(schnee)huhn, das vor etwa 100 Jahren in der Eifel ausgewildert wurde, sich dort auf Dauer aber nicht behaupten konnte. Es verfärbt sich im Winter nicht weiß.

Merkmale: Das Moorschneehuhn wird etwa 40 cm lang und erreicht Gewichte bis 550 g. Durch den jahreszeitlich bedingten Wechsel des Federkleides können sich beide Geschlechter sehr gut ihrer Umgebung anpassen. Im Winter ist das Gefieder der Moorschneehühner fast ganz weiß, abgesehen von der schwarzen Schwanzunterseite bei den Hähnen

Moorschneehühner aus Schottland sind bei uns gelegentlich als Moorhühner im Handel. Gut zu erkennen ist bei den dreien der Grund für die übergreifende Bezeichnung Raufußhühner: Sie werden deshalb so genannt, weil bei ihnen die Befiederung über die Laufbeine bis zu den Zehen reicht.

und dem roten Fleck über dem Auge, im Sommer dann rötlich braun, die Unterseite bleibt weiß. Die Läufe sind bis zu den Zehen dicht befiedert.

Verwendung: Moorschneehühner haben ein dunkles, rotbraunes, sehr würziges Fleisch. Sie kommen bei uns aus Importen in den Handel. Das Federwild kann im Ganzen gebraten werden. Brüste (1) und Keulen (2) schmecken gebraten oder auch geschmort.

(1) **MOORHUHNBRUST**, hier mit anhängendem, abgeschabtem Flügelknochen. Das dunkelrote Fleisch ist sehr würzig.

(2) **MOORHUHNKEULEN** werden oft gehäutet und von sichtbarem Fett befreit, sie können aber auch mit Haut zubereitet werden.

Vom Aussterben bedroht

D ie Feinschmecker bedauern es und die Jäger beklagen es: den gravierenden Artenschwund, der auch zahlreiche, einst die Speisekarte bereichernde Wildtiere bedroht. Eine davon betroffene Wildart, deren Fleisch über Jahrhunderte zu der Deutschen liebsten Speise zählte, ist der Feldhase. Noch vor rund 80 Jahren flächendeckend und zahlreich bis in die Mittelgebirgsregionen anzutreffen, gilt er inzwischen in vielen Gebieten als Rarität. Freiwillig verzichten viele Revierinhaber daher auf die Bejagung des Feldhasen – in der Hoffnung, dass die ihm gewährte Schonung eines Tages wieder zu größeren Populationen führen wird. Wie bei anderen Kleinwildarten sind es vor allem die Veränderung der Lebensräume, eine großflächig arbeitende, maschinenbetonte Agrarindustrie und der ganzjährige Schutz von Habicht und Bussard, die dem Hasen das Überleben schwer machen. Und wo Schwärme von Krähen und Elstern die Feldflur kontrollieren, gilt: viele Krähen sind der Junghasen Tod.

BEDROHTE HÜHNERVÖGEL

Ein Opfer der veränderten Lebensräume und Umweltbedingungen sind auch Bodenbrüter wie Wachtel, Rebhuhn und Schnepfe. Die Wachtel, etwa sta-

Wird zu häufig gestört: Die Bestände von Auer- und Birkwild – links ein Auerhahn, rechts ein Birkhuhn – haben in Deutschland in den letzten Jahrzehnten stark abgenommen.

rengroß, spielt als Zugvogel und kleinstes Feldhuhn in der Jagd heute keine Rolle mehr. Vielen gilt sie in unseren Landen bereits als ausgestorben, obwohl ihr Vorkommen vereinzelt bestätigt wird. Die im Handel angebotenen Tiere stammen ausschließlich aus Zuchtbetrieben.

Das Rebhuhn ist in Mitteleuropa in seinem Bestand nicht nur gefährdet, sondern nimmt zahlenmäßig von Jahr zu Jahr ab. Dennoch gibt es Regionen, in denen durch intensive Hege, zu der auch das Fangen von Fuchs und Marder und die Bejagung von Krähe und Elster zählen, bejagbare Bestände existieren. Zur Überlebensstrategie des Rebhuhns gehört es, seine Eier versteckt im hohen Gras an Feldrainen auszubrüten und die geschlüpften Küken durch Aufsuchen dichter Deckung vor den scharfen Augen und Schnäbeln der gefiederten Beutegreifer zu schützen.

Bei der Schnepfe sind die Eier vor allem durch Wildschweine gefährdet, die den Waldboden nach Fressbarem absuchen – nur selten entgeht ihnen das Gelege eines Bodenbrüters. Kommt in der Setz-, Brut- und Aufzuchtzeit zu den natürlichen Fressfeinden dann noch tagelang anhaltendes, nasskaltes Wetter hinzu, verenden die Jungtiere oft an Unterkühlung und klammem Gefieder. Kälte- und Hit-

zeperioden haben noch weitere Auswirkungen: Sie verknappen durch Mangel an Insekten und überlebensnotwendigen Kräutern die Nahrung der Tiere. Obwohl ursprünglich nicht in Mitteleuropa beheimatet und den klimatischen Bedingungen nur mangelhaft angepasst, bevölkerte der Fasan als farbenfroher Tupfer seit Mitte des 18. Jahrhunderts Felder und lichte Buchenwälder. Der aus China und dem vorderen Orient stammende Wildvogel wäre jedoch längst aus unserem Blick verschwunden, wenn nicht immer wieder große Aussetzaktionen stattfinden würden. Durch das Auswildern von Zuchtfasanen können die Wildbestände stabil gehalten werden, sodass die Fasanenjagd weiterhin möglich ist.

AUER- UND BIRKWILD

Letztendlich erfolglos und das Aussterben nur zeitlich hinauszögernd scheinen alle Hegebemühungen zur Erhaltung des Auer- und Birkwildes in Deutschland zu sein. Vor Jahrhunderten bildeten sie noch einen beachtlichen, gut bejagbaren Bestand, nun unterliegen beide Federwildarten und die gelegentlich aus ihnen entstehende, unfruchtbare Kreuzung, das Rackelwild, schon seit Jahrzehnten der vollständigen Schonung. In den Mittelgebirgen und in den Alpen regional noch vorhandene Restbestände schmelzen dahin wie Schnee in der Sonne. Die Ursachen sind vielfältig: Fehlende naturbelassene Mischwälder mit viel Unterwuchs und einer reichen Kraut- und Beerenflora, der verstärkte Einsatz von Technik im Forstbetrieb, Umweltschäden sowie die Zunahme an natürlichen, vor der Jagd zum Teil geschützten Feinden lassen diese noch immer zum Hochwild zählenden Raufußhühner womöglich bald für immer aus unseren Wäldern und Latschenhängen verschwinden. Im Verschwinden begriffen sind in Mitteleuropa noch einige weitere, ebenfalls zu den Raufußhühnern zählende Wildvogelarten: das Moorhuhn, das Haselhuhn und das Alpenschneehuhn, da sie ebenfalls immer weniger geeignete Lebensbedingungen vorfinden. Große, bejagbare Bestände an Auer- und Birkwild, an Hasel-, Schnee- und Moorhühnern gibt es heute noch in den großen Waldkomplexen und Tundren Nordeuropas und Russlands. So werden beispielsweise in Finnland, Norwegen oder Schweden zusammen jährlich über Hunderttausend dieser wohlschmeckenden Vögel erlegt. Von dort wie aus Schottland stammen dann in der Regel auch jene Raufußhühner, die gelegentlich auf den Speisekarten der hiesigen Spitzenrestaurants auftauchen.

NOCH CHANCEN FÜR DIE GROSSTRAPPE

Überall geschont ist hingegen eine andere Wildvogelfamilie: Während die kleinere, etwa 1 kg schwere Zwergtrappe in Mitteleuropa bereits seit Anfang des vorigen Jahrhunderts beinahe ausgestorben ist und nur noch in kleinen Beständen in West- und Südosteuropa vorkommt, steht es um die verwandte Großtrappe ein wenig besser. Europas größter flugfähiger Vogel – die Hähne erreichen immerhin ein Gewicht von bis zu 16 Kilogramm – ist noch in kleinen Beständen in Brandenburg, Mecklenburg-Vorpommern, Polen, Ungarn und Österreich sowie in Teilgebieten Spaniens anzutreffen. Bedroht durch die Intensivierung der Landwirtschaft, Verdrahtung, Einsatz von Pflanzenschutzmitteln und Zersiedelung hat dieser Steppenvogel heute jedoch laut den Naturschutzbehörden wieder eine kleine Überlebenschance: Im Frühjahr 2006 wurden zum Beispiel in Brandenburg wieder 101 Großtrappen gezählt, Mitte der 1990er Jahre waren es nur noch 57 Tiere gewesen.

Olgierd E. J. Graf Kujawski

Tauben und Schnepfen *kommen aus freier Wildbahn nur selten bei uns in den Handel, haben jedoch beide ein feines, aromatisches und wohlschmeckendes Fleisch.*

Während die Bestände vieler anderer Federwildarten zurückgehen, breiten sich die in Deutschland zur Jagd zugelassenen Taubenarten in den letzten Jahrzehnten weiter aus. Zahlenmäßig belegen sie Platz 1 unter dem pro Jahr erlegten Federwild.

Tauben *(Columbidae)*

Die Familie der Tauben ist sehr artenreich und kommt abgesehen von der Arktis und Antarktis beinahe weltweit vor. Dabei gehen fast alle Haus- und Straßentauben auf die in Südeuropa beheimatete Felsentaube *(Columba livia)* zurück. Bei den heimischen Wildtauben handelt es sich jedoch um andere Arten. Hierzu gehört neben der Ringel- und Türkentaube die Hohltaube, eine Feldtaubenart, die in Deutschland aber zunehmend seltener vorkommt sowie die Turteltaube *(Streptopelia turtur)*. Bejagt werden jedoch nur die Ringel- und die Türkentaube. Tauben ernähren sich von pflanzlicher Kost wie Samen, Getreide, Hülsenfrüchten oder Beeren, verschmähen aber auch Würmer und Insekten nicht.

RINGELTAUBE
(Columba palumbus)

engl. wood pigeon; franz. pigeon ramier; ital. colombaccio, palomba; span. paloma torcaz.

Die Ringeltaube ist die größte, häufigste und am weitesten verbreitete Wildtaube in Europa. Hierzulande bleibt der Zugvogel inzwischen meist ganzjährig, sein bevorzugter Lebensraum sind lichte Mischwälder, Waldränder und Felder, aber auch Parkanlagen. Paarungszeit ist von Ende März bis Juli, Hauptjagdzeit von Juli bis April.

Merkmale: Die blaugraue Ringeltaube erreicht eine Länge von etwa 40 cm und ist größer als eine Straßentaube. Ihr Gewicht liegt bei 400 bis 550 g. Zwischen den Geschlechtern gibt es keine Unterschiede im Gefieder, Jungtiere sind blasser.

Verwendung: Tauben werden meist im Ganzen (1) gebraten, können aber auch geschmort oder gegrillt werden. Die Keulen (2) schmecken gebraten oder geschmort als Ragout, die Brüste und Brustfilets (3) können zudem pochiert oder geräuchert werden.

Ringeltauben sind die größten Wildtauben. Namensgebend ist der weiße, vorne offene Halsring auf dem ansonsten blaugrauen Gefieder, der bei jungen Tauben (vor dem ersten Herbst) noch nicht ausgebildet ist.

Die Türkentaube ist etwa so groß wie die Stadttaube, hat jedoch im Unterschied zu dieser ein fast einheitliches, beige- bis graubraunes Gefieder, nur die Flügelspitzen sind dunkel. Typisches Erkennungsmerkmal ist das schwarze Nackenband.

Die Waldschnepfe hat einen langen, spitz zulaufenden Schnabel (Stecher), mit dem sie Würmer und Insektenlarven aus dem Boden holt. Dank ihres unregelmäßig braun, schwarz und hell gemusterten Gefieders ist sie hervorragend getarnt, dennoch gehen die Bestände seit Jahren zurück.

TÜRKENTAUBE

(Streptopelia decaocto)

engl. collared turtle dove, eurasian collared dove; franz. tourterelle turque, ital. tortora dal collare; span. tórtola turca.

Die Türkentaube ist seit den 1930er Jahren aus Südosteuropa nach Mittel- bis Nordeuropa eingewandert. Sie lebt in der Nähe des Menschen, in Parks, aber auch innerhalb von Ortschaften. Paarungs- und Jagdzeiten sind dieselben wie bei der Ringeltaube.
<u>Merkmale:</u> Die beigebraune Türkentaube wird zwischen 31 und 33 cm lang und ist damit kleiner als die Ringeltaube. Sie wiegt zwischen 150 und 250 g.
<u>Verwendung:</u> Die kleinere Türkentaube wird in der Regel gefüllt oder ungefüllt im Ganzen gebraten oder geschmort.

Schnepfenvögel *(Scolopacidae)*

Die Familie der Schnepfenvögel zählt zur Ordnung der Regenpfeiferartigen *(Charadriiformes)*, auch Watvögel genannt. Typisch für diese artenreiche Familie, deren Mitglieder Feuchtgebiete bevorzugen, ist der lange dünne Schnabel. In Deutschland unterliegt nur noch die Waldschnepfe dem Jagdrecht. Andere Arten wie die ähnliche, aber nur halb so große Bekassine *(Gallinago gallinago)* stehen unter Schutz.

WALDSCHNEPFE

(Scolopax rusticola)

engl. (eurasian) woodcock, timberdoodle; franz. bécasse des bois; ital. beccaccia; span. becada.

In Europa ist die scheue Waldschnepfe beinahe überall verbreitet. Ihr Lebensraum sind feuchte Laub- und Mischwälder. Waldschnepfen sind gute Flieger, den Winter verbringen sie meist im Mittelmeerraum, in Kleinasien oder Nordafrika. Die Paarungszeit ist im Frühjahr, die Hauptjagdzeit reicht von Oktober bis Januar.
<u>Merkmale:</u> Die Waldschnepfe kann eine Länge von etwa 35 cm erreichen und wiegt 200 bis 400 g. Beide Geschlechter haben das gleiche bräunliche, unregelmäßig gemusterte Gefieder.
<u>Verwendung:</u> Das dunkle, kurzfaserige und sehr aromatische Fleisch der Waldschnepfe gilt als Delikatesse. Schnepfen werden meist im Ganzen gebraten oder geschmort. Aus freier Wildbahn sind sie selten erhältlich, Importe kommen gelegentlich aus Südeuropa, meist aus Südfrankreich, auf den Markt.

(1) **RINGELTAUBEN**, gerupft. Tauben haben ein dunkles Fleisch von zartfaseriger Struktur und sind sehr aromatisch.

(2) **TAUBENKEULEN** von Zuchttauben, wie sie im Handel erhältlich sind. Diese Tiere weisen ein helleres Fleisch auf.

(3) **TAUBENBRÜSTE.** Links eine Taubenbrust im Ganzen, rechts die ausgelösten zarten Brustfilets mit Haut und Flügelknochen.

Gänsevögel sind Wasserbewohner und bevölkern die Feuchtgebiete der Erde. Die meisten sind ausgezeichnete Flieger und haben darum ein festes, aber dennoch wohlschmeckendes Fleisch.

DIE BREITEN SCHWIMMHÄUTE zwischen den Zehen haben sie gemeinsam: die Enten, Gänse und Schwäne – sie alle zählen zur Ordnung der Gänsevögel *(Anseriformes)*. Nun tauchen Schwäne zwar in den Rezeptsammlungen vergangener Jahrhunderte auf, spielen heute in der Küche jedoch keine Rolle mehr – anders als Wildgänse und -enten. Vor allem Wildenten werden nach wie vor jedes Jahr in großen Stückzahlen erlegt und sind neben dem Fasan in Deutschland das wichtigste Federwild.

ENTENVÖGEL

Die Entenvögel *(Anatidae)* bilden die artenreichste Familie innerhalb der Ordnung der Gänsevögel, hierzu gehören neben anderen die Unterfamilien der Enten *(Anatinae)* und Gänse *(Anserinae)*. Entenvögel sind auf der ganzen Welt anzutreffen, mit den meisten Arten sind sie jedoch in den gemäßigten und kalten Zonen verbreitet.

SCHWIMM- UND TAUCHENTEN

In Deutschland kommen rund zwanzig der weltweit mehr als hundert Entenarten vor. Einige davon sind Zugvögel und nur im Winter anzutreffen, andere bleiben das ganze Jahr über. Die verschiedenen Entenarten werden in vier Gattungsgruppen zusammengefasst, von denen die Schwimm- und die Tauchenten die wichtigsten sind. Sie unterscheiden sich durch ihre Körperform und ihr Verhalten. So haben Schwimmenten einen etwas längeren Hals und den Schwanz schräg nach oben gerichtet, der Bürzel ist bei ihnen immer über dem Wasser, es befindet sich nur etwa ein Drittel des Körpers unter Wasser. Im Gegensatz zu den gedrungenen Tauchenten, die den Schwanz nach unten gerichtet haben und deutlich tiefer im Wasser liegen. Für die Wildküche spielt vor allem die Gattung der Eigentlichen Schwimmenten *(Anas)* eine Rolle, denn hierzu zählen die in Deutschland am häufigsten erlegten Entenarten wie die Stockente, Krick- und Pfeifente. Aufgrund ihres wohlschmeckenden und aromatischen Fleisches ist insbesondere die Krickente bei Wildliebhabern gefragt.

GRAUE UND BUNTE GÄNSE

Die Gänse *(Anserinae)* sind eine Unterfamilie der Entenvögel *(Anatidae)* und gehören damit auch zur Ordnung der Gänsevögel *(Anseriformes)*. Zu dieser Unterfamilie zählen neben den Echten Gänsen *(Anserini)* auch noch die Schwäne *(Cygnini)* sowie die in Australien vorkommenden Hühnergänse *(Cereopsini)*. Bei den auf der Nordhalbkugel verbreiteten Echten Gänsen werden wiederum zwei Gattungen unterschieden, einmal die grauen, vornehmlich das Binnenland bewohnenden Feldgänse *(Anser)* sowie die bunten, überwiegend schwarz-weiß gefiederten Meergänse *(Branta)*, die eher die Küsten als Lebensraum bevorzugen. Die teils recht geselligen, großen und kräftigen Vögel haben einen mittellangen Hals und, im Vergleich zu anderen Wasservögeln, relativ lange Beinen, mit denen sie gut laufen können. Gänse ernähren sich vorwiegend von an Land wachsenden Gräsern und Kräutern, aber auch von Wasserpflanzen. Für die heimische Jagd sind zwei Arten von größerer Bedeutung: zum einen die Graugans *(Anser anser)*, die Stammform der Hausgans, zum andern die ähnlich große, etwas dunklere Saatgans *(Anser fabalis)*.

RALLENVÖGEL

Einer ganz anderen Ordnung gehört das Blässhuhn *(Fulica atra)* an. Es zählt zur Familie der Rallenvögel *(Rallidae)*, die wie auch die Familie der Trappen *(Otididae)* zu den Kranichvögeln *(Gruiformes)* gerechnet wird. Während aber die Trappen in Deutschland selten geworden sind, kommt das Blässhuhn bei uns noch häufig vor. Kulinarisch sind die kleinen, früher auch als Wasserhühner bezeichneten, schwarzen Schwimmer mit dem auffälligen weißen Stirnfleck jedoch nur regional von Bedeutung. Geschätzt wird ihr dunkles, aromatisches Wildbret beispielsweise in der Gegend rund um den Bodensee.

Wer ist die größte?

Früher galt die heimische Graugans als größte europäische Wildgans. Inzwischen hat ihr die eingebürgerte, noch größere Kanadagans diesen Rang streitig gemacht. Diese wird ebenfalls bejagt, wenn auch in geringerem Umfang. Ein Großteil der in Handel und Gastronomie erhältlichen Tiere stammt jedoch, wie bei den Wildenten, aus Importen und Aufzuchtbetrieben.

Schwimmendes Stockentenpaar. Während das Weibchen (links) ein braungrau gemustertes Gefieder trägt, ist das des Erpels (rechts) teils prächtig gefärbt. Erkennungsmerkmale sind der metallisch grün schillernde Kopf mit weißem Halsring sowie der gelbe Schnabel. Beide Geschlechter weisen ein metallisch schimmerndes, dunkelblaues, weiß gesäumtes Band am Flügelrand auf. Stockenten sind sehr anpassungsfähig und kommen vielerorts an Seen, Teichen und anderen Binnengewässern vor.

- Enten sind in zahlreichen Arten weltweit verbreitet.
- Die für Küche und Jagd interessanten Arten gehören zur Gruppe der Schwimmenten.
- Das Fleisch von Wildenten ist dunkelrot, saftig und aromatisch.

Wildenten zählen mit ihrem kernigen, aromatischen Fleisch in Deutschland zum beliebtesten Federwild. Sie sind in mehreren Arten verbreitet und werden jährlich in großer Zahl erlegt.

In der Umgangssprache werden viele der auf Binnengewässern anzutreffenden Vögel Enten genannt und tatsächlich ist die Artenvielfalt sehr groß.

(1) WILDENTE, gerupft. Sie ist im Gegensatz zur Hausente weniger fleischig, fettärmer und hat eine bläulich schimmernde Haut. Das Fleisch der Wildente ist dunkelrot, aromatisch und wohlschmeckend.

Enten *(Anatinae)*

Zur Unterfamilie der Enten, die wiederum zur Ordnung der Gänsevögel *(Anseriformes)* zählen, gehören neben den Schwimmenten auch die Ruder- und Tauchenten sowie Meeresenten. Die für die heimische Jagd interessanten Arten zählen überwiegend zur Gruppe der Schwimmenten, darunter die Stockente, die Krick- und Knäkente *(Anas querquedula)* sowie die Pfeifente. Das Fleisch von Tauchenten – bei uns sind die Tafel- *(Aythya ferina)* und die Reiherente *(Aythya fuligula)* die häufigsten Arten – wird in der Wildküche weniger geschätzt und spielt darum eine geringere Rolle. Enten sind Allesfresser, ernähren sich jedoch überwiegend von pflanzlicher Nahrung. Sie sind in der Regel schlechte Läufer, jedoch gute Schwimmer und Flieger. Enten wechseln ihr Federkleid zweimal im Jahr (Mauser), im Sommer ähneln die Erpel im so genannten Schlichtkleid dann den unscheinbaren Weibchen.

STOCKENTE

(Anas platyrhynchos)

engl. mallard; franz. canard colvert; ital. germano reale; span. ánade azulón, ánade real, pato de collar.

Die Stockente ist über die ganze Nordhalbkugel verbreitet und in Europa die häufigste wild lebende Entenart. Sie ist die Stammform der Hausente. Paarungszeit ist im Frühjahr, die Hauptjagdzeit dauert von September bis Januar.

<u>Merkmale:</u> Stockenten werden 50 bis 60 cm lang und wiegen meist zwischen 0,7 und 1,5 kg. Die Stockente ist ein ausgezeichneter Flieger. Im Prachtkleid ist der Erpel grau mit brauner Brust, auffällig sind der grüne Kopf und der gelbe Schnabel.

<u>Verwendung:</u> Junge Enten werden im Ganzen (1) gebraten, ältere Tiere besser gekocht. Anschließend lässt man sie im Sud erkalten und stellt sie vor dem Servieren für 5 bis 10 Minuten in den auf 220 °C vorgeheizten Ofen. Die Keulen (2) eignen sich vor allem zum Schmoren, die Brustfilets (3) schmecken gebraten, werden aber auch geräuchert.

KRICKENTE

(Anas crecca)

engl. green-winged teal, common teal; franz. sarcelle d'hiver; ital. alzavola comune; span. cerceta común.

Die Krickente ist in drei Unterarten in Europa, Asien und Nordamerika verbreitet. Ihr bevorzugter Lebensraum während der Brutzeit sind Sümpfe, Moore und Tundren. Im Winter ziehen sie in den Süden. Die Paarungszeit ist im Frühjahr, die Hauptjagdzeit dauert von September bis Januar.

<u>Merkmale:</u> Die Krickente ist mit etwa 35 cm Länge und einem Gewicht zwischen 250 und 400 g die kleinste der Wildenten. Auffälliges Merkmal des Erpels im Prachtkleid ist der kastanienbraune Kopf mit dem bogenförmigen grünen, hell eingefassten Augenfleck. Die Weibchen haben ein unauffälliges bräunliches Gefieder.

<u>Verwendung:</u> Die Krickente gilt als eine der schmackhaftesten unter den Wildenten und wird meist im Ganzen gebraten oder geschmort.

PFEIFENTE

(Anas penelope)

engl. eurasian wigeon; franz. canard siffleur; ital. fischione; span. ánade silbón.

Pfeifenten brüten im Sommer im Norden Europas, Asiens und Amerikas, im Winter ziehen sie nach Süden. Pfeifenten ernähren sich von Pflanzen. Paarungszeit und Hauptjagdzeit ist wie bei Krickenten.

<u>Merkmale:</u> Die Art wird 40 bis 50 cm lang und zwischen 500 und 900 g schwer. Der Erpel ist gräulich mit heller Unterseite und hat einen braunen Kopf.

<u>Verwendung:</u> In der Küche werden Pfeifenten wie Stockenten zubereitet.

Altersmerkmal

Junge, von Feinschmeckern besonders geschätzte, noch nicht einjährige Enten sind an ihren dunklen, graugrünen Schwimmhäuten zu erkennen. Nach einem Jahr verfärben sich diese gelb und später orangerot.

(2) WILDENTENKEULE mit Haut, sie wiegt meist zwischen 120 und 130 g. Haben sich die Enten über einen längeren Zeitraum in belasteten Gewässern aufgehalten, sollte die Haut besser entfernt werden.

(3) WILDENTENBRUSTFILETS, ausgelöst und enthäutet, von oben und unten gesehen. Im Vergleich zur Keule sind die Brustfilets der Wildente eher klein, sie wiegen meist zwischen 80 und 100 g.

Wildgans und Blässhuhn *spielen in der Wildküche nur eine untergeordnete Rolle und sind eher regional von Bedeutung. Beide liefern ein dunkles und aromatisches Fleisch.*

- Die Echten Gänse sind mit den Gattungen Feld- und Meergänse auf der Nordhalbkugel der Erde vertreten.
- Blässhühner sind weit verbreitet und auch in Deutschland häufig.
- Wildgänse haben ein dunkelrotes, Blässhühner ein bläulich rotes, aromatisches Fleisch.

Um 1970 waren die Wildgans-Bestände in Europa, vor allem jene der Graugans, bedenklich geschrumpft, inzwischen haben sie sich jedoch wieder gut erholt.

Gänse *(Anserinae)*

Die Gänse stellen eine Unterfamilie der Entenvögel *(Anatidae)* dar. Die meisten der in Mitteleuropa heimischen, wild lebenden Arten zählen zur Gattung der Feldgänse *(Anser)*, darunter die Graugans und die Saatgans *(Anser fabalis)* mit ihrem eher bräunlichen, gebänderten Gefieder.

Gänse sind gute Flieger

Sie erreichen Geschwindigkeiten von bis zu 90 km/h und legen auf dem Weg zu ihren Winterquartieren oft mehrere Tausend Kilometer zurück. Gut zu erkennen sind sie an ihrer keilförmigen Flugformation.

GRAUGANS
(Anser anser)

engl. greylag goose; franz. oie cendrée; ital. oca selvatica; span. ánsar vulgar.

Die Graugans ist als Zugvogel in ganz Europa verbreitet. In letzter Zeit wird beobachtet, dass Graugänse in nördlicheren Gebieten überwintern als früher – in großer Zahl etwa in den Niederlanden. Sie ernähren sich von Land- und Wasserpflanzen. Paarungszeit ist im Frühjahr, die Hauptjagdzeit fällt in den August und auf die Monate November bis Januar. Merkmale: Graugänse werden 75 bis 90 cm lang und 2,5 bis 4 kg schwer. In den ersten Monaten sind ihre Schwimmhäute graugrün, später orangegelb.

Graugänse haben einen relativ großen, orangeroten Schnabel und rote Beine. Ihr graubraunes Gefieder ist – wie bei allen Gänsen – bei beiden Geschlechtern gleich, jedoch etwas heller als bei anderen Feldgänsen. Die Art ist in ganz Europa anzutreffen. Graugänse brüten in Nord- und Osteuropa in der Nähe von Sümpfen und Binnengewässern, zum Überwintern fliegen die ausdauernden Vögel bis an die spanische Atlantikküste und nach Nordafrika.

Die Kanadagans ist die größte und am weitesten verbreitete Wildgans der Erde. Typisch für die Art sind der schwarze Kopf, Schnabel und Hals mit dem großen weißen Fleck. Die Brust ist grau, der Bauch hellgrau bis weiß gefärbt und die Füße sind wieder schwarz.

Blässhühner sind gute Schwimmer und Taucher. Charakteristisch für beide Geschlechter sind das schwarzgraue Gefieder, der relativ spitze weiße Schnabel und der namensgebende weiße Hornschild auf der Stirn – die so genannte Blässe – die beim Männchen etwas größer ausfällt.

Verwendung: Junge Wildgänse eignen sich zum Braten, besser werden sie jedoch gekocht. Dann lässt man sie im Sud erkalten und brät sie zum Schluss noch etwa 20 Minuten bei 220 °C im Ofen.

KANADAGANS

(Branta canadensis)

engl. *Canada goose;* franz. *bernache du canada;* ital. *oca del canada;* span. *barnacla canadiense.*

Die Kanadagans gehört zur Gattung der Meergänse und stammt aus Nordamerika, wo sie in mehreren Unterarten Prärien und Ackerland in der Nähe von Binnenseen bevölkert. In Europa wurde sie gezielt eingebürgert, inzwischen brütet sie auch hier. Kanadagänse leben bei uns oft in Parks oder Weidegebieten mit größeren Gewässern und ernähren sich von Gräsern, Sumpf- und Wasserpflanzen. Paarungszeit ist im Frühjahr, Hauptjagdzeit November bis Januar.
Merkmale: Die Kanadagans ist mit einer Länge von 90 bis 100 cm die größte unter den wild lebenden Gänsen. Sie wiegt zwischen 3 und 6,5 kg. Typische Erkennungsmerkmale sind der schwarze Hals und Kopf sowie der große weiße Kehlfleck.
Verwendung: In der Zubereitung unterscheidet sich die Kanadagans nicht von der Graugans, auch sie wird am besten erst gekocht und dann kurz gebraten.

Rallenvögel *(Rallidae)*

Die Gattung der Blässhühner *(Fulica)* gehört zur Familie der weltweit verbreiteten, kleinen bis mittelgroßen Rallenvögel.

BLÄSSHUHN

(Fulica atra)

engl. *coot;* franz. *foulque macroule;* ital. *folaga;* span. *fúlica.*

Das Blässhuhn kommt in Mittel- und Osteuropa, Asien, Nordafrika und Australien vor. In Deutschland ist es relativ häufig. Lebensraum der Blässhühner sind langsam fließende oder stehende Gewässer. Sie ernähren sich von Schilf, Wasserpflanzen, Insekten und Larven. Paarungszeit ist im Frühjahr, die Hauptjagdzeit reicht von September bis Februar.
Merkmale: Das Blässhuhn wird 36 bis 45 cm groß, die Männchen wiegen bis zu 600 g, die etwas schwereren Weibchen bis zu 800 g. Blässhühner haben kräftige Beine, aber keine Schwimmhäute, sondern nur Schwimmlappen zwischen den Zehen.
Verwendung: Das Fleisch des Blässhuhns ist dunkel bis bläulich rot, kurzfaserig und hat ein kräftiges Aroma. Die Haut schmeckt oft tranig und wird daher wie das sichtbare Fett entfernt. Regional liebt man die Jungvögel im Ganzen in Weißwein geschmort.

KÜCHENPRAXIS

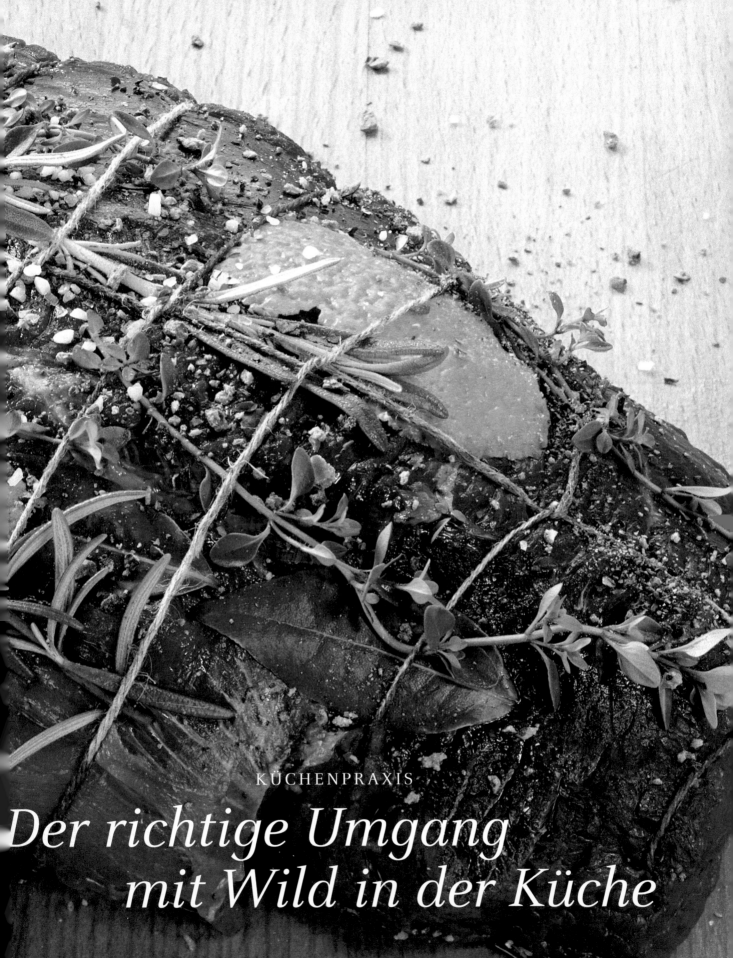

Der richtige Umgang mit Wild in der Küche

Wild – die Geheimnisse seiner Zubereitung

Die besten Garmethoden für Haar- und Federwild.
Alles über Einkauf und Vorbereitung von Wildfleisch für die Küche sowie Rezepte für feine Fonds.

Wildfleisch heute

Einige der althergebrachten Empfehlungen für die Zubereitung von Wildbret haben inzwischen ihre Gültigkeit verloren. So sind beispielsweise Beizen oder Spicken heutzutage keinesfalls mehr ein Muss.

EIGENTLICH SIND DIE UNTERSCHIEDE bei der Zubereitung von Wild- und Schlachtfleisch nicht allzu groß, und doch gibt es gewisse Dinge, die man wissen sollte. Das fängt beim Einkauf an – qualitativ hochwertiges, hygienisch einwandfreies Wildfleisch ist nicht überall erhältlich – und setzt sich bei der richtigen Lagerung und Vorbereitung für die Küche fort – hier ist fundiertes Know-how gefragt, um Wild fachgerecht zerwirken und parieren zu können. Beizen und Marinaden sind inzwischen eine reine Liebhabersache, sie verleihen Wildfleisch zusätzlich Geschmack, ebenso wie das Pökeln oder Räuchern, wobei Ersteres oft der appetitlichen Farbe wegen gemacht wird.

WAS TUN MIT RÜCKEN ODER KEULE?

Hat man einen Rücken oder eine Keule von Hirsch, Reh oder Mufflon zu Hause, stellt sich die Frage: Wie wird sie am besten zubereitet? Saftig und zart soll das Fleisch sein und keinesfalls trocken. Da Wildfleisch jedoch in der Regel nur einen geringen Fettanteil hat, ist diese Gefahr durchaus gegeben. Daher schützt man es häufig durch eine Hülle aus Speck und Teig oder auch durch häufiges Übergießen mit Bratfond vor dem Austrocknen. Andererseits – und auch das ist eine Besonderheit bei Wild – darf weder die Temperatur zu gering noch die Garzeit zu kurz sein. Denn Wild wird – abgesehen von Tieren aus Gehegehaltung – kaum in einer kontrollierten Umgebung geschlachtet und oft erst nach einer gewissen Zeit in die Kühlung verbracht. Deshalb ist es ratsam, Wildfleisch immer gut durchzugaren. Einen Anhaltspunkt, welches Teilstück von Haar- oder Federwild wie viel Garzeit benötigt, um über einen Zeitraum von mindestens 10 Minuten eine Kerntemperatur von 80 °C zu erreichen, geben die Tabellen auf S. 107 (Haarwild) und S. 111 (Federwild). Diese Angaben können allerdings nur Richtwerte sein, denn jeder Backofen ist anders. Nur selten stimmen die eingestellte und die tatsächlich im Innern des Ofens herrschende Temperatur überein. Mit einem Backofenthermometer können Sie die Hitze im Ofen leicht selbst prüfen. Und wenn Sie dann auch noch ein Fleischthermometer verwenden, um die Kerntemperatur im Inneren des Reh- oder Wildschweinbratens zu messen, kann eigentlich nichts mehr schief gehen.

BRATEN ODER SCHMOREN?

Schmoren und Braten sind die beliebtesten Zubereitungsarten für Wild. Für welche man sich entscheidet, hängt vom jeweiligen Stück und vom Alter des Tieres ab. Fleisch von älterem Haar- oder Federwild, aber auch bindegewebsreiche Teilstücke benötigen viel Flüssigkeit beim Garen und werden daher geschmort – oft in einer Mischung aus Portwein, Rotwein und Wildfond. Zum Braten eignen sich hingegen die zarten Teilstücke jüngerer Tiere. Ausgelöste Rückenfilets, beispielsweise vom Reh, können Sie auch dämpfen oder pochieren. Und im Sommer schmeckt Wild vom Grill: Hirsch- oder Wildschweinmedaillons und Koteletts, mit einem knackigen Salat serviert, lohnen einen Versuch.

DIE KRÖNUNG: EINE GUTE SAUCE

Bei Wildgerichten spielt die Sauce oft eine zentrale Rolle. Grundlage dafür ist meist ein Wildfond. Diesen gibt es zwar im Glas fertig zu kaufen, geschmacklich können Fertigprodukte jedoch nicht an einen selbst gekochten Wild- oder Wildgeflügelfond heranreichen. Da dessen Herstellung aber etwas aufwändig ist, bereiten Sie ihn am besten in größerer Menge zu, um dann die Basis für eine feine Suppe oder Wildsauce immer griffbereit zu haben. Zudem lassen sich mit tiefgekühlten Fonds die angegebenen Zubereitungszeiten stark verkürzen. Und Gerichten ohne Sauce verleihen ein paar Löffel Wildjus das gewisse Etwas.

Konzentriertes Aroma

Um den jeweiligen Geschmack einer Wildart noch zu intensivieren, verwenden viele Köche eine Jus. Dafür wird aus den Knochen des jeweiligen Tieres zuerst ein Fond zubereitet und dann stark reduziert.

Das Geheimnis der besten Zubereitung von Haar- und Federwild

(1) (2) (3)

(1) POCHIEREN ist ein langsames Garziehen in viel Flüssigkeit. Bei dieser schonenden Zubereitungsart bleiben die Temperaturen mit 80 bis 95 °C immer unterhalb des Siedepunktes, das heißt, die Garflüssigkeit darf nicht sprudeln. Diese Garmethode eignet sich besonders für zarte Filetstücke, Klößchen oder Wildgeflügel wie etwa Fasan, Taube oder Rebhuhn.

(2) DÄMPFEN ist eine kalorienarme Zubereitungsart, jedoch nur für zarte Stücke wie aus dem Rücken geschnittene Medaillons geeignet. Diese erhalten zusätzliches Aroma, wenn der etwa 100 °C heiße Wasserdampf ein Bett von Kräutern oder Heu durchströmt.

(3) BRATEN IN DER PFANNE ist eine beliebte Garmethode für flache Wildfleischstücke, zum Beispiel Schnitzel, Koteletts oder Medaillons, ebenso wie für Geschnetzeltes. Dabei wird das Fleisch in der hoch erhitzten Pfanne in etwas Fett von beiden Seiten kurz angebraten und anschließend bei reduzierter Hitze fertig gebraten.

(4) BRATEN IM OFEN ist für größere Teilstücke jüngerer Tiere, etwa eine Keule, einen Rücken im Ganzen oder auch eine Schulter, eine hervorragende Garmethode. Dabei wird das Fleisch zunächst großer Hitze ausgesetzt, damit sich die Poren schließen. Anschließend wird das Wildbret dann bei reduzierter Hitze fertig gebraten.

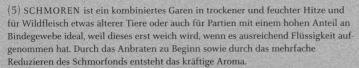

(5) SCHMOREN ist ein kombiniertes Garen in trockener und feuchter Hitze und für Wildfleisch etwas älterer Tiere oder auch für Partien mit einem hohen Anteil an Bindegewebe ideal, weil dieses erst weich wird, wenn es ausreichend Flüssigkeit aufgenommen hat. Durch das Anbraten zu Beginn sowie durch das mehrfache Reduzieren des Schmorfonds entsteht das kräftige Aroma.

(6) GRILLEN auf dem Rost, am Spieß oder in der Grillpfanne eignet sich für zarte, kleinere und relativ flache Wildfleischstücke, wie beispielsweise Koteletts, Medaillons oder auch Spareribs. Die hohe Gartemperatur – sie beträgt beim Grillen etwa 250 °C – bewirkt eine rasche Krustenbildung.

(7) HEISSRÄUCHERN bei Temperaturen um 70 °C eignet sich für gepökelte, zarte Rückenfilets (Haarwild) oder auch für Brust und Keulen (Federwild). Wildschinken, beispielsweise Teilstücke aus der Keule, werden dagegen nach dem Pökeln immer in den kalten Rauch gehängt.

(4)

(5)

(6)

(7)

Besonderheiten bei der Zubereitung von Haarwild

Zwar sind die Unterschiede von Wild- und Schlachtfleisch in der Küche nicht allzu groß – die Technik beim Braten und Schmoren von Reh oder Hirsch gleicht jener bei Rind – doch auf die Feinheiten kommt's an.

IM GEGENSATZ zu Schlachtfleisch kommt Wild in unterschiedlicher Qualität auf den Markt: Nicht allein Alter und Ernährung spielen eine Rolle, sondern auch die Versorgung des Tieres nach dem Schuss. Wirklich zart gerät es nur dann, wenn die Fleischreifung optimal verlaufen ist. Bei der Vorbereitung in der Küche werden zunächst einmal alle blutunterlaufenen Fleischpartien und Einschussstellen, bei Hasen auch die Schrotkugeln, großzügig

entfernt. Die beiden häufigsten Garmethoden für Wildbret sind Braten oder Schmoren. Welcher von beiden der Vorzug gegeben wird, hängt auch vom Alter des Tieres ab. Das Fleisch älterer Wildtiere wird beim langsamen Garen in feuchter Umgebung zarter als beim Braten in trockener Hitze, ebenso alle Teilstücke, die einen hohen Anteil an Bindegewebe habe. Zum Braten im Ganzen eignen sich hingegen vor allem die edlen Stücke von jüngeren Tieren, etwa der Rücken, die Keulen oder die Schultern. Aus den übrigen kleineren Teilstücken, wie beispielsweise den Rippen, dem Kopf oder auch den Haxen, lässt sich dann ein »Wildpfeffer« zubereiten, bei dem alles zusammen mit würzenden Zutaten in viel Flüssigkeit geschmort wird. Die anderen Garmethoden wie Pochieren, Braten in der Pfanne, Grillen oder Räuchern gelingen allesamt nur mit hochwertigem Wildfleisch aus Rücken oder Keule.

MEDAILLONS, KOTELETTS UND STEAKS

Zum Braten in der Pfanne oder auch zum Grillen eignen sich aus dem Rückenfilet geschnittene Medaillons hervorragend. Aber auch Schnitzel aus der Oberschale oder Koteletts schmecken kurz gebraten oder gegrillt ausgezeichnet. Wichtig ist, dass das Wildfleisch nicht direkt aus dem Kühlschrank in die Pfanne oder auf den Grill kommt, dass es ringsum trocken ist und dass die Hitze anfangs ausrei-

chend stark ist, nur dann können sich die Poren rasch schließen und der Fleischsaft bleibt im Innern erhalten. Nach dem Anbraten wird die Hitze dann reduziert, damit das magere Wildfleisch nicht austrocknet. Achten Sie beim Grillen über einer Holzkohlenglut darauf, dass die geölten Fleischstücke nicht verbrennen und dass kein Fett in die Glut tropft. Abhilfe schaffen hier Grillschalen aus Alu, die unter das Grillgut gelegt werden.

GROSSE BRATEN

Während Medaillons, Schnitzel und Koteletts erst nach dem Braten mit Salz und Pfeffer gewürzt werden, steht dies bei großen Braten ganz am Anfang. Meist kommen dann Rücken oder Keule zusammen mit etwas Röstgemüse in den Ofen, wobei die Temperatur im Ofen zunächst höher ist und dann reduziert wird. Die Tabelle unten liefert einen hilfreichen Überblick über die verschiedenen Garzeiten.

Wie lange braucht welches Stück Haarwild bei welcher Temperatur?

Wildart	Zubereitung	Elektroherd		Umluftherd		Gasherd		Kerntemperatur
Hirschkalbsrücken, mit Knochen, 1,8 kg	anbraten: fertig braten:	220 ℃ 180 ℃	5 Min. 35–40 Min.	200 ℃ 160 ℃	5 Min. 35–40 Min.	Stufe 5 Stufe 3	5 Min. 35–40 Min.	80 ℃
Hirschkeule, ohne Knochen, 2 kg	anbraten: fertig braten:	200 ℃ 180 ℃	10 Min. 110 Min.	180 ℃ 160 ℃	10 Min. 110 Min.	Stufe 4 Stufe 3	10 Min. 110 Min.	80 ℃
Hirschrückenfilet, 500 g	anbraten/Pfanne: fertig braten:	– 180 ℃	5 Min. 15 Min.	– 160 ℃	5 Min 15 Min.	– Stufe 3	5 Min. 15 Min.	80 ℃
Rehrücken, mit Knochen, 1,5 kg	anbraten: fertig braten:	220 ℃ 180 ℃	5 Min. 35 Min.	200 ℃ 160 ℃	5 Min. 35 Min.	Stufe 5 Stufe 3	5 Min. 35 Min.	80 ℃
Rehkeule, mit Knochen, etwa 2 kg	anbraten: fertig braten:	220 ℃ 180 ℃	10 Min. 100 Min.	180 ℃ 160 ℃	10 Min. 100 Min.	Stufe 5 Stufe 3	10 Min. 100 Min.	80 ℃
Wildschweinrücken, mit Kochen, 2 kg	anbraten: fertig braten:	220 ℃ 190 ℃	10 Min. 80 Min.	200 ℃ 170 ℃	10 Min. 80 Min.	Stufe 5 Stufe 3	10 Min. 80 Min.	80 ℃
Wildschweinkeule, ohne Knochen, 2 kg	anbraten: fertig braten:	220 ℃ 200 ℃	10 Min. 110 Min.	200 ℃ 180 ℃	10 Min. 110 Min.	Stufe 5 Stufe 3	10 Min. 110 Min.	80 ℃
Hase, ganz, 1,5–1,8 kg	braten:	180 ℃	70–80 Min.	160 ℃	70–80 Min.	Stufe 3	70–80 Min.	80 ℃
Hasenrücken, mit Knochen, 600 g	anbraten/Pfanne: fertig braten:	– 180 ℃	5 Min. 20 Min.	– 160 ℃	5 Min. 20 Min.	– Stufe 3	5 Min. 20 Min..	80 ℃
Hasenkeule, 350 g	anbraten/Pfanne: fertig braten:	– 200 ℃	5 Min. 60 Min.	– 180 ℃	5 Min. 60 Min.	– Stufe 3	5 Min. 60 Min.	80 ℃

Um sicherzugehen, dass alle pathogenen, das heißt krank machenden, Keime abgetötet sind, sollte Wildfleisch stets durchgegart verzehrt werden.

AUF DIE KERNTEMPERATUR KOMMT ES AN

Um den Gargrad eines Bratenstücks von Hirsch, Reh oder Gämse zu bestimmen, ist ein Fleischthermometer hilfreich. Während des Garens sollte mindestens über einen Zeitraum von 10 Minuten eine Kerntemperatur von 80 °C erreicht werden. Solange roter Fleischsaft austritt, ist diese Temperatur noch nicht erreicht. Anhand der Rehkeule unten können Sie die Veränderungen in der Farbe mit zunehmender Kerntemperatur sehen. Gemessen wird dabei immer an der dicksten Stelle des Bratens, dabei darf das Fleischthermometer jedoch keine Knochen berühren, da deren Temperatur höher ist als die des Fleisches. Kerntemperaturen von 70 °C oder darunter sollten nur bei absolut unbedenklichem, hygienisch einwandfreiem Wild in Frage kommen.

NIEDERTEMPERATURGAREN SCHWIERIG

Aus hygienischer Sicht ist bei Wildfleisch daher auch das Niedertemperaturgaren problematisch: Vorhandene Keime können sich bei Ofentemperaturen von 70 °C bis 80 °C stark vermehren. Wird dieses Garverfahren angewandt, muss der Koch Gewissheit über die einwandfreie Fleischqualität haben.

(1) Noch blutig ist diese ausgebeinte Rehkeule bei einer Kerntemperatur von 50 °C. So wenig durchgegart sollte Wildfleisch nicht verzehrt werden.

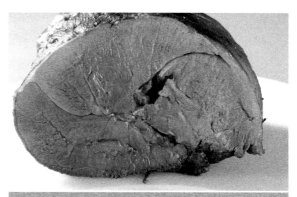

(2) Bei einer um 10 °C höheren Kerntemperatur ist Wildfleisch noch immer dunkelrosa. Sicherheitshalber sollte die Keule noch weiter im Ofen bleiben.

(3) Leicht rosa ist die Rehkeule bei einer Kerntemperatur von 70 °C. Um alle vorhandenen Keime abzutöten, muss die Kerntemperatur noch um 10 °C steigen.

(4) Mit 80 °C gemessener Kerntemperatur hat sich das Fleisch der Rehkeule verfärbt, es ist nicht mehr rosa, jedoch noch immer saftig und zart.

Blutig, rosa oder durch?

Die Frage nach dem besten Gargrad von Wildfleisch, schließlich soll es möglichst zart und saftig geraten, ist nicht leicht zu beantworten, weil sie nicht nur einen kulinarischen, sondern auch einen fleischhygienischen Aspekt hat. Wild unterliegt im Gegensatz zu Schlachtfleisch nicht ständiger amtstierärztlicher Kontrolle, es sei denn, es wird über den Großhandel vermarktet. Wildfleisch ist vielmehr Vertrauenssache, der Jäger ist der Fachmann, in dessen Hand und Gewissenhaftigkeit die Beurteilung und korrekte Behandlung von Wildbret liegen. Entscheidend für die lebensmittelhygienische Qualität von Wildfleisch ist, wie das Tier erlegt wurde. Idealerweise führt der Schuss unmittelbar zum Tod und trifft die Bauchhöhle nicht. Denn, wird der Darm verletzt, verteilen sich Bakterien im Wildkörper und beginnen dort ihr zerstörerisches Werk. Die bakterielle Belastung des Fleisches ist dann sehr viel höher. Zumal die Vermehrung der Bakterien temperaturabhängig ist: Bei Körpertemperatur verdoppeln sie sich etwa alle

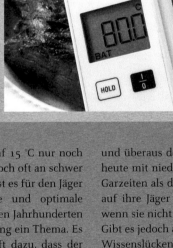

20 Minuten, bei einer Kühlung auf 15 °C nur noch alle drei Stunden. Da das Wild jedoch oft an schwer zugänglichen Stellen erlegt wird, ist es für den Jäger schwierig, immer eine schnelle und optimale Kühlung zu garantieren. In früheren Jahrhunderten waren weder Hygiene noch Kühlung ein Thema. Es gehört nicht viel Vorstellungskraft dazu, dass der Fäulnisprozess oft schneller als die erhoffte Fleischreifung einsetzte – der berüchtigte Hautgout war die Folge. Gerade Wildgeflügel ist bei unsachgemäßer Lagerung anfällig dafür, da beim Ausnehmen hier zwangsläufig Darmbakterien freigesetzt werden. Kein Wunder, dass viele vor dem Hautgout zurückschreckten, der heute jedoch der Vergangenheit angehört. Wenn Wild nach den Regeln der Kunst erlegt, rasch und sauber ausgenommen und schnell gekühlt wird, sollte die Bakterienbelastung

gering und das Fleisch von hervorragender Qualität sein. Um jedoch alle eventuell vorhandenen Mikroorganismen sicher abzutöten, sollte beim Garen die Kerntemperatur im Inneren des Fleischstücks mindestens 10 Minuten lang 80 °C betragen. Das Wildbret ist dann immer noch schön saftig und zart. Anders dagegen Schwarzwild (Wildschwein) und Fuchs oder Dachs – auch sie standen in vergangenen Jahrhunderten mancherorts auf dem Speiseplan – sie sollten wegen eines möglichen Befalls

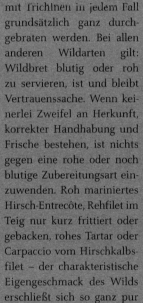

mit Trichinen in jedem Fall grundsätzlich ganz durchgebraten werden. Bei allen anderen Wildarten gilt: Wildbret blutig oder roh zu servieren, ist und bleibt Vertrauenssache. Wenn keinerlei Zweifel an Herkunft, korrekter Handhabung und Frische bestehen, ist nichts gegen eine rohe oder noch blutige Zubereitungsart einzuwenden. Roh mariniertes Hirsch-Entrecôte, Rehfilet im Teig nur kurz frittiert oder gebacken, rohes Tartar oder Carpaccio vom Hirschkalbsfilet – der charakteristische Eigengeschmack des Wilds erschließt sich so ganz pur und überaus delikat. Dazu arbeiten manche Köche heute mit niedrigeren Temperaturen und kürzeren Garzeiten als dies früher üblich war, sofern sie sich auf ihre Jäger und Lieferanten verlassen können, wenn sie nicht gar selbst jagen.

Gibt es jedoch auch nur die geringsten Zweifel oder Wissenslücken bezüglich der Fleischqualität, was bei gekauften Stücken oft der Fall sein dürfte, sollte man besser kein Wagnis eingehen. Denn mangels regelmäßiger Kontrollen und äußerlich sichtbarer Qualitätsmerkmale – ein Befall mit Bakterien ist optisch nicht erkennbar – bleibt immer ein gewisses Restrisiko. Mit durchgegartem Wildfleisch ist man in jedem Fall auf der sicheren Seite, ein (digitales) Fleischthermometer leistet hierbei dem Koch gute Dienste.

Ingrid Schindler

Federwild in der Küche

Wildgeflügel wird häufig im Ganzen gebraten, aber auch die Brust-filets und Keulen von Fasan, Wachtel oder Rebhuhn lassen sich sehr gut braten, schmoren, grillen oder sogar räuchern.

ZART UND SAFTIG ist das Fleisch von jungem Federwild – nicht umsonst stehen Wachteln, Rebhühner oder Wildtauben bei vielen Feinschmeckern hoch im Kurs. Liegt das Wildgeflügel allerdings bereits gerupft und küchenfertig vorbereitet, das heißt

ohne Kopf und Füße, in der Auslage, lässt sich das Alter nicht ohne weiteres bestimmen. Einen Anhaltspunkt liefert jedoch die Farbe des Fettes: Helles, weißes Fett – bei Maisfasanen darf es auch gelblich sein – ist ein Indiz für jüngere, frische Tiere. Ist das Fett dunkelgelb oder gräulich, handelt es sich um älteres oder überlagertes Wildgeflügel. Auch Federwild sollte im Interesse der eigenen Gesundheit stets durchgebraten serviert werden, das heißt, auch hier muss das Fleisch mindestens 10 Minuten lang eine Kerntemperatur von 80 °C aufweisen.

DIE QUALITÄT ENTSCHEIDET ÜBER DIE ART DER ZUBEREITUNG

Ob ein Fasan oder Rebhuhn im Ganzen gebraten wird oder ob nur die wertvollen Teile wie Brustfilets und Keulen zubereitet werden, liegt im Ermessen eines jeden Kochs. Er überprüft, ob das Wildgeflügel nicht zu große Verletzungen aufweist. Sollte dies der Fall sein, so werden die blutigen Stellen entfernt, ebenso alle Schrotkörner. Da Federwild heute jedoch vielfach aus Zuchtbetrieben stammt, dürfte die Qualität in den meisten Fällen stimmen. Je nach Wildgeflügelart und Rezept kommt es zudem auf die Größe der Tiere an, so eignen sich beispielsweise die größeren, mindestens 170 bis 180 g schweren Wachteln wesentlich besser zum Füllen und Braten, Grillen oder Räuchern, als kleinere Exemplare. Vor der Zubereitung wird bei Federwild generell alles sichtbare Fett entfernt. Bei Wasservögeln, etwa Wildenten, kann es auch ratsam sein, das Tier zu häuten, sofern der Verdacht besteht, dass sich die Enten in belasteten Gewässern aufgehalten haben. Ist dies auszuschließen, sollte die Haut als Schutz vor der Hitze jedoch am Fleisch verbleiben – und jeder entscheidet dann selbst, ob er sie mitessen will oder nicht.
Die beliebtesten Arten der Zubereitung von Wildgeflügel sind Braten, Schmoren oder Grillen. Doch auch in einem aromatischen Wildgeflügelfond po-

GARPROBEN BEI FEDERWILD

Auch Federwild wird gebraten, bis die Kerntemperatur über einen Zeitraum von mindestens 10 Minuten 80 °C beträgt. Gemessen wird sie bei im Ganzen gebratenem Wildgeflügel an der dicksten Stelle der Brustfilets.

Zum Messen der Kerntemperatur die Spitze des Fleischthermometers mittig in das bardierte Fasanenbrustfilet stechen.

Garprobe per Daumendruck: Der richtige Garzustand ist erreicht, wenn das bardierte Brustfilet auf Druck nur leicht nachgibt.

chiert, schmecken die Brustfilets vom Fasan oder ganze Tauben oder Wachteln sehr gut. Zum schnellen Braten in der Pfanne oder im Wok, eignen sich die ausgelösten Brustfilets ebenfalls hervorragend. Diese benötigen mit 20 bis 25 Minuten im Vergleich mit den Keulen nur etwa die Hälfte der Garzeit. Allerdings variieren die Garzeiten bei Fasan, Rebhuhn, Wachtel oder Wildente je nach Alter der Tiere stark, sodass die unten in der Tabelle angegebenen Bratzeiten nur als Richtwerte gelten können.

VORGEKOCHT AUF NUMMER SICHER

Zarter wird Wildgeflügel, wenn es in einem würzigen Fond gart. Daher empfiehlt sich bei älteren Tieren oder bei größerem Federwild generell eine Kombination aus Kochen und Braten. So wird etwa eine Wildente solange gekocht, bis sie eine Kerntemperatur von 70 bis 80 °C erreicht hat und anschließend – das kann auch am folgenden Tag sein – noch etwa 10 Minuten bei 220 °C im vorgeheizten Ofen gebraten, bis die Haut schön braun und kross ist.

Wie lange braucht welches Federwild bei welcher Temperatur?

Federwildart	Zubereitung	Elektroherd		Umluftherd		Gasherd		Kerntemperatur
Fasan, ganz, 1 kg	braten:	200 °C	50 Min.	180 °C	50 Min.	Stufe 3	50 Min.	80 °C
Fasan, Brustfilet, 200 g	anbraten/Pfanne: fertig braten:	– 180 °C	5 Min. 10–12 Min.	– 160 °C	5 Min. 10–12 Min.	– Stufe 3	5 Min. 10–12 Min.	80 °C
Fasan, Keule, etwa 200 g	anbraten/Pfanne: fertig braten:	– 180 °C	5 Min. 15–20 Min.	– 160 °C	5 Min. 15–20 Min.	– Stufe 3	5 Min. 15–20 Min.	80 °C
Rebhuhn, ganz, 250 g	braten:	180 °C	20 Min.	160 °C	20 Min.	Stufe 3	20 Min.	80 °C
Wachtel, ganz, 180 g	braten:	180 °C	18–20 Min.	160 °C	18–20 Min.	Stufe 3	18–20 Min.	80 °C
Taube, ganz, 400 g	braten:	180 °C	20–25 Min.	160 °C	20–25 Min.	Stufe 2–3	20–25 Min.	80 °C
Wildente, etwa 800 g	braten:	180 °C	45–50 Min.	160 °C	45–50 Min.	Stufe 2–3	45–50 Min.	80 °C

Einkauf, Lagerung und Tiefkühlen von Wild

*Beim Einkauf von Wildfleisch ist der Kunde auf kompetente fachliche
Beratung angewiesen. Ob frisch oder tiefgekühlt – wer in
der Jagdsaison einkauft, darf beste Fleischqualität erwarten.*

*Eingeschlagen in mit
Essig getränkten Tüchern
hält sich frisches Wild-
fleisch im Kühlschrank
bis zu drei Tage. Das Einlegen in Öl ist dagegen
nicht zu empfehlen.*

Gab es in früheren Jahren in fast jeder Kreisstadt
einen Feinkosthändler, der – zumindest in der Jagdsaison – »frisches Wild aus heimischer Jagd« anbot,
so ist dies inzwischen vielerorts passé. Selbst in
Großstädten sind reine Wildeinzelhandelsfachge-
schäfte heute kaum noch anzutreffen. Stattdessen
haben die Feinkostabteilungen großer Warenhäuser
und gut sortierte Supermärkte die Versorgung der
Verbraucher mit Wildfleisch übernommen. Belie-
fert von großen Wildbearbeitungsbetrieben bieten
sie frisches und tiefgekühltes Wildfleisch an, wobei
beides nach der EU (EG)-Verordnung 853/2004 als

»frisches Fleisch« gilt. Wer nicht tiefgekühltes und
damit im herkömmlichen Sinne »frisches« Wildfleisch beim Einzelhändler, im Kaufhaus oder
Supermarkt erwirbt, kauft in der Regel gut ein. Vo-
rausgesetzt, das Wildfleisch ist nicht schwärzlich
verfärbt und schimmert auf seiner Oberfläche nicht
metallisch.

Tiefkühlware hat hingegen den Vorteil, dass sie
nicht so schnell verdirbt. Das auf den Verpackungen
angegebene Mindesthaltbarkeitsdatum (MHD) ist
jedoch kritisch zu bewerten. Ist das Mindesthaltbarkeitsdatum am Tage des Einkaufes nur noch vier bis

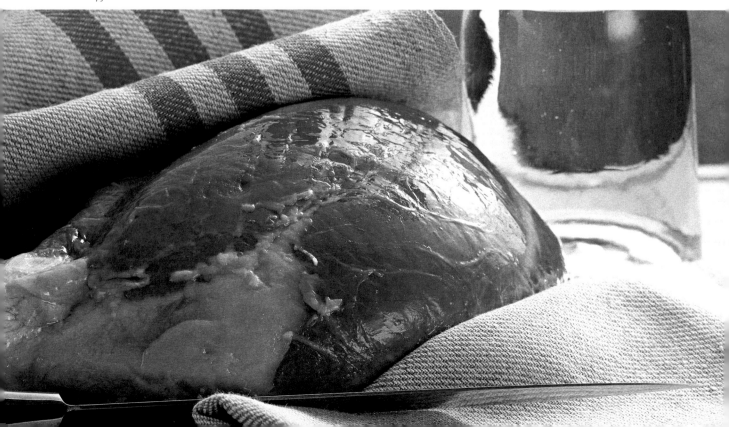

Wildgeflügel – ausgenommen und noch im Federkleid – kommt heute eher selten in den Verkauf. Im Wildfachhandel werden Fasan, Rebhuhn, Taube oder Wachtel überwiegend küchenfertig angeboten, ebenso wie Haarwild. Allerdings ist der Preis beim Bezug des ganzen Tieres in der Decke oder im Balg oft etwas geringer.

acht Wochen entfernt, gibt dies Anlass zur Vorsicht. Der Grund: Der Handel erwartet von den Wildbearbeitungsbetrieben, dass sie möglichst lange Zeitspannen bis zum Ablauf des MHD auszeichnen, auch wenn dies sachlich nicht immer gerechtfertigt ist, weil beispielsweise das Wildfleisch einen erhöhten Fettgehalt hat. Da kann es vorkommen, dass der Wildschweinbraten oder das -gulasch in der Tiefkühlung bereits vor Ablauf des Mindesthaltbarkeitsdatums ranzig geworden ist. Gleiches ist zu befürchten bei gespickten tiefgekühlten Wildteilen. Die Haltbarkeit des Specks kann längst vorbei sein, während das sich an der Verzehrfähigkeit des Wildfleisches orientierende MHD völlig korrekt ist. Wenn die Spannen jedoch ausreichend lang sind und der Jagdsaison entsprechen, sollte das tiefgekühlte Wildfleisch in Ordnung sein. Zu bedenken ist, dass die Jagdzeit auf der südlichen Erdhalbkugel für Hirschwild (Februar bis Mai) und Feldhase (Mai bis Juli) eine andere ist, als in Europa. Deshalb sollte die Herkunft des Wildfleisches auf der Verpackung angegeben sein.

EINKAUF BEIM JÄGER

In den letzten Jahren hat die Direktvermarktung erlegten Wildes zugenommen. In Vermarktungsinitiativen von Jagdverbänden und Forstämtern wird Wild sowohl als Primärerzeugnis (ausgeweidet in Decke, Schwarte oder Federkleid) als auch in seine Einzelteile zerlegt angeboten. Beim Kauf von Wildschweinfleisch ist empfehlenswert, sich bestätigen zu lassen, dass das Tier amtlicherseits auf Trichinen untersucht wurde. Wer direkt beim Jäger einkauft – Einkaufsmöglichkeiten vermitteln regionale Jagdverbände –, der hat ebenfalls gute Karten. Gibt es hier wegen minderer Qualität einmal Grund zur Klage, dann kommt die Reklamation direkt beim Verursacher an.

Frisch gekauftes Wildfleisch kann man bis zu drei Tagen im Kühlschrank bei Temperaturen um 7 °C aufbewahren, dann sollte es verarbeitet werden. Tiefgekühltes Wildfleisch kann unterschiedlich lange gelagert werden (siehe Tabelle), ohne dass Quali-

tätseinbußen zu befürchten sind. Einmal aufgetautes Wildfleisch (ausgenommen Wildgeflügel) kann unmittelbar danach nochmals vakuumiert und tiefgekühlt werden, sollte dann allerdings innerhalb von 30 Tagen im Topf oder Bräter landen. Ein gutes Vakuumierergebnis ergeben leistungsstarke Geräte in Verbindung mit Spezialbeuteln und Folienschläuchen, bei denen eine der Innenseiten genoppt oder geriffelt ist.

LAGERZEITEN FÜR TIEFGEKÜHLTES WILD

Für frisch tiefgekühlte, vakuumverpackte und magere Wildfleischteile gelten bei konstanten Temperaturen von mindestens −18 °C folgende durchschnittliche Lagerzeiten:

LAGERZEITEN FÜR TIEFGEKÜHLTES WILD	
Reh-, Dam- und Rotwild:	12–16 Monate
Gams-, Muffel- und Steinwild:	bis 12 Monate
Schwarzwild:	bis 6 Monate
Wildhase und -kaninchen:	bis 8 Monate
Rebhühner und Wildtauben:	bis 8 Monate
Fasane:	bis 4 Monate
Wildenten und Wildgänse:	bis 6 Monate
Wildlebern und -herzen:	bis 6 Monate

Zerwirken von Schalenwild

Das Zerlegen des Wildkörpers in seine Einzelteile ist bei Hirsch, Reh oder Gämse immer ähnlich. Unterschiede gibt es lediglich in der Größe der Tiere. Sie benötigen dazu eine Knochensäge und ein stabiles Messer.

Fertig zum Zerwirken ist dieser Damhirsch, der dazu an den Hinterläufen aufgehängt wurde. Idealerweise findet das Zerwirken von Wild wie hier in einem gefliesten Raum unter kontrollierten hygienischen Bedingungen statt.

MEIST KOMMEN Wildkörper bereits zerwirkt auf den Markt und es geht lediglich darum, einen Rücken zum Braten vorzubereiten oder eine Keule für kleinere Bratenstücke in ihre Einzelteile zu zerlegen. Jäger oder Forstämter verkaufen ihr erlegtes Wild jedoch auch im Ganzen, und das zu einem wesentlich günstigeren Preis. Der Käufer erhält das Tier dann ausgeweidet und meist noch in der Decke. Nach dem Häuten (S. 38) muss es dann in seine Einzelteile zerlegt werden. Jäger sprechen hierbei von Zerwirken. Dafür legt man den gehäuteten Wildkörper entweder auf einen muldenförmigen Arbeitstisch oder – noch besser – man hängt ihn an den Hinterläufen auf, denn am hängenden Tierkörper fällt die Arbeit leichter.

TIPPS UND WERKZEUGE

Das Zerwirken selbst funktioniert dann bei allen Schalenwildarten gleich, dazu gehören beispielsweise Rot-, Sika- und Damwild, Reh- und Schwarzwild, daher wird das Zerlegen eines Wildkörpers in seine Einzelteile hier am Beispiel eines Damhirsches stellvertretend für alle anderen Schalenwildarten gezeigt. Für dieses Vorhaben ist bei größeren Tieren neben einem gut geschärften Ausbeinmesser eine stabile Knochensäge unerlässlich. Bei sehr großen Tieren kann der Wildkörper der leichteren Handhabung wegen auch vor dem eigentlichen Zerwirken zunächst einmal der Länge nach gespalten werden, wie das bei Schlachtvieh üblich ist.
Beim Zerwirken von kleineren Wildkörpern, beispielsweise von Rehen, Wildkälbern oder Frischlingen, genügen oft auch eine Aufbrechzange oder eine robuste Küchenschere, und die große Säge wird nicht benötigt. Geübte tragen beim Zerwirken von Wildkörpern Kunststoffhandschuhe, weniger Versierte sollten jedoch auf einen Stechschutz sowie auf Handschuhe aus Metallgeflecht nicht verzichten, beides ist im Fleischereifachhandel erhältlich.

VON UNTEN NACH OBEN ARBEITEN

Beim Zerwirken wird von unten nach oben gearbeitet, wie in der Bildfolge unten beschrieben. Das heißt, als Erstes wird der Hals entfernt (Step 1), darauf folgen die beiden Schultern (Step 2), der Bauchlappen (Step 3) und die Rippen (Step 4 und 5). Jetzt hängen noch die beiden Keulen mit dem Rücken am Haken. Letzterer wird dann knapp unterhalb der Keulen eingeschnitten und abgetrennt (Step 6 und 7), bevor ganz zum Schluss die beiden Keulen noch auseinander gesägt werden (Step 8). Wie die so gewonnenen Teilstücke nun weiter küchenfertig vorbereitet werden, erfahren Sie im Einzelnen auf den folgenden Seiten.

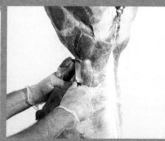

ZERWIRKEN VON DAMWILD

(1) Den Träger (Hals) am Übergang zum Rücken abtrennen. Dafür zunächst mit einem stabilen scharfen Messer das Muskelfleisch ringsum durchschneiden, dann die Wirbelknochen mit der Knochensäge durchsägen.

(2) Das Blatt (Schulter) am Unterarmbein wegziehen und von der Achsel zum Rücken hin rundherum abschneiden.

(3) Den Bauchlappen fassen und vom Ansatz der Keulen am Rücken entlang bis zu den Rippen abtrennen.

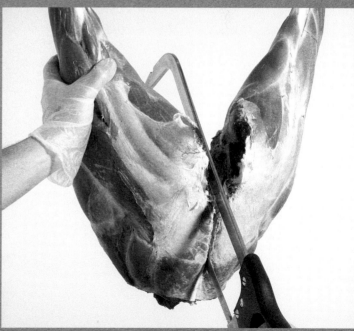

(4) Eine Sägelinie entlang des Rückens durch einen Messerschnitt auf den Rippen markieren.

(5) Die Rippen mit der Säge entlang der vorgezeichneten Linie durchsägen, dabei den abgesägten Teil seitlich wegdrücken.

(6) Den Rücken im Lendenwirbelbereich unterhalb der Keulen beidseitig bis auf den Knorpel der Wirbel einschneiden.

(7) Den Rücken unter kräftigem Druck nach oben im Wirbel brechen und von den Keulen abdrehen.

(8) Die beiden Keulen mittig zwischen Kreuzbein und Schwanzwirbel mit Hilfe der Knochensäge voneinander trennen.

Auslösen von Hals und Schulter

Für Schmorgerichte wie Gulasch oder Ragout werden von Träger und Blatt, wie die beiden Teilstücke in der Jägersprache heißen, die Knochen zuvor entfernt. Hierfür genügt meist ein Ausbeinmesser.

JE GRÖSSER, DESTO WERTVOLLER: Je größer das Tier, von dem der Hals oder Träger stammt, desto fleischiger ist dieser und damit dann auch umso wertvoller. Der von vielen Muskeln und Sehnen durchzogene Hals von Hirsch, Gämse oder Reh eig-

net sich aufgrund seiner kernigen Struktur eher zum Schmoren als zum Braten. Wird er im Ganzen verwendet, können die Halswirbel darin verbleiben. Einfacher schneiden – ob roh oder gegart – lässt sich das Halsfleisch jedoch, wenn die Knochen zuvor ausgelöst wurden. Und aus der Karkasse können Sie dann, zusammen mit anderen Wildknochen und Abschnitten, einen aromatischer Fond (S. 142) herstellen. Hängt das Fleisch nach dem Auslösen seitlich noch zusammen – dies ist jedoch nur bei größeren Tieren der Fall – so kann der Hals auch mit verschiedenen Füllungen versehen und dann wie ein Rollbraten in Form gebunden werden.

Bei kleinerem Schalenwild oder bei Jungtieren ist dies allerdings kaum zu bewerkstelligen, zum Füllen besser geeignet ist daher der Hals größerer Wildtiere. Zum Auslösen von Hals oder Träger, wie in der Stepfolge links gezeigt, wird in der Regel ein gut geschärftes Ausbeinmesser gewählt, mehr Werkzeug ist nicht nötig. Jedoch sollten beim Auslösen zugleich auch die festen Nackensehnen mit entfernt werden.

DIE SCHULTER UND IHRE TEILE

Die vom Rumpf getrennte Schulter enthält drei verschiedene Knochen: erstens den Blattknochen, zweitens das Oberarmbein und drittens das Unterarmbein oder die Haxe. Alle drei Knochen werden meist nur bei größerem Schalenwild, etwa bei einem Hirsch, ausgelöst. Bei kleineren Tieren, beispielsweise bei einem Reh oder Frischling, trennt man oft auch nur die Haxe ab, der Schulterknochen und das Oberarmbein verbleiben zum Braten im Fleisch, da es dadurch saftiger bleibt. Zum Auslösen der Schulter, wie in der Stepfolge rechts beschrieben, benötigen Sie ebenfalls nicht viele Werkzeuge, ein Ausbeinmesser genügt. Dabei sollten Sie darauf achten, jeweils dicht am Knochen entlangzufahren und das Fleisch eher abzuschaben als abzuschneiden. Mit etwas Fingerspitzengefühl lässt sich das

TRÄGER (HALS) AUSLÖSEN

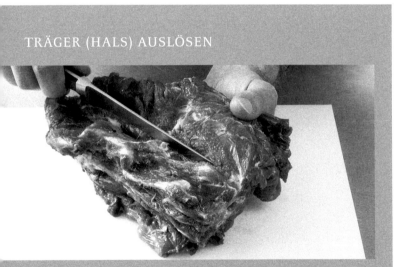

(1) Den Hals mit der Unterseite nach oben auf eine Arbeitsfläche legen und häuten. Dann das Muskelfleisch mit einem Ausbeinmesser entlang der Knochen einschneiden und vorsichtig ablösen.

(2) Das Fleisch von den Halswirbelknochen wegziehen und mit Schnitten gegen die Wirbelknochen ringsum abtrennen.

(3) Auf diese Weise die Halswirbelknochen auslösen und die dicken Nackensehnen herausschneiden.

Gelenk zwischen Oberarm- und Unterarmbein ertasten. Das Durchtrennen der dort verlaufenden Sehnen ist dann nicht mehr schwer.

FETTGEWEBE ENTFERNEN

Bevor es jedoch an die einzelnen Schritte geht, sollten Sie zunächst die Unterseite der Schulter von allen Blutresten säubern. Auch das Fettgewebe mitsamt der innen liegenden Drüse (Bild oben) wird vor dem Ausbeinen zusammen mit allem sichtbaren Fett entfernt. Anschließend alle locker aufliegenden Häute abziehen und mit dem Messer abtrennen. Jetzt beginnt das eigentliche Ausbeinen: Zuerst wird der Blattknochen oben und unten vom Fleisch getrennt und entfernt, wie unten in Step 1 bis 3 gezeigt. Darauf folgt das Auslösen des Oberarmbeins, wie in Step 4 und 5 beschrieben, wobei das Messer immer möglichst eng am Knochen geführt werden

Vor dem Ausbeinen der Schulter (Blatt) wird die Unterseite von allen Blutresten und sichtbarem Fettgewebe gesäubert. Insbesondere die Fettschicht mit der innen liegenden Drüse, die über dem Blattknochen liegt, muss sorgfältig entfernt werden, ebenso das weiße Lymphgewebe unterhalb des Schultergelenks.

sollte. Zuletzt lösen Sie dann das Unterarmbein aus, wie in Step 6 gezeigt. Die entbeinte Schulter (Step 7) zum Braten oder Schmoren im Ganzen dann mit Küchengarn wie einen Rollbraten in Form binden oder für Ragout oder Gulasch in Würfel schneiden.

BLATT (SCHULTER) AUSLÖSEN

(1) Die Schulter mit der Unterseite nach oben auf eine Arbeitsfläche legen und das Fleisch am Rand des Blattknochens einschneiden. Anschließend das Fleisch vom Blattknochen abschaben.

(2) Das Fleisch entlang der Unterkante des Blattknochens einschneiden und auf der Unterseite ebenfalls ablösen.

(3) Das Gelenk zwischen Oberarm- und Unterarmbein mit dem Messer durchtrennen und den Blattknochen entfernen.

(4) Das Oberarmbein entlang des Knochens einschneiden und diesen freilegen. Das Fleisch vom Knochen lösen.

(5) Die Sehnen im Gelenk durchtrennen und das Oberarmbein mit einer kräftigen Drehung aus dem Gelenk lösen.

(6) Das Unterarmbein mit Schnitten links und rechts des Knochens freilegen und anschließend auslösen.

(7) Hier die entbeinte Schulter (vorne) sowie die drei ausgelösten Knochen (Schulter, Oberarm- und Unterarmbein).

Rücken und Keule vorbereiten

Bevor sie in den Ofen kommen, müssen beide in Form gebracht werden: Beim Rücken werden die letzten Halswirbel und Rippen entfernt. Eine Hirsch- oder Rehkeule lässt sich ohne Knochen einfacher tranchieren.

DAS FEINSTE STÜCK VOM WILD, der Rücken oder Ziemer, wie er auch genannt wird, ist bei allen Schalenwildarten ähnlich, daher gibt es beim Zurichten keine großen Unterschiede. Die Stepfolge unten zeigt, wie ein Damhirschrücken küchenfertig vorbereitet wird. Nach dieser Methode können Sie auch die Rücken von Hirsch, Reh, Gämse oder Wildschwein zum Braten vorbereiten. Zunächst werden jeweils – sofern noch vorhanden – die restlichen

Halswirbel entfernt, wie in Step 1 gezeigt. Anschließend kürzen Sie die Rippen etwa auf die Breite der Rückenfilets, wie in Step 2 beschrieben. Dazu können Sie – je nach Tierart – eine stabile Küchenschere, eine Aufbrechzange oder auch eine Knochensäge verwenden. Alles Weitere ist dann fast schon ein Kinderspiel: Jetzt müssen nur noch die lockeren Häute entfernt werden, ohne dabei die silbrige Sehnenhaut zu verletzen, wie in Step 3 und 4 beschrie-

RÜCKEN KÜCHENFERTIG ZURICHTEN

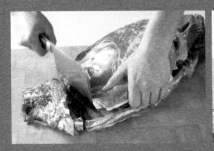

(**1**) Den Rücken mit dem Halsende auf ein Hackbrett legen und mit dem Küchenbeil die letzten Halswirbel abtrennen.

(**2**) Mit einer stabilen Küchenschere oder mit der Aufbrechzange die Rippenknochen auf die Breite der Rückenfilets kürzen.

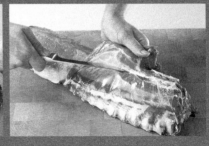

(**3**) Die lockeren Häute mit dem dazwischenliegenden Fettgewebe hochheben und vorsichtig mit dem Messer lösen.

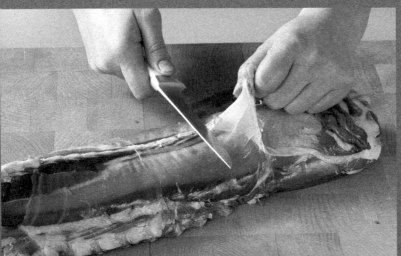

(**4**) Dabei die bläulich silbrige, mit dem Fleisch verwachsene Sehnenhaut nicht verletzen, sondern an dieser entlangfahren.

(**5**) Zum Braten im Ganzen kann die Sehnenhaut am Fleisch verbleiben. Werden die Rückenfilets ausgelöst, wird sie entfernt.

ben. Diese feste Haut schützt die Filets während des Bratens vor dem Austrocknen. Soll der Rücken schön gleichmäßig garen, schneiden Sie ihn beidseitig entlang des Rückgrats etwa 2 cm tief ein.

GANZ ODER TEILWEISE ENTBEINT

Je nach Rezept muss eine Keule ganz ausgelöst werden, wenn einzelne Teilstücke wie Nuss oder Oberschale benötigt werden. Manchmal soll der Unterbeinknochen jedoch auch im Fleisch verbleiben, damit sich die Oberkeule gut tranchieren lässt und die schmalere Unterkeule nicht zu sehr austrocknet. Zum Braten bindet man das Fleisch dann mit Küchengarn wie einen Rollbraten, damit die Keule ihre kompakte Form behält und der Braten schön saftig wird. Wie Sie eine Keule küchenfertig vorbereiten und vom Oberschenkelknochen befreien, wird in der Bildfolge unten beschrieben. Dabei müssen zunächst alle lose aufliegenden Häute sowie Blut- und Fettreste auf der Innenseite entfernt werden, wie in Step 1 gezeigt, bevor der Beckenknochen ausgelöst wird, wie in Step 2 beschrieben. Dann wird der Oberschenkelknochen ertastet, freigelegt und ausgelöst, wie unten in Step 3 bis 5 erklärt.

Nach dieser Methode kann jede Keule ausgebeint werden, sofern sie nicht zum Füllen vorgesehen ist. Wenn sie an Stelle des Oberschenkelknochens jedoch eine würzige Füllung aufnehmen soll, darf das Fleisch nicht längs durchtrennt werden. In diesem Fall wird die Keule dann hohl ausgelöst, wie auf S. 122 beschrieben. Je nach Rezept kann der Unterschenkel entfernt werden, wie in Step 6 erklärt, muss aber nicht. Das Haxenfleisch wird häufig separat verwendet, es eignet sich gut zum Schmoren, ist aufgrund seines hohen Bindegewebeanteils aber auch ideal zum Klären feiner Wild-Consommés.

KEULE AUSBEINEN

(1) Von der ganzen Keule mit Unterschenkelknochen zunächst alle lockeren Häute entfernen. Anschließend die Keule umdrehen und alle Blutreste sowie das sichtbare Fett am Beckenknochen entfernen.

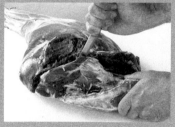

(2) Den Beckenknochen anlösen, festhalten und mit Schnitten gegen den Knochen vorsichtig herauslösen.

(3) Den Oberschenkelknochen ertasten und das Muskelfleisch entlang des Knochens aufschneiden.

(4) Die Gelenkkapsel freilegen, den Oberschenkelknochen anheben und mit dem Messer aus dem Fleisch lösen.

(5) Die Sehnen mit dem Messer im Gelenk durchtrennen und den Oberschenkelknochen entfernen.

(6) Die Haxe lösen und den Unterschenkel mit einem glatten Schnitt von der entbeinten Keule abtrennen.

Hautgout? Beizen von Wildbret aus der Mode?

Sehr vornehm, sehr französisch ist der Ausdruck »Hautgout«. Frei übersetzt als »Hochgeschmack« bezeichnet er nichts anderes, als den strengen, scharfen Geruch, den Wildbret unweigerlich annimmt, wenn es zu lange oder zu warm gelagert wurde und sich zu zersetzen beginnt. Auch wenn es nach wie vor Liebhaber dieses ganz eigenen Aromas gibt, so ist Hautgout heute bei Händlern und Verbrauchern nicht mehr erwünscht. Bis vor etwa 60 Jahren war dieser eigenwillige Beigeschmack jedoch noch unvermeidlich, da die Jagdbeute oft tagelang an mehr oder weniger dafür geeigneten Orten abhing. Häufig wurde das Fleisch noch im Haarkleid in schlecht belüfteten Kellern und Gewölben an der Decke aufgehängt. Ausreichende Kühlmöglichkeiten fehlten.

STRATEGIEN ZUM ÜBERDECKEN

Einfach wegwerfen konnte man das Wildbret jedoch nicht. Dafür war das Fleisch zu kostbar. Findige Köche und Hausfrauen erfanden daher allerlei Strategien, um den unerwünschten Geruch und Geschmack zu übertönen. Dabei stellte sich heraus, dass der Hautgout sich milderte, wenn das Fleisch mehrere Stunden oder sogar Tage in eine Beize aus Säure oder Alkohol oder auch in Milch eingelegt wurde. Je nach Region wurde dabei Rotwein, Essig oder Buttermilch bevorzugt. Das Einlegen des Flei-

sches in säure- oder alkoholhaltige Flüssigkeiten begrenzte die Vermehrung von krank machenden Keimen und Bakterien, und die Verwendung aromatischer Gewürze trug dazu bei, den unerwünschten Geschmack zu überdecken. Häufig wurden zum fertigen Wildgericht dann zusätzlich noch Preiselbeeren gereicht, deren intensives Aroma den Hautgout ebenfalls zu bändigen vermochte.

BEIZEN – EINE LIEBHABERSACHE

Da der Hautgout dank moderner Kühltechnik heute vor allem ein Kennzeichen überlagerter oder verdorbener Ware ist, ist das Beizen von Wild eigentlich passé. Die meisten schwören inzwischen auf den natürlichen Eigengeschmack von Hirsch und Hase. Das Beizen verfälsche das Geschmackserlebnis, argumentieren sie. Wer aber den aromatischen Geschmack einer Beize mit Knoblauch und Thymian, Wacholderbeeren und Piment, Nelken und Pfefferkörnern schätzt, der kann seine Hirschkeule, seine Rehschulter oder Hasenläufe natürlich auch weiterhin einlegen und das Wildgericht mit einem Klecks Preiselbeeren servieren. In unseren Tagen stellt das Beizen von Wildbret lediglich eine geschmackliche Alternative zu den ansonsten üblichen Zubereitungsarten dar.

Margarethe Brunner

Rehrücken vorbereiten

Ob im Ganzen oder ausgelöst als Filets – der Rücken ist das feinste Teil-stück vom Reh und muss vor dem Braten sauber zugerichtet werden.

AN WERKZEUG benötigen Sie dafür nicht viel, lediglich ein scharfes Ausbeinmesser sowie eine stabile Küchenschere. Nach dieser Methode können Sie auch die Rücken anderer Wildarten wie Gämse, Hirschkalb oder Mufflon herrichten. Soll der Rücken im Ganzen gegart werden, bereiten Sie ihn vor, wie in Step 1 bis 6 gezeigt. Für Medaillons lösen Sie die Filets aus, wie in Step 7 bis 10 beschrieben.

REHRÜCKEN VORBEREITEN

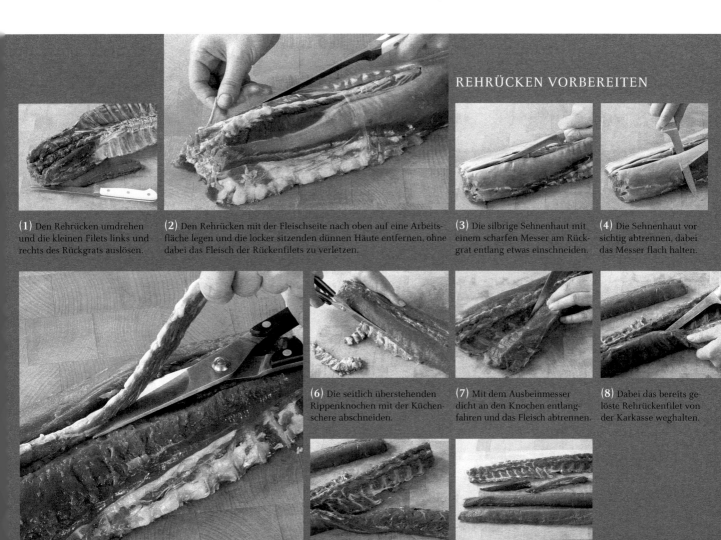

(1) Den Rehrücken umdrehen und die kleinen Filets links und rechts des Rückgrats auslösen.

(2) Den Rehrücken mit der Fleischseite nach oben auf eine Arbeits-fläche legen und die locker sitzenden dünnen Häute entfernen, ohne dabei das Fleisch der Rückenfilets zu verletzen.

(3) Die silbrige Sehnenhaut mit einem scharfen Messer am Rück-grat entlang etwas einschneiden.

(4) Die Sehnenhaut vor-sichtig abtrennen, dabei das Messer flach halten.

(5) Das Rückgrat mit Hilfe einer stabilen Küchenschere auf die Höhe der beiden Rückenfilets kürzen und entfernen.

(6) Die seitlich überstehenden Rippenknochen mit der Küchen-schere abschneiden.

(7) Mit dem Ausbeinmesser dicht an den Knochen entlang-fahren und das Fleisch abtrennen.

(8) Dabei das bereits ge-löste Rehrückenfilet von der Karkasse weghalten.

(9) Das gesamte Rückenfilet vor-sichtig von den Knochen lösen und abschneiden.

(10) Das Ergebnis: vor der Kar-kasse liegen die kleinen Filets, davor die beiden Rückenfilets.

Rehkeule hohl auslösen

Wird der Oberschenkelknochen vor dem Braten entfernt, lässt sich die Rehkeule anschließend leichter tranchieren. Sie kann aber auch mit einer kräuterwürzigen Füllung versehen werden.

LEICHTER ALS GEDACHT ist das Auslösen einer Rehkeule. Stammt sie direkt vom Jäger, muss eventuell zunächst der Beckenknochen, auch Schlossknochen genannt, entfernt werden. Häufig ist dies jedoch bereits im Vorfeld geschehen. Anschließend ziehen Sie alle locker sitzenden Häute von der Keule und lösen den Oberschenkelknochen aus, wie in der Stepfolge unten gezeigt. Wichtig ist beim Auslösen, dass das Messer stets eng am Knochen entlang-

geführt wird, um das Fleisch nicht zu verletzen. Der entstandene Hohlraum kann anschließend fein gefüllt werden, er fasst etwa 250 g Masse. Die Füllung kann in diesem Fall also nicht eine Beilage ersetzen, sondern ist würzige Ergänzung des feinen Bratens. Gefüllt oder nicht, vor dem Braten wird die Keule mit Küchengarn wie ein Rollbraten zusammengebunden, damit sie während des Garens in Form bleibt und keine Füllung austreten kann.

REHKEULE HOHL AUSLÖSEN

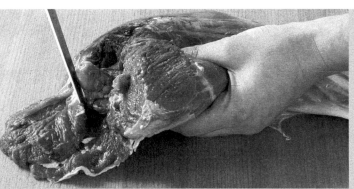

(1) Den Gelenkkopf des Oberschenkelknochens mit Hilfe eines scharfen Ausbeinmessers ringsherum sorgfältig freischaben.

(2) Mit dem Messer den Knochen ringsum vorsichtig freilegen, dabei das Fleisch mit der anderen Hand etwas wegziehen.

(3) Den Oberschenkelknochen abspreizen und die Sehnen im Kniegelenk mit einem Messer durchtrennen.

(4) Den Oberschenkelknochen durch Drehen aus dem Kniegelenk lösen und vollständig herausziehen.

(5) Die Keule ist nun bereit zum Füllen. Anschließend den unteren Fleischteil wieder hochklappen und die Keule mit Küchengarn wie einen Rollbraten in Form binden.

Wildschweinkoteletts und -keule

Ein ganzer Rücken oder eine Keule vom Wildschwein werden oft weiter zerteilt, da die Teilstücke ausgewachsener Tiere oft zu groß sind, um sie auf einmal zuzubereiten. Hier die wichtigsten Handgriffe.

DER RÜCKEN von Frischlingen kann im Ganzen gebraten werden, bei schwereren Tieren wird er jedoch in der Regel zerlegt. Dafür entfernen Sie alles aufliegende Fett und teilen den Rücken dann entlang des Rückgrats in die beiden Kotelettstränge, wie in Step 1 unten links zu sehen. Aus diesen lassen sich dann leicht einzelne Koteletts schneiden, wie in Step 2 gezeigt. Für Doppelkoteletts wird der Rücken nicht geteilt, sondern er wird nach dem Entfernen des Fettgewebes zwischen den Rippen mitsamt den Wirbelknochen quer durchtrennt.

Auch eine größere Wildschweinkeule zerlegt man meist in ihre Einzelteile, wie in der Stepfolge unten am Beispiel einer entbeinten Keule gezeigt. Nuss, Ober- und Unterschale vom Wildschwein ergeben gute kleinere Bratenstücke. Aus der Oberschale können Sie Schnitzel schneiden, aus Unterschale und kleiner Nuss Würfel für Gulasch oder Ragouts.

WILDSCHWEINKOTELETTS SCHNEIDEN

(1) Das aufliegende Fett entfernen und den Wildschweinrücken mit der Knochensäge entlang der Wirbelsäule teilen.

(2) Den Kotelettstrang jeweils zwischen den Rippenknochen einschneiden und mit dem Küchenbeil vollständig durchtrennen.

WILDSCHWEINKEULE ZERLEGEN

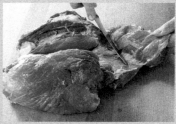

(1) Die ausgebeinte Wildschweinkeule mit der Fleischseite nach oben auf eine Arbeitsfläche legen.

(2) Den Beckenmuskel – die »kleine Nuss« – etwas anheben und abtrennen, dabei das Fleisch nicht verletzen.

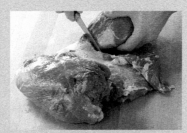

(3) Die Nuss vorsichtig von der Unterschale lösen und mit dem Messer an den Häuten entlang abtrennen.

(4) Zum Schluss die Unterschale (rechts) von der Oberschale (links) trennen und alle Teilstücke sauber parieren.

Wildhase und -kaninchen in Teilstücke zerlegen

Für Schmorgerichte, Suppen oder zum Braten werden Keulen, Schultern und Rücken ausgelöst – das ist nicht schwer, man benötigt dafür lediglich ein Messer, eine Geflügelschere und ein kleines Küchenbeil.

DIE EINZELNEN ARBEITSSCHRITTE beim Zerteilen oder Zerwirken, wie das Zerlegen eines Wildkörpers in seine Einzelteile in der Jägersprache heißt, entsprechen beim Hasen oder Kaninchen im Prinzip jenen bei Reh oder Hirsch. Im Gegensatz zum Schalenwild lassen sich Hasen und Kaninchen aber leicht zu Hause verarbeiten, da keine aufwändigen Hilfsmittel und Geräte wie Knochensäge oder Hängevorrichtung benötigt werden. Ein Hackbrett, ein scharfes, stabiles Messer, eine Geflügel- oder Küchenschere sowie ein kleines Küchenbeil genügen vollauf. In der Regel werden Keulen und Schultern nicht weiter zerteilt, sondern im Ganzen gebraten oder geschmort. Auch der Hasenrücken findet häufig im Ganzen Verwendung. Gelegentlich werden die kleinen Rückenfilets jedoch auch ausgelöst, beispielsweise für delikate Salate oder als Einlage für Wildpasteten und -terrinen.

Bei Eintöpfen und Schmorgerichten wie beispielsweise einem Hasenpfeffer ist es ratsam, Keulen, Schultern und Rücken noch weiter zu zerteilen, damit die einzelnen Portionsstücke nicht zu groß werden. Und Hals, Rippen und Bauchlappen werden als »Hasenklein« Ragouts, Suppen oder Eintöpfen beigegeben. Auch der gesäuberte, längs halbierte Kopf kann mitgegart werden. Beim Zerlegen von

Keulen und Rücken vom Wildhasen – für einen Hasenpfeffer in eine würzige Marinade eingelegt.

Wildhasen und Wildkaninchen gibt es keine großen Unterschiede, nur eine Besonderheit gilt es beim Kaninchen zu beachten.

BESONDERHEIT BEIM WILDKANINCHEN

Im Gegensatz zum Wildhasen besitzt das kleinere Wildkaninchen an der Schwanzwurzel zwei Drüsen, deren Sekret für Rangordnung und Orientierung im Sozialleben eine wichtige Rolle spielt. Gelangt jedoch auch nur eine Spur dieses Sekrets auf das Fleisch, wird das ganze Kaninchen unge-

nießbar. Daher ist es unerlässlich, die beiden Drüsen vor der Zubereitung zu entfernen. Wird das Kaninchen im Ganzen verarbeitet, werden die Drüsen als Erstes entfernt. Soll das Tier in seine Teilstücke zerlegt werden, können die beiden Drüsen auch nach dem Abtrennen des Rückens mit einem scharfen Messer zwischen den Keulen herausgeschnitten werden. Vor dem Weiterarbeiten muss das Messer dann gründlich gereinigt werden.

WILDKANINCHEN ZERTEILEN

(1) Den Kopf am Halsansatz mit einem scharfen Messer oder mit dem Küchenbeil abtrennen.

(2) Den Hals knapp oberhalb der Schulterblätter ebenfalls mit dem Messer oder Beil abtrennen.

(3) Den Vorderlauf abklappen und die Achselhöhle am Rippenbogen aufschneiden.

(4) Den Vorderlauf im Gelenk abtrennen. Den zweiten Vorderlauf ebenso abtrennen.

(5) Das Brustbein von der Bauchseite zum Halsansatz aufschneiden.

(6) Beide Bauchlappen und Rippenbogen parallel zum Rücken mit der Gefügel- oder Küchenschere in Richtung Hals abtrennen.

(7) Die Keulen links und rechts oberhalb der Beckenknochen mit einem Messer einschneiden.

(8) Den Rücken im Bereich der Lendenwirbel mit dem Küchenbeil durchtrennen.

(9) Die Drüsen an der Schwanzwurzel mit dem Messer herausschneiden.

(10) Die Keulen in der Mitte längs mit dem Beil anschlagen und umdrehen.

(11) Kreuzbein und Schwanzwirbel von der Innenseite mit dem Beil vollends durchtrennen.

Federwild zerlegen und in Form binden

Zum Auslösen der Keulen und Brustfilets – mit und ohne Flügel-knochen – benötigen Sie lediglich ein Messer und etwas Gespür.

MIT WENIGEN SCHNITTEN lässt sich Wildgeflü-gel in seine Einzelteile zerlegen, wie in der Stepfol-ge unten am Beispiel einer Wildente gezeigt. Dabei werden jeweils nur die fleischigen Brustfilets sowie die Keulen gewonnen, alle anderen Teilstücke spie-len aufgrund ihres geringen Fleischanteils keine große Rolle. Aus den übrig gebliebenen Karkassen wird stattdessen ein aromatischer Wildgeflügelfond (S. 148) gekocht. Als besonders elegant gelten Brustfilets, wenn sie im Ganzen oder tranchiert mit anhängendem Flügelknochen serviert werden. Da-für können Sie das Flügelfleisch entfernen, wie in Step 1 und 2 auf S. 127 gezeigt. Oder Sie lösen die Flügelhaut am Ellbogengelenk vom Knochen und schaben das Fleisch in Richtung Brust mit dem Mes-serrücken vom Knochen.

WILDENTE ZERLEGEN

(1) Zuerst die Keulen abtrennen. Dafür die Keulen etwas abspreizen und die Haut mit einem scharfen Messer einschneiden.

(2) Den Schnitt eng am Körper entlang fort-führen, jeweils das Gelenk durchtrennen und die beiden Keulen vollständig abtrennen.

(3) Die Keulen häuten, dabei die Haut vom Oberschenkel in Richtung Fußgelenk ringsum vorsichtig lösen und abziehen.

(4) Die Wildente entlang des Rückgrats mit dem Messer einschneiden.

(5) Die beiden Brustfilets dicht entlang der Rippenknochen abtrennen.

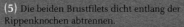

(6) Die fleischigen Brustfilets der Wildente ebenfalls häuten. Die Haut wird bei Wildenten häufig entfernt.

Vor dem Braten wird Wildgeflügel, hier eine Wildente, »dressiert«, das heißt, mit Küchengarn in Form gebunden. So bleibt sie beim Garen schön kompakt und Flügel und Keulen werden nicht zu dunkel.

Bei Wasservögeln wie Wildenten oder Wildgänsen können Schadstoffe aus belasteten Gewässern an der Haut haften, daher wird sie häufig entfernt. Andererseits bietet die Haut einen guten Schutz vor zu viel Hitze. Ob die knusprige Hülle dann anschließend mitgegessen wird oder nicht, bleibt jedem selbst überlassen. Bei Wildenten aus Zuchtbetrieben kann die Haut in jedem Fall am Fleisch verbleiben. Zum Braten der Brustfilets schneiden Sie die Haut kreuzweise ein, damit sie sich nicht verzieht.

WILDGEFLÜGEL IN FORM BINDEN

Damit Wildgeflügel beim Braten gut in Form bleibt, wird es zuvor in Form gebunden. Dafür zunächst die Haut über die Halsöffnung ziehen und mit einem Zahnstocher feststecken. Anschließend das Wildgeflügel auf die Brust legen, ein Stück Küchengarn unter den Flügeln durchziehen und überkreuzen. Den Vogel umdrehen, das Garn seitlich zwischen den Keulen durchziehen, die Keulen ebenfalls fixieren und das Küchengarn fest verknoten.

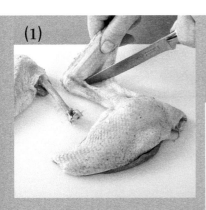

(1)

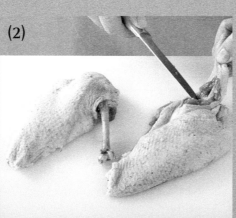

(2)

BRUSTFILETS
mit Flügelknochen abtrennen

(1) Die Wildentenbrust (rechts) mit dem anhängenden Flügel von der Karkasse abschneiden, wie S. 126 in Step 4 und 5 gezeigt. Den Flügel im Ellbogengelenk durchtrennen.

(2) Flügelhaut und -fleisch am Schultergelenk ringsum einschneiden und entfernen. Die Flügelspitzen und das -fleisch anderweitig verwenden, etwa für einen Wildgeflügelfond (S. 148). Den Flügelknochen sauber abschaben und die Haut nach Belieben kreuzweise einschneiden.

Wildgeflügel und Wildkaninchen zum Füllen vorbereiten

Sollen Wachtel, Rebhuhn oder Wildente eine delikate Füllung erhalten, gibt es dafür verschiedene Möglichkeiten – vom aufwändigen Hohlauslösen bis hin zum einfacheren Füllen unter der Haut.

SEHR EINFACH ist das Füllen des ganzen Vogels, beispielsweise einer Wildente, Taube oder Wachtel. Dafür wird die vorbereitete Füllung einfach in die gut ausgespülte Bauchhöhle des Tieres gegeben. Sehr gut funktioniert dies mit einem Spritzbeutel mit großer Lochtülle. Ideal, weil sehr hygienisch sind hierfür die im Handel erhältlichen Spritzbeutel aus Frischhaltefolie. Die Öffnungen an Hals und Bauch können dann mit Küchengarn mit ein paar Stichen zugenäht werden, damit die Füllung während des Garens nicht austreten kann. Noch einfacher ist es, die Öffnung an Hals und Bauch jeweils mit Zahnstochern zu verschließen.

WILDGEFLÜGEL AUSLÖSEN

Gefülltes Wildgeflügel mit Karkasse kann nur halbiert oder geviertelt serviert werden. Feine Vorspeisen oder Braten sollen gelegentlich aber auch in Scheiben geschnitten werden. Dies erfordert ein vorheriges Auslösen der Knochen. Dafür gibt es mehrere Möglichkeiten: So schneidet man für eine klassische Galantine das Wildgeflügel, etwa einen Fasan, am Rückgrat beiseitig ein und trennt das Fleisch entlang der Rippenknochen ab. Anschließend wird die Karkasse im Ganzen entfernt, ebenso die Flügelknochen. Fleisch und Haut liegen jetzt flach ausgebreitet auf der Arbeitsfläche, werden mit Farce be-

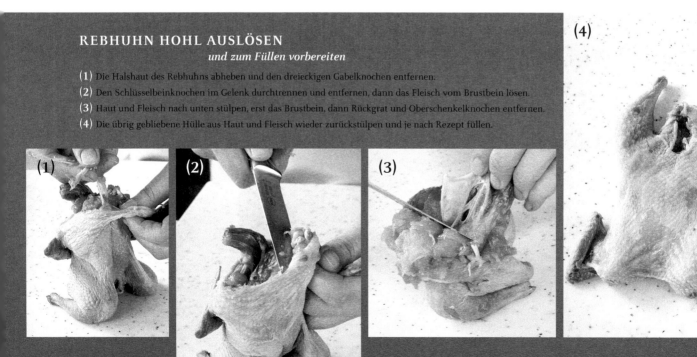

REBHUHN HOHL AUSLÖSEN
und zum Füllen vorbereiten

(1) Die Halshaut des Rebhuhns abheben und den dreieckigen Gabelknochen entfernen.
(2) Den Schlüsselbeinknochen im Gelenk durchtrennen und entfernen, dann das Fleisch vom Brustbein lösen.
(3) Haut und Fleisch nach unten stülpen, erst das Brustbein, dann Rückgrat und Oberschenkelknochen entfernen.
(4) Die übrig gebliebene Hülle aus Haut und Fleisch wieder zurückstülpen und je nach Rezept füllen.

strichen und zur Galantine aufgerollt. Um ein Austreten der Füllung zu verhindern, wird die Rolle vor dem Pochieren in Folie gewickelt – man kann sie aber auch in Schweinenetz einschlagen und braten.

REBHUHN HOHL AUSLÖSEN

Bei dieser recht aufwändigen Methode darf das Wildgeflügel weder am Rücken noch am Bauch aufgetrennt werden. So kann es dann gefüllt, in Form gebunden und im Ganzen gebraten werden. Hierbei löst man die Knochen vom Hals beginnend nach unten hin aus, wie in der Stepfolge links beschrieben. Dabei wird das Fleisch mit einem scharfen Messer vorsichtig von den Knochen gelöst, mitsamt der Haut nach außen gestülpt und vorsichtig immer weiter nach unten geschoben. Die freigelegten Knochen können dann nach und nach entfernt werden. Am Ende bleibt eine Hülle aus Fleisch und Haut übrig, lediglich die Flügel- und Unterschenkelknochen verbleiben am Tier, wie links in Step 4 zu sehen.

WACHTELN UNTER DER HAUT FÜLLEN

Sehr viel einfacher ist es dagegen, Wildgeflügel unter der Haut zu füllen – eine Methode, die sich vor allem für kleineres Wildgeflügel wie beispielsweise Wachteln anbietet. Pro Vogel benötigen Sie dabei etwa 2 Teelöffel an Füllung. Anschließend die Füllung dann leicht in Form drücken, die Wachtel wieder in ihre ursprüngliche Form bringen und mit Küchengarn in Form binden. So gefüllt – etwa mit einer Mischung aus Schalotte, Speck, Geflügelleber und Toastbrotbröseln – können die Wachteln dann mit Öl bestrichen 15 bis 18 Minuten bei 200 °C im Ofen gebraten werden. Besonders fein schmecken sie, wenn man in den letzten 5 Minuten die Brüste jeweils mit einem Butterflöckchen belegt.

WILDKANINCHEN FÜLLEN UND ZUM GRILLEN IM DRAHTKORB VORBEREITEN

Kompakter wird das lang gestreckte Wildkaninchen, wenn man es am Rücken quer vor den Hüftknochen bis auf die Knochen einschneidet und dann das Rückgrat – aber nicht das Fleisch – zwischen dem 5. und 6. Wirbel durchtrennt. So lassen sich die Keulen mit der Hüfte mühlos zum Bauch hin einklappen. Anschließend die längs aufgeschnittene Bauchhöhle füllen und mit Küchengarn zunähen oder mit Hölzchen zustecken. Das Kaninchen in den Grillkorb legen, würzen, mit Öl oder Butter bestreichen und am Drehspieß etwa 1 Stunde grillen.

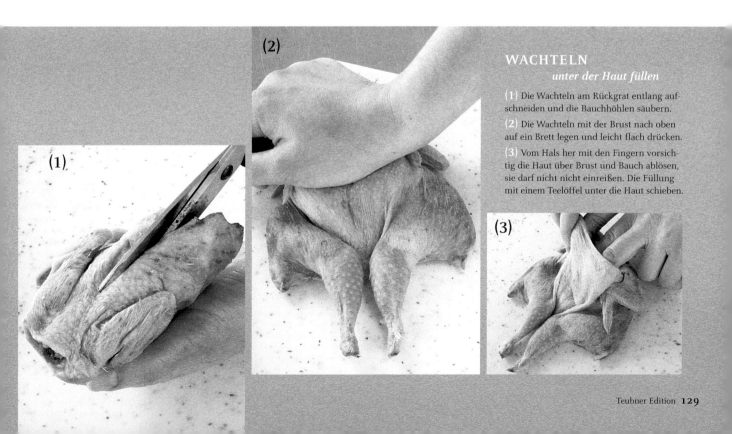

WACHTELN
unter der Haut füllen

(1) Die Wachteln am Rückgrat entlang aufschneiden und die Bauchhöhlen säubern.

(2) Die Wachteln mit der Brust nach oben auf ein Brett legen und leicht flach drücken.

(3) Vom Hals her mit den Fingern vorsichtig die Haut über Brust und Bauch ablösen, sie darf nicht nicht einreißen. Die Füllung mit einem Teelöffel unter die Haut schieben.

Spezielle Geräte in der Wildküche und wie Profis sie verwenden

Die gute Wildküche benötigt einige wenige Kochutensilien über die übliche Küchenausstattung hinaus, um den Besonderheiten von Wildfleisch gerecht zu werden. Wobei es, wie immer im Leben, nicht auf Quantität, sondern auf Qualität ankommt. Gutes Gelingen setzt bei vielen Wildgerichten zunächst einmal einen guten Fond voraus. Aus einem großen Volumen an Zutaten resultiert am Ende eine vergleichsweise geringe Menge Flüssigkeit, die es aber in sich hat. Dazu müssen Topf, Kasserolle oder Fettpfanne des Backofens groß genug sein, um das Rösten der Fleisch- und Knochenteile sowie des Gemüses zu ermöglichen und Flüssigkeit zum Ablöschen aufzunehmen. Für das Einkochen des Fonds braucht man einen großen Topf, damit nicht nur viel Wasser, sondern auch die sperrigen Karkassen und Knochen darin Platz haben.

Profis bevorzugen wegen der besseren Wärmeleitung Bratgeschirr aus Edelstahl oder Gusseisen, das hohe Temperaturen aushalten kann. Beschichtete Pfannen lassen sich nicht so hoch erhitzen. Wichtig ist ein planer Boden, damit sich Bratfett und Hitze gleichmäßig verteilen können. Mit speziellen Grillpfannen lassen sich die attraktiven Grillstreifen auf der Fleischoberfläche einbrennen. Generell sollte das Bratgeschirr großzügig bemessen sein, damit jedes Stück genügend Platz hat und ein optimales Anbraten und Garen möglich ist. Zum Marinieren und Schmoren eignen sich Edelstahl- und vor allem gut schließende, gusseiserne Bräter mit schwerem Deckel und ohne Plastikgriffe, damit man sie auch in den heißen Ofen stellen kann.

EINE GUTE VORBEREITUNG IST ALLES

Wildfleisch erfordert meist etwas mehr Vorbereitung als Schlachtfleisch. Wenn es noch zerwirkt, das heißt zerlegt werden muss, sind Messer, Knochensäge oder Aufbrechzange nötig. Zum Aufbewahren im Kühlschrank oder als Vorbereitung zum Tiefgefrieren eignet sich das Vakuumieren in einer lebensmittelechten Plastikhülle. Es gibt inzwischen eine Reihe von Vakuumiergeräten für den Hausgebrauch, die eine hygienisch einwandfreie Lagerung ermöglichen. Aber auch küchenfertig zerwirktes Wild ist in der Regel noch nicht sofort gebrauchsfertig. Zum Auslösen von Knochen empfiehlt sich ein Ausbeinmesser, das wie ein Dolch mit seiner langen schmalen und flexiblen Klinge geführt wird.

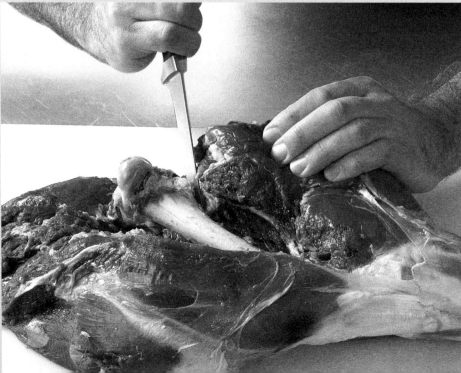

Wer in seiner Handhabung weniger versiert ist, kann sich dabei mit einem Handschuh aus Metallgeflecht vor Verletzungen schützen. Ein nicht zu kleines Hackbeil aus Edelstahl leistet zum Spalten von Knochen gute Dienste, die neben den Parüren (Fleischabschnitten) die Grundlage für einen kräftigen Wildfond bilden.

EINSCHNEIDENDES UND PLÄTTENDES

Ein großes Kochmesser mit harter, scharfer Klinge und langer Schnittfläche zum Schneiden, Wiegen und Hacken zählt zur Grundausstattung, ebenso das schmale Filiermesser mit weicherer Klinge zum Entfernen von Fett, Sehnen, Knorpeln, Knochenteilen und Haut. Das Fleisch- oder Tranchiermesser besitzt eine sehr lange, dünne und glatt geschliffene Klinge, um schöne Scheiben vom Fleisch, Wurst oder Schinken sauber abzuschneiden. Entscheidender als eine große Sammlung an Messern ist jedoch deren Schärfe. Stumpfe Klingen durchtrennen die Fasern nicht exakt, sonder zerreißen sie eher. Die Folge: Fleischsaft tritt aus, worunter Saftigkeit und Zartheit des Fleisches leiden. Spätestens, wenn das Messer an einer Tomate abrutscht, sollte die Klinge mit Wetzstahl oder Schärfmaschine nachgeschärft werden. Für Wildgeflügel und Kaninchen ist eine Geflügelschere sinnvoll. Zu einem Tranchierbesteck gehört neben dem Messer auch die Gabel. Sie ersetzt am Tisch die in der Küche verwendete große Edelstahlgabel, mit der sich nicht nur Fleisch aus Topf und Pfanne heben und zum Aufschneiden fixieren, sondern sich auch die Garprobe durchführen lässt. Beim Aufschneiden von Fleisch ist ein Holz- oder Kunststoffbrett mit Saftrille von Vorteil. Wenn Fleisch mit Kräutern, Knoblauch oder Speck bestückt werden soll, ist ein kleines Spickmesser hilfreich. Das Spicken großer Braten mit Spicknadeln

wird heute von vielen Köchen zugunsten des Bardierens, dem Einschlagen in Speck, als unnötige Verletzung des Fleisches abgelehnt. Fleischnadel und hitzebeständiges Küchengarn sind beim Füllen von Wildgeflügel, für Rouladen, Rollbraten oder die Zubereitung von Galantinen nützlich. Mit dem Plattiereisen aus Edelstahl lassen sich Schnitzel gleichmäßig dünn klopfen, ohne das Fleisch zu verletzen.

DURCHGEDREHT UND FEIN ZERRIEBEN

Unverzichtbares Equipment bei der Zubereitung anspruchsvoller Wildgerichte ist der Fleischwolf. Damit lassen sich Wildfleisch und Innereien in verschiedener Stärke frisch zerkleinern, etwa für Farcen, Hackbraten oder Lebernockerl. Zur optimalen Geschmacksentfaltung von Gewürzen, die für Wildgerichte verwendet werden, ist ein Mörser hilfreich. Damit lassen sich etwa Wacholderbeeren, Kümmel, Koriander-, Fenchel- und Senfsamen, Piment- oder Pfefferkörner gut zerstoßen, wodurch erst die aromatischen Geschmacksmoleküle frei werden. Ist kein Mörser vorhanden, kann man die Gewürze auch in einen Gefrierbeutel füllen und mit einem breiten Messerrücken oder dem Plattiereisen etwas andrücken. Bewährt haben sich auch Gewürzmühlen.

DEN OPTIMALEN GARGRAD MESSEN

Gute Dienste beim Beurteilen des Gargrades von Wildfleisch leistet ein Bratenthermometer, das die Kerntemperatur im Innern misst – eine Kerntemperatur von 80 °C über 10 Minuten ist ausreichend. Auf dem Markt gibt es eine Vielzahl an Modellen, vom einfachen Fleischthermometer bis hin zum exakten digitalen Temperaturfühler. Viele Backofenhersteller haben dafür Anschlussmöglichkeiten in ihre Geräte eingebaut.

Ingrid Schindler

Wildfleisch vorbereiten und durch den Wolf drehen

Damit Braten, Schnitzel oder Medaillons gleichmäßig garen und keine zähen Bissen den Genuss stören, wird das Wildbret vorher sauber zugerichtet. Für die richtige Bindung sorgen verschiedene Farcen.

IM PRINZIP unterscheidet Wildfleisch in der Vorbereitung nur wenig von Schlachtfleisch wie Rind, Kalb oder Schwein. Hier wie dort sollte das Fleisch vor dem Pochieren, Braten, Schmoren oder Grillen sauber pariert werden, das heißt alle sichtbaren Häute und Sehnen werden dabei mit einem scharfen Messer entfernt, wie in den beiden Steps links oben gezeigt. Wichtig ist dabei, das Fleisch so wenig wie möglich zu verletzen. Wildfleisch ist generell – mit Ausnahme von Wildschwein – recht mager, sollte jedoch einmal eine äußerlich sichtbare Fettauflage vorhanden sein, so wird auch diese mit einem scharfen Messer entfernt.

Beim Braten von Medaillons und Schnitzeln in der Pfanne sollten zudem alle Fleischscheiben in etwa gleich stark sein, damit sie dann auch gleichzeitig gar sind. Deshalb werden Reh-, Hirschkalb- oder Mufflonmedaillons in der Regel vor dem Braten plattiert. Dafür legen Sie die Fleischscheiben nebeneinander auf eine mit Frischhaltefolie belegte Arbeitsfläche. Alles mit einer zweiten Lage Frischhaltefolie belegen und das Fleisch mit dem glatten Plattiereisen leicht flach klopfen, wie in den beiden Steps links unten gezeigt. Nach dem Plattieren sollte der Durchmesser der Scheiben etwas größer und alle gleichmäßig dünn sein. Falls Sie nur ein oder zwei Medaillons plattieren wollen, können Sie das Fleisch dafür auch in einen Gefrierbeutel geben.

WILDFLEISCH DURCH DEN WOLF DREHEN

Wildfleisch für Hackmassen, Frikadellen oder Farcen wird häufig durch den Fleischwolf gedreht – eine ideale Art der Resteverwertung. Auch hierfür muss es zunächst pariert werden. Schneiden Sie das Fleisch anschließend in grobe Würfel. Welche Scheibe Sie dann zum Zerkleinern auswählen, hängt vom gewünschten Ergebnis ab. Für Frikadellen, Füllungen und Farcen nehmen Sie die feine Scheibe. Klärfleisch und Gemüsewürfel werden dagegen durch die grobe Scheibe gedreht.

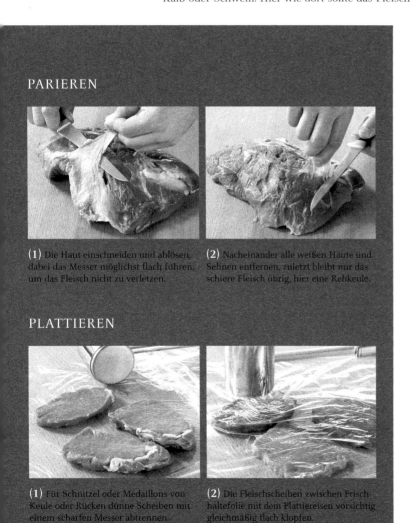

PARIEREN

(1) Die Haut einschneiden und ablösen, dabei das Messer möglichst flach führen, um das Fleisch nicht zu verletzen.

(2) Nacheinander alle weißen Häute und Sehnen entfernen, zuletzt bleibt nur das schiere Fleisch übrig, hier eine Rehkeule.

PLATTIEREN

(1) Für Schnitzel oder Medaillons von Keule oder Rücken dünne Scheiben mit einem scharfen Messer abtrennen.

(2) Die Fleischscheiben zwischen Frischhaltefolie mit dem Plattiereisen vorsichtig gleichmäßig flach klopfen.

FARCEN ZUBEREITEN

Eine Wildfarce ist die Grundlage für Terrinen und Pasteten. Dafür wird Wildfleisch, meist zusammen mit grünem Speck (Rückenspeck vom Schwein) durch den Wolf gedreht und anschließend zusammen mit vorbereiteten Würzzutaten im Mixer fein püriert. Dabei kommt dann nach und nach die gut gekühlte Sahne hinzu. Wichtig für das Gelingen der Farce ist, dass alle Zutaten gut gekühlt sind. Gelegentlich wird für ein Rezept auch nur eine kleine Menge an Farce benötigt, etwa um eine Verbindung zwischen zwei Schichten zu schaffen, in diesem Fall kann es auch eine einfache Geflügelfarce sein.

WILDFARCE FÜR TERRINEN

· 450 g Wildfleisch, 250 g grüner Speck,
  200 g Schweineschulter, alles gewürfelt
· 150 g Geflügelleber, gewürfelt
· 200 g Apfelwürfel, 70 g Zwiebelwürfel
· 1 EL Butter, Salz, Pfeffer, 1 TL Majoran
· 1 EL Rosmarin und Thymian
· 1 Prise Nelkenpulver, 2 cl Cognac
· 400 g Sahne, gut gekühlt, 50 ml Wildjus (S. 144)

Drehen Sie das Wildfleisch mit dem grünen Speck, dem Schweinefleisch und der Leber durch die feine

Für feine Farcen wird das magere Wildfleisch durch die feine Scheibe des Fleischwolfs gedreht. Meist kommen der besseren Bindung wegen noch etwas grüner Speck, Schweinefleisch und eventuell auch Geflügelleber hinzu.

Scheibe des Fleischwolfs und stellen Sie es kühl. Die Apfel- und Zwiebelwürfel in Butter anschwitzen und abkühlen lassen, dann weiterarbeiten wie in Step 1 unten gezeigt. Als Einlage können Sie zum Beispiel gehackte Pistazien und gewürfelte gepökelte Rinderzunge, wie in Step 2 und 3 gezeigt, oder blanchierte Möhrenwürfel und Pilze verwenden.

GEFLÜGELFARCE ZUR BINDUNG

· 100 g Hähnchenbrustfilet, klein gewürfelt, Salz
· frisch gemahlener Pfeffer, 80 g Sahne, gekühlt

Das gekühlte Hähnchenfleisch im Mixer pürieren, würzen, dabei nach und nach die Sahne zugießen.

WILDFARCE HERSTELLEN
und verschiedene Einlagen einarbeiten

(1) Das Wildfleisch mit der Apfel-Zwiebel-Mischung, den Gewürzen und Kräutern im Mixer pürieren, dabei nach und nach Cognac, Sahne sowie Wildjus zugießen und alles zu einer feinen Farce verarbeiten.

(2) Die Zutaten für die Einlage, hier gehackte Pistazienkerne, rasch unterheben.

(3) Die klein gewürfelte Zunge ebenfalls rasch untermischen und die Farce sofort wieder kühl stellen.

Zartes Wildfleisch vor dem Austrocknen schützen

Da Wild oft sehr fettarm ist, gleichzeitig aber bei hohen Temperaturen in den Ofen kommt, wird die Oberfläche des Fleisches oft durch eine Schicht Speck oder Farce vor allzu viel direkter Hitze bewahrt.

GRÜNER SPECK, wie der weiße Rückenspeck vom Schwein genannt wird, ist zum Bardieren, von französisch *barder* = umhüllen, von Wildfleisch ideal. Erhältlich ist er beim Fleischer entweder natur oder leicht geräuchert. Wird der Speck in Streifen um das Gargut gewickelt, bräunt die Oberfläche dazwischen etwas. Vollständig mit Speck umhüllt, bleibt das Fleisch hell. Der Speck wird jeweils mit Küchengarn fixiert, damit er während des Bratens am vorgesehenen Platz bleibt und nicht etwa beim Wenden des Wildfleisches herabfällt. Küchengarn und Speck werden nach dem Garen wieder entfernt.

BARDIEREN MIT SPECKSTREIFEN

(1) Mageres Wildfleisch – hier ein ganzer Rehrücken – mit möglichst langen Speckstreifen belegen und diese einschlagen.

(2) Die Speckstreifen wie bei einem Rollbraten mit Küchengarn fixieren, damit der Speck beim Wenden nicht herabfällt.

BARDIEREN MIT SPECKSCHEIBEN

(1) Mageres Wildfleisch – hier ein Rehrücken – leicht überlappend mit Speckscheiben belegen und die Enden einschlagen.

(2) Die Speckscheiben wie beim Rollbraten mit Küchengarn festbinden, damit die Speckscheiben beim Wenden nicht herabfallen.

IN SCHWEINENETZ WICKELN

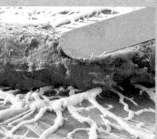 

(1) Das Wildfleisch, hier ein Hirschrückenfilet, auf das Schweinenetz setzen und mit Farce bestreichen ...

(2) ... und in das Schweinenetz einschlagen, dabei die Ränder überlappen lassen.

HASENRÜCKEN MIT DER NADEL SPICKEN

(1) Die vorbereiteten Speckstreifen mit 3 bis 5 mm Stärke in die Spicknadel einlegen und festklemmen.

(2) Die Nadel quer durch das Rückenfilet stechen und die Speckstreifen einziehen.

EINWICKELN IN SCHWEINENETZ

Eine zweite Methode, die zarten Rückenfilets von Hase, Reh oder Hirsch vor dem Austrocknen zu schützen, ist das Auftragen einer Farceschicht. Dafür wird bei Wild in aller Regel eine Wildfarce verwendet, wie sie auf S. 133 beschrieben ist. Damit Fleisch und Farce gut zusammenhalten, wickelt man beides in ein Stück Schweinenetz. Es handelt sich dabei um die fetthaltige netzartige Gewebehaut des Bauchfells. Schweinenetz muss beim Fleischer grundsätzlich vorbestellt und vor Gebrauch noch etwa 1 Stunde kalt gewässert werden. Dann schneidet man es passend zurecht, legt das Gargut auf und schlägt dieses in das Schweinenetz ein, wobei die Ränder ein gutes Stück überlappen sollten, damit die Füllung nicht austreten kann. Das Fett brät in der Pfanne oder im Ofen vollständig aus, daher wird das Schweinenetz nach dem Braten nicht entfernt.

SPICKEN MIT UND OHNE NADEL

Auch zum Spicken wird roher oder geräucherter grüner Speck verwendet. Dafür schneidet man eine ½ bis 1 cm dicke Speckplatte in ½ bis 1 cm breite Streifen. Ungewürzt können diese mit Hilfe einer Spicknadel durch das Wildfleisch gezogen werden. Da dies jedoch die Faserstruktur verletzt und dadurch Fleischsaft austreten kann, wird das Spicken mit ungewürztem Speck heute weniger oft angewandt. Im Gegensatz dazu bringt jedoch das Spicken mit gewürztem Speck zusätzliches Aroma ins Fleisch. Bei dieser Methode werden die Speckstreifen erst in einer Würzmischung gewälzt und dann etwa 3 Stunden tiefgekühlt. Die harten, in der Länge passend zurechtgeschnittenen Streifen lassen sich leichter durch die Spicklöcher schieben. Wichtig dabei ist, dass die Speckstreifen nicht zu tief unter der Oberfläche eingezogen werden.

REHKEULE SPICKEN

(1) Zunächst 2 EL edelsüßes Paprikapulver mit 1 EL getrockneten Kräutern verrühren. Die Speckstreifen in einer Form mit der Würzmischung bestreuen und darin wälzen, bis sie gleichmäßig davon bedeckt sind.

(2) Die Speckstreifen mit etwas Abstand nebeneinander in eine Form oder auf Pergamentpapier legen und etwa 3 Stunden tiefkühlen.

(3) In das Bratenstück, hier eine Rehkeule mit Knochen, mit einem kleinen scharfen Messer ein Spickloch schneiden.

(4) Die tiefgekühlten Speckstreifen an der Messerklinge entlang in das Spickloch schieben, dabei mit dem Daumen nachdrücken.

(5) Die restliche Keule ebenfalls in gleichmäßigen Abständen spicken.

Reine Geschmackssache:
Beizen und Marinaden

Beide sind bei der heutigen Qualität von Wildfleisch nicht mehr nötig,
sondern sollen das Wildbret geschmacklich beeinflussen.

AUFGABE VON BEIZEN war es früher, den Hautgout (S. 120) von Wildbret, das zu lange gelagert
wurde, abzumildern oder zu überdecken. Und tatsächlich verändern Buttermilch-, Essig- oder Rot-
weinbeizen den Geschmack von Wildfleisch. Bei der
heutigen Qualität von Wildfleisch ist ein Überdecken des Aromas nicht mehr notwendig, im Gegen-
teil, der feine arttypische Eigengeschmack von
Hirsch, Reh oder Gämse ist meist erwünscht. Das
Einlegen von Wildfleisch in eine Beize ist daher reine Geschmackssache. Allerdings vermag die Säure
der Beize kleinere Fleischstücke etwas zarter zu machen, was etwa bei Fleisch etwas älterer Tiere ange-
bracht sein kann. Bei größeren Bratenstücken wie
Keule oder Rücken funktioniert dies jedoch nicht,
da die Beize auch nach Tagen nur 8 bis 12 mm tief
eindringt. Das Einlegen in eine würzige Marinade
auf Ölbasis empfiehlt sich für Medaillons oder Koteletts vor dem Braten oder Grillen.

ROTWEINBEIZE FÜR 1 KG WILDFLEISCH
· 90 g rote Zwiebelringe, 1 EL gehackte Petersilie
· je 100 g Möhren- und Knollenselleriewürfel

· 100 g Frühlingszwiebeln, in Stücke geschnitten
· 2 Knoblauchzehen, abgezogen und halbiert
· 1 unbehandelte Orange, mit der Schale
  in dünne Scheiben geschnitten
· ½ TL weiße Pfefferkörner, 4 Lorbeerblätter
· 2 cl Cognac, ½ l Rotwein

Das Wildfleisch in Würfel schneiden, in eine Form
legen und weiterarbeiten, wie unten gezeigt.

MEDITERRANE MARINADE
· 1 rote Chilischote, ohne Samen, in Ringen
· 1–2 Knoblauchzehen, abgezogen, in Scheiben
· 1 Schalotte (30 g), geschält und geviertelt
· Schale von ¼ unbehandelten Orange
· 4 Salbeiblätter, 1 Rosmarinzweig, zerzupft
· 3 Thymianzweige, zerzupft, 100 ml Olivenöl

Die Wildkoteletts – hier vom Wildschwein – oder
Medaillons mit sämtlichen Zutaten für die Marinade in eine Form geben und zugedeckt im Kühlschrank 2 bis 3 Stunden durchziehen lassen. Herausnehmen, abtropfen lassen und das Fleisch erst
kurz vor der Zubereitung salzen und pfeffern.

WILDGULASCH
in eine Rotweinbeize einlegen

(1) Die Zwiebelringe, die Petersilie, die Gemüsewürfel und die Frühlingszwiebeln zu dem Wildfleisch in die Form geben. Dann den Knoblauch
und die Orangenscheiben, den Pfeffer, die Lorbeerblätter sowie den Cognac zufügen und alles
gut vermengen.

(2) Den Rotwein angießen und die Form mit
einem Deckel oder mit Frischhaltefolie gut verschließen. Vor der Zubereitung die Fleischwürfel
mindestens 3 Stunden oder über Nacht im Kühlschrank gut durchziehen lassen.

Methoden zur Konservierung

Pökeln und das anschließende Trocknen oder Räuchern sind traditionelle Methoden der Haltbarmachung von Fleisch. Teilstücke von Reh, Hirsch oder Wildschwein werden dadurch zu feinen Wildschinken.

SALZEN IST EIN MUSS. Erst die vorhergegangene Pökelung schafft die Basis für die Haltbarkeit der verschiedenen Wildschinken. Pökelsalz entzieht dem Wildfleisch Wasser und hemmt zugleich das Wachstum von Bakterien. Außerdem ist es für die appetitlich rote Farbe der Wildschinken verantwortlich, sie würden sonst unattraktiv grau bleiben. Als Pökelsalz wird eine genau definierte Mischung von Kochsalz und Natriumnitrit im Verhältnis 99,6 zu 0,4 Prozent bezeichnet. Sie erhalten es bei Ihrem Fleischer oder im Fleischereifachhandel.

WILDSCHINKEN KALT RÄUCHERN

Für die Wildschinkenherstellung empfiehlt sich die Nasspökelung mit einer Lake aus 120 g Pökelsalz, 1 l Wasser, 1 gestrichenem TL Zucker und verschiedenen Gewürzen wie Wacholder, Koriander, Pfeffer, Zitrusschalen und Knoblauch. Das Wildfleisch darf hierfür höchstens 2 bis 3 Tage alt sein. Geeignet sind gut parierte Fleischstücke aus der Keule mit einem Gewicht von 1 bis 2 kg. Trockenpökelung ist ebenfalls möglich, in diesem Fall reiben Sie das Wildfleisch mit 50 g Pökelsalz pro kg Wildfleisch ein. Generell wird bei magerem Wild jedoch das Pökeln in Lake bevorzugt. Nach 10 bis 14 Tagen Pökelzeit, idealerweise bei 8 bis 10 °C, wird das Wildfleisch dann abgewaschen, 1 Tag getrocknet und in den Räucherschrank eingehängt. Dort wird es entweder täglich oder alle zwei Tage bei Temperaturen zwischen 15 und 30 °C kalt überräuchert. Nach ein bis vier Wochen ist der Schinken fertig.
Im Mittelmeerraum werden gepökelte Wildschinken auch an der Luft getrocknet, hierzulande werden dafür jedoch spezielle Klimakammern benötigt.

Wildschinken sind gefragte Spezialitäten: vorne rechts ein geräucherter Hirschschinken, links daneben ein geräucherter Rentierschinken, oben links ein geräucherter Elchschinken und oben rechts ein geräucherter Rehschinken.

WILDBRET PÖKELN UND HEISSRÄUCHERN

Bei heiß geräucherten Wildspezialitäten, unten beispielsweise 4 parierte Wildschweinfilets, steht weniger die Haltbarkeit als vielmehr der Geschmack im Vordergrund. Durch das Einlegen des Fleischs in eine würzige Pökellake, deren Konzentration deutlich geringer sein kann als beim Kalträuchern, und durch das anschließende Räuchern erhält das Wildbret ein ganz eigenes Aroma. Der Vorteil ist zudem, dass sich die Pökelzeit stark verkürzt und keine speziellen Räucherschränke notwendig sind. Das Heißräuchern gelingt bereits in einem Wok, nach Möglichkeit sollte dieser jedoch im Freien stehen.

FÜR DIE PÖKELLAKE

· 4 Lorbeerblätter, 2 Gewürznelken
· 10 Wacholderbeeren, 10 Pfefferkörner
· 3 Thymianzweige, 3 Petersilienstängel

· je 1 Stück dünn abgeschälte unbehandelte Orangen- und Zitronenschale
· 60 g Salz, 30 g Pökelsalz, 10 g Zucker

Die Wildschweinfilets parieren und 24 Stunden pökeln, wie in der Stepfolge links unten beschrieben.

FÜR DAS HEISSRÄUCHERN

· 4 EL Buchenräuchermehl
· 1 TL Wacholderbeeren
· je 1 Thymian- und 1 Rosmarinzweig
· 1 Stück unbehandelte Orangenschale

Das Räuchermehl sowie die Gewürze in den Wok füllen, wie rechts unten in Step 1 gezeigt. Überziehen Sie ein Gitter entsprechender Größe mit Alufolie und stechen Sie ein paar Löcher hinein. Das Gitter in den Wok einsetzen und die Wildschweinfilets räuchern, wie unten in Step 2 beschrieben.

WILDFLEISCH IN LAKE PÖKELN ...

(1) Alle Zutaten für die Pökellake herrichten. Das Salz zusammen mit dem Pökelsalz und dem Zucker in 1 l Wasser auflösen.

(2) Die Wildschweinfilets mit den Kräutern und den Gewürzen in eine Form geben, mit der Pökellake übergießen und 24 Stunden darin pökeln.

... UND RÄUCHERN

(1) Den Boden eines Woks mit Alufolie auskleiden und das Räuchermehl, die Wacholderbeeren, die Kräuterzweige und die Orangenschale darauf verteilen.

(2) Die Filets auf das vorbereitete Gitter legen, die Hitzequelle einschalten und in 15 bis 20 Minuten goldgelb räuchern.

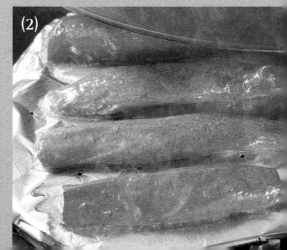

Gewürze, Kräuter und andere Geheimnisse der Wildküche

D ie Kunst der Wildzubereitung ist eigentlich ganz einfach – dank der heutigen Gewinnung und Vorbereitung von Wildfleisch für den Handel kann man es wie jedes andere Fleisch verarbeiten und zubereiten. Das lange Einlegen in Marinaden und Beizen ist nicht mehr notwendig. Nichtsdestotrotz passen Wein und Weinessig sowie die Aromen von Port oder Madeira, die in der klassischen Wildküche fest verankert sind, hervorragend zu Braten und dunklen Saucen. Sie sind robust und können bald nach dem Anbraten des Fleisches dazugegeben werden, sobald die Temperatur reduziert ist.

WANN SALZEN

Wie bei jedem anderen Fleisch, scheiden sich auch beim Wild die Geister, wann der ideale Zeitpunkt zum Salzen ist. Da das Salz dem Fleisch Wasser entzieht, sollte unmittelbar nach dem Salzen das Fleisch angebraten werden, vor allem wenn es sich um große Bratenstücke handelt. Kleinere Stücke oder Kurzgebratenes können auch erst nach dem Braten gesalzen werden, sie verlieren dann weniger Flüssigkeit und bleiben zarter.

Die riesigen Mengen an Gewürzen, die früher der Beize oder dem Wildfleisch beim Schmoren oder Braten beigegeben worden sind, sind heute ebenfalls nicht mehr nötig. Dienten sie früher dazu, den oft allzu strengen Wildgeschmack zu überdecken, sollen die Gewürze heute vielmehr den feinen Eigengeschmack der jeweiligen Wildart unterstreichen und hervorheben.

WILDFLEISCH PERFEKT WÜRZEN

In der klassischen Wildzubereitung dominieren von daher die intensiven Gewürze und Kräuter: Die aromatischen, leicht nach Tannennadeln schmeckenden bittersüßen Wacholderbeeren geben eine pikant herbe Würze und passen vorzüglich zu Braten und zum Aromatisieren von Beizen. Die Intensität des Aromas wird durch das Zerdrücken der Beeren noch erhöht. Lorbeerblätter mit ihrer herb-frischen Note müssen zur Entfaltung des Aromas relativ lange mitgaren und bereichern daher vorwiegend Schmorgerichte. Die brennenden, intensivwürzigen Gewürznelken wecken Assoziationen an Weihnachten, ähnlich wie der süß-scharfe, holzig-warme, intensive Ceylonzimt. In den asiatischen Küchen ist Zimt ein weit verbreitetes Gewürz für pikante Zubereitungen. Im Mittelalter und der frühen Neuzeit war es auch in unseren Breiten Usus, ihn in der Wildküche zu verwenden – ein Aroma, das im Zusammenhang mit Wild gerade wiederentdeckt wird. Piment, auch Nelkenpfeffer genannt, verleiht Wild eine duftende, leicht scharfe orientalische Note, die an Zimt, Nelken und Pfeffer erinnert. Muskatnuss erzeugt eine süß-bittere Geschmacksnuance, sie sollte jedoch erst kurz vor Ende der Zubereitung frisch dazu gerieben werden. Pfeffer ist ein Allround-Talent: Grün ist er mild-fruchtig, während schwarzer Pfeffer Wild den bekannten würzig-scharfen Geschmack verleiht. Sanfter gebärdet sich der weiße Pfeffer, der sich gut für Wildgeflügel und kleine zarte Fleischstücke eignet. Am besten entfaltet sich die Wirkung von Pfeffer, wenn man die Körner im Mörser zerstößt oder frisch mahlt. Paprikapulver sorgt für gehaltvolle Schärfe und hilft, wie Zimt auch, Saucen zu binden. Besonders das rauchige Aroma von spanischem Pimenton wird zur Zeit sehr geschätzt. Der intensive Duft von Rosmarin kommt in der italienischen und südfranzösischen Küche bei Kaninchen, Hase und Wildgeflügel oft zum Einsatz. Und Thymian erfreut sich mit seinen je nach Sorte zitronig-frischen bis herb-aromatischen intensiven Geschmacksnoten großer Beliebtheit bei sommerlichen Wildgerichten und gilt zudem als verdauungsfördernd. Wie Rosmarin und Liebstöckel verträgt auch Thymian hohe Temperaturen und kann bedenkenlos mitgegart werden. Mitgaren lässt sich auch Ysopkraut, das mit seinem leicht bitteren Aroma an Salbei oder Gartenraute erinnert. Majoran ist hitzeempfindlicher und sollte nicht über 50 °C erhitzt werden, sonst verändert sich sein Geschmack und er wird bitter. Zarte Kräuter wie Dill, Estragon, Petersilie, Kerbel oder Koriander vertragen keine Hitze und gehören daher immer erst kurz vor Schluss in den Topf oder, wie Basilikum und Schnittlauch, fein gehackt über das gebratene Fleisch gestreut. Wunderbar entfaltet sich das Aroma frischer Kräuter auch in Form von selbst hergestellter Kräuterbutter.

KOSMOPOLITISCH KREIEREN

Auch fruchtige Geschmacksnoten sind in der traditionellen wie modernen Wildküche sehr willkommen. Angenehme süß-saure Komponenten liefern frische, gedörrte oder eingemachte Früchte und Beeren wie Pflaumen, Kirschen, Aprikosen, Johannisbeeren, Heidelbeeren oder Preiselbeeren.
Entsprechend der Jagdsaison werden klassische Gerichte mit Herbstfrüchten oft mit Herbst und Winter assoziiert und tauchen auf den Speisekarten eher als schwere Kost auf. Das ist schade, hat Wildfleisch doch viel mehr Potenzial – und zwar im Hinblick auf alle vier Jahreszeiten. Es eignet sich hervorragend für die leichte, frische, aromatische

Sommerküche und ist dafür wegen seines niedrigen Fettgehalts geradezu prädestiniert! Leichte, schnelle Zubereitungen mit reizvollen, in der mitteleuropäischen Wildtradition ungewohnten Aromen findet man in vielen Ecken der Welt. So passt zum Beispiel die erfrischende, würzige Note von Zitro-

Wild nur traditionell als Herbstgericht zu servieren wäre schade. Mit mediterranen Kräutern oder asiatischen Aromen leicht serviert, hat es noch viel mehr Potenzial.

nengras bestens zu Wildgeflügel und zartem Reh. Mit Curry, Kardamom, Koriandersamen und Sternanis lassen sich Wildsaucen und Ragouts raffiniert verfeinern. Ingwer verleiht Wild einen frischen, leicht scharfen, asiatischen Touch. Südamerikanische Anklänge ruft die Verwendung von Kakao- und Kaffeebohnen, Chili, Sesam und Limettenschalen hervor. Ganz im Sinne der Fusion-Küche kann man Wildfleisch frei nach Gusto mit traditionellen oder mit exotischen und ausgefallenen Gewürzen, Kräutern und Früchten zubereiten. Und auch mit ungewöhnlichen Garmethoden lässt sich spielen, wie das Dämpfen im Heubett, auf heißen Steinen, im Fonduetopf oder unter der Salzkruste zeigen. Es muss also nicht immer bei Hirschpfeffer Jägerart und Rehrücken Hubertus bleiben.

Ingrid Schindler

Basis für Suppen und Saucen: ein kräftiger Wildfond

Seine intensive Farbe und das kräftige Aroma erhält dieser Fond durch das Rösten der Knochen im Ofen sowie durch das mehrmalige Reduzieren des Rotweins, mit dem sie immer wieder abgelöscht werden.

FÜR EINEN KRÄFTIGEN FOND sollten Sie die Wildknochen möglichst rasch verarbeiten. Es eignen sich dafür die Knochen und Fleischabschnitte aller Wildarten. Idealerweise stammen sie aber von jenem Tier, das später auch zubereitet wird. Die Knochen werden vor dem Kochen zunächst gründlich gereinigt, das heißt, sie müssen frei von allen Haar-, Feder- und Blutresten sein. Für einen dunklen Wildfond röstet man sie zunächst im Ofen goldbraun an. Nach einer Viertelstunde kommt dann

das gewürfelte Röstgemüse (Mirepoix) hinzu und wird mitgeröstet, bis es ebenfalls gebräunt ist. Anschließend nimmt man den Bräter aus dem Ofen und arbeitet auf dem Herd weiter, um den Röstvorgang genau beobachten zu können, denn das Tomatenmark darf nicht verbrennen. Wichtig für Geschmack und Farbe des Fonds ist zudem das mehrmalige Ablöschen mit Rotwein, wobei dieser dann vor dem nächsten Ablöschen jeweils fast vollständig eingekocht wird.

Die Zubereitung eines kräftigen Wildfonds ist recht zeitaufwändig, daher lohnt es sich, ihn gleich in größeren Mengen herzustellen.

RÖSLE

DUNKLER WILDFOND

- · 2 kg Wildknochen
- · 500 g Zwiebeln, 200 g Möhren
- · 100 g Knollensellerie, 80 ml Öl
- · 1 EL Tomatenmark (dreifach konzentriert)
- · ¾ l Rotwein
- · 8–10 weiße Pfefferkörner, 3 Pimentkörner
- · 2 Gewürznelken, 1 Lorbeerblatt
- · 6–8 Wacholderbeeren, 1 Thymianzweig
- · ½ Sternanis nach Belieben

1. Den Backofen auf 200 °C vorheizen. Die Wildknochen gründlich säubern. Hacken (Rückenknochen) oder sägen (Röhrenknochen) Sie die Knochen anschließend in kleine, etwa gleich große Stücke. Die Zwiebeln, Möhren sowie den Knollensellerie schälen und alles in kleine Würfel schneiden.

2. Geben Sie die Wildknochen zusammen mit dem Öl in einen Bräter. Die Knochen bei 180–200 °C im Ofen etwa 15 Minuten rösten. Anschließend weiterarbeiten, wie in der Bildfolge unten beschrieben.

DUNKLEN WILDFOND ZUBEREITEN

(1) Das gewürfelte Röstgemüse zufügen und etwa 10 Minuten mitrösten. Dann das Fett aus dem Bräter gießen.

(2) Den Bräter aus dem Ofen nehmen, auf den Herd stellen. Das Tomatenmark zufügen und unter Rühren trockenrösten.

(3) Alles mit ¼ l Rotwein ablöschen und diesen fast völlig einkochen lassen. Diesen Vorgang zweimal wiederholen.

(4) Die Knochen mit so viel kaltem Wasser auffüllen, bis sie vollständig bedeckt sind und den Bratsatz loskochen.

(5) Anschließend den Inhalt des Bräters in einen entsprechend großen Topf umfüllen und erneut zum Kochen bringen.

(6) Den aufsteigenden Schaum wiederholt vorsichtig mit einem Schaumlöffel oder einer Schöpfkelle abnehmen.

(7) Die Gewürze und Kräuter zufügen und den Fond noch etwa 1 Stunde bei schwacher Hitze köcheln lassen.

(8) Ein Spitzsieb mit einem Passiertuch auslegen und den Fond schöpflöffelweise langsam durchlaufen lassen.

(9) Den Wildfond anschließend nach Belieben bis zur gewünschten Konzentration einkochen lassen.

Geschmack pur : Jus und Glace

Geduld ist gefragt, wenn das Wildaroma in einer Jus oder Glace konzentriert werden soll. Da Sie beides gut aufbewahren können, lohnt die Herstellung einer größeren Menge.

Das nebenstehende Grundrezept für Wildjus ist für alle Wildarten geeignet. Da hier während der Zubereitung Wein und Likör noch hinzukommen, wird ein neutraler Grundfond benötigt, dessen Zubereitung auf S. 146 beschrieben ist. Eine geschmacksintensive Jus wird häufig benötigt, etwa zum Aromatisieren von Farcen. In Farbe und Aroma noch intensiver ist die Glace, die durch das Mitkochen von Kalbsfüßen beim Erkalten geliert.

Die Wildglace (rechts) ist noch konzentrierter als die Jus (links) und wird zum Überziehen von Fleisch und Aromatisieren von Saucen benötigt.

WILDJUS

· 300 g Fleischabschnitte (Parüren) der jeweiligen Wildart, etwa Hirsch, Reh oder Fasan
· 100 g Möhren, 2 Schalotten (60 g)
· 100 g Staudensellerie, 1 Stange Frühlingslauch
· 1–2 EL Olivenöl
· ½ Apfel, geschält und klein gewürfelt
· 50 g Räucherspeck, fein gewürfelt
· abgeriebene Schale von je ½ unbehandelten Orange und Zitrone
· 1–2 Knoblauchzehen, abgezogen und halbiert
· 2 Thymianzweige, 1 Rosmarinzweig
· 5 Wacholderbeeren
· 10 schwarze Pfefferkörner
· 1 EL Tomatenmark, 100 ml Rotwein
· 2 cl Orangenlikör, etwa Grand Marnier
· etwa ¾ l Wildfond (S. 146), Meersalz

1. Die Fleischabschnitte in kleine Stücke schneiden. Die Möhren und Schalotten schälen und beides klein würfeln. Den Staudensellerie und Frühlingslauch putzen und in dünne Scheiben schneiden. Erhitzen Sie das Olivenöl in einem Topf und braten Sie die Parüren darin ringsum braun an. Dann das vorbereitete Gemüse, die Apfel- und Speckwürfel, die abgeriebene Zitrusschale, Knoblauch sowie die Kräuter und Gewürze zufügen und kurz mitbraten.

2. Das Tomatenmark unterrühren, mit Rotwein und Orangenlikör ablöschen und die Flüssigkeit fast vollständig einkochen lassen. Anschließend alles mit dem Wildfond auffüllen, zum Kochen bringen, die Hitze reduzieren und den Fond bei schwacher Hitze etwa 1 Stunde köcheln lassen.

3. Gießen Sie den Topfinhalt durch ein mit einem Tuch ausgelegtes Sieb in einen zweiten Topf. Den Fond unter ständigem Abschöpfen des Fetts etwa auf die Hälfte reduzieren und mit Salz abschmecken. Die Jus entweder heiß in Gläser füllen, so hält sie im Kühlschrank 3 bis 4 Tage oder in Portionsbehälter füllen und tiefkühlen.

WILDGLACE

- 1 ½ kg Wildknochen
- 1 kg Kalbsknochen, 2 EL Öl
- 2 Kalbsfüße, je 600 g, in Scheiben gesägt (beim Fleischer vorbestellen)
- 450 g Zwiebeln
- 300 g Möhren
- 150 g Knollensellerie
- 1 angedrückte Knoblauchzehe
- 12–15 weiße Pfefferkörner
- 2 Gewürznelken
- 1 Lorbeerblatt

1. Hacken oder sägen Sie die Wild- und Kalbsknochen in kleine, etwa gleich große Stücke. Die Knochen mit dem Öl in einen Bräter füllen und die Kalbsfußscheiben zufügen. Alles bei 200 °C im vorgeheizten Ofen etwa 20 Minuten goldbraun anrösten, dabei öfter wenden.

2. Schälen Sie die Zwiebeln, die Möhren und den Knollensellerie. Das Röstgemüse in Würfel schneiden und weiterarbeiten, wie in Step 1 bis 4 der Bildfolge unten gezeigt.

3. Die Temperatur reduzieren. Lassen Sie den Wildfond bei schwacher Hitze 2 bis 3 Stunden offen köcheln. Anschließend ein Spitzsieb mit einem Tuch auslegen und den Fond in einen Topf passieren, wie in Step 5 gezeigt.

4. Kochen Sie den Wildfond weiter ein, wie unten in Step 6 beschrieben. Die dunkle und höchst aromatische Glace anschließend in kleine, heiß ausgespülte Gläser füllen, diese fest verschließen und die Wildglace abkühlen lassen. Oder die Wildglace in kleine Portionsbehälter füllen, abkühlen lassen und tiefkühlen. So haben Sie immer einen idealen Geschmacksverstärker für Wildterrinen und -pasteten, aber auch für Wildsaucen und -suppen parat.

WILDGLACE HERSTELLEN

(1) Den Bräter aus dem Ofen nehmen und Zwiebel-, Möhren- und Selleriewürfel zufügen. Alles wieder in den Ofen stellen und rösten, bis die Knochen dunkelbraun sind.

(2) Den Bräter wieder aus dem Ofen nehmen und die Knochen-Gemüse-Mischung mit kaltem Wasser ablöschen.

(3) Den Bratsatz mit einem Bratenwender lösen und den Inhalt des Bräters in einen Topf umfüllen.

(4) Alles mit kaltem Wasser bedecken, aufkochen, wiederholt abschäumen, dann Knoblauch und Gewürze zufügen.

(5) Den Wildfond mit den Knochen schöpflöffelweise in das Sieb gießen und langsam durchlaufen lassen.

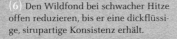

(6) Den Wildfond bei schwacher Hitze offen reduzieren, bis er eine dickflüssige, sirupartige Konsistenz erhält.

Neutraler Wildfond als Basis für eine feine Wild-Consommé

Dieser Grundfond enthält weder Wein noch andere Spirituosen und ist ideal als Basis für Saucen und Consommés, die weiter verfeinert werden.

NEUTRALER WILDFOND OHNE ALKOHOL

· 2 kg Wildknochen, 2 EL Öl
· 1 Lorbeerblatt, 2 Gewürznelken
· 10–12 weiße Pfefferkörner
· 6 Wacholderbeeren, 1 Thymianzweig
· 80 g Möhre, 80 g Petersilienwurzel
· 80 g Lauch, geputzt
· 1 Knoblauchzehe, abgezogen

1. Die Wildknochen waschen, abtropfen lassen und zerkleinern. Vermischen Sie die Knochen in einem Bräter mit dem Öl. Die Wildknochen bei 180 °C im vorgeheizten Ofen in etwa 30 Minuten goldbraun rösten, dabei immer wieder wenden.

2. Die Knochen in ein Sieb schütten, abtropfen lassen und in einen Topf umfüllen, dann mit 4 l kaltem Wasser bedecken. Alles zum Kochen bringen und den sich bildenden Schaum wiederholt abschöpfen.

3. Anschließend Gewürze und Kräuter zufügen. Die Möhre sowie die Petersilienwurzel schälen und beides mit dem Lauch in grobe Stücke schneiden, dann das Gemüse mit dem Knoblauch in den Fond geben. Lassen Sie den Wildfond 1 ½ bis 2 Stunden bei schwacher Hitze köcheln.

4. Den Fond durch ein mit einem Tuch ausgelegtes Sieb passieren und anschließend entfetten. Dafür entweder ein in Topfgröße zurechtgeschnittenes Küchenpapier über die Oberfläche ziehen oder den Wildfond erkalten lassen und die auf der Oberfläche erstarrte Fettschicht mit einem Löffel abheben. Die angegebene Menge ergibt etwa 3 l Fond.

Der neutrale Wildfond (links) wird zur feinen Wild-Consommé (rechts) geklärt. Heiß in saubere Gläser gefüllt, lassen sie sich gut aufbewahren.

WILD-CONSOMMÉ

- · 400 g Wildfleisch von der Haxe, in Scheiben
- · 150 g Möhren, 80 g Petersilienwurzel
- · 100 g Lauch, geputzt, 2 Thymianzweige
- · 5 Wacholderbeeren, 1 Gewürznelke
- · 8–10 angedrückte Pfefferkörner
- · 1 angedrückte Knoblauchzehe, Salz
- · 5 Eiweiße, 1 Spritzer Aceto balsamico
- · 2 gebräunte Zwiebelhälften
- · 5 zerstoßene Eiswürfel
- · 3 l neutraler Wildfond (S. 146)

1. Das Wildfleisch und das Gemüse zum Klären vorbereiten, wie in Step 1 und 2 beschrieben, anschließend weiterverfahren, wie in Step 3 und 4 gezeigt.

2. Füllen Sie die Klärmischung in einen entsprechend großen Topf um. Die gebräunten Zwiebeln sowie das zerstoßene Eis untermischen und weiterarbeiten, wie in Step 5 bis 7 gezeigt.

3. Lassen Sie die Mischung 30 bis 40 Minuten bei schwacher Hitze köcheln. Dann passieren, wie unten in Step 8 gezeigt. Diese Menge ergibt etwa 2 l Wild-Consommé für feine Suppen oder Sülzen.

WILDFOND ZUR CONSOMMÉ KLÄREN

(1) Alle benötigten Zutaten herrichten: Das Haxenfleisch von den Knochen lösen und grob würfeln. Die Möhren und die Petersilienwurzel schälen und grob zerkleinern. Den Lauch sorgfältig putzen und in feine Ringe schneiden.

(2) Das Wildfleisch mit den Möhren- und Petersilienwurzelwürfeln durch die grobe Scheibe des Fleischwolfs drehen.

(3) Den fein geschnittenen Lauch und die Gewürze unter die Fleisch-Gemüse-Mischung rühren.

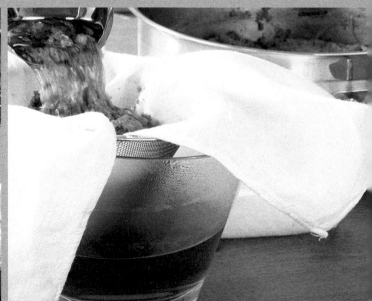

(4) Die Eiweiße und den Aceto balsamico unterrühren und die Klärmischung gut vermengen.

(5) Die Klärmischung mit dem neutralen Wildfond auffüllen und alles zum Kochen bringen.

(6) Dabei ständig mit einem Bratenwender am Topfboden entlangfahren, damit das Eiweiß nicht ansetzt.

(7) Sobald die Eiweißschicht auf der Oberfläche – der so genannte Fleischkuchen – aufbricht, nicht mehr rühren.

(8) Die Mischung durch ein mit einem Tuch ausgelegtes Sieb passieren, dabei den Rückstand im Sieb nicht ausdrücken. Die Consommé abkühlen lassen, entfetten und je nach Rezept weiterverwenden.

Wildgeflügel- und Waldpilzfond

Ein Fond mit dem Aroma von Wildgeflügel ist überaus vielseitig:
Er kann als Grundfond für Saucen, aber auch zum Auffüllen von
Suppen verwendet werden. Der Pilzfond verfeinert kräftige Saucen.

(1) Die Wildgeflügelkarkassen mit einem Küchenbeil in kleine Stücke hacken und alle sichtbaren Fettablagerungen von den Fleischabschnitten entfernen.

WILDGEFLÜGELFOND ZUBEREITEN

(2) Die Karkassen portionsweise mit dem Schaumlöffel zufügen und 2 bis 3 Minuten blanchieren.

(3) Die Wildgeflügelkarkassen in ein Sieb geben und kurz abtropfen lassen.

(4) Die Karkassen gründlich abbrausen, um anhaftende Trübstoffe (Eiweiß) zu entfernen.

(5) Die gesäuberten Knochen mit kaltem Wasser auffüllen, bis sie vollständig bedeckt sind.

(6) Alles zum Kochen bringen, dabei den entstehenden Schaum wiederholt abschöpfen.

(7) Das Bouqut garni, die Gewürze und die gebräunte Zwiebel zufügen.

Wildgeflügelfond (links) oder Waldpilzfond (rechts) verleihen Suppen und Saucen ein kräftiges Aroma. Beide lassen sich – wie alle Fonds – sehr gut auf Vorrat herstellen und tiefkühlen.

Für den Wildgeflügelfond können Sie die Karkassen einer Tierart, zum Beispiel ausschließlich Wildente oder Fasan, verwenden. Wenn Sie jedoch gerade verschiedenes Wildgeflügel zu verarbeiten haben, geben Sie die Karkassen zusammen in den Topf. Sie werden vor dem eigentlichen Kochen blanchiert, um sie von Schmutz zu befreien. Dabei werden zugleich die anhaftenden Trübstoffe mit entfernt und der Fond bleibt klarer. Für den Waldpilzfond eignen sich viele Pilzarten, ausgenommen die sehr dunklen Herbsttrompeten, sie würden den Fond dunkel verfärben. Statt der ganzen Pilze können Sie – bei entsprechender Menge – auch nur Abschnitte verwenden.

WILDGEFLÜGELFOND

- · 2 kg Wildgeflügelkarkassen
  (Knochen und Fleischabschnitte)
- · 1 Bouquet garni aus 100 g Möhren,
  60 g Staudensellerie und 60 g Lauch
- · 1 Lorbeerblatt
- · 3 Pimentkörner
- · 10–12 Pfefferkörner
- · ½ gebräunte Zwiebel

1. Die Wildgeflügelkarkassen kalt abspülen und abtropfen lassen, dann weiterarbeiten, wie links in Step 1 gezeigt. In einem großen Topf Wasser zum Kochen bringen und die Karkassen säubern, wie in Step 2 bis 4 gezeigt.

2. Spülen Sie den Topf mit Wasser aus und geben Sie die Wildgeflügelkarkassen wieder hinein. Für das Bouquet garni die Möhren schälen und halbieren, Staudensellerie und Lauch putzen. Binden Sie beides zusammen mit den Möhren sowie dem Lorbeerblatt zu einem Bouquet garni. Anschließend weiterarbeiten, wie in Step 5 bis 7 beschrieben.

3. Den Fond bei schwacher Hitze etwa 1 ½ Stunden köcheln lassen. Gießen Sie den Fond anschließend durch ein mit einem Tuch ausgelegtes Sieb. Den Wildgeflügelfond mit Küchenpapier entfetten und je nach Rezept weiterverarbeiten oder tiefkühlen.

WALDPILZFOND

- · 1 Schalotte (30 g)
- · 2 Champignons (50 g)
- · 200–250 g Waldpilze (Steinpilze, Pfifferlinge
  oder Maronenröhrlinge), geputzt
- · 1 EL Olivenöl, 1 EL Butter
- · 1 EL Weißwein
- · grobes Meersalz
- · frisch gemahlener weißer Pfeffer
- · je 3 Petersilien- und Kerbelstängel
- · ½ l Wildgeflügelfond oder Geflügelfond

1. Die Schalotte sowie die Champignons schälen und beides wie die geputzten Waldpilze in dünne Scheiben schneiden. Erhitzen Sie in einer Kasserolle das Öl und die Butter und dünsten Sie Schalotte und Champignons darin kurz an. Die Waldpilze zufügen und noch 4 bis 5 Minuten mitdünsten.

2. Die Pilze mit dem Weißwein ablöschen und mit Meersalz und Pfeffer würzen, dann die Kräuterstängel zufügen. Füllen Sie die Pilze mit dem Wildgeflügel- oder auch mit Geflügelfond auf. Alles zum Kochen bringen und den Waldpilzfond etwa 20 Minuten bei mittlerer Hitze köcheln lassen.

3. Den Waldpilzfond anschließend durch ein feines Sieb passieren und abschmecken.

REZEPTE

REZEPTE

Wild genießen

Kalte Wildküche
und Vorspeisen

Exquisit oder einfach: köstliche Terrinen, Pasteten
und Galantinen sowie feine Salate mit Wild.

Auch kalt ist Wild ein Hochgenuss

*Nicht umsonst haben die Klassiker der kalten Wildküche wie Reh-
oder Hasenrückenfilets, umhüllt von einer feinen Farce und im Speck-
oder Teigmantel gegart, große kulinarische Berühmtheit erlangt.*

DAS KRÄFTIGE AROMA von Hirsch, Reh oder Hase kommt auch in Vorspeisen gut zur Geltung, so hat beispielsweise ein saftig gebratener und gekonnt tranchierter Rehrücken seit jeher einen festen Platz bei großen kalten Büfetts. Der Vorteil hierbei: Der Rehrücken oder auch ein anderes Teilstück von Hirsch, Gämse oder Wildschwein lassen sich wunderbar im Voraus zubereiten und müssen dann nur noch aufgeschnitten werden. Übrige oder kleinere Fleischstücke, die kein eigenständiges Gericht mehr ergeben, können sehr gut zu einer Farce für Pasteten und Terrinen verarbeitet werden. Weil Wildfleisch meist sehr mager ist, wird oft noch ein Teil Schweinefleisch sowie ein Teil grüner Speck mit durch den Fleischwolf gedreht.

TERRINEN, PASTETEN, GALANTINEN

Die Herstellung von Wildterrinen oder -pasteten ist zwar nicht schwierig, erfordert allerdings schon ein wenig Geduld und Fingerspitzengefühl. Das fängt bei der Herstellung der Farce für die Füllung an: Wichtig dabei ist, dass alle Zutaten gut vorgekühlt sind und dass möglichst schnell gearbeitet wird. Bei zu viel Wärme würde das Eiweiß gerinnen und seine Bindefähigkeit verlieren. Daher sollte eine Farce auch nach ihrer Herstellung sofort wieder gekühlt werden. Weiter geht es dann mit der Einlage: Zarte Rückenfilets in Kombination mit buntem Gemüse, gewürfelter Pökelzunge, Pilzen und Pistazien oder anderen Nüssen setzen optische Akzente. Zum Garen einer Terrine oder Pastete wird dann noch eine entsprechend große Form benötigt, am besten mit Deckel. Anders dagegen bei einer Galantine von Wildgeflügel – hier umschließt weder eine Form noch Teig die Füllung, sondern eine Hülle aus Fleisch und Haut. Das kann beispielsweise ein hohl ausgelöster ganzer Fasan sein oder auch nur Fasanenfleisch, das dann mitsamt der Füllung aufgerollt wird, daher nennt man Galantinen auch Rollpasteten. Verwandt ist die kleinere Ballo-

tine, wie die gefüllten Keulen von Geflügel und Wildgeflügel in der Küchenfachsprache heißen, es kann jedoch auch einfach eine sehr kleine Rollpastete sein.

MOUSSE UND SÜLZE

Die Basis der klassischen Wild- oder Wildgeflügelmousse ist häufig ein gehaltvoller, würzig abgeschmeckter Fond, der mit Sahne cremig eingekocht und eventuell mit Geflügelleber verfeinert wird. Ihre Festigkeit erhält die aufgeschäumte Masse durch Zugabe von Gelatine und geschlagener Sahne. Eine Mousse kann jedoch auch – wie im folgenden Kapitel – aus püriertem Wild- oder Wildgeflügelfleisch hergestellt werden. Allerdings muss dieses dann zuvor durchgegart worden sein, da für die Zubereitung einer Mousse keine große Hitze benötigt wird. Auch dafür lässt sich also kaltes Wildfleisch bestens verwenden – Sie können die Reste eines gebratenen Reh- oder Hirschrückens aber auch zusammen mit bunten Garnituren für eine Sülze in Gelee gießen.

DELIKATE SALATE

Blattsalate und Wild, etwa Hasenrückenfilets oder auch die kleinen Filets vom Reh, ergeben – kalt oder lauwarm serviert – immer wieder neue, raffinierte Kombinationen. Vor allem fruchtige Noten vermögen hierbei Akzente zu setzen: So harmonieren etwa die Aromen von Beeren oder Orangen ausgezeichnet mit Reh- oder Damwild. Auf den folgenden Seiten finden Sie viele Anregungen für einen gelungenen Auftakt eines großen Wildmenüs. Die exquisiten Entrées aber nur zu diesem Anlass zu servieren, wäre schade, denn Wildfleisch lädt zum Kochen, Experimentieren und Genießen ein und eignet sich sowohl für Festmenüs als auch für die leichte Sommerküche.

Carpaccio vom Wild?

Wildfleisch von Reh oder Hirsch roh zu verzehren, ist im Interesse der eigenen Gesundheit wenig ratsam. Nur wer ganz sicher sein kann, qualitativ hochwertiges und hygienisch einwandfreies Wildfleisch vor sich zu haben, sollte daraus Carpaccio schneiden.

Feine Wildterrine
mit Rehfilet, schwarzen
Nüssen und Pistazien

S. 42
WARENKUNDE Rehrücken
◆
S. 133
KÜCHENPRAXIS Farce herstellen

ZUBEREITUNGSZEIT 2 Std. 30 Min.
ZEIT FÜR DIE PREISELBEEREN 1–2 Tage
FÜR 8–10 PORTIONEN

FÜR DIE PREISELBEEREN
· 500 g Preiselbeeren, 350 g Gelierzucker (2:1)

FÜR DIE TERRINE
· 350 g Rehrückenfilet, pariert
· 20 g Pökelsalz, frisch gemahlener Pfeffer
· 1 EL Butter, 400 g Rehschulter
· 400 g fetter roher Schweinebauch
· 3–6 engelegte schwarze Nüsse (90 g), gewürfelt (S. 303)
· 2 EL gehackte Pistazien (30 g)
· 1 TL fein gemixte Wacholderbeeren
· 60 ml roter Portwein, 200 g Sahne

AUSSERDEM
· 1 Terrinenform mit 1 ½ l Inhalt und Deckel
· 300 g grüner Speck (Schweinerückenspeck),
  in Scheiben geschnitten für die Terrinenform
· nach Belieben 100 g flüssiges Schweineschmalz
· nach Belieben 1 Rosmarinzweig, Thymianzweige,
  Lorbeerblätter, glatte Petersilie, Wacholderbeeren und rosa Beeren (roter Pfeffer) für die Garnitur

1. Die Preiselbeeren waschen, verlesen, 30 Sekunden blanchieren
und abtropfen lassen. Rühren Sie die Beeren mit dem Zucker
etwa 1 Stunde in der Rührmaschine auf kleinster Stufe. Die Preiselbeeren in Gläser füllen und 1 bis 2 Tage durchziehen lassen.

2. Das Rehrückenfilet mit etwas Pökelsalz und Pfeffer würzen.
Braten Sie das Filet ringsum in Butter an. Vom Herd nehmen und
das Rückenfilet bei 180 °C im vorgeheizten Ofen in 8 bis 10 Minuten rosa braten, dann herausnehmen und abkühlen lassen.

3. Die Rehschulter und den Schweinebauch grob würfeln. Drehen Sie beides durch die feine Scheibe des Fleischwolfs. Die
schwarzen Nüsse, Pistazien, Wacholderbeeren, das übrige Pökelsalz, Portwein und die Sahne hinzufügen. Alles sorgfältig vermengen und die Masse abschmecken.

4. Die Terrinenform mit Speck auslegen und füllen, wie in der
Stepfolge rechts gezeigt. Stellen Sie die Form in eine zu zwei Drit-
teln mit warmem Wasser gefüllte Fettpfanne und garen Sie die
Wildterrine bei 85 °C etwa 1 ½ Stunden im Wasserbad.

5. Die Terrine aus dem Ofen nehmen und erkalten lassen. Sie
können die Terrine entweder aus der Form stürzen oder in der
Form lassen und die Oberfläche mit Schmalz ausgießen und mit
Kräutern und Gewürzen garnieren. Zum Servieren die Terrine in
Scheiben schneiden und mit 1 Löffel Preiselbeeren anrichten.

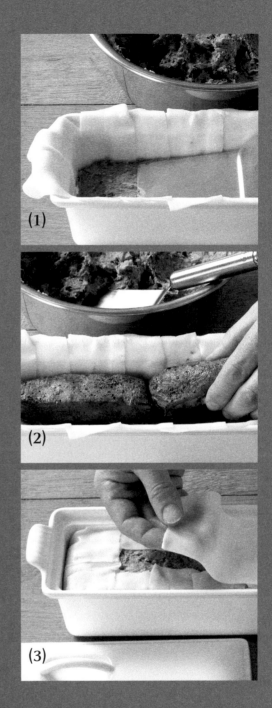

(1)

(2)

(3)

TERRINENFORM
mit Speck auslegen und füllen

(1) Die Terrinenform leicht überlappend mit grünem Speck
auslegen, sodass die Enden der Speckscheiben etwas über
den Rand der Form hängen. Anschließend die Form zur Hälfte mit der Masse füllen.

(2) Die gebratenen Rehrückenfilets einlegen, mit der restlichen Masse bedecken und diese glatt streichen.

(3) Den überhängenden Speck über der Masse zusammenklappen, eventuell noch eine Speckscheibe in die Mitte legen
und die Terrinenform mit dem Deckel verschließen.

Wildschweinwurst im Glas

ZUBEREITUNGSZEIT 2 Std.
ZEIT ZUM MARINIEREN 24 Std.

FÜR DIE WILDSCHWEINWURST
- · 50 g grüner Speck, 50 g Räucherspeck
- · 50 g Geflügelleber
- · 200 g Wildschweinschulter
- · 20 g Pökelsalz, 1 Lorbeerblatt
- · je 1 Thymian- und Rosmarinzweig
- · 6 Wacholderbeeren, 10 Pfefferkörner
- · 1 angedrückte Knoblauchzehe
- · 3/4 Maske eines Spanferkelkopfes
  (beim Fleischer vorbestellen)
- · Salz, 1 Bouquet garni aus 1 Möhre,
  1 Stängel Staudensellerie, ½ Stange
  Lauch, 5 Petersilienstängel
- · ½ Apfel (100 g), 1 weiße Zwiebel
- · 2 EL Öl, 1 EL gehackter Rosmarin, Pfeffer

AUSSERDEM
- · 4–5 Bügelverschlussgläser, je ⅛ l Inhalt

S. 59
WARENKUNDE Wildschweinschulter

S. 133
KÜCHENPRAXIS Farce herstellen

1. Schneiden Sie den grünen und den durchwachsenen Räucherspeck, die Geflügelleber und die Wildschweinschulter in Würfel. Alles mit dem Pökelsalz, den Kräutern, Gewürzen sowie dem Knoblauch in eine Form geben und zugedeckt 24 Stunden im Kühlschrank durchziehen lassen.

2. Kochen Sie den Spanferkelkopf in etwa 1 l Wasser mit 20 g Salz und dem Bouquet garni in etwa 1 Stunde weich. Den Spanferkelkopf herausnehmen, etwas abkühlen lassen und würfeln. Den Sud durch ein Sieb passieren.

3. Den Apfel schälen, vom Kerngehäuse befreien und in feine Scheiben schneiden. Die Zwiebel schälen und in dünne Ringe schneiden. Entfernen Sie Kräuter und Gewürze von dem marinierten Fleisch, der Leber sowie dem Speck. Anschließend die Fleisch-, Leber- und Speckwürfel nacheinander in Öl kräftig anbraten, dann herausnehmen. Die Zwiebelringe und Apfelscheiben ebenfalls kurz anschwitzen und beides mit dem Spanferkelkopf zu der restlichen Masse geben.

4. Drehen Sie alles zusammen durch die feine Scheibe des Fleischwolfs. Anschließend etwas Kochsud unterrühren, bis eine homogene Masse entsteht. Die Wurstmasse mit Rosmarin, Salz und Pfeffer abschmecken, in vorbereitete Gläser füllen und diese verschließen. Die Wildschweinwurst bei 120 °C im vorgeheizten Ofen im Wasserbad 35 bis 40 Minuten garen.

Auf Schwarzbrot

Die Wildschweinwurst im Glas hält gekühlt 3 bis 4 Monate. Besonders gut schmeckt sie auf geröstetem, mit einer halben Knoblauchzehe eingeriebenem Schwarzbrot.

Die Kunst der Pastetenbäcker

Der praktische Aspekt – Beilage und Fleischfüllung in einem und gut aus der Hand zu essen – ermöglichte sehr früh den kulinarischen Siegeszug der Pasteten: Schon in der Antike wurden sie als Snack während Theateraufführungen verkauft – je langweiliger die Szene, desto mehr Umsatz, überlieferte Aristoteles. Mit Fleisch oder Fisch gefüllte Teigtaschen haben zu allen Zeiten den Hunger aller Schichten gestillt. Nicht nur die an sich einfache Form der Zubereitung trug zur Beliebtheit der Pasteten bei. Geschickte Köche konnten sich mit den Teigkreationen über die Gesetze der Schwerkraft hinwegsetzen und Speisen in jede erdenkliche Form bringen – der Pastetenteig erlaubte wahre Höhenflüge der Fantasie und Foodarchitektur. Mit einfachen Tiernachbildungen, essbaren Palästen bis hin zu ganzen Landschaften und lebensgroßen Szenarien waren nicht nur spezialisierte Pastetenbäcker ausgelastet, sondern auch notwendiges Hilfspersonal wie Bildhauer, Architekten, Blechschmiede und Träger, die die Kunstwerke auf die Tafeln wuchteten. Für die Auftraggeber war es eine Frage der Ehre, sich beim Bankett mit solchen Kreationen gegenseitig zu übertrumpfen. So mancher Höfling verdankte einem besonders imposanten Pastetenwerk seinen Aufstieg. Von der Antike bis ins Mittelalter steigerte sich diese Vermögen verzehrende Protz- und Prunkkulinarik immer mehr, bis sie schließlich manch mächtigen Mann ruinierte. Einer der Vorzüge der Wunderspeise besteht in ihrer Hülle: Das »Verstecken« von Fleisch unter dem Pastetenteig ermöglichte seinen Genuss auch in Fastenzeiten, wenn einem der Sinn einmal nicht nach Verzicht stand. Der großzügige Einsatz intensiver Gewürze trug das seine zur Tarnung bei. Überdies ließ sich auf diese Weise minderwertigeres, zähes, zu kurz gereiftes Fleisch verwerten und schlechter Geruch überdecken, sodass der

Ahnungslose nicht realisierte, was er aß. Durch den Fleischwolf gedreht, allenfalls mit kleinen Fleischstücken versetzt und entsprechend gewürzt, konnten dabei so manche Jagdsünden kaschiert werden, wenn die Fleischqualität durch Hetzjagden Schaden genommen hatte. Das Abschmecken der Farce mit oft mehr als 15 verschiedenen Gewürzen diente nicht nur der olfaktorischen Täuschung, sondern zeugte zu Beginn der Neuzeit vom Reichtum der Gastgeber, sich teure exotische Gewürze in großer Menge leisten zu können. Zudem trugen Pfeffer, Zimt und Muskatblüte zur längeren Haltbarkeit bei. Während man früher alles verwendete, was man an Gewürzen vorrätig hatte, werden heute für Wildpasteten spezielle Gewürze wie Pfeffer, Paprika, Majoran, Thymian, Basilikum, Muskatnuss und -blüte, Lorbeer, Nelken und Wacholderbeeren bevorzugt. Pilzeinlagen wie Morcheln oder Trüffeln bringen zusätzliche Aromen ins Spiel. Große Jagdbankette boten einst auch eine Gelegenheit, die »Schwester« der Pastete, die Galantine, zur Hochform zu entwickeln: Nicht Teig umhüllt bei diesem klassischen Entrée der gehobenen Küche die Farce, sondern Haut und Muskeln eines aufwändig entbeinten Tieres. Die knochenlose Hülle wird gefüllt und wieder in die alte Form gebracht. Im Gegensatz zur Pastete wird die Galantine jedoch nicht gebacken, sondern im Wasserbad gegart. Etwas einfacher in der Herstellung ist die Galantine, wenn die Farce nicht in das ganze Tier, sondern in eine Hülle aus Haut und Fleisch gepackt wird. Eine einfachere Variante der Pastete ist der angelsächsische Pie, bei dem man den Fleischteig in eine Backform füllt und nur noch mit einem Teigdeckel verschließt. Die Terrine schließlich wird – wie die in Förmchen pochierte Timbale – ganz ohne Teig und Hülle im Wasserbad gegart.

Ingrid Schindler

Wildpastete mit Hasenrückenfilets

ZUBEREITUNGSZEIT 2 Std. 15 Min.
ZEIT ZUM RUHEN 3–4 Std.
FÜR 10–12 PORTIONEN

FÜR DEN PASTETENTEIG
· 250 g weiche Butter, 2 Eigelbe
· 1 TL Salz, 500 g Mehl

FÜR DIE FARCE
· 2 Äpfel (250 g), 1 Zwiebel (80 g), 1 EL Butter
· 450 g Hasenfleisch aus der Keule, gewürfelt
· 200 g Schweineschulter, gewürfelt
· 250 g grüner Speck (Rückenspeck), gewürfelt
· 150 g Geflügelleber, gewürfelt
· Salz, frisch gemahlener Pfeffer
· 1 TL gehackter frischer Majoran oder
  getrockneter Majoran
· 1 EL gehackter Rosmarin und Thymian
· 1 Prise Nelkenpulver, 2 cl Cognac
· 400 g Sahne, gekühlt, 50 ml Wildjus (S. 144)

FÜR DIE EINLAGE
· 50 g Pistazienkerne, gehackt
· 100 g Champignons, geputzt, gewürfelt
  und kurz in Butter angeschwitzt
· 100 g gepökelte und gekochte Rinder- oder
  Kalbszunge, in Würfel geschnitten
· 2 Hasenrückenfilets, Salz, Pfeffer
· 1 TL Butter, 2 große Scheiben grüner Speck

AUSSERDEM
· 1 Pastetenform von 1 ½ l Inhalt
· 1 TL Butter für die Form
· 200 g grüner Speck, in Scheiben geschnitten
· 1 Eigelb, mit 1 EL Wasser verquirlt
· 100 ml Birnensaft, Salz, Pfeffer
· 3 Blatt weiße Gelatine, kalt eingeweicht

1. Für den Teig die Butter mit den Eigelben, 100 ml Wasser, Salz und Mehl vermischen. Verkneten Sie alles zu einem festen Teig und lassen Sie ihn 3 bis 4 Stunden kühl ruhen.

2. In der Zwischenzeit für die Farce die Äpfel schälen, vom Kerngehäuse befreien und klein würfeln. Die Zwiebel schälen und ebenfalls in kleine Würfel schneiden. Dünsten Sie die Apfel- und Zwiebelwürfel in der Butter hell an. Die Mischung anschließend auskühlen lassen. Drehen Sie das Hasen- und das Schweinefleisch zusammen mit dem grünen Speck und der Leber durch die feine Scheibe des Fleischwolfs. Die Masse anschließend kalt stellen.

3. Die Apfel-Zwiebel-Mischung unter die Fleischmasse rühren und diese mit Salz, Pfeffer, Kräutern und Nelkenpulver würzen. Rühren Sie dann den Cognac, die Sahne und die Wildjus unter. Achten Sie darauf, dass alle Komponenten sehr kalt sind, sonst gerinnt die Masse. Alles im Mixer rasch zu einer geschmeidigen Farce verarbeiten. Abschmecken und die Zutaten für die Einlage mit Ausnahme der Hasenrückenfilets unter die Farce heben.

4. Die Hasenrückenfilets salzen, pfeffern und in Butter anbraten. Lassen Sie die Filets abkühlen und wickeln Sie die Filets in grünen Speck ein.

5. Die Pastetenform mit Butter fetten. Den Teig 3 bis 5 mm dick ausrollen, die Form damit auskleiden und leicht überlappend mit grünem Speck auslegen. Die Pastete füllen, wie unten in Step 1 gezeigt und den Speck über der Farce zusammenschlagen. Schneiden Sie aus dem Teig einen Deckel aus. Anschließend die Pastete fertig stellen, wie unten in Step 2 gezeigt. Die Pastete bei 220 °C im vorgeheizten Ofen 10 Minuten backen, dann die Hitze auf 180 °C reduzieren und die Pastete in 40 bis 45 Minuten fertig backen. Aus dem Ofen nehmen und die Wildpastete vollständig auskühlen lassen.

6. Den Birnensaft aufkochen, salzen, pfeffern und die gut ausgedrückte Gelatine darin auflösen. Das Gelee bis kurz vor den Gelierpunkt erkalten lassen, durch den Kamin in die Pastete gießen und erstarren lassen. Die Wildpastete in Scheiben schneiden und mit Blattsalat servieren.

S. 66
WARENKUNDE Feldhase

S. 133
KÜCHENPRAXIS Farce herstellen

PASTETENFORM
auskleiden und füllen

(1) Die mit Teig und grünem Speck ausgelegte Form zur Hälfte mit Farce füllen. Nacheinander die in grünen Speck eingeschlagenen Hasenrückenfilets darauf setzen, die Form mit Farce auffüllen und die Oberfläche glatt streichen.

(2) Die Teigränder mit Eigelb bestreichen, den Deckel aufsetzen und gut festdrücken. Die Oberfläche mit Eigelb bestreichen und 2 Löcher (2 cm Ø) ausstechen. Diese jeweils mit einem Teigring verzieren und einen Kamin aus Alufolie einsetzen, aus dem der Dampf entweichen kann.

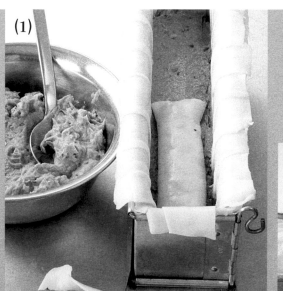

(1)

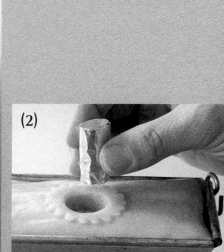

(2)

Mousse vom Fasan

ZUBEREITUNGSZEIT 1 Std. 30 Min.
ZEIT ZUM FESTWERDEN 3 Std.
FÜR 6–8 PORTIONEN

FÜR DIE MOUSSE
· 250 g Fasanenbrustfleisch, ohne Haut, gegart
· 110 ml Fasanen- oder Wildgeflügeljus (S. 144)
· 160 g Gänseleberterrine (Feinkostgeschäft)
· 10 ml Madeira, 1 cl Armagnac
· 10 ml trockener Sherry, 10 ml roter Portwein
· 20 ml Trüffeljus (aus dem Glas)
· 5 Wacholderbeeren, 3 Pimentkörner
· 1 Gewürznelke, 2 Pfefferkörner, 1 Lorbeerblatt
· 2 Blatt weiße Gelatine, kalt eingeweicht
· 250 g Sahne, nicht ganz steif geschlagen
· Salz, Pfeffer, Muskatnuss, Dillspitzen

FÜR DEN KÜRBISSALAT
· 1 EL Schalottenwürfel, 2 EL Olivenöl
· 300 g Kürbisfruchtfleisch, 1 cm groß gewürfelt
· 1 EL Zitronensaft, 1 EL Weißweinessig
· 50 ml Gemüsefond, Salz, Pfeffer
· 1 TL gehackter Dill

S. 74
WARENKUNDE Fasan

S. 133
KÜCHENPRAXIS Farce herstellen

1. Das gegarte Fasanenfleisch in Stücke schneiden, mit der Jus aufkochen und etwas abkühlen lassen. Verarbeiten Sie die Mischung mit der Gänseleberterrine im Mixer zu einer feinen Masse. Die Masse anschließend durch ein Sieb streichen.

2. In einem Topf Madeira, Armagnac, Sherry, Portwein und Trüffeljus mit den leicht zerstoßenen Gewürzen etwa auf die Hälfte reduzieren und durch ein Sieb passieren. Lösen Sie die gut ausgedrückte Gelatine darin auf und rühren Sie die Mischung unter die Fleischmasse. Dann die nicht ganz steife Sahne unterheben, alles mit Salz, Pfeffer und Muskat abschmecken und die Mousse in etwa 3 Stunden im Kühlschrank fest werden lassen.

3. Für den Salat die Schalottenwürfel in Öl andünsten, dann den Kürbis kurz mitdünsten. Löschen Sie alles mit Zitronensaft und Essig ab. Den Gemüsefond zugießen, den Kürbis mit Salz, Pfeffer und Dill würzen und in etwa 5 Minuten bissfest garen.

4. Aus der Fasanenmousse Nocken abstechen und je zwei Nocken mit etwas Kürbissalat auf Tellern anrichten, mit Dillspitzen garnieren und servieren.

Sülze mit Wachtelbrust

ZUBEREITUNGSZEIT 3 Std.
PÖKELZEIT 24 Std., KÜHLZEIT 6–8 Std.

FÜR DIE SÜLZE
- 4 Wachteln, je etwa 170 g
- je 1 EL blanchierte Knollensellerie-,
  Möhren-, Petersilienwurzel-, Minimais-
  und grüne Zucchiniwürfel
- 3 Blatt Gelatine, eingeweicht, 4 Portionsförmchen

FÜR DIE PÖKELLAKE
- 30 g Pökelsalz, 1 TL Zucker, 5 Pfefferkörner
- 4 Wacholderbeeren, 1 Lorbeerblatt
- 2 Rosmarinzweige, 4 Thymianzweige

FÜR DIE CONSOMMÉ
- 1 EL Öl, 1 l Geflügelfond
- 1 Möhre, 1 Stängel Staudensellerie,
  2 Schalotten und ½ Stange Lauch,
  alles geschält oder geputzt und gewürfelt
- 5 Petersilienstängel, 1 TL Tomatenmark
- 1 Eiweiß, 5 Wacholderbeeren
- 1 Lorbeerblatt, 10 Pfefferkörner
- 5 zerstoßene Eiswürfel

S. 82
WARENKUNDE Wachteln

S. 147
KÜCHENPRAXIS Wild-Consommé

1. Von den Wachteln Brüste und Keulen abtrennen, die Brustfilets häuten, das Fleisch der Keulen auslösen und kühl stellen. Für die Lake verrühren Sie das Pökelsalz und den Zucker mit ½ l Wasser. Die Gewürze und Kräuter zufügen, die Wachtelbrüste in die Lake einlegen und 1 Tag im Kühlschrank durchziehen lassen.

2. Die Wachtelkarkassen in Stücke schneiden und mit dem Öl in einen Bräter geben. Rösten Sie die Knochen bei 200 °C im vorgeheizten Ofen goldbraun an. Herausnehmen, alles in einen Topf umfüllen, mit Geflügelfond auffüllen und etwa 1 ½ Stunden köcheln. Dann den Fond abkühlen lassen und passieren.

3. Inzwischen die Wachtelbrüste aus der Pökellake nehmen, kalt abspülen und zwischen Frischhaltefolie vorsichtig plattieren. Rollen Sie die Wachtelbrüste in ein sauberes Küchentuch ein. Dann die Tuchenden mit Küchengarn zubinden und die Brüste im leicht siedenden Geflügelfond 10 bis 12 Minuten pochieren. Herausnehmen, die Roulade 6 bis 8 Stunden auskühlen lassen, dann aus dem Tuch nehmen.

4. Das Keulenfleisch mit dem Gemüse durch die mittlere Scheibe des Fleischwolfs drehen und mit den übrigen Zutaten für die Consommé in den kalten Geflügelfond geben. Bringen Sie alles langsam unter Rühren zum Kochen. Dann nicht mehr rühren und alles bei schwacher Hitze etwa 1 Stunde köcheln. Passieren Sie den Topfinhalt vorsichtig durch ein feines, mit einem Tuch ausgelegtes Sieb. Die Wachtel-Consommé auf ¼ l reduzieren. Anschließend die gut ausgedrückte Gelatine darin auflösen und die Consommé etwas abkühlen lassen.

5. Die Wachtelroulade in Scheiben schneiden und mit den blanchierten Gemüsewürfeln in Förmchen füllen. Alles mit der Consommé übergießen und im Kühlschrank erstarren lassen. Servieren Sie die Sülze in den Förmchen.

Saltimbocca vom Rehfilet

ZUBEREITUNGSZEIT 1 Std. 40 Min.

FÜR DIE REHFILETS
- 4 kleine Rehfilets, je etwa 60 g
- frisch gemahlener Pfeffer, Salz
- 4 Scheiben roher Wacholderschinken
- 4 Salbeiblätter, 1 EL Öl
- 150 ml Wildfond (S. 142)
- 1 angedrückte Knoblauchzehe, 1 EL Butter

FÜR DIE OLIVEN-GNOCCHI
- 300 g mehlig kochende Kartoffeln
- 30 g schwarze Oliven, entsteint
- 100 g Mehl, 1 Eigelb, Salz
- 1 EL Butter, 1 EL gehackte Petersilie

S. 42
WARENKUNDE Reh

S. 132
KÜCHENPRAXIS Parieren

1. Die Rehfilets parieren und beiseite stellen. Für die Gnocchi die Kartoffeln in Alufolie bei 200 °C im vorgeheizten Ofen 1 Stunde backen, herausnehmen und pellen. Die Oliven fein hacken. Das Mehl auf eine Arbeitsfläche häufen, in die Mitte eine Mulde drücken, Eigelb, Oliven und Salz hineingeben. Drücken Sie die Kartoffeln durch die Presse auf den Mehlrand. Alles rasch verkneten und den Teig 15 Minuten ruhen lassen.

2. Den Teig halbieren, jeweils zu einem Strang von 2 cm Durchmesser ausrollen und 1 cm lange Stücke abschneiden. Rollen Sie die Teigstücke über eine Raspel, um ein Muster einzudrücken.

3. Die Rehfilets pfeffern und je nach Salzgehalt des Schinkens nicht oder nur leicht salzen. Legen Sie auf jede Schinkenscheibe ein Salbeiblatt sowie ein gewürztes Rehfilet und rollen Sie alles fest auf.

4. Braten Sie die Rehfilets in einer feuerfesten Pfanne in Öl von beiden Seiten 1 Minute an. Vom Herd nehmen und die Filets bei 200 °C im vorgeheizten Ofen noch 4 Minuten braten. Herausnehmen, die Rehfilets in Alufolie wickeln und 3 Minuten ruhen lassen. Den Bratsatz mit dem Wildfond loskochen, die Flüssigkeit etwas reduzieren und mit Salz und Pfeffer abschmecken.

5. Die Gnocchi in kochendes Salzwasser geben, die Hitze reduzieren und die Gnocchi gar ziehen lassen, bis sie an die Oberfläche steigen, herausnehmen und gut abtropfen lassen. Nehmen Sie die Rehfilets aus der Alufolie und schwenken Sie die Röllchen mit dem Knoblauch noch 1 Minute in Butter. Separat die Butter für die Gnocchi leicht bräunen, die Gnocchi darin schwenken und mit Petersilie bestreuen. Die Rehfilets mit einigen Gnocchi und etwas Sauce auf vorgewärmten kleinen Tellern anrichten.

Fruchtige Variante

Sie können den Wacholderschinken auch mit einer dünnen Scheibe Mango und einem Salbeiblatt belegen und das Rehfilet mit Tandoori-Pulver würzen. Oder Sie spießen das Rehfilet auf 1/2 Stängel Zitronengras und wickeln es mit einem Salbeiblatt in eine Scheibe Serrano-Schinken ein.

Hirschrücken-Carpaccio

ZUBEREITUNGSZEIT 30 Min.
MARINIERZEIT 2–3 Tage

FÜR DAS CARPACCIO

· 800 g Hirschrücken ohne Knochen
· 3 Knoblauchzehen, 10 rosa Beeren (roter Pfeffer)
· 1 Fenchelknolle, geputzt
· 60 g Ingwerwurzel, geschält
· ¾ l dunkle Sojasauce, ¼ l Sherry
· 200 g brauner Zucker, 100 g Meersalz
· 3 Stängel Zitronengras,
  in 1 cm lange Stücke geschnitten

FÜR DIE INGWER-HONIG-SAUCE

· 1 EL gehackter Ingwer, 1 EL Honig
· 2 EL dunkle Sojasauce, 1 EL süße Sojasauce
· 1 EL Sesamöl, 2 EL Erdnussöl
· 2 cl Sherry, 1 Msp. Zitronengraspulver, Meersalz
· 1 EL helle Sesamsamen, geröstet

S. 32
WARENKUNDE Hirschrücken

S. 132
KÜCHENPRAXIS Parieren

1. Den Hirschrücken sorgfältig von allen Häutchen und Sehnen befreien. Den Knoblauch sowie die rosa Beeren leicht zerdrücken, den Fenchel in Streifen, den Ingwer in Scheiben schneiden und alles mit der Sojasauce, dem Sherry, Zucker, Salz, Fenchel, Ingwer und Zitronengras kurz aufkochen lassen. Die Mischung in eine Form geben. Legen Sie das Hirschfleisch in die Marinade und lassen Sie es darin zugedeckt im Kühlschrank 2 bis 3 Tage durchziehen.

2. Den Hirschrucken aus der Marinade nehmen und mit Küchenpapier trockentupfen. Schneiden Sie das Fleisch auf der Aufschnittmaschine oder mit einem scharfen Messer in dünne Scheiben.

3. Für die Ingwer-Honig-Sauce alle Zutaten miteinander verrühren. Die Hirschrückenscheiben auf einer Platte oder auf Tellern anrichten und die Sauce dazureichen. Sie können das Carpaccio aber auch gut mit fruchtigen Chutneys wie zum Beispiel einem Apfel-Birnen-Chutney oder auch mit einem Ananas-Chili-Relish servieren. Aber auch eine Vinaigrette mit getrockneten Preiselbeeren und Haselnussöl passt ausgezeichnet dazu.

Rohes Wildfleisch?

Für ein Carpaccio darf nur Wildfleisch von bester Qualität verwendet werden (S. 22–25). Sie können den Hirschrücken aber auch von allen Seiten kurz in Öl anbraten und dann in Scheiben schneiden. Die im Rezept beschriebene Ingwer-Honig-Sauce passt auch zur leicht gebratenen Variante sehr gut.

Salat von Chicorée, Walnüssen und Orangen mit Wildtaubenbrust

ZUBEREITUNGSZEIT 40 Min.

FÜR DEN SALAT

· 2 Chicoréestauden, 2 Orangen
· 1 EL fein geschnittenes Koriandergrün
· 1 EL frisch geriebener Parmesan, 1 EL Olivenöl
· 8 küchenfertige Taubenbrüste (Ersatz: 4 ganze Tauben, Brüste und Keulen ausgelöst)
· 1 EL Öl, 1 EL Butter
· 1 EL Akazienhonig, 1 Rosmarinzweig
· 1 angedrückte Knoblauchzehe, Salz, Pfeffer

FÜR DAS ORANGEN-DRESSING

· 50 g Walnusskerne, 1 rote Zwiebel
· 10 g Ingwer, geschält und fein gehackt
· 1 EL Öl, 100 ml Orangensaft
· 1 EL Meerrettich-Dijonsenf
· 5 g Salz, 10 g Zucker
· 3 EL Aceto balsamico bianco

S. 90
WARENKUNDE Wildtaube

S. 110
KÜCHENPRAXIS Braten

1. Den Chicorée halbieren und jeweils den Strunk entfernen. Schneiden Sie die Blätter in etwa fingerdicke Streifen und legen Sie den Chicorée 5 Minuten in lauwarmes Wasser. Die Orangen schälen, dabei die weiße Innenhaut sorgfältig entfernen und die Früchte filetieren.

2. Für das Dressing die Walnüsse grob hacken. Die Zwiebel schälen und in feine Würfel schneiden. Braten Sie die Walnüsse mit der Zwiebel und dem Ingwer kurz in Öl an. Anschließend alles mit dem Orangensaft ablöschen und das Dressing mit Meerrettichsenf, Salz, Zucker und weißem Balsamico abschmecken.

3. Die Orangenfilets kurz vor dem Anrichten mit Koriandergrün, Parmesan, Olivenöl und dem gut abgetropften Chicorée unter das warme Dressing mischen. Braten Sie die Taubenbrüste oder die Brüste und Keulen auf beiden Seiten je 1 Minute in einer heißen Pfanne in Öl an. Herausnehmen und die Taubenbrüste bei 200 °C im vorgeheizten Ofen in 2, die Keulen in 5 bis 7 Minuten fertig garen. Die Taubenteile in Alufolie eingeschlagen 3 Minuten ruhen lassen.

4. Die Butter mit dem Akazienhonig, dem Rosmarin und dem Knoblauch erhitzen. Die Taubenteile salzen und pfeffern. Schwenken Sie die Brüste (und Keulen) anschließend 2 Minuten in der warmen Butter. Die Taubenbrüste in Scheiben schneiden und auf dem lauwarmen Chicorée-Salat anrichten, die Keulen gegebenenfalls daneben anrichten. Dazu schmeckt Walnussfocaccia oder salzige Walnussbrioche.

»Orangen harmonieren auch gut mit Reh«

Das oben beschriebene Orangen-Dressing verleiht auch Reh eine angenehm fruchtige Note. Ersetzen Sie in diesem Fall den Chicorée durch Radicchio, am besten durch den langblättrigen Radicchio di Treviso. Die Blätter in Stücke schneiden und mit dem warmen Dressing vermischen. Schneiden Sie dann in 4 etwa 50 g schwere Rehrücken-Medaillons oder 4 kleine Rehfilets jeweils eine Tasche und legen je 1 Blatt Minze ein. Alles mit Salz und Szechuan-Pfeffer würzen und die Rehmedaillons oder -filets in Öl auf beiden Seiten 1 Minute anbraten. Anschließend bei 200 °C im vorgeheizten Ofen in 3 Minuten (Filets) oder 5 Minuten (Rehrücken-Medaillons) fertig braten und in Alufolie noch 4 Minuten ruhen lassen.
Erhitzen Sie inzwischen 1 EL Butter in einer Pfanne, fügen Sie 1 Rosmarinzweig, 1 angedrückte Knoblauchzehe, 1 TL im Mörser grob zerstoßenen Szechuan-Pfeffer sowie die ausgelösten Filets von 1 Orange zu. Die rosa gebratenen Rehfilets kurz darin schwenken und auf dem lauwarmen Radicchio-Salat anrichten.

Bernd Arold

Linsensalat mit Wildschinken

ZUBEREITUNGSZEIT 50 Min.

FÜR DIE LINSEN
· 200 g grüne Linsen, etwa Le Puy
· 1 kleine Zwiebel, geschält und mit 2 Gewürznelken
  und 1 Lorbeerblatt gespickt
· 50 g Möhren, geschält und fein gewürfelt
· 50 g Staudensellerie, geputzt und fein gewürfelt
· 5 EL Olivenöl, 1 TL Dijonsenf
· 2 EL Sherryessig
· Salz, frisch gemahlener Pfeffer, 1 Prise Zucker

FÜR DIE MÖHREN UND FRÜHLINGSZWIEBELN
· 12 kleine Möhren
· 1 ½ EL Olivenöl, Salz, 1 Prise Zucker
· 12 dünne Frühlingszwiebeln (80 g)
· frisch gemahlener Pfeffer, 1 EL Sherryessig

AUSSERDEM
· 60 g Räucherspeck, in dünne Streifen geschnitten
· 1 EL Gänseschmalz oder Öl
· 50 g Linsensprossen (selbst gekeimt)
· 120 g Feldsalat und etwas Brunnenkresse, geputzt
· 12 dünne Scheiben Wildschinken, etwa vom Reh
· 4 Kapuzinerkresseblüten

S. 42
WARENKUNDE Reh

S. 138
KÜCHENPRAXIS Konservieren

1. Die Linsen in einem Topf mit der doppelten Menge an kaltem Wasser bedecken, zum Kochen bringen und die gespickte Zwiebel zufügen. Lassen Sie die Linsen bei schwacher Hitze etwa 25 Minuten köcheln. Die Linsen erst gegen Ende der Garzeit salzen.

2. Dünsten Sie inzwischen die Möhren- und Selleriewürfel in 1 EL Olivenöl bissfest. Vom Herd nehmen und die Gemüsewürfel abkühlen lassen. Den Senf, Essig, Salz, Pfeffer und Zucker mit dem restlichen Öl zu einer Vinaigrette verrühren. Die Linsen abgießen und die gespickte Zwiebel entfernen. Die Linsen mit den Gemüsewürfelchen in der Vinaigrette marinieren und alles lauwarm halten.

3. Die kleinen Möhren schälen, dabei 1 cm Grün stehen lassen. Dünsten Sie die Möhren in ½ EL Olivenöl mit Salz, Zucker und etwas Wasser in 5 bis 8 Minuten bissfest. Die Frühlingszwiebeln putzen, in feine Ringe schneiden und zu den Möhren geben. Alles mit Salz, Zucker, Pfeffer, Sherryessig sowie dem restlichen Olivenöl marinieren.

4. Braten Sie die Speckstreifen in Gänseschmalz oder Öl knusprig. Dann herausnehmen und den Speck auf Küchenpapier abtropfen lassen. Die Linsen aus der Marinade nehmen und in der Mitte der Teller anrichten. Die Linsensprossen sowie die marinierten Frühlingszwiebeln ringsum verteilen, mit dem gebratenen Speck bestreuen und je 3 Möhren daneben setzen. Feldsalat und Brunnenkresse zu kleinen Bouquets formen, durch die Linsen-Vinaigrette ziehen und neben diesen platzieren. Den Wildschinken daneben anrichten und alles mit einer Kapuzinerkresseblüte garniert servieren.

Linsen-Alternativen

Statt der grünen Le-Puy-Linsen können Sie für den Salat auch die schwarzen Beluga-Linsen, braune Champagner-Linsen oder die geschälten roten Linsen verwenden.

Winterliche Blattsalate mit Hasenrücken und eingelegten schwarzen Nüssen

ZUBEREITUNGSZEIT 30 Min.

FÜR DEN SALAT
· 2 Hasenrückenfilets, 1 kleiner Eichblattsalat
· 1 kleiner Radicchio Trevisano
· 1 kleiner Bund heller Löwenzahn
· 300 g schwarze Nüsse (S. 303, Ersatz:
  schwarze Nüsse aus dem Glas/Feinkosthandel)
· Salz, frisch gemahlener Pfeffer
· 1 EL Olivenöl, 1 EL Butter
· 5 zerdrückte Wacholderbeeren
· 200 g helle, kernlose Trauben, abgezupft

FÜR DIE VINAIGRETTE
· 20 ml Champagneressig, 20 ml Geflügelfond
· Salz, frisch gemahlener Pfeffer
· 1 EL schwarzer Nussfond (aus dem Glas)
· 100 ml Walnussöl

1. Die Hasenrückenfilets von allen Häuten und Sehnen befreien und beiseite stellen. Die Blattsalate putzen, waschen und trockenschleudern. Schneiden Sie die schwarzen Nüsse quer in Scheiben. Verrühren Sie die angegebenen Zutaten zu einer Vinaigrette.

2. Die Hasenrückenfilets mit Salz und Pfeffer würzen. Braten Sie die Hasenfilets in Olivenöl und Butter zusammen mit den Wacholderbeeren ringsum in etwa 5 Minuten rosa an. Vom Herd nehmen und die Filets kurz ruhen lassen.

3. Die Salate mit der Vinaigrette vermischen und auf Tellern anrichten. Die Hasenrückenfilets schräg aufschneiden und daneben anrichten. Verteilen Sie zum Schluss die schwarzen Nüsse sowie die Trauben über dem Salat.

S. 66
WARENKUNDE Feldhase

S. 104
KÜCHENPRAXIS Braten

»Mit einer feinen Fasanenfarce gefüllt«

Leider sind weder Gänsestopfleber noch schwarze Trüffel jederzeit und überall erhältlich. Deshalb hier eine etwas weniger aufwändige Variante der Fasanen-Galantine, die ohne die beiden exquisiten Zutaten auskommt, hinter dem Original aber in keiner Weise zurückzustehen braucht.

Statt der Gänsestopfleber verwenden Sie in diesem Fall eine Farce aus Fasanenkeulen: Verarbeiten Sie dafür 100 g gewürfeltes und gut gekühltes Keulenfleisch vom Fasan mit 80 g gekühlter Sahne im Mixer zu einer feinen Farce. Diese mit Salz, Pfeffer und 1 Spritzer Cognac würzen und gleichmäßig auf der vorbereiteten Fasanenbrust verteilen. Statt der Trüffel bieten sich als Einlage je nach Vorliebe und Vorratsschrank etwa 3 bis 4 EL gedünstete Champignonwürfel, gehackter Spinat (dann allerdings auf die Pistazien verzichten), Würfel von gepökelter, gekochter Kalbszunge oder auch kleine Kalbsbriesröschen an. Rühren Sie die Einlage unter die Farce und stellen Sie die Fasanenbrust-Galantine fertig, wie im Rezept beschrieben.

Ingo Bockler

Fasanenbrust-Galantine

ZUBEREITUNGSZEIT 1 Std. 10 Min.
KÜHLZEIT 24 Std.

FÜR DIE GALANTINE
· 2 ausgelöste Fasanenbrustfilets, ohne Haut, je etwa 80 g
· Salz, Pfeffer, 60 g Gänsestopfleber oder Gänseleber
· 1 Prise Zucker, 1 Spritzer Cognac
· 10 g schwarze Trüffel, geputzt, 10 g Pistazienkerne

FÜR DAS SÜSSWEINGELEE
· 200 ml Wildgeflügel-Consommé (S. 147, 148)
· 3 Blatt Gelatine, kalt eingeweicht, 60 ml Sauternes, Salz

AUSSERDEM
· schwarze Nüsse, marinierte Apfelspalten, rote Zwiebelringe

1. Die Brustfilets vorbereiten, wie in Step 1 gezeigt. Legen Sie die Filets auf Frischhaltefolie dicht nebeneinander, so dass eine rechteckige Fläche entsteht. Das Fleisch salzen und pfeffern.

2. Die Leber häuten und 1 cm groß würfeln, dabei alle Sehnen und Äderchen entfernen. Die Leber mit Salz, Zucker, Pfeffer und Cognac würzen. Die Trüffel in dicke Streifen schneiden. Stellen Sie die Galantine fertig, wie in Step 2 und 3 gezeigt.

3. Schlagen Sie die Rolle in Alufolie ein und drehen Sie die Enden fest zu. Die Galantine bei 180 °C im vorgeheizten Ofen etwa 15 Minuten im Wasserbad pochieren. Herausnehmen, abkühlen lassen und die Galantine 1 Tag kühl stellen.

4. Für das Gelee ein Drittel der Consommé erhitzen und die ausgedrückte Gelatine darin auflösen. Die übrige Consommé mit dem Süßwein einrühren und mit Salz abschmecken. Das Gelee 3 Stunden im Kühlschrank erstarren lassen, dann fein würfeln.

5. Die Galantine von der Folie befreien, in 1 ½ cm breite Scheiben schneiden und je zwei Scheiben auf Tellern anrichten. Um jede Scheibe einen geölten Ausstechring (5 cm Ø) setzen, die Geleewürfelchen einfüllen und mit einem Teelöffel festdrücken, dann den Ring vorsichtig abziehen. Die Galantine mit schwarzen Nüssen (S. 303), Apfelspalten und Zwiebelringen garnieren.

S. 74
WARENKUNDE Fasan

S. 147
KÜCHENPRAXIS Wild-Consommé

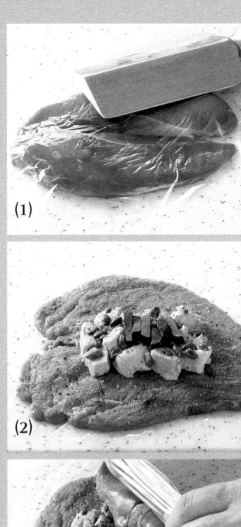

(1)

(2)

(3)

FASANENBRÜSTE
plattieren und füllen

(1) Die Fasanenbrüste parieren und zwischen Frischhaltefolie mit dem Plattiereisen vorsichtig flach klopfen, sodass sie überall etwa die gleiche Stärke haben.

(2) Die Gänseleberwürfel in der Mitte der gewürzten Brustfilets verteilen, mit den Pistazien bestreuen und mit den Trüffelstreifen belegen.

(3) Fasanenbrust und Füllung mit Hilfe der Folie fest aufrollen – die Rolle sollte 12 bis 14 cm lang sein und einen Durchmesser von etwa 4 cm haben. Dabei darauf achten, dass keine Luft mit eingeschlossen wird und die Folienenden fest zudrehen.

Ballotine
von der Wachtel

ZUBEREITUNGSZEIT 2 Std. 40 Min.
KÜHLZEIT 12–24 Std.

FÜR DIE BALLOTINE
· 4 küchenfertige Wachteln, je 170–200 g, 1 TL Pökelsalz (Fleischer)
· 6 cl Madeira, 2 cl Cognac, 100 g Gänsestopfleber oder Gänseleber
· Salz, frisch gemahlener weißer Pfeffer
· frisch geriebene Muskatnuss, 1 EL Butter
· 80 g frische Morcheln oder 20 g getrocknete Morcheln, eingeweicht

FÜR DIE FARCE
· 80 g Hühnerbrustfilet, gekühlt, 50 g Sahne, gekühlt
· 2 EL Wildgeflügel- oder Geflügeljus (S. 144)
· Salz, weißer Pfeffer, frisch geriebene Muskatnuss

FÜR DIE GLACE
· ⅛ l Madeira, ½ l Wildgeflügel- oder Geflügeljus (S. 144)
· 3 Blatt Gelatine, kalt eingeweicht

1. Bereiten Sie die Wachteln vor, wie rechts gezeigt. Die Wachteln in eine Form legen, mit Pökelsalz bestreuen, mit 2 cl Madeira und 1 cl Cognac übergießen und im Kühlschrank 1 bis 2 Stunden marinieren. Die Gänseleber häuten, von Sehnen und Äderchen befreien und würfeln. Würzen Sie die Gänseleber mit Pökelsalz, Salz, Pfeffer und Muskat. Die Leber mit 2 cl Madeira sowie dem restlichen Cognac übergießen und separat 1 Stunde im Kühlschrank marinieren.

2. Für die Farce die Hühnerbrust würfeln. Verarbeiten Sie das Fleisch mit der kalten Sahne und der Jus im Mixer rasch zu einer homogenen Farce. Durch ein Sieb streichen, die Farce mit Salz, Pfeffer und Muskat würzen und kalt stellen.

3. Die Butter zerlassen und die Morcheln darin 5 Minuten dünsten, dann salzen und pfeffern. Löschen Sie die Pilze mit dem restlichen Madeira ab.

4. Legen Sie die ausgelösten Wachteln dicht nebeneinander auf Frischhaltefolie und bestreichen Sie das Fleisch mit der Farce. Diese mit der Gänseleber und den Morcheln belegen und alles mit Hilfe der Folie fest aufrollen (S. 171), dabei die Folienenden fest zudrehen. Die Rolle fest in Alufolie einschlagen und bei 180 °C im vorgeheizten Ofen 20 bis 25 Minuten im Wasserbad pochieren. Herausnehmen, die Rolle in Eiswasser abschrecken und im Kühlschrank auskühlen lassen.

5. Für die Glace den Madeira etwas einkochen lassen, die Jus zufügen und die Flüssigkeit auf die Hälfte reduzieren. Die gut ausgedrückte Gelatine darin auflösen und die Glace kurz abkühlen lassen. Die Ballotine von der Folie befreien, auf ein Gitter setzen und dünn mit der Glace überziehen. Die Ballotine von der Wachtel in Scheiben schneiden und anrichten. Dazu schmeckt ein kleines Salat-Bouquet und etwas fein gewürfeltes Süßweingelee (S. 171).

(1)

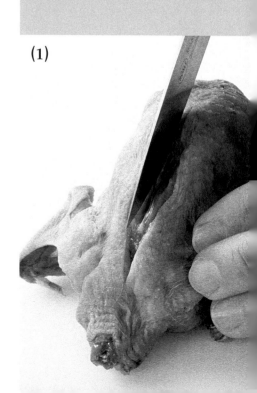

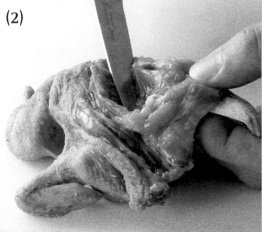

(2)

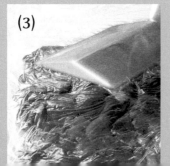

(3)

WACHTELN
auslösen und zum Füllen vorbereiten

(1) Die Wachteln jeweils mit einem scharfen Messer auf beiden Seiten des Rückgrats einschneiden und die Rippenknochen entfernen.

(2) Die Wachteln aufklappen und jeweils die Ober- und Unterschenkelknochen sowie die Flügelknochen herausschneiden, es dürfen keine Knochen mehr übrig bleiben.

(3) Die ausgelösten Wachteln einzeln zwischen Frischhaltefolie mit einem Plattiereisen leicht flach klopfen, sodass das Fleisch überall in etwa gleich dick ist.

Suppen und Eintöpfe

Herzhaft oder raffiniert: Der kräftige Wildgeschmack
überzeugt in feinen Consommés und gebundenen
Cremesuppen ebenso wie bei delikaten Suppeneinlagen.

Wohltat für Leib und Seele

Ein Teller heiße Consommé von Reh, Hirsch oder Fasan als appetit-anregendes Entrée ist der ideale Auftakt eines großen Wildmenüs. Als Grundlage dafür dient ein aromatischer Fond.

SELBST GEKOCHT IST ER AM BESTEN: Ein Grund-fond, zubereitet aus Wildknochen und Parüren und mit etwas Wurzelgemüse und verschiedenen Ge-würzen und Kräutern angesetzt, ist die ideale Basis für die unterschiedlichsten Wildsuppen und Ein-topfgerichte. Je nach Verwendungszweck köchelt der Wildfond dann – mal mit, mal ohne Wein – so lan-ge auf dem Herd vor sich hin, bis er die gewünschte Konzentration erreicht hat. Wie das im Einzelnen vor sich geht, erfahren Sie im Kapitel Küchenpraxis (S. 142–149). Zwar gibt es im Feinkosthandel Wild-fonds auch fertig in Gläsern zu kaufen, auf die Sie jederzeit zurückgreifen können, doch wird das Ergebnis mit einem selbst gekochten Fond natürlich besser. Falls daher bei der Zubereitung eines Gerich-tes einmal eine größere Menge an Knochen und Fleischabschnitten anfallen sollte, nutzen Sie die Gelegenheit und bereiten Sie daraus die aromati-sche Grundlage für eine geschmackvolle Suppe zu.

KLARE BRÜHEN UND CONSOMMÉS

Wird in einem Grundfond dann erneut Wildfleisch und Gemüse gegart, erhält man eine kräftige Brühe, die pur oder mit klassischen Einlagen serviert aus-gezeichnet schmeckt. Soll die Brühe besonders fein und klar sein, wird sie in einem zweiten Arbeits-schritt mit einer Mischung aus Fleisch, Gemüse und Eiweiß geklärt (S. 147), wie es auch bei der Reh-Con-sommé oder dem Hasenpunsch im folgenden Kapi-tel der Fall ist. Fonds, Brühen und Consommés las-sen sich sehr gut im Voraus zubereiten und in Portionsbehältern tiefkühlen. So haben Sie immer einen Vorrat an Fond zur Hand und die Zuberei-tungszeit von Suppen und Eintöpfen verkürzt sich erheblich. Wichtig: Bei der Herstellung von Fonds sollten Sie zunächst sparsam mit dem Salz umge-hen. Da während des Kochens ein Gutteil der Flüs-sigkeit verdampft, kann die Salzkonzentration schnell zu hoch werden. Schmecken Sie daher eine Brühe oder Consommé lieber erst gegen Ende ab.

GEBUNDENE SUPPEN

Der Geschmack von Rosenkohl und Esskastanien – auch Maronen oder Maroni genannt – harmoniert gut mit Wild, nicht umsonst sind beide traditionelle Beilagen. Kohl und Kastanien schmecken aber in Verbindung mit aromatischem Wild- oder Wildge-flügelfond und mit Sahne verfeinert auch als herz-hafte Suppe ausgezeichnet.

RAFFINIERTE SUPPENEINLAGEN

Gehackt oder durch die feine Scheibe des Fleisch-wolfs gedreht, lassen sich aus dem Fleisch von Wild-ente, Fasan, Rebhuhn, Wildkaninchen, Hase, Hirsch oder Reh zudem köstliche Suppeneinlagen herstel-len. So werden etwa Ravioli oder Wildmaultäsch-chen mit einer feinen Wildfüllung zum kulinari-schen Erlebnis. Und aus einer Farce vom Reh oder Fasan, bei der das kalte Wildfleisch im Mixer mit Sahne fein püriert wird, lassen sich mit Hilfe zweier Löffel schöne Nocken abstechen oder Klößchen for-men. Um ganz sicherzugehen, dass die Nocken oder Klößchen auch die richtige Konsistenz haben, for-men Sie am besten zunächst ein Probeklößchen und lassen dieses in siedendem Salzwas-ser gar ziehen. Ist die Konsis-tenz zu fest, arbeiten Sie noch ein wenig Sahne unter, ist das Klößchen noch zu locker, men-gen Sie ein paar Semmelbrösel unter die Masse.

DEFTIGE EINTÖPFE

Weniger Vorspeise denn Hauptgericht sind die raf-finierten Eintopfgerichte mit Wild wie etwa das Pot-au-feu vom Reh oder der sahnig-cremige Nudeltopf mit Rehfilet, Steinpilzen und glasierten Zwiebeln. Beide sind – wie auch die gehaltvolle Minestrone mit Wildkaninchen – etwas aufwändiger in der Zubereitung, doch lohnt das Ergebnis die Mühe.

Ins kalte Wasser

Für einen aromatischen Fond werden die Wildknochen und Fleischabschnitte stets in kaltem Wasser angesetzt. Wird Wildfleisch dagegen als Einlage serviert, gart man es im heißen Fond, damit sich die Poren schnell schließen und es saftiger bleibt.

Reh-Consommé

ZUBEREITUNGSZEIT 2 Std. 30 Min.

FÜR DEN FOND
· 1 kg Rehknochen und -fleischabschnitte, 1 EL Öl
· 200 g Röstgemüse (Möhren, Knollensellerie,
  Zwiebel, alles geschält und klein gewürfelt)
· 2 EL Tomatenmark, je 200 ml Port- und Rotwein
· je 1 Thymian- und Rosmarinzweig
· 1 Majoranstängel, 10 zerstoßene Pfefferkörner
· 5 zerdrückte Wacholderbeeren
· 1 Lorbeerblatt, 1 Gewürznelke
· 1 angedrückte Knoblauchzehe, 1 l Kalbsfond

ZUM KLÄREN
· 300 g Wildfleisch, etwa Rehhaxen ohne Knochen
· je 100 g Lauch, Möhren und Knollensellerie,
  alles geputzt oder geschält und grob geschnitten
· 1 Gewürznelke, 1 Lorbeerblatt
· 5 Thymianzweige
· 2 Eiweiße, 5 Eiswürfel, zerstoßen

S. 42
WARENKUNDE Reh

S. 147
KÜCHENPRAXIS Wild-Consommé

AUSSERDEM
· 3–5 cl Gin, Salz, Pfeffer

1. Rösten Sie die Knochen und Abschnitte in Öl an. Das Gemüse mitrösten, das Tomatenmark unterrühren und ebenfalls kurz rösten. Alles mit Port- und Rotwein ablöschen und auf die Hälfte reduzieren.

2. Fügen Sie die Kräuter und Gewürze zu und füllen Sie alles mit Kalbsfond oder 1 l Wasser auf. Den Fond 1 ½ Stunden bei schwacher Hitze köcheln lassen, dabei wiederholt abschäumen. Anschließend durch ein Sieb passieren und abkühlen lassen.

3. Drehen Sie das Wildfleisch und Gemüse durch die grobe Scheibe des Fleischwolfs. Die Gewürze zufügen, dann das Eiweiß sowie das Eis untermengen. Alles in einen Topf geben, mit dem Fond auffüllen und den Inhalt unter Rühren zum Kochen bringen.

4. Das Eiweiß bindet die Trübstoffe. Sobald dichter Schaum aufsteigt und der so genannte »Fleischkuchen« aufbricht, nicht mehr weiterrühren. Die Brühe 30 Minuten bei schwacher Hitze köcheln lassen, dann durch ein mit einem Tuch ausgelegtes Sieb passieren. Mischen Sie den Gin unter und schmecken Sie die Reh-Consommé mit Salz und Pfeffer ab. Sie schmeckt pur oder mit Einlagen (S. 186).

Pot-au-feu vom Reh

ZUBEREITUNGSZEIT 1 Std. 30 Min.

FÜR DIE SUPPE
- · 1 Rehschulter, etwa 1 kg
- · 2 Möhren (etwa 100 g)
- · ¼ Knollensellerie (80–100 g)
- · 2 Petersilienwurzeln (120 g)
- · 1 EL Butter
- · 100 ml Apfelsaft
- · 800 ml Reh- oder Wildfond (S. 146)
- · 40 ml roter Portwein
- · 1 Gewürzsäckchen mit der dünn abgeschälten
  Schale von ¼–½ unbehandelten Orange,
  3 Pimentkörnern, 5 Wacholderbeeren,
  1 TL Pfefferkörnern und 2 Lorbeerblättern
- · Salz, frisch gemahlener Pfeffer
- · frisch geriebene Muskatnuss

FÜR DIE EINLAGE
- · 100 g dünne grüne Bohnen, geputzt, Salz
- · 4 fest kochende Kartoffeln (etwa 300 g)
- · ¼ Kopf junger Spitzkohl
- · 1 Rote Bete (etwa 120 g), gekocht und geschält
- · 4 Petersilienstängel

S. 42
WARENKUNDE Rehschulter

S. 146
KÜCHENPRAXIS Wildfond

1. Die Rehschulter auslösen und das Fleisch in walnussgroße Stücke schneiden. Die Möhren, den Knollensellerie und die Petersilienwurzeln schälen und in etwa 1 ½ cm große Würfel schneiden. Braten Sie das Rehfleisch in der Butter hellbraun an. Anschließend die Gemüsewürfel zufügen, kurz mitbraten und alles mit dem Apfelsaft, Rehfond und dem Portwein auffüllen.

2. Fügen Sie das Gewürzsäckchen zu und lassen Sie alles bei schwacher Hitze 30 bis 40 Minuten köcheln. In der Zwischenzeit die Bohnen in Salzwasser bissfest garen, abgießen, abtropfen lassen und schräg halbieren. Die Kartoffeln schälen, in etwa 1 ½ cm große Würfel schneiden und in Salzwasser etwa 10 Minuten kochen, dann abgießen und abtropfen lassen. Den Spitzkohl waschen und die Blätter in Rauten schneiden.

3. Würzen Sie das Pot-au-feu mit Salz, Pfeffer und Muskat. Etwa 10 Minuten vor Ende der Garzeit den Spitzkohl zufügen und nach weiteren 5 Minuten die Bohnen sowie die Kartoffelwürfel. Schneiden Sie die Rote Bete in dicke Streifen.

4. Das Pot-au-feu vom Reh mit den Rote-Bete-Streifen in vorgewärmte Suppenteller oder -schalen anrichten. Die Suppe jeweils mit einem Stängel Petersilie garnieren und servieren.

Eine schnelle Variante

Wenn einmal wenig Zeit zum Kochen bleibt, können Sie das Pot-au-feu vom Reh auch mit 300 bis 400 g Rehrückenfilet zubereiten. Dafür das Fleisch in dünne Streifen schneiden, kurz in einer Öl-Butter-Mischung anbraten und in einer kräftigen Rehbouillon mit klein gewürfeltem Gemüse servieren.

Minestrone mit Wildkaninchen-Ravioli

ZUBEREITUNGSZEIT 2 Std. 30 Min.

FÜR DIE MINESTRONE
- · 1 küchenfertiges Wildkaninchen
- · 2 Möhren (200 g), geschält
- · 1 Zwiebel (100 g), geschält
- · 4 Stängel Staudensellerie (150 g), geputzt
- · ½ Stange Lauch (120 g), geputzt
- · 6 Tomaten (600 g)
- · 2 EL Olivenöl
- · 1 Lorbeerblatt, 3 Thymianzweige
- · 10 weiße Pfefferkörner
- · 2 angedrückte Knoblauchzehen
- · Salz, frisch gemahlener Pfeffer
- · 100 g Champignons, geputzt, in Scheiben
- · 100 g Spinat, geputzt
- · 100 g Perlgraupen, kalt eingeweicht
  und in leicht gesalzenem
  Wasser 10 bis 15 Minuten gegart
- · 50 g weiße Bohnen, gekocht

FÜR DEN RAVIOLITEIG
- · 200 g doppelgriffiges Mehl
- · Salz, 2 Eier, 1 EL Olivenöl

FÜR DIE RAVIOLIFÜLLUNG
- · 2 EL fein gewürfeltes Toastbrot ohne Rinde
- · 1 TL Butter, 40 g Pinienkerne, gehackt
- · 80 g Blattspinat, geputzt
- · 1 Knoblauchzehe, abgezogen und fein gehackt
- · Salz, frisch gemahlener Pfeffer
- · frisch geriebene Muskatnuss, 1 Eigelb

AUSSERDEM
- · 1 Eigelb, mit 1 EL Wasser verquirlt,
  zum Bestreichen
- · 1 EL Olivenöl, 1 TL Butter
- · 1 EL in Streifen geschnittene Basilikumblätter
- · 1 EL aromatisches Olivenöl nach Belieben

1. Zerteilen Sie das Kaninchen, wie auf S. 125 beschrieben. Die Rückenfilets auslösen und beiseite stellen, die Rückenknochen in Stücke hacken. Die Möhren klein würfeln und die Zwiebel fein hacken. Staudensellerie und Lauch in dünne Scheiben schneiden. Die Tomaten blanchieren, Stielansatz und Samen entfernen und das Fruchtfleisch klein würfeln. Die Tomatenreste für den Fond aufbewahren.

2. Rösten Sie die Knochen in 1 EL Olivenöl an. Ein Drittel des Gemüses kurz mitbraten, Lorbeer, Thymian, Pfefferkörner und Knoblauch zufügen, alles mit etwa 1 ½ l kaltem Wasser auffüllen und langsam aufkochen lassen. Die Kaninchenschultern, -keulen und den Hals zufügen, leicht salzen und etwa 1 Stunde bei schwacher Hitze köcheln lassen. Stellen Sie inzwischen aus den angegebenen Zutaten und 2 bis 3 EL Wasser einen Nudelteig her und lassen Sie ihn etwa 20 Minuten ruhen.

3. Die Kaninchenteile herausnehmen und den Fond durch ein feines Sieb passieren. Lösen Sie das Fleisch von den Knochen und schneiden Sie die Hälfte davon für die Füllung der Ravioli in feine Würfel. Die andere Hälte des Fleisches in mundgerechte Stücke zerpflücken und beiseite stellen.

4. Für die Füllung die Brotwürfel in gebräunter Butter rösten, Pinienkerne kurz mitrösten, dann den Spinat zufügen und zusammenfallen lassen. Würzen Sie die Mischung mit Knoblauch, Salz, Pfeffer und Muskat. Das fein gewürfelte Kaninchenfleisch sowie das Eigelb untermengen. Den Teig mit der Nudelmaschine zu dünnen Bahnen ausrollen und Ravioli herstellen, wie unten gezeigt.

5. Das restliche Gemüse und die Champignons im restlichen Öl hell anschwitzen, mit dem Fond auffüllen und 6 bis 8 Minuten garen. Geben Sie kurz vor Ende der Garzeit die Tomatenwürfel, Spinatblätter, Perlgraupen, Bohnen und das Kaninchenfleisch zu. Die Rückenfilets in Öl und Butter ringsum kurz anbraten und leicht schräg in Scheiben schneiden. Die Ravioli in Salzwasser al dente garen. Die Suppe mit Salz und Pfeffer abschmecken, in tiefe Teller verteilen und mit den Ravioli und dem gebratenen Kaninchenrücken anrichten. Die Minestrone mit Basilikum bestreuen, nach Belieben mit etwas Olivenöl beträufeln und servieren.

S. 68
WARENKUNDE Wildkaninchen

S. 125
KÜCHENPRAXIS Wildkaninchen zerteilen

RAVIOLI
herstellen und ausstechen

(1) Verteilen Sie auf einer Teigbahn in gleichmäßigen Abständen jeweils einen knappen Teelöffel der vorbereiteten Füllung.

(2) Die Zwischenräume mit verquirltem Eigelb bestreichen, eine zweite Teigbahn auflegen und gut festdrücken. Anschließend mit einem Metallring (5,5 cm Durchmesser) Ravioli ausstechen und kurz antrocknen lassen.

Hasenpunsch mit Orange und Zimt

ZUBEREITUNGSZEIT 4 Std. 30 Min.

FÜR DEN FOND
- 300 g Knochen vom Wildhasenrücken
  (beim Wildhändler vorbestellen oder 1 ganzer
  Hasenrücken, Fleisch anderweitig verwenden)
- ½ Apfel, 1–2 EL Olivenöl
- 100 g Röstgemüse (Möhre, Knollensellerie
  und Zwiebel, alles geschält und gewürfelt)
- 1 Scheibe geräucherter Bauchspeck
- 1 EL Tomatenmark, 300 ml Rotwein
- je 1 Thymian- und Rosmarinzweig
- 10 Wacholderbeeren, 1 Lorbeerblatt
- 1 angedrückte Knoblauchzehe, Salz, Pfeffer

AUSSERDEM
- 150 g Rinderwade, grob gewürfelt
- je 30 g Möhren-, Lauch- und Knollenselleriewürfel
- Saft und dünn abgeschnittene Schale
  von je 1 unbehandelten Orange und Zitrone
- 50 ml Rotwein, 50 ml roter Portwein
- 3 Gewürznelken, ½ Zimtstange
- 1 ganzer Sternanis, 5 zerstoßene Eiswürfel
- 2 Eiweiße, leicht angeschlagen
- 50 g Rotkohl, geputzt und grob geschnitten
- ½ gebräunte Zwiebel mit Schale

S. 66
WARENKUNDE Hasenrücken

S. 147
KÜCHENPRAXIS Wildfond klären

1. Die Hasenknochen in Stücke hacken. Den Apfel schälen und das Fruchtfleisch grob würfeln. Rösten Sie die Knochen in einem flachen Topf in Olivenöl an. Die Gemüse- und Apfelwürfel sowie den Speck kurz mitbraten und das Tomatenmark unterrühren. Löschen Sie alles mit einem Drittel des Rotweins ab. Die Flüssigkeit stark reduzieren und diesen Vorgang – ablöschen und reduzieren – noch zweimal wiederholen. Anschließend Kräuter und Gewürze zufügen, alles mit 2 ½ l Wasser auffüllen und 2 bis 3 Stunden bei schwacher Hitze köcheln lassen. Gießen Sie den Fond anschließend durch ein feines Sieb und lassen Sie ihn auskühlen.

2. Die Rinderwade mit dem gewürfelten Gemüse durch die mittlere Scheibe des Fleischwolfs drehen. Vermischen Sie die Masse in einer Schüssel mit Zitrussaft und -schale, Rot- und Portwein, Gewürzen und dem gestoßenen Eis. Die Klärmasse leicht salzen und mit dem Eiweiß vermischen.

3. Die Klärmasse mit dem Rotkohl und der gebräunten Zwiebel in einen Topf füllen, mit dem kalten Hasenfond auffüllen und aufkochen lassen, dabei ständig am Topfboden rühren; das Eiweiß bindet die Trübstoffe. Sobald dichter Schaum an die Oberfläche steigt, die Hitze reduzieren, nicht mehr rühren und alles 1 Stunde bei schwacher Hitze köcheln lassen. Passieren Sie die Brühe durch ein mit einem Tuch ausgelegtes Sieb. Den Hasenpunsch mit Salz und Pfeffer abschmecken, in Gläser oder Teller verteilen und servieren.

Samtige Rebhuhn-Velouté mit Kürbissalat

ZUBEREITUNGSZEIT 1 Std. 10 Min.

FÜR DIE VELOUTÉ MIT KÜRBIS
· 2 Rebhühner, 150 g Suppengemüse (Möhre, Lauch und Knollensellerie, alles geputzt)
· 3 Pfefferkörner, 3 Pimentkörner, 1 Lorbeerblatt
· je 1 Thymian- und Rosmarinzweig, Salz
· 40 g Butter, 20 g Mehl, 200 g Sahne, Pfeffer
· Muskat, 100 g Hokkaido-Kürbisfruchtfleisch
· 50 ml Orangensaft, 1 Prise Zucker
· 1 EL Kürbiskernöl

S. 80
WARENKUNDE Rebhuhn

S. 126
KÜCHENPRAXIS Federwild zerlegen

1. Die Rebhühner waschen, die Brustfilets und Keulen auslösen. Das Suppengemüse würfeln. Kochen Sie die Rebhuhnkeulen und -karkassen mit 1 l Wasser, dem Suppengemüse, den Gewürzen und etwas Salz auf. Die Hitze reduzieren und die Keulen in etwa 40 Minuten weich garen. Den Fond durch ein Sieb passieren und abkühlen lassen.

2. In einem Topf 20 g Butter zerlassen und das Mehl darin farblos anschwitzen. Mit der Sahne und ½ l Fond auffüllen, 10 bis 15 Minuten köcheln lassen und die Velouté mit Salz, Pfeffer und Muskat würzen.

3. Das Kürbisfruchtfleisch fein raspeln, mit Orangensaft, Salz, Pfeffer und Zucker abschmecken, kurz ziehen, dann abtropfen lassen.

4. Die Brustfilets salzen und pfeffern, in der übrigen Butter braten, herausnehmen und dünn aufschneiden. Das Keulenfleisch von den Knochen lösen, enthäuten, würfeln und wieder in die Suppe geben. Den Kürbissalat in tiefen Tellern mittig anrichten, die Rebhuhnbrustscheiben darauf legen und mit der warmen Velouté umgießen. Die Suppe mit ein paar Tropfen Kürbiskernöl beträufeln und servieren.

Kastaniensuppe mit Wildgeflügelfond

ZUBEREITUNGSZEIT 1 Std. 20 Min.

FÜR DIE SUPPE
- · 500 g Maronen
- · 1 kleine Räucherspeckschwarte
- · 1 Schalotte (30 g)
- · 1 EL Butter
- · 2 Wacholderbeeren, ½ Lorbeerblatt
- · Salz, frisch gemahlener Pfeffer
- · 1 Prise frisch geriebene Muskatnuss
- · 400–500 ml Wildgeflügelfond (S. 148)
  oder kräftige Hühnerbrühe
- · 150 g Sahne
- · 1 Spritzer Sherryessig

FÜR DIE EINLAGE
- · 100 g Weißbrotwürfel ohne Rinde
- · 2 EL Butter
- · 80 g frisch gehobelter Bergkäse
  oder ein anderer würziger Hartkäse
- · 1 Prise gemahlener Zimt

S. 148
KÜCHENPRAXIS Wildgeflügelfond

1. Die Maronen kreuzweise einritzen, zusammen mit der Speckschwarte in einen Topf geben, mit kaltem Wasser bedecken und in etwa 40 Minuten weich garen. Anschließend die Kastanien abgießen und schälen.

2. Die Schalotte schälen, fein würfeln und in der Butter kurz anschwitzen. Braten Sie die Kastanien unter Rühren kurz mit – sie dürfen eine leicht braune Farbe bekommen. Die Gewürze zufügen, alles mit 400 ml Wildgeflügelfond auffüllen und aufkochen lassen.

3. Die Suppe im Mixer fein pürieren. Rühren Sie die Sahne unter und lassen Sie die Suppe kurz aufkochen. Den Essig zufügen, bei Bedarf noch etwas Fond zufügen und die Suppe abschmecken.

4. Rösten Sie die Weißbrotwürfel in der Butter goldbraun an. Dann herausnehmen und die Croûtons auf Küchenpapier abtropfen lassen. Die Kastaniensuppe in vorgewärmte tiefe Teller verteilen und die Croûtons, die Käsespäne und ein wenig Zimt darüber streuen.

Mit Wildkräutern

Das Aroma frischer Wildkräuter ergänzt diese kräftige Suppe hervorragend, beispielsweise Vogelmiere, gewaschen, grob geschnitten und über die Suppe gestreut, verleiht ihr eine leicht nussige Note. Aber auch Quendel und Dost (Feldthymian und wilder Oregano) passen ausgezeichnet. Und wem das Kochen der Maroni zu lange dauert, verwendet einfach vorgegarte Maronen.

Rosenkohlcremesuppe
mit Fasanenfond und Kokosmilch

ZUBEREITUNGSZEIT 30 Min.

FÜR DIE ROSENKOHLSUPPE
· 200 g Rosenkohl
· Salz, 1 weiße Zwiebel (60 g)
· 50 g Knollensellerie, geschält
· 10 g frischer Ingwer
· 1 TL Erdnussöl
· 1 gestrichener EL Zucker
· ½ TL Currypulver
· 200 ml Kokosmilch
· 300 ml Fasanen- oder Wildgeflügelfond (S. 148)
· 1 Gewürzsäckchen mit 2 grünen
  Kardamomkapseln, 2 Wacholderbeeren
  und 2 Gewürznelken
· 20 g Crème double

*»Scheiben von geräucherter Entenbrust
oder auch von geräuchertem Waller
schmecken wunderbar als Einlage
in dieser kräftigen, cremigen Suppe.«*

1. Den Rosenkohl putzen, die äußeren grünen Rosenkohlblättchen abzupfen, in kochendem Salzwasser 1 Minute blanchieren und abgießen. Schrecken Sie den Rosenkohl in Eiswasser ab. Kühl stellen.

2. Die gelben Rosenkohlherzen halbieren. Die Zwiebel schälen und wie den Knollensellerie in feine Würfel schneiden. Den Ingwer schälen und ebenfalls fein würfeln. Braten Sie die Zwiebel-, Sellerie- und Ingwerwürfel in einem Topf in Öl an. Anschließend alles mit Salz, Zucker und Curry würzen und mit Kokosmilch und Fasanenfond ablöschen.

3. Legen Sie das Gewürzsäckchen ein und lassen Sie es 10 Minuten im Fond mitkochen. Anschließend das Gewürzsäckchen herausnehmen. Die Crème double zufügen, die Suppe mit dem Pürierstab aufmixen, dann durch ein feines Sieb passieren.

4. Erwärmen Sie die Rosenkohlblätter 1 bis 2 Minuten in der Suppe. Dann die Rosenkohlcremesuppe in Suppentassen oder -teller verteilen und servieren.

S. 148
KÜCHENPRAXIS Wildgeflügelfond

Wildentenravioli mit Maronenschaum

ZUBEREITUNGSZEIT 3 Std. 40 Min.

FÜR DIE FÜLLUNG
· 4 Wildentenkeulen (Ersatz: 1 Wildente von 800 g,
  Brüste und Keulen ausgelöst)
· Salz, Pfeffer, 20 g Gänseschmalz
· 30 g Räucherspeck mit Schwarte, am Stück
· je 30 g Knollensellerie und Möhre sowie 100 g
  Zwiebeln, alles geschält und grob gewürfelt
· 1 Tomate, grob gewürfelt
· 4 Knoblauchzehen, abgezogen
· 100 ml roter Portwein, 150 ml Burgunder
· ¼ l Geflügelfond, 8 weiße Pfefferkörner
· ½ Lorbeerblatt, 1 Rosmarinzweig
· 4 Scheiben unbehandelte Zitrone
· 20 g Butter, 2 saftige Dörrpflaumen
· 1 EL grob gehackte Pistazienkerne
· 2 cl Kirschwasser, frisch geriebene Muskatnuss
· 1 EL fein geschnittene Blattpetersilie

FÜR DEN TEIG
· 250 g Mehl, 2 Eier , 1 Eigelb, 1 EL Olivenöl

FÜR DEN MARONENSCHAUM
· 300 g Maronen, je 50 g Schalotte, Möhre und
  Staudensellerie, geputzt, in Scheiben
· 50 g Butter, 600 ml kräftige Hühnerbrühe
· 250 g Sahne, Salz, frisch gemahlener Pfeffer
· frisch geriebene Muskatnuss, 1 cl Kirschwasser

AUSSERDEM
· 1 Eigelb mit 1 EL Wasser verquirlt
· Hühnerbrühe zum Kochen der Ravioli
· je 1 Metallring von 5 und 6 cm Durchmesser
· frisch gehobelter Parmesan und
  1 EL fein geschnittene glatte Petersilie

1. Die Keulen salzen, pfeffern und in einem Schmortopf im Schmalz beidseitig anbraten. Speck, Sellerie
und Möhre kurz mitbraten. Dann die Keulen herausnehmen und die Zwiebeln zufügen. Die Hitze
reduzieren und alles gleichmäßig bräunen. Fügen
Sie die Tomate und den abgezogenen Knoblauch zu
und rösten Sie alles noch 2 Minuten. Mit Port- und
Rotwein ablöschen, mit Geflügelfond auffüllen und

Gewürze und Kräuter zufügen. Alles aufkochen, die
Keulen zugeben, mit je 1 Zitronenscheibe belegen
und bei 180 ˚C im vorgeheizten Ofen in etwa 1 Stunde 20 Minuten zugedeckt weich schmoren.

2. Verkneten Sie inzwischen alle Zutaten für den
Teig mit 2 EL Wasser und lassen Sie ihn 1 Stunde in
Folie gewickelt ruhen. Für den Schaum die Maronen kreuzweise einschneiden, bei 220 ˚C im vorgeheizten Ofen 10 Minuten rösten, herausnehmen
und schälen. Das Gemüse in Butter anschwitzen,
mit der Hühnerbrühe auffüllen und die Maronen
darin etwa 40 Minuten bei schwacher Hitze garen,
danach 3 Maronen für die Füllung beiseite legen.

3. Die Entenkeulen und den Speck aus dem Topf
nehmen und abkühlen lassen, die Zitronenscheiben
entfernen. Passieren Sie den Schmorfond durch ein
Sieb und lassen Sie ihn bei schwacher Hitze sämig
einkochen. Die Butter unterrühren, den reduzierten
Fond abschmecken und abkühlen lassen.

4. Lösen Sie das Fleisch von den Knochen und
schneiden Sie es in kleine Würfel. Den Speck, die
Dörrpflaumen sowie die 3 Maronen klein würfeln
und mit dem Entenfleisch und den Pistazien vermengen. Die Füllung mit Kirschwasser, Muskat und
Petersilie würzen, ein wenig reduzierten Fond unterrühren, abschmecken und auskühlen lassen.

5. Den Teig mit der Nudelmaschine dünn ausrollen.
In gleichmäßigem Abstand je 1 EL Füllung nicht zu
dicht auf eine Teigbahn setzen. Die Zwischenräume
mit verquirltem Eigelb bestreichen. Legen Sie eine
zweite Teigbahn darauf. Fest andrücken und mit
der runden Seite des kleineren Metallrings den
Durchmesser markieren, dabei darauf achten, dass
keine Luftblasen verbleiben. Stechen Sie dann mit
dem größeren Ring die markierten Ravioli aus.

6. Für den Maronenschaum die restlichen Maronen
mit der Brühe im Mixer fein pürieren, passieren
und die Sahne unterrühren. Die Ravioli in Hühnerbrühe etwa 6 Minuten garen, abgießen und kurz in
dem erhitzten reduzierten Schmorfond schwenken.
Den Maronenschaum aufmixen, mit Salz, Pfeffer
Muskat und Kirschwasser abschmecken und in tiefe
Teller verteilen. Die Ravioli darauf anrichten und
mit Parmesan und Petersilie garniert servieren.

S. 94
WARENKUNDE Wildente

S. 126
KÜCHENPRAXIS Zerlegen

Feine Suppeneinlagen:
Getrüffelte Fasanennockerl

ZUBEREITUNGSZEIT 40 Min.
FÜR 4–6 PORTIONEN

FÜR DIE FASANENNOCKERL
· · 250 g Fasanenfleisch, etwa aus der Keule
· · Salz, frisch gemahlener weißer Pfeffer
· · 2 cl Cognac
· · 50 g Gänsestopfleber
· · 30 g schwarze Trüffel
· · 20 g Butter
· · 2 cl Madeira
· · 2 cl roter Portwein
· · 4 cl Trüffelfond (aus dem Glas)
· · 50 ml Geflügel- oder Wildgeflügeljus (S. 144)
· · 200 g Sahne, eisgekühlt
· · 1 Prise frisch geriebene Muskatnuss
· · 800 ml Geflügelbrühe

S. 75
WARENKUNDE Fasan
◆
S. 144
KÜCHENPRAXIS Jus herstellen

1. Das Fasanenfleisch häuten, von den Sehnen befreien und grob würfeln. Würzen Sie das Fleisch mit Salz und Pfeffer und übergießen Sie es in einer Schüssel mit dem Cognac. Die Gänsestopfleber in ½ cm große Würfel schneiden, unter das Fasanenfleisch mischen und alles im Eisfach des Kühlschranks sehr gut kühlen, aber nicht anfrieren.

2. In der Zwischenzeit die Trüffel abbürsten, falls nötig dünn schälen und fein würfeln. Die Butter in einer Pfanne bräunen und die Trüffelwürfel darin kurz anschwitzen. Mit Madeira, Portwein und Trüffelfond ablöschen und die Flüssigkeit fast vollständig reduzieren. Die Geflügeljus zugeben, alles kurz aufkochen und kalt stellen.

3. Pürieren Sie das Fasanenfleisch und die Gänseleber im Mixer. Dabei nach und nach die eiskalte Sahne zugießen und untermixen. Die Trüffelreduktion unterheben, die Masse mit Salz, Pfeffer und Muskat abschmecken und mit zwei Teelöffeln zu kleinen Nocken formen. Die Geflügelbrühe aufkochen, die Temperatur reduzieren und die Fasanennockerl darin etwa 2 Minuten pochieren.

In Consommé serviert

Die getrüffelten Fasanenklößchen können Sie als Einlage in einer Wildgeflügelbrühe oder auch in einer feinen Fasanen-Consommé reichen (S. 147). Statt der schwarzen Trüffel können Sie auch die etwas günstigeren, jedoch weniger aromatischen Sommertrüffeln verwenden.

Rehklößchen mit Kräutern

ZUBEREITUNGSZEIT 40 Min.

FÜR DIE REHKLÖSSCHEN
- · 200 g gut gekühltes Rehfleisch
  aus der Schulter
- · 50 g durchwachsener Räucherspeck
- · 50 g Sahne, gut gekühlt, 1 Ei
- · 1 gestrichener TL gehackte glatte Petersilie,
  getrockneter Majoran, Thymian und Rosmarin
- · 50 g Semmelbrösel
- · Salz, frisch gemahlener Pfeffer
- · frisch geriebene Muskatnuss
- · 1 Zwiebel (60 g), geschält und mit
  mit 1 Lorbeerblatt und 1 Gewürznelke gespickt

1. Das Rehfleisch parieren und klein würfeln. Schneiden Sie den Speck ebenfalls in kleine Würfel. Den Speck mit der Sahne, dem Ei und den gehackten Kräutern zum Rehfleisch geben. In den Mixer füllen und alles mehrmals kurz aufmixen, bis sich die Masse zu einer glatten Farce verbunden hat. Dann die Semmelbrösel untermengen.

2. Schmecken Sie die Rehfarce mit Salz, Pfeffer und Muskat ab. Die Masse anschließend zu kleinen Knödeln formen.

3. In einem Topf Salzwasser mit der gespickten Zwiebel zum Kochen bringen. Die Hitze reduzieren und die Klößchen in etwa 10 Minuten in leicht siedendem Wasser gar ziehen lassen. Herausheben und die Rehklößchen als Einlage in einer Wild-Consommé servieren. Wenn Sie die Zutaten vervierfachen, können Sie auch größere Klöße formen und diese mit einer weißen Kapernsauce als Hauptgericht reichen.

Feiner Nudeltopf
mit Rehfilet, Steinpilzen
und glasierten Zwiebeln

S. 42
WARENKUNDE Rehrücken

S. 144
KÜCHENPRAXIS Jus herstellen

ZUBEREITUNGSZEIT 2 Std.

FÜR DEN NUDELTOPF
· 500 g Rehrückenfilet
· 200 g Steinpilze, 3–4 Knoblauchzehen
· 2 EL Olivenöl, Salz, frisch gemahlener Pfeffer
· 5–10 cl Gin, 300 ml Rehjus (S. 144)
· 1 TL abgezupfte Thymianblättchen
· 300 g Sahne
· 250–300 g kurze Makkaroni oder Spätzle
· 100 g Crème fraîche

FÜR DIE GLASIERTEN ZWIEBELN
· 200 g kleine Zwiebeln, 1 EL Butter
· 1 TL Zucker, 80 ml Kalbsfond, Salz

AUSSERDEM
· 1 kleiner Steinpilz, geputzt, in Scheiben
· 1 EL Öl zum Braten
· Salz, frisch gemahlener Pfeffer
· 1 EL gehackte Petersilie, Thymianzweige

1. Das Rehrückenfilet parieren und in etwa 1 ½ cm große Würfel schneiden. Die Steinpilze putzen und in Stücke, den Knoblauch abziehen und in Scheiben schneiden. Braten Sie die Steinpilze in 1 EL Olivenöl 3 bis 5 Minuten an. Anschließend mit Salz und Pfeffer würzen und die Pilze beiseite stellen.

2. Braten Sie die Rehwürfel im restlichen Öl etwa 5 Minuten ringsum an. Mit Salz und Pfeffer würzen, das Fleisch aus der Pfanne nehmen und beiseite stellen. Den Bratsatz mit dem Gin ablöschen und diesen fast völlig einkochen lassen. Alles mit der Rehjus auffüllen, Knoblauch und Thymian zufügen und die Flüssigkeit auf etwa ein Drittel reduzieren. Dann die Sahne zugießen und alles noch etwa 5 Minuten leicht köcheln lassen.

3. Inzwischen die kleinen Zwiebeln schälen. Blanchieren und glasieren Sie die Zwiebeln, wie in der Stepfolge rechts gezeigt. Die glasierten Zwiebeln warm halten.

4. Die Nudeln oder Spätzle in kochendem Salzwasser al dente garen, abgießen und abtropfen lassen. Die Crème fraîche unter die Sahnesauce rühren und das Rehfleisch sowie die Steinpilze in zwei Dritteln der Sauce erwärmen, das letzte Drittel mit dem Pürierstab kurz aufschäumen. Braten Sie die Steinpilzscheiben etwa 3 Minuten in Öl an und würzen Sie die Pilze mit Salz und Pfeffer. Mischen Sie die Nudeln unter das Ragout und richten Sie alles in vorgewärmten tiefen Tellern an. Jeweils mit etwas Saucenschaum, gebratenen Steinpilzen, glasierten Zwiebeln, gehackter Petersilie und Thymianzweigen garnieren und servieren.

ZWIEBELN
blanchieren und glasieren

(1) Die geschälten Zwiebeln in Salzwasser 2 Minuten blanchieren, abgießen und in einem Sieb abtropfen lassen.

(2) Die Butter in einer Kasserolle zerlassen und den Zucker darin leicht karamellisieren. Die Zwiebeln zufügen und unter Rühren leicht bräunen.

(3) Die Zwiebeln mit dem Kalbsfond ablöschen. Die Hitze reduzieren und den Fond einkochen lassen, dabei gelegentlich umrühren. Wenn die Flüssigkeit verdampft ist, die Zwiebeln salzen und unter Rühren fertig glasieren.

Pochieren, Dämpfen und Dünsten

Bei milder Hitze gegart bleiben die zarten Stücke
von Reh, Frischling, Hase oder Taube schön saftig.

Viel Feuchtigkeit und wenig Hitze

Gerade Wild und Wildgeflügel bekommt das behutsame Garen
in feuchter Umgebung. Das Fleisch bleibt zart und trocknet nicht
so schnell aus – dennoch es gibt dabei feine Unterschiede.

ALLE DREI GARMETHODEN eignen sich – im Gegensatz zum Kochen – nur für kurzfaseriges, bindegewebsarmes Wildfleisch. Daher ist die Auswahl an Teilstücken begrenzt. In Frage kommen vor allem die ausgelösten Rückenfilets der verschiedenen Haarwildarten sowie die ausgelösten Brustfilets von Wildgeflügel wie Rebuhn, Wachtel und Fasan. Beim Garen in feuchter Hitze bilden sich keine Röst- und Aromastoffe. Sind diese aus geschmacklichen Gründen erwünscht, so wird das Fleisch vorher kurz in wenig Öl oder Butterschmalz angebraten.

ZARTE STÜCKE SANFT POCHIEREN

Wenn Wildfleisch langsam in viel Flüssigkeit gegart wird, spricht man vom Pochieren. Das kann in Salzwasser sein, meist wird jedoch ein würziger Fond als Garflüssigkeit bevorzugt. Dabei bleiben die Temperaturen relativ niedrig: Sie liegen in der Regel zwischen 80 und 95 °C, der Siedepunkt wird nicht erreicht. Nur zu Beginn, vor dem Einlegen des Garguts, sollte die Flüssigkeit einmal kurz aufkochen, dann wird die Hitze reduziert. Auch Knödel, Klöße oder feine Suppeneinlagen aus Brät können ideal im Pochierfond gar ziehen, wie das Pochieren auch genannt wird. Da die Flüssigkeit während der gesamten Garzeit ruhig bleibt und nicht sprudelt, bleiben Knödel und Klößchen bestens in Form.

WILD SCHONEND IM DAMPF GAREN

Beim Dämpfen ist die Temperatur schon etwas höher, sie beträgt im geschlossenen Kochgeschirr um die 100 °C. Im Gegensatz zum Pochieren kommt das Wild oder Wildgeflügel beim Dämpfen jedoch nicht mit dem Kochwasser in Berührung. Das Wildfleisch gart vielmehr in einem Siebeinsatz über der kochenden Flüssigkeit, die mit verschiedenen Kräutern oder Gewürzen aromatisiert werden kann. Sobald sie zu kochen beginnt, wird die Temperatur reduziert. Mit aufeinander abgestimmten Dämpfeinsätzen oder in einem speziellen Dampfgarer lassen

sich verschiedene Lebensmittel gleichzeitig dämpfen, da die Mischung aus Wasserdampf und Luft die Speisen gleichmäßig umströmt. Achten Sie beim Dämpfen darauf, stets einen fest schließenden Deckel zu verwenden und diesen während der Garzeit nicht abzuheben, um Energieverluste zu vermeiden. Das Dämpfen ist eine besonders schonende Garmethode und eignet sich daher vor allem für sehr zartes Wildfleisch.

DÜNSTEN IN WENIG FETT ODER WASSER

Auch beim Dünsten bleiben die Temperaturen mit ungefähr 100 °C relativ niedrig, können sie doch beim Braten oder Grillen leicht das Doppelte, ja Dreifache betragen. Meist ist dabei etwas Flüssigkeit sowie ein wenig Fett im Spiel, gerade bei Wildfleisch, das ja selbst recht fettarm ist, von Wildschwein einmal abgesehen. Das Gargut kommt zunächst mit wenig Fett in den Topf, dann gießt man etwas Flüssigkeit an – das kann ein aromatischer Wild- (S. 142) oder Wildgeflügelfond (S. 148) sein. Genau genommen handelt es sich beim Dünsten um ein kombiniertes Garverfahren aus Kochen und Dämpfen. Da die Garflüssigkeit meist mitverzehrt wird, sind die Verluste an Vitaminen und Nährstoffen beim Dünsten im Vergleich zu den anderen beiden Garmethoden am geringsten.

Gerade für zartes Wildgeflügel wie Rebhuhn oder Wachtel bietet sich eine besondere Art des Dünstens an: Die Brüste und Keulen werden zunächst in wenig Fett angebraten und werden dann, zusammen mit verschiedenen Aromaten und etwas Fond oder Jus, fest in Alufolie verpackt. Beim Garen im Ofen vermischen sich dann die Aromen aufs Beste.

Fettarm und aromatisch

Ein weiterer Vorteil des Garens von Wild und Wildgeflügel im Pochierfond oder Dampf ist, dass hierbei keinerlei Fett benötigt wird und der Geschmack erhalten bleibt. Lediglich beim Dünsten kommt ein wenig Butter oder Öl hinzu, dafür gart alles im eigenen Saft, und das Aroma kann sich gut entfalten.

Rehrücken
in Heu gedämpft

ZUBEREITUNGSZEIT 1 Std. 50 Min.

FÜR DEN REHRÜCKEN
- · 1 ½ Rehrückenstränge, ausgelöst und pariert, etwa 600 g
- · Salz, Pfeffer, 2 EL Olivenöl, 100 g Wiesenheu (Bioladen)
- · ½ l Gemüsefond, je 1 Thymian- und Rosmarinzweig, 1 Lorbeerblatt

FÜR DAS SELLERIEPÜREE
- · 1 Schalotte (30 g), geschält und fein gewürfelt, 30 g Butter
- · 400 g Knollensellerie, geschält und gewürfelt
- · 200 g mehlig kochende Kartoffeln, geschält und gewürfelt
- · Salz, 200 ml Geflügelbrühe, 100 g Sahne

FÜR DIE MOKKASAUCE
- · 1 Schalotte, geschält und 1 Champignon, geputzt, beides gewürfelt
- · 1 EL Butter, 1 Thymianzweig, 5 Wacholderbeeren, zerdrückt
- · 2 cl Kaffeelikör, 200 ml Rehjus (S. 144)
- · 1 TL geröstete Mokkabohnen, Salz, Pfeffer, 30 g kalte Butter

1. Die Rehrückenstränge salzen und pfeffern. Braten Sie den Rehrücken im heißen Öl kurz an und stellen Sie ihn beiseite.

2. Für das Püree die Schalotte in der Butter glasig anschwitzen. Sellerie- und Kartoffelwürfel zugeben, salzen, die Geflügelbrühe angießen und alles zugedeckt weich garen. Entfernen Sie den Deckel und lassen Sie die restliche Flüssigkeit verdampfen, dann die Sahne unterrühren. Die Mischung pürieren, das Püree durch ein Sieb streichen, abschmecken und warm halten.

3. Für die Sauce Schalotte und Champignon in der Butter andünsten. Fügen Sie den Thymian und die Wacholderbeeren zu und löschen Sie alles mit dem Kaffeelikör ab. Die Flüssigkeit etwas reduzieren, dann die Rehjus angießen und alles erneut auf die Hälfte einkochen lassen. Nehmen Sie die Sauce vom Herd und lassen Sie die Mokkabohnen etwa 10 Minuten darin ziehen. Dann die Sauce durch ein Sieb passieren, salzen, pfeffern und die kalte Butter in Stückchen unterschlagen.

4. Das Heu vorsichtig waschen und trockentupfen. Füllen Sie den Gemüsefond in einen Topf mit Dämpfeinsatz. Dann das Heu mit den Kräutern in den Einsatz geben, den Rehrücken darin einbetten und zugedeckt bei mittlerer Hitze 12 bis 15 Minuten dämpfen. Herausnehmen und den Rehrücken 5 Minuten ruhen lassen.

5. Schneiden Sie den Rehrücken leicht schräg in 3 cm dicke Scheiben und richten Sie ihn mit dem Selleriepüree und der Mokkasauce an.

S. 42
WARENKUNDE Rehrücken

S. 144
KÜCHENPRAXIS Rehjus

»Besonders schonend: Durch das sanfte Garen im Heu bleiben
die Rehrückenfilets wunderbar saftig und das Eigenaroma aufs Beste erhalten.
Dazu passt ausgezeichnet ein mit Sahne verfeinertes
Sellerie-Kartoffel-Püree. Das Kaffeearoma der Mokkasauce
setzt dazu einen interessanten geschmacklichen Kontrapunkt.«

Pochierter Frischlingsbraten

ZUBEREITUNGSZEIT 2 Std. 15 Min.

FÜR DEN BRATEN
· 1 kg Frischlingskeule (Oberschale),
  vom Fleischer gepökelt und kalt geräuchert

FÜR DEN POCHIERFOND
· ¾ l Rotwein, ¼ l Essig, 100 g Preiselbeeren (Glas)
· 500 g Honig, 5 Thymianzweige, 1 Rosmarinzweig
· 10 g Zimtstange, 2 Lorbeerblätter, 15 Gewürznelken
· 2 Kapseln Sternanis, 30 Wacholderbeeren
· 30 Pimentkörner, je 2 EL Senf- und Pfefferkörner
· abgeriebene Schale von 1 unbehandelten Orange

FÜR DIE MOHNSCHUPFNUDELN
· 220 g Mehl, 1 Ei, Salz, 50 g Butter, 1–2 EL Mohn

S. 61
WARENKUNDE Wildschweinkeule

S. 104
KÜCHENPRAXIS Pochieren

1. Geben Sie alle Zutaten für den Pochierfond zusammen mit 2 l Wasser in einen großen Topf. Alles kurz aufkochen, die Temperatur reduzieren und den Braten im heißen Fond in 1 ½ bis 2 Stunden gar ziehen lassen, bis das Fleisch weich ist.

2. Für die Schupfnudeln Mehl, Ei, 1 TL Salz und 50 ml Wasser zu einem glatten Teig verkneten und 15 Minuten ruhen lassen. Rollen Sie den Teig zu einem 2 cm dicken Strang. Dann etwa 1 cm breite Stücke abschneiden und auf einer bemehlten Arbeitsfläche zu spitz zulaufenden Nudeln formen.

3. Die Schupfnudeln in Salzwasser 8 bis 10 Minuten garen und abgießen. Zerlassen Sie die Butter in einer Pfanne und schwenken Sie die Schupfnudeln darin und bestreuen Sie sie mit Mohn.

4. Den Frischlingsbraten herausnehmen, in Scheiben schneiden und mit den Mohnschupfnudeln anrichten. Reichen Sie nach Belieben mit Vanille aromatisierte Steckrüben dazu.

Nicht überall erhältlich

Gepökeltes und geräuchertes Wildfleisch ist meist nur in Fleischereien erhältlich, die Wildfleisch im Angebot haben, und muss in jedem Fall vorbestellt werden. Sollten Sie es nicht bekommen, können Sie die Keule auch selbst pökeln und räuchern (S. 138).

Wildhase mit feiner Trüffelfüllung

ZUBEREITUNGSZEIT 4 Std. 40 Min.
KÜHLZEIT 12 Std.

FÜR DEN HASEN

· 1 Wildhase, hohl ausgelöst, mit Knochen
· 2 EL Öl, 2 Möhren
· ½ Knollensellerie, 1 Stange Lauch, 1 Zwiebel
· 3 l Geflügelfond, 2 Lorbeerblätter, 2 Gewürznelken
· je 5 Wacholderbeeren und Pimentkörner
· 2 Thymianzweige, 1 Liebstöckelstängel
· 10 Pfefferkörner, Salz, Pfeffer, 1 EL Butter

FÜR DIE FÜLLUNG

· 4 Schalotten (80 g), geschält und gewürfelt
· 1 TL Butter, 300 g Wildfleisch, etwa Hase
· Salz, Pfeffer, 4 EL gehackte glatte Petersilie
· 80 g grüner Speck, gewürfelt
· ½ TL gehackte Thymianblättchen
· je 1 TL abgeriebene unbehandelte Orangen- und Zitronenschale
· Muskatnuss, 1 Ei, 50 g Pistazienkerne, gehackt
· 30–40 g schwarze Trüffeln, geputzt, gewürfelt
· 150 g Kalbsbriesröschen, geputzt, gewässert und in 1 EL Butter gebraten

S. 66
WARENKUNDE Wildhase

S. 133
KÜCHENPRAXIS Farce herstellen

1. Die Wildhasenknochen kalt abspülen und gut abtropfen lassen. Braten Sie die Knochen in einem Topf in 1 EL Öl braun an. Das Gemüse putzen oder schälen und grob würfeln. Löschen Sie alles mit dem Geflügelfond ab und fügen Sie das gewürfelte Gemüse, die Gewürze und Kräuter zu. Alles einmal aufkochen lassen und kräftig salzen.

2. Für die Füllung die Schalotten in der Butter glasig anschwitzen. Das Wildfleisch salzen, pfeffern und mit Schalotten, Petersilie und Speck durch die feine Scheibe des Fleischwolfs drehen. Fügen Sie den Thymian sowie die Zitrusschalen zu und schmecken Sie die Farce mit Salz, Pfeffer und Muskat ab. Das Ei einarbeiten, dann die Pistazien, Trüffelwürfel und Briesröschen vorsichtig unterheben.

3. Das Hasenfleisch auf einer Arbeitsfläche ausbreiten, salzen und pfeffern. Verteilen Sie die Farce in der Mitte und rollen Sie den Hasen wieder zu seiner ursprünglichen Form auf. Die Rolle in ein Tuch einschlagen und mit Küchengarn im Abstand von 2 cm wie einen Rollbraten binden. Den gefüllten Hasen etwa 2 ½ Stunden in dem vorbereiteten Fond bei 80 °C gar ziehen, dann über Nacht im Fond auskühlen lassen.

4. Erhitzen Sie das übrige Öl und die Butter in einem Bräter, legen Sie den Hasen hinein und braten Sie ihn bei 170 °C im vorgeheizten Ofen etwa 40 Minuten. Herausnehmen, in Scheiben schneiden und den gefüllten Hasen mit Rotkraut und Spätzle servieren.

Etwas einfacher

Fragen Sie Ihren Wildhändler oder Fleischer, ob er Ihnen den Wildhasen hohl auslöst – dafür werden die Knochen entfernt. Die Knochen brauchen Sie für den Fond. Falls Ihnen die Füllung zu aufwändig ist, können Sie die schwarzen Trüffeln auch durch schwarze Walnüsse ersetzen. Alternativ können Sie den Hasen auch kalt mit Preiselbeeren und Blattsalaten servieren.

Champagner-Risotto mit in Nussbutter pochierter Taube

ZUBEREITUNGSZEIT 1 Std. 50 Min.

FÜR DIE TAUBEN
· 4 Tauben, 200 g Butter
· 4 kleine Rosmarinzweige, Salz, Pfeffer

FÜR DEN FOND
· 2 Schalotten (40 g)
· 80 g Lauch (nur den weißen Teil)
· 1 Stängel Staudensellerie (80 g)
· 1 Lorbeerblatt, je 5 Wacholderbeeren,
  Piment- und Pfefferkörner

FÜR DEN RISOTTO
· 2 Schalotten (40 g), 2 EL Olivenöl
· 300 g Risotto-Reis, etwa Carnaroli
· Salz, ¼ l Champagner oder Sekt
· 40 g kalte Butter, in Stücken
· 50 g frisch geriebener Parmesan

S. 90
WARENKUNDE Wildtauben

S. 126
KÜCHENPRAXIS Federwild zerlegen

1. Von den Tauben die Brustfilets mit Haut ablösen und bis zur weiteren Verwendung kühl stellen.

2. Für den Fond die Schalotten schälen und würfeln. Lauch und Staudensellerie putzen, waschen und beides in Stücke schneiden. Geben Sie die Taubenkarkassen mit den Schalotten und dem Lauch in einen Topf. Alles mit ¾ l Wasser aufgießen, die Gewürze zufügen und den Taubenfond etwa 1 Stunde köcheln lassen. Anschließend vom Herd nehmen, den Taubenfond durch ein Sieb passieren und bis zur weiteren Verwendung warm halten.

3. Erhitzen Sie die Butter in einer Kasserolle, bis sie leicht gebräunt ist. Die Temperatur reduzieren und die Taubenbrüste zusammen mit den Rosmarinzweigen darin etwa 10 Minuten bei schwacher Hitze pochieren.

4. Für den Risotto die Schalotten schälen und fein würfeln, dann in Olivenöl hell anschwitzen. Den Reis auf einmal dazuschütten, salzen, und kurz mit andünsten. Löschen Sie den Reis mit Champagner ab und geben Sie nach und nach den erhitzten Taubenfond hinzu. Den Risotto unter Rühren 15 bis 20 Minuten garen. Zum Schluss die kalte Butter und Parmesan unter den Risotto rühren.

5. Die Taubenbrüste aus der Nussbutter nehmen und mit Salz und Pfeffer würzen. Richten Sie die pochierten Taubenbrüste – sie sollen innen noch leicht rosa sein – auf dem Reis an und garnieren Sie den Risotto mit den Rosmarinzweigen aus der Nussbutter.

»*Rosmarin-Risotto mit Rehnüsschen*«

Auch mit Rehnüsschen – das können die kleinen Filets vom Reh sein oder auch Medaillons aus dem Rehrücken geschnitten – schmeckt ein Risotto ausgezeichnet. Dafür dünsten Sie zunächst Schalotten und Reis in Öl an, wie oben beschrieben. Zum Ablöschen können Sie Champagner oder auch einen trockenen Weißwein verwenden, und den Taubenfond ersetzen Sie durch hellen Geflügelfond. Aromatisieren Sie den Reis dann mit 1 TL fein geschnittenen Rosmarinnadeln, so erhält der Risotto eine würzige Note, die gut zum zarten Rehfleisch passt. Ob der Reis während des Garens nun gerührt werden soll oder nicht – darüber gehen die Meinungen oft auseinander. Ich verrate Ihnen meinen Trick: Wenn Sie eine Stielkasserolle mit abgerundetem Boden verwenden, können Sie das Risotto stets schwenken, dadurch werden die Schalen des Reiskorns nicht beschädigt, der Mehlkörper bricht nicht auf und der Risotto gerät schön cremig. Nun müssen Sie nur noch die Rehnüsschen (200 g) kurz in Öl braten und den Risotto mit Parmesan und Butter verfeinern.

Markus Bischoff

Fasan in Kräutersahne pochiert

ZUBEREITUNGSZEIT 1 Std. 40 Min.

FÜR DIE FASANE
- · 2 Fasane oder je 4 Fasanenbrüste und Fasanenkeulen
- · 300 g Sahne
- · 4 Majoranstängel
- · 4 Rosmarinzweige
- · 2 Lorbeerblätter
- · 4 Wacholderbeeren, zerdrückt
- · Salz, frisch gemahlener Pfeffer
- · 1 EL Butter
- · 1 Knoblauchzehe, zerdrückt

FÜR DIE ORANGEN-POLENTA
- · ¼ l frisch gepresster Orangensaft
- · 1 TL Salz, 150 g Maisgrieß
- · 1 Ausstechring (6 cm Durchmesser)
- · 1 EL Butter

S. 74
WARENKUNDE Fasan

S. 126
KÜCHENPRAXIS Federwild zerlegen

1. Von den Fasanen Brüste und Keulen abtrennen und beiseite stellen. Aus den Karkassen können Sie einen Wildgeflügelfond zubereiten (S. 148) und anderweitig verwenden. Die Sahne aufkochen lassen, vom Herd nehmen und die Kräuter sowie die zerdrückten Wacholderbeeren etwa 1 Stunde darin ziehen lassen, bis die Sahne abgekühlt ist.

2. Passieren Sie die Sahne durch ein feines Sieb. Die Fasanenbrüste und -keulen separat in einen Beutel geben, jeweils die Hälfte der Kräutersahne zufügen, alles vakuumieren und 3 Stunden durchziehen lassen. Die Brüste 6 bis 8 und die Keulen etwa 12 Minuten in einem siedenden Wasserbad ziehen lassen, herausnehmen und noch 2 Minuten im Beutel ruhen lassen.

3. Kochen Sie für die Polenta ¼ l Wasser mit Orangensaft und Salz in einem Topf auf. Den Maisgrieß einrieseln lassen und unter Rühren etwa 20 Minuten köcheln. Die Polenta 1 cm dick auf einem nassen Brett verstreichen und abkühlen lassen.

4. Stechen Sie aus der Polenta Kreise aus und braten Sie diese in Butter kurz an. Die Fasanenteile aus dem Beutel nehmen, abtropfen lassen und mit Salz und Pfeffer würzen. Braten Sie die Fasanenbrüste und -keulen in Butter mit der Knoblauchzehe 1 Minute nicht zu heiß an. Die Brüste in Scheiben schneiden, mit je 1 Keule und den Polentascheiben anrichten.

Ohne Vakuumieren

Wenn Sie kein Vakuumiergerät zur Verfügung haben, lassen Sie die Sahne mit den Kräutern nach dem Aufkochen 5 Minuten ziehen. Passieren, die Kräutersahne erneut erhitzen und die Brüste darin 6 bis 8, die Keulen etwa 12 Minuten ziehen lassen, in Alufolie wickeln und noch 2 Minuten ruhen lassen.

Rebhuhn mit Shiitake aus der Folie

ZUBEREITUNGSZEIT 40 Min.

FÜR DIE REBHÜHNER
- · 4 Rebhühner, Salz, Pfeffer
- · 2 EL Olivenöl
- · 100 g frische Shiitake-Pilze
- · 1 Schalotte, ½ Knoblauchzehe
- · 1 EL Butter
- · 1 EL gehackte glatte Petersilie
- · 1 TL Thymianblättchen
- · 4 zerdrückte Wacholderbeeren
- · 40 ml Madeira, 2 cl Cognac
- · 4 EL Wildgeflügel- oder Geflügeljus (S. 144)

AUSSERDEM
- · 4 Stück Alufolie, jeweils
  mit 10 g Butter bestrichen

»Durch das Einpacken in Folie können sich die Aromen gut verbinden. Wenn Sie das Glück haben, eine Schnepfe zu bekommen, sollten Sie dieses Gericht auch einmal damit versuchen. Als Beilage passen in Butter geschwenkte Tagliatelle.«

1. Von den Rebhühnern die Brüste mit Flügelknochen und Keulen auslösen, salzen und pfeffern. Braten Sie die Rebhuhnteile kurz in Olivenöl scharf an.

2. Die Shiitake-Pilze in Streifen schneiden, die Schalotte schälen und klein würfeln und den Knoblauch abziehen. Braten Sie die Shiitake-Pilze mit den Schalottenwürfeln und der Knoblauchzehe in Butter an. Dann die Pilze mit Salz und Pfeffer würzen und den Knoblauch wieder entfernen.

3. Verteilen Sie auf jedem Stück Alufolie 1 EL der Pilzmischung. Je eine angebratene Rebhuhnbrust und -keule auflegen und mit den restlichen Pilzen bedecken. Die Rebhuhnteile mit Petersilie, Thymian und Wacholderbeeren bestreuen und mit Madeira, Cognac und Geflügeljus beträufeln. Schlagen Sie die Folie über die Füllung und drücken Sie die Ränder fest zusammen.

4. Garen Sie die Rebhuhnpäckchen bei 220 °C im vorgeheizten Ofen etwa 10 Minuten. Dann herausnehmen und servieren – die Folie erst am Tisch öffnen.

S. 80
WARENKUNDE Rebhuhn

S. 127
KÜCHENPRAXIS Brüste mit Flügelknochen auslösen

Chartreuse vom Wildhasen

ZUBEREITUNGSZEIT 3 Std. 30 Min.

FÜR DEN WILDHASEN
- 300 g Mirepoix (klein gewürfelte Möhren, Zwiebeln, Lauch und Staudensellerie)
- 1 Knoblauchzehe, abgezogen und fein gehackt
- 1 EL Erdnussöl, 2 cl Cognac, ½ l Geflügelfond
- 4 Hasenkeulen, je etwa 350 g, 1 Thymianzweig
- 1 Lorbeerblatt, 4 Wacholderbeeren, 1 Gewürznelke
- 1 l Rotwein, auf 200 ml reduziert
- 1 TL Speisestärke
- 1 cl Cassis- oder Himbeerlikör
- Salz, frisch gemahlener Pfeffer

FÜR DIE ROSENKOHL-TÖRTCHEN
- 300 g Rosenkohl, geputzt, Salz, 200 g Möhren
- 200 g Knollensellerie, 50 g Zwiebelwürfel
- 2 kleine Knoblauchzehen, abgezogen und gewürfelt
- 1 EL Butter, 100 g Sahne, Pfeffer
- 4 EL Kartoffelpüree

FÜR DIE TRÜFFELSAUCE
- 100 ml trockener Weißwein
- 1 weiße Trüffel, etwa 10 g, geputzt und gehackt
- 300 ml Geflügelfond, 100 g Sahne, 100 g Crème fraîche

FÜR DIE MAKKARONI-FÖRMCHEN
- 100 g Makkaroni, Salz, 50 g Geflügelfarce
- je 150 g Pfifferlinge und Steinpilze, geputzt und in Stücke geschnitten
- 50 g Zwiebelwürfel, 2 Koblauchzehen, abgezogen
- 1 EL Olivenöl, 300 ml Geflügelfond, 200 g Sahne
- 50 g Crème fraîche, 1 TL Schnittlauchröllchen

AUSSERDEM
- 8 Metallringe (5 cm hoch, 5 cm Ø), 1 EL Butter
- etwas Thymian, frittierte Rosenkohlblätter

S. 66
WARENKUNDE Feldhase

S. 133
KÜCHENPRAXIS Geflügelfarce

1. Dünsten Sie das Gemüse (Mirepoix) und den Knoblauch in Öl an. Alles mit Cognac ablöschen und mit Geflügelfond aufgießen. Die Flüssigkeit auf die Hälfte reduzieren, dann die Hasenkeulen in den Fond legen. Kräuter, Gewürze und Rotwein zufügen und alles bei 130 °C im vorgeheizten Ofen in 2 ½ bis 3 Stunden gar ziehen lassen.

2. Den Fond passieren, auf die Hälfte reduzieren und die Sauce mit der mit etwas Rotwein angerührten Stärke binden. Den Likör einrühren, die Sauce kurz aufkochen lassen, salzen und pfeffern. Lösen Sie das Fleisch von den Knochen und schneiden Sie es zur Hälfte in kleine, zur Hälfte in größere Würfel.

3. Für die Törtchen den Rosenkohl vierteln, in Salzwasser blanchieren, abtropfen lassen und grob hacken. Möhren und Sellerie schälen, beides in 4 cm lange, 1 cm breite und ½ cm dicke Stifte schneiden und in Salzwasser blanchieren. 4 Metallringe innen mit Butter fetten, abwechselnd mit Möhren- und

Selleriestiften auskleiden und auf ein mit Dauer-
backfolie belegtes Blech setzen. Zwiebelwürfel und
Knoblauch in Butter anschwitzen. Fügen Sie den gehackten Rosenkohl und die Sahne zu. Salzen, pfe-
fern und die Sahne sämig einkochen lassen, dann
1 EL Kartoffelpüree in jeden der 4 Ringe füllen und
das Rosenkohlgemüse darauf verteilen.

4. Für die Trüffelsauce den Wein mit den Trüffelwürfeln fast völlig einkochen lassen, dann mit dem
Geflügelfond auffüllen und diesen auf ein Drittel
reduzieren. Fügen Sie die Sahne zu und lassen Sie
diese einkochen, bis eine schöne Bindung entsteht.

5. Die Makkaroni in Salzwasser al dente garen, abgie-
ßen (nicht abschrecken!) und einzeln auslegen.
Kleiden Sie 4 gebutterte Metallringe eng mit den
Nudeln aus. Die Geflügelfarce innen dünn verstrei-
chen und die Förmchen auf das Blech setzen. Die
Pilze mit Zwiebel und Knoblauch in Öl anbraten.
Den Knoblauch entfernen, alles mit Geflügelfond ab-

löschen und diesen stark reduzieren. Die Sahne zufügen, sämig einkochen lassen, dann Crème fraîche
und Schnittlauch einrühren. Füllen Sie dann die
Makkaroni-Ringe zur Hälfte mit der Pilzmischung.

6. Mischen Sie das klein gewürfelte Hasenfleisch
unter die Hälfte der Sauce und verteilen Sie das Ragout auf den Pilzen. Die Makkaroni-Förmchen mit
den Rosenkohl-Törtchen bei 90 ℃ im vorgeheizten
Ofen in etwa 6 Minuten erwärmen. Die größeren
Hasenwürfel in der restlichen Sauce erhitzen.

7. Herausnehmen, Makkaroni-Förmchen und Rosenkohl-Törtchen auf vorgewärmte Teller setzen und
jeweils den Ring abziehen. Rühren Sie die Crème
fraîche unter die heiße Trüffelsauce und mixen Sie
diese mit dem Pürierstab auf. Das Makkaroni-Förmchen mit etwas Trüffelsauce überziehen und mit
Thymian bestreuen. Das Rosenkohl-Törtchen mit
frittierten Rosenkohlblättern garnieren und das
restliche Ragout daneben anrichten.

Aus der Pfanne

Nur die zartesten Stücke vom Wild wie aus
dem Rücken geschnittene Medaillons, Koteletts
oder Schnitzel eignen sich zum Kurzbraten.

Leicht gebräunt, mit rosa Kern

Zartes Wildfleisch verträgt nicht zu viel trockene Hitze, wenn es schön saftig bleiben soll. Für Filetsteaks oder Medaillons empfiehlt sich daher eine Kombination von Anbraten auf dem Herd und Fertiggaren im Ofen.

ZUNÄCHST EINMAL wird Wild – wie jedes andere Fleisch auch – rundherum kräftig angebraten. Dadurch schließen sich die Poren und der Fleischsaft im Inneren bleibt erhalten. Flache Scheiben wie Schnitzel, Frikadellen oder auch klein geschnittenes Wildfleisch für Geschnetzeltes werden dann in aller Regel auf dem Herd fertig gebraten. Dabei sollte die Hitze jedoch reduziert werden, damit das zarte und meist relativ fettarme Wildfleisch nicht austrocknet. Das erfordert von Seiten des Kochs etwas Fingerspitzengefühl, zumal Wild ja nicht blutig, sondern im Kern schön rosa gebraten auf den Tisch kommen sollte. Erfahrene Köche stellen daher ein wenig dickere Steaks oder Medaillons von Reh, Hirsch, Gams oder Mufflon nach dem Anbraten oft noch einige Minuten bei Temperaturen zwischen 160 und 180 °C in den vorgeheizten Ofen. Dort lässt sich die Hitzezufuhr und -dauer exakt steuern und das Fleisch langsam und schonend bis zum gewünschten Gargrad fertig braten.

WELCHE TEILSTÜCKE SIND ZUM BRATEN IN DER PFANNE GEEIGNET?

Beim Haarwild eignen sich generell die kurzfaserigen, zarten Teilstücke wie der Rücken und die Keule zum Kurzbraten in der Pfanne. Anders dagegen die Schulter, sie benötigt aufgrund ihres hohen Anteils an Bindegewebe eine längere Garzeit in feuchter Hitze und sollte daher besser geschmort werden. Beim Federwild zählen vor allem die ausgelösten Brustfilets – mit oder ohne Haut – sowie die Keulen zu den für das Kurzbraten interessanten Teilstücken. Die benötigten Fleischstücke sind jedoch nicht immer und überall ausgelöst erhältlich. Falls nicht, kaufen Sie den Vogel im Ganzen. Denn aus den Karkassen und Abschnitten beim Auslösen lässt sich ohne viel Mühe ein aromatischer Wildgeflügelfond herstellen (S. 148) – dieser kann dann entweder tiefgekühlt werden oder gleich als Basis für eine geschmackvolle Sauce dienen.

HILFREICHE TIPPS ZUM KURZBRATEN

Schwere Pfannen aus Guss- oder Schmiedeeisen benötigen zwar länger zum Heißwerden, geben aber die Hitze gleichmäßig an das Fleisch ab und sind daher zum Braten ideal. Wildfleisch sollte beim Anbraten nicht zu kalt sein, sondern Zimmertemperatur haben – nehmen Sie es daher etwa 1 Stunde vor der Zubereitung aus dem Kühlschrank. Wichtig ist auch, dass es ganz trocken ist, bevor es ins heiße Fett kommt. Zum Anbraten empfiehlt sich bei magerem Wild die Zugabe von ein wenig Fett. Öl oder Butterschmalz lassen sich hoch erhitzen und sind sehr gut geeignet, aber auch eine Mischung von Öl und Butter eignet sich bestens zum Anbraten von Rehmedaillons oder Hirschschnitzeln. Gewendet werden sie dann mit einem Pfannenwender, das Einstechen mit einer Gabel ist nicht zu empfehlen, dadurch wird die Oberfläche verletzt und wertvoller Fleischsaft tritt aus.

SPEZIALITÄTEN FÜR FORTGESCHRITTENE

Um zarte Reh- oder Hirschkalbsrückenmedaillons schön saftig zu erhalten, gibt es weitere Möglichkeiten: So kann eine Mischung aus Semmelbröseln, weicher Butter und verschiedenen Aromaten das Fleisch beim Braten vor zu viel Hitze schützen und dabei zugleich eine würzige Kruste bilden. Oder eine Schicht Farce übernimmt diese Aufgabe, festgehalten von einem Stück Schweinenetz – dann Crépinette genannt – oder auch von einem Kohlblatt. Kleineres Wildgeflügel wie Rebhühner oder Tauben kann auch gespalten, vom Rückgrat befreit und breit geklopft als »Crapaudine« – von französisch »comme un crapaud = wie eine Kröte« – gebraten werden, dadurch ist das Fleisch in etwa überall gleich stark und brät schön gleichmäßig.

Wild aus dem Wok

Zarte Stücke von Haar- und Federwild sind auch zum Braten im Wok geeignet. Dafür werden Wildentenbrust, Reh- oder Hirschkalbsrücken in kleine Stücke oder Streifen geschnitten und während des Bratens ständig in Bewegung gehalten, damit sie nicht verbrennen.

Rehnüsschen
mit Feigensauce

ZUBEREITUNGSZEIT 55 Min.

FÜR DIE REHNÜSSCHEN
- · 12 Medaillons aus dem ausgelösten
  Rehrückenstrang geschnitten, je etwa 50 g
- · Salz, frisch gemahlener Pfeffer
- · 20 ml Sonnenblumenöl, 20 g Butter
- · 4 Wacholderbeeren, leicht angedrückt
- · 2 Rosmarinzweige, 1 EL Schnittlauchröllchen

FÜR DIE FEIGENSAUCE
- · 4 reife Feigen, geschält und
  in Scheiben geschnitten
- · 40 g Zucker
- · 70 ml roter Portwein
- · 160 ml Wildjus (S. 144)
- · 40 g kalte Butterwürfel

FÜR DEN ROSENKOHL
- · 200 g Rosenkohl, Salz
- · 30 g Zwiebel, geschält und gewürfelt
- · 50 g Räucherspeck, gewürfelt
- · 1 EL Butter
- · Pfeffer, frisch geriebene Muskatnuss

S. 42
WARENKUNDE Rehrücken

S. 132
KÜCHENPRAXIS Plattieren

1. Die Rehnüsschen zwischen Frischhaltefolie leicht plattieren, salzen und pfeffern. Braten Sie die Medaillons in einer Mischung aus Öl und Butter von beiden Seiten etwa 3 Minuten an, dabei nach dem Wenden die Wacholderbeeren sowie den Rosmarin zufügen. Anschließend die Rehnüsschen herausnehmen und bei 80 °C im vorgeheizten Ofen warm halten.

2. Gießen Sie das Bratfett aus der Pfanne und karamellisieren Sie die Feigen kurz mit dem Zucker in der Bratpfanne. Alles mit Portwein ablöschen und diesen auf die Hälfte reduzieren.

3. Den Rosenkohl putzen, kreuzweise einschneiden und in Salzwasser 12 bis 15 Minuten garen. Abgießen, in Eiswasser abschrecken und die Röschen in Blätter teilen. Dünsten Sie die Zwiebel- und Speckwürfel in der Butter hell an. Die Rosenkohlblätter zufügen, vorsichtig vermengen und mit Salz, Pfeffer und Muskat würzen.

4. Füllen Sie die Portwein-Reduktion in eine Kasserolle um. Mit der Wildjus aufgießen und aufkochen. Die Sauce mit dem Pürierstab aufmixen, die kalte Butter unterrühren und abschmecken. Die Rehnüsschen mit Feigensauce und Rosenkohl auf Tellern anrichten, mit Schnittlauch bestreuen und servieren. Als Beilage können Sie Schupfnudeln oder Polenta reichen.

Variante mit Walnüssen

Sehr fein schmecken die Rehnüsschen auch, wenn Sie sie vor dem Braten erst in Mehl, dann in leicht geschlagenem Eiweiß und zuletzt in fein gehackten Walnusskernen wenden. Allerdings darf die Hitze beim Braten nicht zu groß sein, sonst verbrennen die Nüsse.

Rehgeschnetzeltes aus der Keule mit Zimt-Tagliatelle

ZUBEREITUNGSZEIT 1 Std. 10 Min.

FÜR DAS REHGESCHNETZELTE
· 600 g Rehkeule ohne Knochen
· 2 Möhren (150 g), 10 g Ingwerwurzel
· 1 rote Zwiebel (80 g), 1–2 EL Öl
· Salz, 1 Prise Zucker, ½ TL Currypulver (5 g)
· ½ TL Szechuan- oder schwarzer Pfeffer (5 g)
· 1 EL Tomatenmark, ½ l Kirschsaft
· 100 ml Rotwein, 25 ml Madeira, 25 ml Sherry
· 1 Rosmarinzweig
· ½ Stange Staudensellerie, geputzt
· 4 Essiggurken, 1–2 EL gehacktes Koriandergrün

FÜR DIE ZIMT-TAGLIATELLE
· 300 g Mehl, 3 Eier, Salz
· 1 gestrichener TL gemahlener Zimt, 1 EL Öl

1. Das Rehfleisch in etwa 1 cm breite Streifen schneiden. Die Möhren, den Ingwer sowie die Zwiebel schälen und alles klein würfeln.

2. Verkneten Sie die Zutaten für die Pasta zu einem glatten Teig, bei Bedarf etwas Wasser zufügen, und den Teig 30 Minuten ruhen lassen.

3. Braten Sie inzwischen die Fleischstreifen kräftig in Öl an. Das gewürfelte Gemüse mit dem Ingwer kurz mitbraten, dann alles mit Salz, Zucker, Currypulver und Pfeffer würzen. Das Tomatenmark unterrühren und 1 Minute mitbraten. Löschen Sie das Geschnetzelte mit Kirschsaft ab, dann Rotwein, Madeira, Sherry und Rosmarin zufügen und alles 20 Minuten bei schwacher Hitze offen köcheln lassen.

4. Rollen Sie den Nudelteig mit der Maschine dünn aus und schneiden Sie die Teigplatten in Tagliatelle. Den Sellerie und die Essiggurken fein wüfeln, mit dem Koriandergrün unter das Geschnetzelte mischen und alles noch 2 Minuten garen. Kochen Sie inzwischen die Zimt-Tagliatelle in Salzwasser al dente. Dann die Nudeln abgießen und mit dem Geschnetzelten auf vorgewärmten Teller anrichten.

Schnitzel vom neuseeländischen Hirsch mit gebratenen Steinpilzen

ZUBEREITUNGSZEIT 50 Min.

FÜR DIE HIRSCHSCHNITZEL
· 8 Hirschschnitzel vom neuseeländischen
  Hirsch, aus der Oberschale, je etwa 70 g
· Salz, frisch gemahlener Pfeffer
· 2 EL Öl, 1 EL Butter, Mehl, 125 g Sahne
· 4 Wacholderbeeren, zerdrückt, 2 cl Gin

FÜR DIE SPÄTZLE
· 400 g Mehl, 4 Eier, Salz, 1 EL Butter
· 1 EL Schnittlauchröllchen

FÜR DIE STEINPILZE
· 300 g Steinpilze, geputzt
· 1 Schalotte, geschält und fein gewürfelt
· 1 EL Butter, 1 EL gehackte Petersilie
· Salz, frisch gemahlener Pfeffer

S. 40
WARENKUNDE Neuseeländischer Hirsch
S. 132
KÜCHENPRAXIS Plattieren

1. Die Hirschschnitzel zwischen Frischhaltefolie leicht plattieren, dann mit Salz und Pfeffer würzen. Braten Sie die Hirschschnitzel in einer Mischung aus Öl und Butter von jeder Seite etwa 1 ½ Minuten an. Die Schnitzel aus der Pfanne nehmen und bei 80 °C im vorgeheizten Ofen warm halten.

2. Den Bratsatz leicht mit Mehl bestauben, ⅛ l Wasser, Sahne, Wacholderbeeren und Gin zufügen und alles aufkochen. Reduzieren Sie die Flüssigkeit, bis die Sauce eine angenehm cremige Konsistenz hat.

3. Rühren Sie aus dem Mehl, den Eiern, 1 gestrichenem TL Salz sowie 80 bis 100 ml Wasser einen zähflüssigen Teig, dann kurz ruhen lassen.

4. Verstreichen Sie etwas Teig dünn auf einem Spätzlebrett und schaben Sie Streifen in kochendes, leicht gesalzenes Wasser. Die Spätzle aus dem Wasser heben, sobald sie an die Oberfläche steigen. Die Pilze in Scheiben schneiden. Dünsten Sie die Schalotte in Butter an, dann die Pilze kurz mitbraten. Die Petersilie unterrühren und die gebratenen Pilze mit Salz und Pfeffer würzen.

5. Die Sauce passieren und abschmecken. Die Spätzle in Butter schwenken. Die Hirschschnitzel mit den Spätzle, der Sauce und den Pilzen auf vorgewärmten Tellern anrichten, mit Schnittlauch bestreuen und servieren.

Kürzere Garzeiten

Neuseeländisches Hirschfleisch ist sehr zart, sollte nicht durchgegart werden und benötigt daher nur kurze Garzeiten. Wenn das Fleisch vom heimischen Hirsch stammt, müssen Sie pro Seite 1 bis 2 Minuten Bratzeit zurechnen.

Medaillons vom Hirschkalbsrücken

ZUBEREITUNGSZEIT 35 Min.

FÜR DIE MEDAILLONS
· 8 Medaillons vom Hirschkalbsrücken,
  je etwa 70 g
· Salz, frisch gemahlener Pfeffer
· 2 EL Öl, 40 g Butter
· 6 Wacholderbeeren, 1 Rosmarinzweig

FÜR DIE STERNANISKRUSTE
· 100 g Weißbrot ohne Rinde
· 50 g Petersilienwurzel
· 125 g weiche Butter
· ½ TL gemahlener Sternanis (2 g)
· 1 TL fein gehackte Rosmarinnadeln
· 1 EL fein gehackte Petersilie, Salz

FÜR DEN FENCHEL
· 2 Fenchelknollen, geputzt
· 1 Schalotte, geschält und in Ringe geschnitten
· 1–2 EL Olivenöl, ⅛ l Orangensaft
· ⅛ l Wildgeflügelfond (S. 148) oder Geflügelfond
· 2 Kardamomkapseln, ½ TL Fenchelsamen
· 100 g Physalis (Kapstachelbeeren)
· ½ TL Thymianblättchen
· Salz, frisch gemahlener Pfeffer

1. Die Hirschmedaillons Zimmertemperatur annehmen lassen. Für die Sternaniskruste das Weißbrot klein würfeln und im Blitzhacker zerkleinern. Die Petersilienwurzel schälen und fein reiben. Vermengen Sie das Weißbrot in einer Schüssel mit der Petersilienwurzel, der weichen Butter, dem Sternanis und den Kräutern, dann die Paste mit Salz abschmecken.

2. Den Fenchel längs in etwa 3 mm dicke Scheiben schneiden. Braten Sie die Fenchelscheiben mit der Schalotte kurz in Olivenöl an. Beides mit Orangensaft und Geflügelfond ablöschen, Kardamom und Fenchelsamen zugeben und 4 Minuten köcheln lassen. Die Physalis waschen, halbieren, zum Fenchel geben und alles weitere 3 Minuten bei schwacher Hitze köcheln lassen. Den Thymian zufügen und den Fenchel mit Salz und Pfeffer würzen.

3. Die Hirschmedaillons salzen, pfeffern und in einer feuerfesten Pfanne von beiden Seiten kurz in Öl anbraten. Fügen Sie die Butter, die Wacholderbeeren sowie den Rosmarin zu und braten Sie die Medaillons bei 180 °C im vorgeheizten Ofen etwa 3 Minuten.

4. Herausnehmen und die Sternanispaste etwa 2 mm dick auf der Oberfläche der Medaillons verstreichen. Gratinieren Sie die Hirschkalbsmedaillons dann bei starker Oberhitze etwa 3 Minuten, bis die Kruste leicht gebräunt ist. Herausnehmen, die Medaillons mit dem Fenchel auf Tellern anrichten und servieren.

S. 32
WARENKUNDE Hirschrücken
◆
S. 106
KÜCHENPRAXIS Kurzbraten

Gämsenkoteletts
mit Topinambur-Bratkartoffeln

ZUBEREITUNGSZEIT 45 Min.

FÜR DIE GÄMSENKOTELETTS
- · 8 Gämsenkoteletts mit langen Knochen,
  je 80 g, beim Wildhändler vorbestellen
- · Salz, frisch gemahlener Pfeffer
- · 1–2 EL Öl, 1 Knoblauchzehe, abgezogen
- · 4 Wacholderbeeren
- · 1 Stängel Zitronengras, längs halbiert
- · 1 Majoranstängel, 30 g Butter

FÜR DIE TOPINAMBUR-BRATKARTOFFELN
- · 600 g Topinambur, gründlich gewaschen
- · 1 rote Zwiebel (80 g), geschält und gewürfelt
- · 50 g roh geräucherter, durchwachsener Speck,
  fein gewürfelt
- · 2–3 EL Öl, Salz, frisch geriebene Muskatnuss
- · 1 Prise gemahlener Zimt, etwas Kümmel
- · 1 TL gehackte Minze

S. 49
WARENKUNDE Gämsenrücken

S. 106
KÜCHENPRAXIS Braten

1. Die Koteletts salzen und pfeffern. Erhitzen Sie das Öl in einer feuerfesten Pfanne und braten Sie die Gämsenkoteletts darin auf beiden Seiten je 1 Minute an. Anschließend die Koteletts bei 200 °C im vorgeheizten Ofen in etwa 4 Minuten fertig braten. Herausnehmen, in Alufolie einschlagen und die Koteletts 3 Minuten ruhen lassen.

2. Die Topinambur für die Bratkartoffeln mit der Schale in dünne Scheiben schneiden. Braten Sie die rohen Topinamburscheiben mit den Zwiebel- und Speckwürfeln in Öl an. Alles mit Salz, Muskat, Zimt und Kümmel würzen und mit Minze bestreuen.

3. Zerdrücken Sie den Knoblauch sowie die Wacholderbeeren. Beides mit Zitronengras und Majoran in der Butter anschwitzen. Die Koteletts aus der Folie nehmen und noch 2 Minuten in der aromatisierten Butter schwenken.

4. Richten Sie je zwei Koteletts mit den Topinambur-Bratkartoffeln auf vorgewärmten Tellern an. Mit etwas Bratbutter beträufeln und sofort servieren.

Würzige Rehfrikadellen

ZUBEREITUNGSZEIT 55 Min.

FÜR DIE REHFRIKADELLEN
· 100 g Brötchen vom Vortag
· ⅛ l Milch, 125 g Sahne
· Salz, 1 Prise frisch geriebene Muskatnuss
· 120 g Zwiebeln, 1 Knoblauchzehe, 40 g Butter
· ½ TL gehackte Rosmarinnadeln
· ½ TL gehackte Thymianblättchen
· 1 EL gehackte glatte Petersilie
· 250 g Rehfleisch aus der Keule
· 100 g Schweinehals
· 80 g grüner Speck (Rückenspeck vom Schwein)
· 1 Prise Cayennepfeffer
· 1 Prise gemahlene Gewürznelken
· 1 Prise frisch geriebene Muskatnuss
· abgeriebene Schale von ¼ unbehandelten
  Orange
· 1 Msp. Dijon-Senf, 2 Eier

AUSSERDEM
· Rapsöl und Butter zum Braten

S. 43
WARENKUNDE Rehkeule

S. 106
KÜCHENPRAXIS Braten

1. Die trockenen Brötchen in Scheiben schneiden. Milch und Sahne in einer Kasserolle erhitzen und über die Brötchenscheiben gießen. Die Masse mit Salz und Muskat würzen und gut durchweichen lassen.

2. Die Zwiebeln und den Knoblauch schälen und beides fein würfeln. Dünsten Sie die Zwiebel- und Knoblauchwürfel in der Butter glasig an. Anschließend die Kräuter zufügen und kurz mitdünsten.

3. Geben Sie das Rehfleisch zusammen mit dem Schweinefleisch sowie dem Speck in eine Schüssel und würzen Sie es mit Salz, Cayennepfeffer, gemahlenen Nelken, Muskat, Orangenschale und Senf. Alles durch die feine Scheibe des Fleischwolfs drehen. Mit der Brot- und der Zwiebel-Kräuter-Mischung vermengen. Die Eier gut unterkneten.

4. Formen Sie aus dem Fleischteig kleine Frikadellen. In einer Pfanne etwas Rapsöl und Butter erhitzen und die Rehfrikadellen darin portionsweise auf beiden Seiten schön knusprig braten. Herausnehmen und die Frikadellen kurz auf Küchenpapier abtropfen lassen.

5. Richten Sie die Frikadellen nach Belieben mit etwas Preiselbeersahne, frittierten Wirsingstreifen und einem Löffel Cumberlandsauce (S. 297) an.

Würz-Alternativen

Sie können die Frikadellen auch mal mit Fünf-Gewürze-Pulver (Five Spice) asiatisch würzen. Oder Sie mengen getrocknete Preiselbeeren oder andere klein geschnittene Trockenfrüchte unter die Hackmasse. Unabdingbar sind jedoch das Schweinefleisch und der Speck zur Bindung, damit die Frikadellen nicht auseinander fallen.

Gebratene Wildentenbrust mit Quittenkompott

ZUBEREITUNGSZEIT 1 Std. 30 Min.

FÜR DIE WILDENTENBRUST
· 4 Wildentenbrüste (Ersatz: 1 Wildente)
· 60 g Möhre, 1 Zwiebel (60 g), 1 Knoblauchzehe
· 50 g Lauch, 50 g Knollensellerie, 2 EL Öl
· 1 TL Tomatenmark, ¼ l Rotwein
· ¼ l Wildfond (S. 142), 5 Wacholderbeeren
· 5 Pfefferkörner, 2 Lorbeerblätter
· 2 EL Johannisbeergelee, Salz, Pfeffer
· 2 EL Butter, 1 Liebstöckelstängel

FÜR DAS QUITTENKOMPOTT
· 3 Quitten, 150 ml Weißwein, 3 EL Zucker,
· Saft von ½ Zitrone, ½ Vanilleschote

FÜR DAS KARTOFFELGRÖSTL
· 600 g fest kochende Kartoffeln, gekocht
· 150 g Entenleber, 1 Zwiebel, geschält, 2 EL Öl
· 30 g Butter, Salz, Pfeffer, gehackte Petersilie

S. 95
WARENKUNDE Wildente

1. Lösen Sie die Wildentenbrüste oder die Brüste und Keulen von den Knochen. Die Entenknochen klein hacken. Möhre, Zwiebel und Knoblauch schälen, Lauch und Sellerie putzen und klein würfeln.

2. Braten Sie die Knochen für die Sauce in Öl kräftig an. Das Gemüse kurz mitbraten. Das Tomatenmark unterrühren, kurz mitrösten und alles mit Rotwein und Wildfond ablöschen. Fügen Sie die Gewürze hinzu und lassen Sie die Mischung etwa 1 Stunde bei schwacher Hitze köcheln. Anschließend die Sauce durch ein Sieb passieren, mit Johannisbeergelee, Salz und Pfeffer abschmecken und warm halten.

3. Die Quitten schälen, vierteln, vom Kerngehäuse befreien und in 100 ml Wasser zusammen mit dem Weißwein, dem Zucker, Zitronensaft und der längs aufgeschlitzten Vanillestange weich dünsten.

4. Für das Gröstl die Kartoffeln pellen und in Scheiben, die Entenleber in Würfel und die Zwiebel in Ringe schneiden. Braten Sie die Kartoffeln in Öl und 20 g Butter knusprig an. Die Zwiebelringe kurz mitbraten, dann mit Salz, Pfeffer und Petersilie würzen. Die Entenleber separat in Butter braten, salzen, pfeffern und unter das Gröstl mischen.

5. Die Ententeile salzen und pfeffern. Braten Sie das Entenfleisch in leicht gebräunter Butter mit dem Liebstöckel ringsum an, dann die Ententeile bei reduzierter Hitze fertig braten – sie sollen innen noch rosa sein. Die Quitten durch ein grobes Sieb streichen und mit dem Gröstl und der Sauce zur Wildentenbrust servieren.

Der Großmeister und das Wild: Escoffier belebt die Wildküche neu

H als, Brust und Parüren von älteren Tieren, des intensiveren Aromas wegen, etwa Reh, 1 kg Hasenabschnitte, je 2 Kaninchen und Rebhühner und 1 Fasan – der Meister rührt mit großer Kelle an. Im Verbund mit je 250 g Möhren und Zwiebeln, Salbei, Wacholderbeeren, Kräuter, 6 l Wasser und 1 Flasche Weißwein ergibt das 3 Stunden später 5 l Wildfond, der die wichtigste Ausgangsbasis seiner Wildküche ist. Das ist eines der Geheimnisse des kulinarischen Welterfolgs Auguste Escoffiers, dessen legendäre Saucenzubereitungen noch heute Maßstäbe setzen.

KAISER ALLER KÖCHE

1859 begann der spätere »Kaiser aller Köche« als 13-Jähriger eine Kochlehre bei seinem Onkel in Nizza. Er machte sich nicht nur einen Namen als Koch mit exquisitem Geschmack, sondern reformierte auch die Profiküche seiner Zeit, indem er die Spezialisierung der Köche auf einzelne Posten – die Küchenbrigade – einführte, wodurch dank straffer Hierarchien effizienter und reibungsloser gearbeitet wurde. Auguste Escoffier ist Urheber unzähliger Rezeptkreationen, allein über 5.000 sind es im »Guide culinaire« von 1903, der Bibel der französischen Kochkunst schlechthin. Escoffier war der kulinarische Mittler zwischen der untergehenden Monarchie und dem aufstrebenden Bürgertum der Belle Époque. Frühzeitig hatte er das wirtschaftliche Potenzial der neuen Klasse erkannt und zusammen mit César Ritz den entsprechenden Rahmen geschaffen: Im Savoy, Ritz oder Carlton in Paris oder London. Nebenbei sicherte er als Küchendirektor den deutschen Luxus-Transatlantiklinern vor dem Ersten Weltkrieg ihre kulinarische Spitzenposition, wofür ihn Kaiser Wilhelm II. als »Kaiser aller Köche« würdigte.

WILDFOND ALS BASIS GUTER SAUCEN

Auguste Escoffier steht in puncto Wild eher in der Tradition der französisch-angelsächsischen Küche, die Wildfleisch relativ roh zubereitet. Er empfiehlt, nur das Fleisch von älteren Wildtieren zu beizen und länger zu garen, das von Jungtieren, vor allem Koteletts, Lenden und Medaillons, jedoch nur zu sautieren. Das Geniale an Escoffiers Rezepten aber sind die Saucen. Für diese bildet sein Wildfond die unverzichtbare Basis, auf der sich – leider sehr zeitaufwändig – exzellente Kreationen herstellen lassen. Auf diese Weise bewahrt Escoffier den Eigengeschmack der jeweiligen Wildart und kombiniert ihn mit variablen Aromen. Von klassisch mit Wacholder über exotische Pfeffernoten bis zu süß-sauer und fruchtig reicht die Palette. Manche Idee der heutigen Fusion-Küche hat der Altmeister hier schon vorweggenommen, etwa die

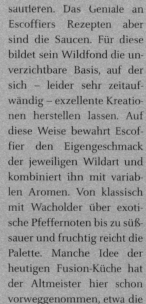

Verbindung von Essigkirschen, Schokolade, Pinienkernen und Dörrpflaumen in einem Rezept für Frischlingskeulen. Vergleichsweise moderat, vom Aufwand her gesehen, nehmen sich dagegen die Marinaden aus. Daraus stellt er durch fast vollständiges Einkochen und anschließendes Verfeinern eher traditionelle Saucen her, vorzugsweise für größere Fleischstücke wie Rücken oder Braten.

WILDGEFLÜGEL

Wildgeflügel behandelte der Meister unterschiedlich: Bei Fasanen, Feldhühnern und Schnepfen war für ihn eine längere Fleischreifung durch Abhängen notwendig, damit das Fleisch saftig und geschmackvoll wurde. Alle anderen Vögel mussten jedoch frisch zubereitet werden.

Ingrid Schindler

Fasanenbrust mit feiner Pilzfüllung

ZUBEREITUNGSZEIT 40 Min.

FÜR DIE GEFÜLLTE FASANENBRUST
· 4 Fasanenbrüste, ohne Haut
· 150 g Steinpilze oder Pfifferlinge
· 5–6 Schalotten, 1–2 Knoblauchzehen
· 1 TL Thymianblättchen, 1 EL Olivenöl
· 60 g Gänsestopfleber
· 1 EL Schnittlauchröllchen
· Salz, etwas Mehl
· 100 g frisch geriebenes Weißbrot
  (Mie de Pain)
· 1 Ei, 2 EL geklärte Butter oder Butterschmalz

AUSSERDEM
· Zahnstocher zum Verschließen

1. Schneiden Sie in die Fasanenbrüste längs eine etwa 2 cm tiefe Tasche und stellen Sie die Brüste beiseite. Die Pilze putzen und klein würfeln. Die Schalotten schälen und in dünne Scheiben schneiden. Den Knoblauch abziehen und fein hacken.

2. Dünsten Sie die Pilze mit den Schalotten, dem Knoblauch sowie dem Thymian in Olivenöl kurz an. Die von den Pilzen austretende Flüssigkeit fast völlig verdampfen lassen, die Mischung beiseite stellen und abkühlen lassen. In der Zwischenzeit die Gänsestopfleber in Würfel schneiden. Wenn die Pilzmischung lauwarm abgekühlt ist, die Leberwürfel und den Schnittlauch vorsichtig untermischen.

3. Füllen Sie die Fasanenbrüste mit der Masse und verschließen Sie die Brüste jeweils mit einem Zahnstocher. Die Fasanenbrüste salzen und mit Mehl bestauben. Die Weißbrotbrösel auf einen Teller schütten, in einem tiefen Teller das Ei verquirlen und die gefüllten Brüste erst durch das Ei ziehen, dann in den Bröseln wenden.

4. Braten Sie die gefüllten Fasanenbrüste in geklärter Butter von beiden Seiten 3 bis 4 Minuten – sie sollten eine Kerntemperatur von 40 bis 44 °C haben. Die Fasanenbrüste aus der Pfanne nehmen und nach Belieben mit Blattsalaten und Tomaten servieren.

Mit Trüffeln

Trüffel-Liebhaber ersetzen ein Drittel der Weißbrotbrösel durch fein gehackte schwarze Trüffeln – dadurch wird die Kruste höchst aromatisch. Und dazu reichen Sie dann noch eine Trüffelsauce auf Basis einer Wildgeflügeljus (S. 144) – ein Gedicht.

S. 75
WARENKUNDE Fasanenbrustfilets
◆
S. 110
KÜCHENPRAXIS Braten

Rebhuhn-Crapaudine

ZUBEREITUNGSZEIT 1 Std. 30 Min.

FÜR DIE REBHUHN-CRAPAUDINE

· 4 Rebhühner, 100 g Röstgemüse (Möhre, Stangensellerie und Zwiebel, geschält und gewürfelt)
· 3 EL Olivenöl, ½ EL Tomatenmark
· 100 ml Weißwein
· 5 Wacholderbeeren, 1 EL Preiselbeeren (Glas)
· 1 angedrückte Knoblauchzehe, 1 Rosmarinzweig
· 400 ml Wildgeflügelfond (S. 148), 3 EL Butter
· etwas Mehl, 50 g kalte Butter, 1 Granatapfel

FÜR DIE TOPFENSPÄTZLE

· 200 g Mehl, 100 g Topfen, 2 Eier, 1 Eigelb
· Salz, Pfeffer, frisch geriebene Muskatnuss

1. Bereiten Sie die Rebhühner vor, wie unten gezeigt. Für die Sauce das Gemüse mit den Rebhuhnkarkassen in 1 EL Öl anrösten. Das Tomatenmark kurz mitrösten, mit dem Weißwein ablöschen und Wacholder- und Preiselbeeren sowie Knoblauch und Rosmarin zufügen. Alles mit dem Geflügelfond aufgießen und 1 Stunde köcheln lassen.

2. Die Zutaten für die Spätzle zu einem Teig verarbeiten und mit einem Kochlöffel schlagen, bis er Blasen wirft. Drücken Sie den Teig durch eine Spätzlepresse in kochendes Salzwasser oder schaben Sie die Spätzle vom Brett. Wenn sie an die Oberfläche steigen, herausnehmen und gut abtropfen lassen.

3. Braten Sie die Rebhühner im übrigen Öl auf der Hautseite an, dann bei 160 °C im vorgeheizten Ofen in 8 bis 10 Minuten fertig garen. Herausnehmen, wenden, 2 EL Butter zufügen und die Rebhühner mit dem Bratsatz übergießen. Die Sauce passieren, etwas reduzieren, mit der kalten Butter binden und abschmecken. Die Spätzle in der restlichen Butter schwenken und abschmecken. Die Rebhühner mit den Topfenspätzle anrichten, mit etwas Sauce beträufeln und mit Granatapfelkernen bestreut servieren.

S. 80
WARENKUNDE Rebhuhn

S. 110
KÜCHENPRAXIS Braten

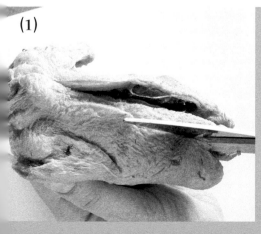

(1)

(2)

REBHÜHNER
zum Braten vorbereiten

(1) Die Rebhühner jeweils mit einer Geflügelschere auf beiden Seiten entlang des Rückgrats einschneiden, aufklappen und das Rückgrat auslösen.

(2) Anschließend das Brustbein mit den Rippenknochen entfernen, das Rebhuhn umdrehen und leicht flach drücken. Die Rebhühner salzen, pfeffern und leicht mit Mehl bestauben.

Wachtel-Variation mit Herbsttrompeten, Maronen und glasierten Perlzwiebeln

ZUBEREITUNGSZEIT 1 Std. 40 Min.
TROCKENZEIT DES KÜRBIS 4 Std.

FÜR DIE WACHTELN
· 4 Wachteln, 80 g Putenfleisch, Salz, Pfeffer
· 80 g Sahne, 1 EL gehackte glatte Petersilie
· 1 EL Herbsttrompeten, gedünstet und gehackt
· 1 Schweinenetz, in 8 Stücke (15 x 15 cm)
  geschnitten und 1 Std. gewässert
· 1–2 EL Butterschmalz zum Braten

FÜR DAS KÜRBISPÜREE
· 400 g Muskatkürbis, geschält, gewürfelt und
  bei 100 ℃ 4 Stunden im Ofen getrocknet
· Salz, Pfeffer, Zucker, 1 Spritzer Himbeeressig
· 100 g Sahne, 20 g Crème fraîche

FÜR DIE PERLZWIEBELN, PILZE & MARONEN
· 8 Perlzwiebeln, geschält, 10 g Zucker, 30 g Butter
· 8 Herbsttrompeten, 1 TL Butterschmalz
· Salz, Pfeffer, 8 Maronen, geröstet und geschält
· 20 g Waldhonig

FÜR DIE SAUCE
· 160 ml Wildgeflügel- oder Geflügeljus (S. 144)
· 40 ml Aceto balsamico, mindestens 6 Jahre alt

1. Von den Wachteln Keulen und Brüste abtrennen, wie auf S. 126 beschrieben. Bereiten Sie die Wachtelkeulen zum Füllen vor, wie unten in Step 1 gezeigt. Aus Putenfleisch, Salz, Pfeffer und Sahne eine Farce herstellen, wie auf S. 133 beschrieben. Petersilie und Herbsttrompeten unterrühren und die Wachtelkeulen füllen, wie in Step 2 gezeigt.

2. Das Kürbisfruchtfleisch im Mixer mit den Gewürzen, der Sahne und der Crème fraîche cremig pürieren. Streichen Sie das Kürbispüree durch ein feines Sieb. Das Püree abschmecken und warm halten.

3. Die Perlzwiebeln mit Zucker und 20 g Butter in eine Kasserolle geben, mit Wasser bedecken und bei 180 ℃ im vorgeheizten Ofen glasieren, bis die Zwiebeln weich sind. Braten Sie inzwischen die Pilze in Butterschmalz 1 bis 2 Minuten an. Salzen, pfeffern, die Pilze auf Küchenpapier abtropfen lassen und wie die Perlzwiebeln warm halten. Die Maronen mit dem Honig und der restlichen Butter in einer Kasserolle etwa 4 Minuten auf dem Herd glasieren.

4. Braten Sie die Wachtelkeulen auf der geschlossenen Seite in Butterschmalz kurz an. Wenden und die Keulen auf der anderen Seite vorsichtig anbraten. Die Hitze stark reduzieren und die Keulen noch etwa 6 Minuten ziehen lassen, dann warm stellen. Die Brüste salzen, pfeffern und in Butterschmalz auf der Hautseite kross anbraten. Die Hitze reduzieren, die Brüste wenden und 1 Minute auf der Fleischseite braten. Erneut wenden und die Brüste noch etwa 3 Minuten bei schwacher Temperatur ziehen lassen, dann warm halten.

5. Geflügeljus und Essig aufkochen und reduzieren. Das Kürbispüree erwärmen und mit je 2 Wachtelkeulen und -brüsten, Perlzwiebeln, Pilzen, Maroni sowie etwas Sauce dekorativ anrichten.

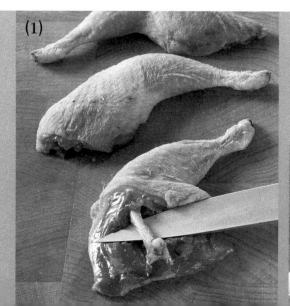
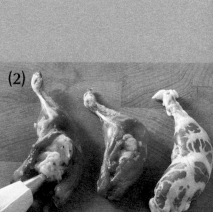

WACHTELKEULEN
auslösen und füllen

(1) Schneiden Sie die Wachtelkeulen auf der Unterseite zur Hälfte ein. Den Oberschenkelknochen freilegen und mit dem Messer leicht anheben. Im Gelenk durchtrennen und den Knochen entfernen.

(2) Würzen Sie Wachtelkeulen mit Salz und Pfeffer. Anschließend die Keulen mit je 1 EL Farce füllen. Das Keulenfleisch etwas über die Farce ziehen und die Wachtelkeule in ein Stück Schweinenetz wickeln, dabei die Enden etwas überlappen lassen.

Wildschweinrücken aus der Pfanne

ZUBEREITUNGSZEIT 40 Min.

FÜR DEN WILDSCHWEINRÜCKEN

· 800 g ausgelöster Wildschweinrücken, pariert
· Salz, Pfeffer, 2 EL Öl
· 1 angedrückte Knoblauchzehe
· 4 angedrückte Wacholderbeeren
· 1 Rosmarinzweig, 20 g Butter

FÜR DIE GLASIERTEN ZWETSCHGEN

· 1 EL brauner Zucker, 200 ml roter Portwein
· 400 g Zwetschgen, entsteint, 2 Gewürznelken
· 1 TL englisches Senfpulver
· abgeriebene Schale von 1 unbehandelten Zitrone
· 1 TL Pimentkörner, 1 TL Korianderkörner
· 20 g kalte Butter, in Stücken

S. 60
WARENKUNDE Wildschweinrücken

S. 106
KÜCHENPRAXIS Braten

1. Den Wildschweinrücken mit Salz und Pfeffer würzen. Braten Sie das Fleisch in Öl ringsum von allen Seiten goldbraun an. Das Fleisch aus der Pfanne nehmen, in einen Bräter legen und bei 120 ℃ im vorgeheizten Ofen noch etwa 15 Minuten braten.

2. Für die Zwetschgen den Zucker in einer Kasserolle karamellisieren und mit dem Portwein ablösen. Fügen Sie die Zwetschgen sowie sämtliche Gewürze zu und lassen Sie den Portwein langsam einkochen. Zum Schluss die kalte Butter stückchenweise unterrühren, die Zwetschgen sollen glänzen und die Flüssigkeit eine sämige Konsistenz haben.

3. Die Bratpfanne erneut erhitzen und den angedrückten Knoblauch, Wacholderbeeren, Rosmarin und Butter zufügen. Lassen Sie die Butter kurz aufschäumen und übergießen Sie den Wildschweinrücken damit.

4. Schneiden Sie den Wildschweinbraten in Scheiben und richten Sie ihn mit den glasierten Zwetschgen an. Als Beilage dazu schmecken Kürbis-Gnocchi und Rosenkohl oder auch Haselnuss-Spätzle und in Sahne gegarte Schwarzwurzeln ganz ausgezeichnet.

Hasenrücken im Wirsingblatt

ZUBEREITUNGSZEIT 1 Std. 10 Min.

FÜR DEN HASENRÜCKEN
· 5 Hasenrückenfilets, je etwa 80 g
· 100 g gemischte Waldpilze (Steinpilze, Pfifferlinge, Maronenröhrlinge oder andere Röhrlingsarten. Ersatz: Champignons)
· 1 Schalotte
· 1 EL Butter
· 40 ml roter Portwein oder Madeira
· Salz, frisch gemahlener Pfeffer
· 50 g Sahne
· 1 EL Crème fraîche
· 8 Wirsingblätter

FÜR DIE FARCE
· 60 g Sahne, Salz, frisch gemahlener Pfeffer
· frisch geriebene Muskatnuss

AUSSERDEM
· 1 Schweinenetz, in 4 Stücke (30 x 20 cm) geschnitten und 1 Stunde gewässert
· Öl zum Anbraten

S. 66
WARENKUNDE Hasenrücken

S. 133
KÜCHENPRAXIS Farce herstellen

1. Die Hasenrückenfilets parieren, das heißt von allen Häuten und Sehnen befreien. Legen Sie ein Hasenrückenfilet für die Farce 10 Minuten ins Tiefkühlgerät.

2. Die Pilze putzen, falls nötig, kurz abbrausen und fein würfeln. Die Schalotte schälen und in kleine Würfel schneiden. Dünsten Sie die Pilz- und Schalottenwürfel in der Butter an. Alles mit Portwein oder Madeira ablöschen und mit Salz und Pfeffer würzen. Sahne und Crème fraîche zufügen, die Pilzmischung etwas einkochen und abkühlen lassen.

3. Aus dem gekühlten Hasenfleisch im Mixer mit der Sahne, Salz, Pfeffer und Muskat eine Farce herstellen. Die Wirsingblätter in Salzwasser blanchieren, in Eiswasser abschrecken und gut abtropfen lassen.

4. Heben Sie die abgekühlte Pilzmischung – auch Duxelle genannt – unter die Farce. Je zwei Wirsingblätter überlappend auf einer Arbeitsfläche ausbreiten, mit der Farce bestreichen und je ein Hasenrückenfilet darin einschlagen. Die Wirsingpäckchen jeweils mit einem Stück Schweinenetz umhüllen und in Öl vorsichtig von allen Seiten anbraten. Die Hitze etwas reduzieren und die Hasenrückenfilets in 6 bis 8 Minuten fertig braten, sie sollen im Kern noch rosa sein.

5. Schneiden Sie das Hasenrückenfilet im Wirsingblatt schräg auf und richten Sie es auf vorgewärmten Tellern an. Nach Belieben noch etwas Wildjus (S. 144) und ein Kartoffel-Sellerie-Püree (S. 192) dazureichen.

Schnellere Variante

Falls Sie einmal wenig Zeit haben, können Sie die Hasenrückenfilets auch einfach ringsum in gebräunter Butter anbraten und den Wirsing in Form eines lockeren Rahmwirsings separat dazureichen.

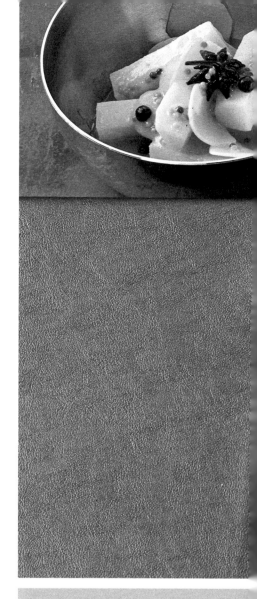

Hirschkalbs-Crépinette

ZUBEREITUNGSZEIT 1 Std. 30 Min.
MARINIERZEIT 3–4 Tage

FÜR DIE EINGELEGTE QUITTE
· 50 ml Champagneressig, 20 ml Weißwein, Salz, 1 Prise Zucker
· 1 TL Korianderkörner, 1 TL Senfkörner, 1 TL Wacholderbeeren
· 1 Kapsel Sternanis, 20 g Ingwer, geschält, in dünnen Scheiben
· 1 Quitte, geschält, in 8 x 3 cm langen Stiften, 1 EL kalte Butter

FÜR DAS HIRSCHKALBS-CRÉPINETTE
· 400 g Hirschkalbsrücken, 50 ml Hirschjus (S. 144)
· 3 angedrückte Wacholderbeeren, 1 Thymianzweig
· 40 g fein gewürfelte Möhre, Stangensellerie und Lauch
· Salz, 100 g Hähnchenbrust, 60 g Sahne, Pfeffer
· 1 EL gehackte glatte Petersilie, 1 EL geschlagene Sahne
· 1 Schweinenetz, 30 x 40 cm, gewässert (S. 134), 2 EL Olivenöl

FÜR DEN ROSENKOHL
· 8 Rosenkohlröschen, Salz
· 1 EL Schalottenwürfel, 1 TL Butter, Pfeffer, 1 Prise Zucker

1. Für die Quitte kochen Sie 300 ml Wasser mit Essig, Wein, Salz und Zucker auf. Gewürze und Ingwer zufügen, alles 5 Minuten köcheln lassen, die Quittenstifte zufügen, 4 bis 5 Minuten mitgaren, dann in ein Glas füllen, verschließen und 3 bis 4 Tage durchziehen lassen.

2. Das Fleisch parieren. Hirschjus mit Wacholder und Thymian sirupartig einkochen lassen. Die Gemüsewürfel in Salzwasser blanchieren und abtropfen lassen. Wacholder und Thymian entfernen und die reduzierte Jus abkühlen lassen. Verarbeiten Sie die Hähnchenbrust mit Sahne, Salz und Pfeffer im Mixer zu einer Farce. Die Jus, die Gemüsewürfel und die Petersilie untermischen, zuletzt die geschlagene Sahne unterheben und die Farce ½ Stunde kühl stellen.

3. Das Fleisch salzen, pfeffern und weiterarbeiten, wie in der Bildfolge rechts gezeigt. Die Quitte herausnehmen, einen Teil des Fonds einkochen, mit der Butter binden und die Quitte damit glasieren.

4. Rosenkohl vom Strunk befreien, in Salzwasser blanchieren, abschrecken, dann die Blättchen einzeln ablösen und abtropfen lassen. Dünsten Sie die Schalottenwürfel in Butter an. Dann den Rosenkohl mit Salz, Pfeffer und Zucker abschmecken. Die Hirschkalbs-Crépinette herausnehmen, in 8 Scheiben schneiden und je zwei Scheiben mit der eingelegten Quitte und dem Rosenkohl anrichten.

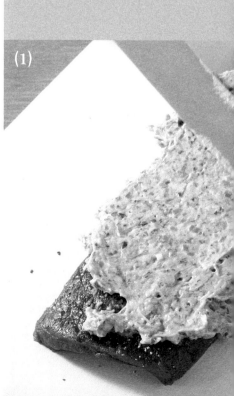

(1)

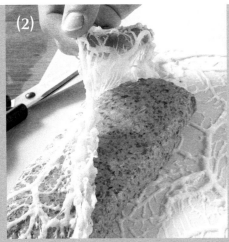

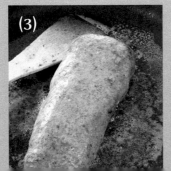

HIRSCHKALBSRÜCKEN
in Schweinenetz einschlagen und braten

(1) Den gewürzten Hirschkalbsrücken ringsum mit Hilfe einer Palette etwa ¹⁄₂ cm dick mit der gekühlten Farce bestreichen.

(2) Das Schweinenetz ausdrücken und auf der Arbeitsfläche ausbreiten. Legen Sie den Hirschkalbsrücken in die Mitte und schlagen Sie ihn dreimal in das Netz ein. Die Enden seitlich unterschlagen, verbleibende Stücke des Schweinenetzes abschneiden.

(3) In einer feuerfesten Pfanne das Olivenöl erhitzen und die Hirschkalbs-Crépinette darin bei mittlerer Hitze ringsum anbraten. Anschließend bei 160 °C im vorgeheizten Ofen in 12 bis 14 Minuten fertig braten.

Knusprige Wildentenbrust mit Ingwer

ZUBEREITUNGSZEIT 45 Min.

FÜR DIE WILDENTENBRUST
· 8 Wildentenbrustfilets je etwa 70 g
  (Ersatz: Brustfilets und Keulen von 2 Wildenten)
· 2 EL Erdnussöl, 1 Knoblauchzehe
· 30 g frischer Ingwer, 100 g Frühlingslauch
· 1 getrocknete kleine rote Chilischote, zerdrückt
· 100 g Shiitake-Pilze, geputzt und geviertelt
· 100 g Wasserkastanien (Asialaden), halbiert
· 1 EL Sojasauce, 1 EL Austernsauce
· 100 ml Geflügelfond, 1 TL Speisestärke
  1 Spritzer Limettensaft, Salz, weißer Pfeffer
· 1 TL Palmzucker oder brauner Rohrzucker
· 20 g gerösteter Sesam, 1 EL gezupfte Minze

FÜR DIE MARINADE
· 1 EL Sojasauce, 1 EL Fischsauce
· 1 TL Palmzucker oder brauner Rohrzucker
· 1 EL Erdnussöl, 1 TL geröstetes Sesamöl
· weißer Pfeffer, 2 EL Speisestärke

S. 95
WARENKUNDE Wildentenbrustfilets

S. 110
KÜCHENPRAXIS Braten

1. Die Wildentenbrüste häuten, parieren und quer zur Faser in Streifen schneiden, die Keulen – falls verwendet – ebenfalls häuten und in Streifen schneiden. Die Haut ebenfalls in dünne Streifen schneiden. Verrühren Sie sämtliche Zutaten für die Marinade gut miteinander. Das Wildentenfleisch in eine flache Form geben, mit der Marinade übergießen und etwa 20 Minuten darin ziehen lassen.

2. Das Erdnussöl im Wok erhitzen und die Entenhautstreifen darin etwa 2 Minuten knusprig ausbraten, herausnehmen und auf Küchenpapier abtropfen lassen. Nehmen Sie das Entenfleisch aus der Marinade, lassen Sie es kurz abtropfen und braten Sie es dann unter ständigem Rühren im verbliebenen Öl bei starker Hitze etwa 1 Minute kross an. Das Fleisch wieder aus dem Wok nehmen und auf Küchenpapier abtropfen lassen.

3. Knoblauch und Ingwer schälen, den Frühlingslauch putzen. Den Knoblauch in hauchdünne Scheiben, den Ingwer in Streifen und den Frühlingslauch in etwa 3 cm lange Stücke schneiden. Braten Sie den Knoblauch im Wok goldgelb an. Ingwer, Chili, Shiitake, Wasserkastanien und Lauch zufügen und alles kurz mitbraten. Die Hitze reduzieren, die Soja- und Austernsauce sowie den Geflügelfond zugeben und alles noch etwa 3 Minuten köcheln lassen, dann mit der kalt angerührten Speisestärke binden.

4. Die Mischung mit Limettensaft, Salz, Pfeffer und Palmzucker abschmecken. Die gebratenen Entenfleisch- und -hautstreifen sowie den Sesam untermischen. Die gebratene Wildentenbrust mit dem Gemüse auf Tellern oder in Schalen anrichten, mit etwas Minze bestreuen und servieren. Als Beilage passt Duft- oder Basmati-Reis sehr gut.

»Auch sehr gut: Reh im Wok gebraten«

Dass die asiatische Wunderpfanne sich auch mit Wild sehr gut verträgt, beweist die Wildentenbrust aus dem Wok. Sie können nach diesem Rezept übrigens ebenso gut andere Wildarten im Wok braten. Geeignet sind alle Teile mit kurzen Garzeiten. Also etwa das kleine Rehfilet oder auch der ausgelöste Rehrücken. Wenn Sie Geflügel bevorzugen, können Sie es auch mal mit Fasan versuchen. Die übrigen Zutaten bleiben dann dieselben. Obwohl natürlich auch hier verschiedene Variationen denkbar sind: So können Sie die Shiitake durch Steinpilze ersetzen – das bietet sich vor allem bei Reh an. Auch braune Champignons oder Austernpilze passen gut dazu. Sehr fein zu Wildgeflügel schmecken zarte Möhren, in dünne Stifte geschnitten und unter Rühren mitgebraten. Oder Sie fügen dem Pikanten eine süße Note hinzu und braten kurz vor Ende der Garzeit einige Pflaumenspalten mit. In diesem Fall können Sie die Wasserkastanien dann allerdings weglassen. Sehr japanisch und ebenfalls köstlich sind frische Udon-Nudeln als Beilage.

Gerd Eis

Aus dem Ofen

Große Braten – von der gefüllten Rehkeule über
Gämsenrücken und Wildschweinschinken bis hin
zu goldgelb gebratenem Wildgeflügel.

Außen knusprig, innen schön zart

Rücken und Keule – die edelsten Stücke von Hirsch, Reh oder Wild-schwein – machen als feine Braten immer Furore. Die Schwierigkeit dabei: Das magere Wildfleisch darf nicht austrocknen.

DURCHGEGART, ZART UND SAFTIG, so wünschen sich Wildliebhaber einen gebratenen Reh- oder Gämsenrücken. Nun ist das Braten im Ofen an sich ganz einfach: Vom Parieren einmal abgesehen, erfordert es keine großen Vorarbeiten. Wichtig ist zunächst einmal das kurze Anbraten des Braten-stücks in wenig Öl bei starker Hitze, damit sich die Poren schließen und kein Fleischsaft verloren geht. Ob das Anbraten auf dem Herd erfolgt, dann wird der Rücken oder die Keule einmal gewendet, oder im Ofen, spielt keine Rolle. Kommt der Bräter gleich zu Beginn der Garzeit in den Backofen, sollte dieser auf eine Temperatur von 200 bis 220 °C vorgeheizt sein – am besten, Sie überprüfen dies mit einem handelsüblichen Backofenthermometer, da die eingestellte Gradzahl nicht unbdingt von jedem Ofen auch erreicht wird. Nach einer 5- bis 10-minütigen Anbratphase sollte die Hitze dann möglichst schnell auf gemäßigte 160 bis 180 °C verringert werden. Dies erreichen Sie, indem Sie einfach die Ofentür kurz öffnen.

MAGERES WILDFLEISCH VOR DEM AUS-TROCKNEN SCHÜTZEN

Im Vergleich zu Schlachtfleisch von Rind und Schwein verträgt mageres Wildfleisch die trockene Hitze des Ofens jedoch nur dann wirklich gut, wenn es dabei vor dem Austrocknen geschützt wird. Da-für gibt es verschiedene Möglichkeiten: Die erste besteht darin, das Wildfleisch während des Bratens immer wieder mit Bratensaft, Fond oder Bratfett zu übergießen. Dadurch bleibt die Oberfläche des Bra-tens feucht und kann dennoch gut bräunen. Eine zweite Möglichkeit besteht darin, das Wildfleisch unter einer schützenden Hülle zu verbergen. Einge-packt in Blätterteig, der dann gleich die entspre-chende Beilage liefert, oder von Salzteig umgeben, bleiben die zarten Rückenfilets von Reh oder Gäm-se in jedem Fall schön saftig, auf eine gebräunte Kruste muss man dabei jedoch verzichten.

MIT FEINER KRUSTE

Wer dies nicht will, kann auf das Bratenstück eine dicke Schicht aus Bröseln und Nüssen oder Kräu-tern auftragen, die dann im heißen Ofen oder unter dem vorgeheizten Grill gratiniert wird und das Fleisch darunter vor zu viel Hitze bewahrt. Eine Methode, die sich übrigens auch sehr gut für Medaillons eignet. Je nach Zusammensetzung der Masse kann dem Wildfleisch so eine nussige oder mediterrane Note gegeben werden. Knusprig geba-cken kommt ein in Brotteig eingeschlagener Wild-schinken – etwa eine Wildschweinnuss – aus dem Ofen. Diese sollte vor dem Anschneiden, wie alle großen Fleischstücke, noch einige Minuten an einem warmen Ort ruhen – etwa im ausgeschalteten Ofen bei geöffneter Ofentür – damit sich der Fleischsaft im Innern gleichmäßig verteilen kann.

MIT SPECK UMWICKELT

Eine weitere Methode, Wildfleisch und Wildgeflü-gel vor dem Austrocknen zu schützen, ist das Um-wickeln mit Speck, Bardieren genannt. Hierfür kann entweder der frische, grüne Rückenspeck vom Schwein ver-wendet werden. Wird das Wild-fleisch allerdings ganz darin eingeschlagen, fehlt auch hier die Kruste und das damit ver-bundene Aroma. Anders dage-gen bei kleinerem Federwild wie Tauben oder Wachteln, bei denen oft nur die Brust mit einer dünnen Scheibe Pancetta oder Früh-stücksspeck umwickelt wird.

NIEDERTEMPERATURGAREN BEI WILD?

Generell ist das Garen von Wildfleisch bei 80 °C auf-grund einer eventuell vorhandenen Keimbelastung nicht ratsam. Wer selbst Jäger ist oder sicher sein kann, absolut zuverlässige Qualität zu erhalten, kann jedoch auch einmal eine Ausnahme machen.

Würzen nicht vergessen

Im Gegensatz zu Medaillons werden große Teilstücke aus dem Rücken oder der Keule von Hirsch, Reh und Gämse immer vor dem Anbraten mit Salz und Pfeffer gewürzt.

Gebeizte Rehkeule aus dem Ofen

ZUBEREITUNGSZEIT 2 Std.
MARINIERZEIT 2–3 Tage

FÜR DIE REHKEULE
· 1 kg Rehfleisch von der Keule, entbeint
· Salz, Pfeffer, 2 EL Öl, ¼ l Wildfond (S. 142)

FÜR DIE BEIZE
· 100 g Zwiebeln, geschält, 300 g Suppengemüse
  (Lauch, Möhren und Knollensellerie, geputzt)
· ¼ l Rotwein, ¼ l Weinessig, 2 Lorbeerblätter
· 15 Wacholderbeeren, 20 Pfefferkörner
· 2 Thymianzweige, 1 Rosmarinzweig

FÜR DIE KARTOFFELTALER
· 500 g mehlig kochende Kartoffeln
· 2 Eigelbe, 2 EL Butter, 2 EL Crème fraîche
· 1 Schalotte (20 g), geschält und fein gewürfelt
· Salz, frisch geriebene Muskatnuss
· 1 EL gehackte Petersilie, 2 EL Öl und 1 EL Butter

AUSSERDEM
· Küchengarn, 1 EL Butter, 1 Rosmarinzweig
· 1 Thymianzweig, 3 zerdrückte Wacholderbeeren

S. 43
WARENKUNDE Rehkeule

S. 132
KÜCHENPRAXIS Parieren

1. Die Rehkeule parieren. Die Zwiebeln für die Beize und das Suppengemüse grob würfeln. Kochen Sie beides mit den übrigen Zutaten für die Beize sowie 2 l Wasser auf und lassen Sie die Beize abkühlen.

2. Die Keule mit der Beize übergießen und 2 bis 3 Tage kühl durchziehen lassen. Dann trockentupfen, die Keule in Form binden, salzen, pfeffern und ringsum in Öl anbraten. Braten Sie die Keule dann mit dem Gemüse aus der Beize bei 180 ℃ im vorgeheizten Ofen noch 1 ½ bis 2 Stunden. Das Fleisch dabei wiederholt mit dem Wildfond übergießen.

3. Die Kartoffeln 20 Minuten kochen, abgießen, pellen und noch warm durch die Presse drücken. Mit den Eigelben, 1 EL Butter, der Crème fraîche, den Schalottenwürfel, Salz, Muskat und Petersilie vermengen. Verarbeiten Sie alles zu einem geschmeidigen Teig. Dann zu etwa 30 g schweren Bällchen formen, flach drücken und die Kartoffeltaler in Öl und der restlichen Butter goldbraun braten.

4. Die Keule herausnehmen, vom Garn befreien, tranchieren und mit den Kartoffeltalern auf Tellern anrichten. Die Butter mit Wacholder und Kräutern aufschäumen und das Fleisch damit beträufeln.

Rehkeule, mit Maronen gefüllt

ZUBEREITUNGSZEIT 2 Std. 30 Min.

FÜR DIE REHKEULE
· 1 ganze Rehkeule mit Knochen, etwa 2 kg
· Salz, frisch gemahlener Pfeffer
· frisch geriebene Muskatnuss
· 100 g Schalotten, geschält und fein gewürfelt
· 50 g Petersilie, gehackt, 1 ½ EL Butter
· 1 Brötchen vom Vortag, klein gewürfelt
· 100 ml heiße Milch
· 100 g Maronen, geröstet und geschält
· 2 Äpfel (150 g), etwa Elstar, 1 EL Zucker
· 1 Ei, 1 TL geschnittener Majoran
· 2 EL Öl, 200 g Röstgemüse (Zwiebel, Möhre,
  Petersilienwurzel und Knollensellerie,
  geputzt und klein gewürfelt)
· 200 ml roter Portwein
· etwas abgeriebene unbehandelte Orangen-
  und Zitronenschale
· 2 Thymianzweige, 1 Lorbeerblatt
· 5 zerdrückte Wacholderbeeren, 1 Gewürznelke
· je 5 Pfeffer- und Pimentkörner
· 1 l Rotwein, etwa Spätburgunder, Speisestärke

S. 43
WARENKUNDE Rehkeule

S. 122
KÜCHENPRAXIS Rehkeule hohl auslösen

1. Von der Keule die Haxe und den Beckenknochen entfernen und die lockeren Häute abziehen. Lösen Sie den Oberschenkelknochen aus, wie auf S. 122 gezeigt, ohne das Fleisch dabei zu durchtrennen. Die Knochen in Stücke hacken. Von der Haxe die Wade ablösen und das Fleisch von den dicken Sehnen befreien. Von der Keule an der Hüfte ein Stück Fleisch abtrennen, es wird wie die Wade für die Füllung benötigt.

2. Würzen Sie die ausgelöste Keule mit Salz, Pfeffer und Muskat. Die Schalotten mit der Petersilie in 1 EL Butter andünsten und abkühlen lassen. Das Brötchen in der heißen Milch einweichen. Die Maronen klein würfeln. Die Äpfel schälen, das Fruchtfleisch würfeln und in dem Zucker und der übrigen Butter glasieren. Drehen Sie das Waden- und Hüftfleisch (insgesamt 200 g) mit der Zwiebel-Petersilien-Mischung sowie dem abgekühlten, ausgedrückten Brötchen durch die feine Scheibe des Fleischwolfs. Anschließend das Ei, die Maronen- und die Apfelwürfel untermengen, die Masse mit Majoran würzen und abschmecken.

3. Die Keule mit der Masse füllen, mit Küchengarn zusammenbinden, salzen und pfeffern. Braten Sie das Fleisch in einem Bräter in Öl ringsum kräftig an, dann herausnehmen. Die Knochen zufügen und anrösten, dann das gewürfelte Gemüse zufügen und mitrösten. Löschen Sie alles mit dem Portwein ab. Die Keule wieder in den Bräter legen und die Zitrusschale sowie die Gewürze zufügen. Die Rehkeule dann bei 200 ℃ im vorgeheizten Ofen etwa 1 Stunde 30 Minuten braten, dabei nach und nach den Rotwein angießen.

4. Die Keule herausnehmen, die Sauce durch ein Sieb passieren und mit etwas Stärke binden. Die Keule vom Küchengarn befreien, aufschneiden und nach Belieben mit Kartoffelknödeln und Rotkraut servieren.

Rehmedaillons mit Walnusskruste

ZUBEREITUNGSZEIT 1 Std.

FÜR DIE REHMEDAILLONS
· 600 g Rehrückenfilet
· Salz, Szechuan-Pfeffer oder schwarzer Pfeffer
· 1–2 EL Öl

FÜR DIE WALNUSSKRUSTE
· 80 g Walnusskerne, 1 kleine rote Zwiebel
· 10 g Ingwer, geschält und gehackt, 2 EL Butter
· 30 g Dinkeltoastbrot vom Vortag, gerieben
· 1 EL geschnittener Majoran, Salz, Pfeffer

S. 42
WARENKUNDE Rehrücken

S. 132
KÜCHENPRAXIS Parieren

FÜR DIE MEERRETTICH-TAGLIATELLE
· 250 g Mehl, 2 Eier, 1 Eigelb, 2 EL Öl
· ½ TL Salz
· 2 EL sehr fein geriebener Meerrettich

AUSSERDEM
· 1 EL Butter, 1 Rosmarinzweig
· frisch gehobelte Meerrettichspäne

1. Schneiden Sie das Rehrückenfilet in 12 Medaillons von je 50 g. Stellen Sie aus den angegebenen Zutaten einen Nudelteig her, bei Bedarf noch etwas Wasser einarbeiten und den Teig kurz ruhen lassen.

2. Für die Kruste die Walnüsse fein hacken. Die Zwiebel schälen und fein würfeln. Ingwer- und Zwiebelwürfel 1 Minute in Butter anschwitzen. Die Brösel zufügen und goldgelb rösten. Die Walnüsse und den Majoran kurz mitrösten. Die Mischung 10 Minuten kühl stellen.

3. Den Teig mit der Nudelmaschine dünn ausrollen und in Tagliatelle schneiden.

Fruchtig variiert

Sie können auch einmal fein gehackte getrocknete Aprikosen, Pflaumen oder Rosinen unter die Walnussmasse mischen – die fruchtige Süße harmoniert ebenfalls gut mit Reh. Und als Beilage passen auch einmal Speckschupfnudeln ausgezeichnet.

4. Das Fleisch mit Salz und fein gemahlenem Szechuan-Pfeffer würzen. Braten Sie die Medaillons in einer feuerfesten Pfanne 1 Minute auf jeder Seite in Öl an. Dann die Medaillons bei 200 °C im vorgeheizten Ofen weitere 5 Minuten braten. In Alufolie einschlagen und die Medaillons noch 4 Minuten ruhen lassen.

5. In einer feuerfesten Pfanne die Butter mit dem Rosmarin erhitzen, die Medaillons in die Pfanne setzen und die Walnusskruste darauf verteilen. Gratinieren Sie die Medaillons unter dem vorgeheizten Grill 4 bis 5 Minuten, bis die Kruste goldgelb ist.

6. Die Tagliatelle in Salzwasser al dente garen, abgießen und abtropfen lassen. Die Nudeln mit den Rehmedaillons auf Tellern anrichten, mit etwas Bratbutter beträufeln und mit dem gebratenen Rosmarin und Meerrettichspänen garnieren.

Rehrücken
im Salzteig

ZUBEREITUNGSZEIT 1 Std. 30 Min.

FÜR DEN REHRÜCKEN
· 400 g Rehrückenfilet, Salz, Pfeffer, 1 EL Öl
· 3 Scheiben grüner Speck, 2 Wacholderbeeren
· 1 Thymianzweig, ½ Rosmarinzweig

FÜR DEN SALZTEIG
· 250 g Mehl, 150 g Salz, 2 Eier, 1–2 EL Olivenöl
· 1 Schuss Weißweinessig, 2 Eigelbe zum Bestreichen

FÜR DIE PILZE UND MARONEN
· 8 kleine Steinpilze, 1 Knoblauchzehe, abgezogen
· 1 EL Schalottenwürfel, 1 EL Olivenöl, Salz, Pfeffer
· 8 Maronen, geröstet und geschält, 1 EL Butter
· 50 ml Orangensaft, 100 ml Rehjus (S. 144), Thymian

1. Das Rehrückenfilet parieren. Verarbeiten Sie alle Zutaten für den Salzteig mit 40 bis 60 ml lauwarmem Wasser zu einem homogenen Teig und lassen Sie ihn zugedeckt im Kühlschrank 1 Stunde ruhen.

2. Würzen Sie den Rehrücken mit Salz und Pfeffer und braten Sie ihn ringsum in Öl an. Herausnehmen, mit Küchenpapier abtupfen und den Rehrücken mit den Speckscheiben umwickeln. Den Salzteig dünn ausrollen, den Rehrücken in die Mitte setzen und in den Teig einschlagen, wie unten gezeigt. Die Oberfläche mit einer Gabel einstechen und den Rehrücken bei 180 °C im vorgeheizten Ofen 20 bis 25 Minuten backen.

3. Steinpilze putzen und in ½ bis 1 cm dicke Scheiben schneiden, den Knoblauch fein hacken. Braten Sie die Pilze mit den Knoblauch- und Schalottenwürfeln in Olivenöl goldgelb an. Die Steinpilze mit Salz und Pfeffer würzen. Die Maronen in Butter und etwas Orangensaft glacieren. Den Rehrücken herausnehmen und kurz ruhen lassen. Teig und Speck entfernen und das Fleisch tranchieren. Den Rehrücken mit Steinpilzen und Maronen anrichten, mit etwas Rehjus beträufeln und mit je 1 Thymianzweig garniert servieren.

S. 42
WARENKUNDE Rehrücken

S. 144
KÜCHENPRAXIS Rehjus

REHRÜCKEN
in Salzteig einschlagen und mit Eigelb bestreichen

(1) Rehrücken mit Wacholder, Thymian und Rosmarin bestreuen. Die Eigelbe mit 2 EL Wasser verquirlen, die Teigseiten damit bestreichen und die Enden einschlagen.

(2) Den Teig seitlich über dem Fleisch zusammenklappen, mit der Naht nach unten auf die Arbeitsfläche legen und die Oberfläche mit verquirltem Eigelb bestreichen.

Rehrücken-Crépinette
mit Gänsestopfleber
und dreierlei Pilzen

S. 42
WARENKUNDE Rehrücken

S. 133
KÜCHENPRAXIS Farce herstellen

ZUBEREITUNGSZEIT 1 Std. 30 Min.
ZEIT ZUM WÄSSERN 1 Std.

FÜR DIE CRÉPINETTE
· 2 Rehrückenfilets, je 200 g
· 6 große Mangoldblätter, Salz, Pfeffer
· 1 Stück Schweinenetz, 30 x 20 cm, gewässert
· 2 EL Öl zum Braten

FÜR DIE FARCE
· je 20 g Morcheln, Shiitake-Pilze und Pfifferlinge,
  alle geputzt und klein gewürfelt
· 1 TL Butter, Salz, Pfeffer
· 120 g Rehfleisch aus der Schulter, gewürfelt
· 20 g Räucherspeck, gewürfelt, 80 g Sahne, gekühlt
· 1 TL fein geschnittener Thymian und Rosmarin
· 30 g Gänsestopfleber oder andere Geflügelleber,
  klein gewürfelt

1. Die Rehrückenfilets parieren und beiseite stellen. Für die Farce die Pilzwürfel in Butter anbraten, salzen und pfeffern. Die Pilze kurz auf Küchenpapier abtropfen, dann abkühlen lassen. Drehen Sie das Rehfleisch und den Speck durch die feine Scheibe des Fleischwolfs. Die Masse kurz kühl stellen, in den Mixer geben und mit der Sahne zu einer Farce verarbeiten, wie auf S. 133 gezeigt, zuletzt die Kräuter unterrühren.

2. Von der Farce 2 EL für die Schicht zwischen den Filets abnehmen, abschmecken und kühl stellen. Die übrige Farce mit den Pilzen und der Leber vermischen, abschmecken und kühlen.

3. Blanchieren Sie den Mangold in Salzwasser und schrecken Sie die Blätter kalt ab. Die Blätter mit den Rippen nach oben leicht überlappend auf einem Tuch zu einem Rechteck auslegen. Mit einem zweiten Tuch abdecken und die Blätter leicht plattieren, um die Rippen geschmeidiger zu machen. Das zweite Tuch entfernen und weiterarbeiten, wie rechts in Step 1 gezeigt.

4. Ein Rehrückenfilet salzen, pfeffern und eine Seite mit der Pilzfarce bestreichen. Setzen Sie das Rückenfilet mit der Farce nach unten mittig auf den Mangold und bestreichen Sie die Oberfläche mit 1 EL Farce ohne Einlage. Das zweite Rückenfilet salzen, pfeffern und mit 1 EL Farce ohne Einlage bestreichen. Das Filet mit der Farce nach unten auf das erste setzen, leicht festdrücken und weiterarbeiten, wie in Step 2 und 3 gezeigt.

5. Braten Sie die Rolle ringsum in Öl an. Anschließend auf ein Blech setzen und die Crépinette bei 180 °C im vorgeheizten Ofen in 12 bis 14 Minuten rosa braten. Herausnehmen, 7 bis 10 Minuten ruhen lassen, tranchieren und die Crépinette mit einer Holundersauce (S. 305) und in Petersilienbutter geschwenkten Schupfnudeln (S. 264) servieren.

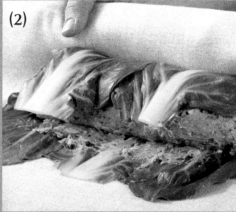

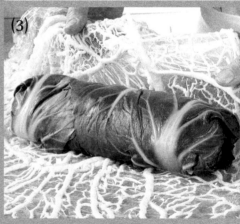

REHRÜCKEN-CRÉPINETTE
in Mangold und Schweinenetz einschlagen

(1) Die Mangoldblätter gleichmäßig dünn mit der Pilzfarce bestreichen.

(2) Das obere Filet ringsum mit Pilzfarce bestreichen und die Rehrückenfilets in den Mangold einschlagen. Dafür das Tuch leicht anheben und die Füllung in die Blätter einrollen.

(3) Das Schweinenetz ausbreiten, die Mangoldrolle darauf setzen und in das Schweinenetz einschlagen, die Ränder dürfen dabei großzügig überlappen, damit sich die Crépinette beim Braten nicht öffnet.

Hirschkarree mit gefülltem Bratapfel

ZUBEREITUNGSZEIT 1 Std. 30 Min.

FÜR DAS HIRSCHKARREE
- · 2 Hirschkarrees mit je 4 Rippen-, jedoch ohne Wirbelknochen (vorbestellen)
- · Salz, Pfeffer, 3 EL Butter
- · 5 zerdrückte Wacholderbeeren
- · ½ Südtiroler Vintschgerl, vom Vortag (Ersatz: Roggenbrötchen vom Vortag)
- · 10 Mandeln, 1 getrocknete Chilischote
- · 2 EL Waldhonig, 200 ml Hirschjus (S. 144)

FÜR DIE SPECKBUCHTELN
- · 350 g Mehl, 150 ml lauwarme Milch
- · ½ Würfel Hefe, 120 g Butter, 1 Ei
- · 100 g Südtiroler Bauernspeck, gewürfelt

FÜR DIE BRATÄPFEL
- · 4 kleine rote Äpfel
- · 20 g Marzipanrohmasse, 1 EL Rosinen
- · 20 g Mandelstifte, 1 Eiweiß

S. 32
WARENKUNDE Hirschrücken

◆

S. 144
KÜCHENPRAXIS Hirschjus

1. Die Hirschkarrees parieren und beiseite stellen. Stellen Sie für die Buchteln aus Mehl, Milch, Hefe, der Hälfte der Butter und dem Ei einen Hefeteig her. Die Speckwürfel untermengen, den Teig 15 Minuten gehen lassen, dann in Portionen von je 30 g teilen und zu Kugeln formen. Die übrige Butter zerlassen und eine runde Form mit 1 EL Butter ausstreichen. Die Buchteln nebeneinander einsetzen und 20 Minuten gehen lassen.

2. Würzen Sie die Hirschkarrees mit Salz und Pfeffer und braten Sie das Fleisch in Butter mit den Wacholderbeeren ringsum braun an. Anschließend die Karrees bei 180 °C im vorgeheizten Ofen in 12 bis 15 Minuten rosa braten, dabei wiederholt mit der Bratbutter übergießen.

3. Die Buchteln mit 2 EL flüssiger Butter bestreichen und bei 180 °C im vorgeheizten Ofen 20 Minuten backen, mit der restlichen Butter bestreichen und in etwa 5 Minuten fertig backen, dann herausnehmen.

4. Die Äpfel mit einem Apfelausstecher vorsichtig vom Kerngehäuse befreien, ohne sie ganz zu durchstechen, es soll ein Boden übrig bleiben. Verrühren Sie das Marzipan mit den Rosinen, den Mandelstiften sowie dem Eiweiß und füllen Sie die Äpfel damit. Die Äpfel bei 180 °C im vorgeheizten Ofen 10 Minuten braten und warm halten.

5. Inzwischen das Vintschgerl, die Mandeln und die Chilischote im Mixer fein zerkleinern. Den Honig unterrühren, die Masse auf den Karrees verteilen und diese unter dem vorgeheizten Grill im Ofen goldbraun gratinieren. Herausnehmen, die Karrees halbieren, mit den Bratäpfeln und Speckbuchteln anrichten und mit etwas erhitzter Hirschjus umgießen.

Variante mit Steinbock

Wenn Sie die Chance haben, ein Karree vom Steinbock zu bekommen, versuchen Sie dieses Rezept doch auch einmal damit.

Mit Lorbeer gespickt und in Heu gegart: Frikandeau vom Hirsch

ZUBEREITUNGSZEIT 3–4 Std.

FÜR DAS HIRSCHFRIKANDEAU
· 800 g Unterschale vom Hirsch
· 6 frische Lorbeerblätter
· Salz, frisch gemahlener Pfeffer
· 2 EL Butterschmalz zum Braten

AUSSERDEM
· 5 Hand voll Wiesenheu (Bioladen)
· ½ Bund Thymian, 2 Rosmarinzweige
· grobes Meersalz und geschroteter
  schwarzer Pfeffer zum Garnieren

»Eine zeitgemäße Form, einen klassischen großen Braten zu servieren. Mit grobem Meersalz und geschrotetem schwarzem Pfeffer bestreut, werden die rosa gebratenen Hirschfrikandeauscheiben zur Delikatesse.«

1. Das Hirschfrikandeau sauber parieren. Die Lorbeerblätter längs halbieren. Stechen Sie das Hirschfleisch seitlich und oben in regelmäßigen Abständen 12-mal ein und spicken Sie jeden Einschnitt mit einem halben Lorbeerblatt. Die Blattspitzen sollen etwa ½ cm aus dem Fleisch herausragen.

2. Würzen Sie das Fleisch mit Salz und Pfeffer und braten Sie es vorsichtig ringsum in Butterschmalz an, ohne die Lorbeerblätter dabei zu verbrennen.

3. Vermischen Sie das Wiesenheu mit den Kräutern und geben Sie ein Drittel der Mischung in einen Bräter. Das angebratene Frikandeau darauf setzen, mit dem restlichen Heu bedecken und bei 80 °C im vorgeheizten Ofen 3 bis 4 Stunden garen, bis die Kerntemperatur an der dicksten Stelle des Fleischstückes 55 bis 60 °C erreicht hat. Das Fleisch vor dem Anschneiden 5 Minuten warm ruhen lassen.

4. Das Hirschfrikandeau tranchieren, mit grobem Salz und geschrotetem Pfeffer bestreuen. Reichen Sie nach Belieben eine Pfeffersauce (S. 297) und Schupfnudeln (S. 264) dazu.

S. 33
WARENKUNDE Hirschkeule

S. 297
REZEPTE Pfeffersauce

Spätzle, Kohl & Co. oder die hohe Kunst der Beilagen

Meist sind sie Mauerblümchen und werden stiefmütterlich behandelt. Aber auch und gerade an der Aufmerksamkeit, die Köche den Beilagen widmen, zeigt sich das Niveau der Küche. Ungerührt jahraus, jahrein Hirschfilet oder Rehnüsschen mit Spätzle, Rotkohl und Preiselbeeren auf Apfel oder Birne zu servieren, zeugt nicht nur von Einfallslosigkeit, sondern auch von Lieblosigkeit gegenüber dem hochwertigsten Fleisch, das uns zur Verfügung steht. Denn, wer würde schon zu Rind, Huhn oder Schwein immer dieselben Beilagen reichen? Und wem stünde das ganze Jahr über der Sinn nach Herbstgenüssen?

Kein Wunder, rümpfen manche im Frühling über Wild die Nase, verbinden sie es doch entsprechend der Beilagen mit Nebelschwaden und Herbststürmen. Dabei bietet Wild eine ausgesprochen breite Palette unterschiedlichster Fleischsorten und Gerichte, die mühelos die vier Jahreszeiten auf den Tisch bringen können. Denn erstens steht es das ganze Jahr über frisch oder tiefgekühlt zur Verfügung und zweitens eignet es sich genau wie Schlachtfleisch auch für jede bekannte Zubereitungsart. Doch bevor wir uns wieder mit dem Thema Fleisch beschäftigen, sehen wir uns für diesmal unter seinen Begleitern um.

Spätzle, Kohl & Co. sind die klassischen Beilagen zu Wildgerichten in Deutschland, Österreich und der Schweiz. Auch den Franzosen, Engländern und Italienern sind Spätzle ein Begriff. Schließlich sind sie die einzige Nudelsorte der Deutschen, die in Schwaben, Baden und insbesondere im Allgäu zuhause ist. Im Elsass heißen sie Spetzli oder Spatzele, in der Schweiz und Baden auch Knöpfli oder Knöpfle. Als gäbe es weder Buebespitzle, Schupfnudeln, Semmelknödel, Speckbuchteln, Röschti, Gratins oder Püree, Pasta und Polenta, bilden sie die beinahe omnipräsente Beilage zu Wild, abgesehen von Fertigkroketten und anderen industriellen Kartoffelprodukten. An sich ist gegen Spätzle gar nichts einzuwenden, wenn sie denn mit Liebe frisch zubereitet würden.

So einfach und günstig Spätzle herzustellen sind, scheiden sich schon an der Methode die Geister. Während die einen auf einen Seiher setzen, brauchen die anderen einen speziellen Hobel, die Dritten eine Presse. Traditionalisten wiederum geht nichts über das Schaben von Hand. Von einem an der Kante abgeflachten Brett werden dabei mit einem Schaber die Spätzle von Hand portionsweise in kochendes Salzwasser geschabt.

Dabei wissen Kenner: Das Wichtigste ist der Teig. Luftig geschlagen muss er sein, das richtige Mehl enthalten – mit Vollkorn, Dinkel oder Buchweizen erzielt man nicht das gewünschte Ergebnis – und die richtige Menge Wasser. Bleiben nur noch die Eier, an denen das Gelingen scheitern könnte … Doch keine Angst, so kompliziert ist das Spätzlemachen nicht! Besser als vorgekochte und vorgefettete, mit E- und Konservierungsstoffen versehene Halbfertigware aus dem Kühlregal geraten hausgemachte Spätzle allemal. Und wenn sie annähernd so gut schmecken wie bei den Meyers in Bad Osterfingen im schweizerischen Klettgau unweit der deutschen Grenze, hat man die Sache voll im Griff. In der Küche des Gasthauses von 1472 werden in dritter Generation zweimal am Tag frische Eierspätzle dünn vom Brett geschabt. Sobald die Teigwaren an die Oberfläche steigen, werden sie in separates Salzwasser getaucht, damit sie sich schließen und nicht zusammenkleben. Anschließend werden sie »vergoldet«, das heißt mit reichlich fein geriebenen und in viel Butter behutsam gewendeten Semmelbröseln in einer vorgewärmten Schüssel gut vermischt. Das Ergebnis schmeckt so köstlich, dass hier die Spätzle die Hauptrolle spielen und sich Küche und Kundschaft längst darauf eingestellt haben. Fleisch gibt's wenig, Spätzle viel, was sich allerdings auf den Preis nicht senkend auswirkt.

Mit Butter ist das übrigens so eine Sache: Leicht saugen die Spätzle, die ja über eine hohe Saucenbindungskraft verfügen, flüssige Butter auf und werden fett. Von bunten Experimenten, wie dem Färben des Spätzleteigs mit Spinat, Tomatenmark, Kürbis, roter Bete oder Bärlauch, hält man in Bad Osterfingen wenig. Die Spätzle kommen klassisch

mit feinen Pilzrahmsaucen auf den Tisch, je nach Saison mit Pfifferlingen, Morcheln, Champignons oder Steinpilzen.

Auch Rotkohl, Blaukraut oder Rotkabis verdient Zuwendung über die Handhabung eines Dosenöffners hinaus. Fein aufgeschnitten, mit Essig, Zucker, Salz und sauren Äpfeln über Nacht kühl mariniert, bietet Rotkohl alle Voraussetzungen zur Delikatesse. Verwendet man Gänseschmalz zum Karamellisieren von Zwiebeln und Essig zum Ablöschen, steigen die Chancen erneut. Dann braucht es nur noch etwas Bouillon, Zimt und Nelken, Apfelkompott, Johannisbeergelee oder frische Cranberries,

Traditionell oder modern: Die besten Beilagen zu Wild kommen nicht aus einer Packung oder Dose, sondern sind mit frischen Zutaten selbst zubereitet.

einen guten Schuss Rotwein und Geduld – und der Rotkohl wird perfekt. Dank bitterer Geschmackskomponenten passen Kohlköpfe hervorragend in das Aromenquartett von bitter, salzig, sauer und fruchtig-süß, das für viele Wildgerichte typisch ist. Auch Rahmwirsing, Brokkoli oder mit Orangenschalen oder -blütenessenz verfeinerte, ganze oder entblätterte Rosenkohlröschen harmonieren bestens zu Wild, ebenso wie Pak Choy oder Mangold.

Bewährte, mehlig schmeckende Begleiter sind auch Kastanien oder Maroni und Kürbisgemüse. In anderen Esskulturen werden sie durch Nusspürees (vor allem Erdnüsse), Linsen, Kichererbsen oder dicke Bohnen ersetzt, die man bei uns zu Wild kaum serviert, außer vielleicht kalt, als Salat. Ob Blatt-, Sellerie-, Möhren- oder Krautsalat – Salate passen vor allem in der warmen Jahreszeit hervorragend zu kurz gebratenem Wild, das man anstelle von Preiselbeeren zur Abwechslung mit Chutneys, Relishes oder pikanten Saucen aus Sauerkirschen, Stachelbeeren, Holunder- oder Johannisbeeren kombinieren kann. Der Fantasie sind keine Grenzen gesetzt. Das demonstrieren auch immer mehr Spitzenköche, die die Wildküche in wildem Stilmix in neue Höhen treiben. Da stehen schon mal südafrikanische Springbock-Inspirationen neben nordländischen Karibu-Kreationen oder wachsen schwer identifizierbare Beilagetürmchen über dreifarbigen Polentasavarins mit getrüffelter Blaubeer-Portwein-Jus zu Wildentenbrüstchen in Pecannusskruste so sehr über sich hinaus, dass man – klammheimlich – am liebsten Spätzle, Kohl & Co. bestellen würde.

Ingrid Schindler

Gämsenrücken in Blätterteig

ZUBEREITUNGSZEIT 1 Std. 20 Min.

FÜR DEN GÄMSENRÜCKEN
- · 1 Rückenfilet von der Gämse, etwa 800 g, pariert
- · Salz, Pfeffer, frisch geriebene Muskatnuss
- · 80 g Sahne, gut gekühlt, 2 EL Öl zum Braten
- · 1 mittelgroßer Kopf Wirsing, etwa 350 g
- · 2 Äpfel (180 g), 1 TL Zucker, 1 TL Butter
- · 20–60 g schwarze Trüffeln, geputzt und fein gewürfelt
- · 10 Scheiben gekochter, leicht geräucherter Hinterschinken

AUSSERDEM
- · 400 g Blätterteig, 2 Eigelbe, mit 1 EL Wasser verquirlt

1. Vom Rückenfilet an beiden Enden je etwa 40 g Fleisch abschneiden, klein würfeln und 10 Minuten kühl stellen. Würzen Sie das Fleisch mit Salz, Pfeffer und Muskat und verarbeiten Sie es mit der Sahne im Mixer zu einer Farce, wie S. 133 gezeigt. Die Farce anschließend durch ein Sieb streichen und abschmecken.

2. Würzen Sie das Gämsenrückenfilet mit Salz und Pfeffer und braten Sie es ringsum in Öl kräftig an, der Rücken sollte innen noch gut rosa sein. Das Fleisch kühl stellen.

3. Den Wirsing vom Strunk befreien, die Blätter abtrennen und in Salzwasser in 5 bis 6 Minuten weich garen. Herausnehmen, den Wirsing in Eiswasser abschrecken, sehr gut ausdrücken und fein hacken. Würzen Sie den Wirsing mit Salz, Pfeffer und Muskat. Die Äpfel schälen, vom Kerngehäuse befreien und klein würfeln. Apfelwürfel und Zucker in der Butter glasieren, mit den Trüffelwürfeln sowie dem Wirsing unter die Farce mengen und weiterarbeiten, wie in Step 1 und 2 rechts gezeigt.

4. Den Blätterteig zu einer 45 x 30 cm großen Platte ausrollen, den Rand mit Eigelb bestreichen und den Rücken darin einschlagen, wie in Step 3 gezeigt. Backen Sie den Gämsenrücken bei 200 °C im vorgeheizten Ofen in etwa 30 Minuten goldgelb. Herausnehmen, kurz ruhen lassen, in Scheiben schneiden und den Gämsenrücken nach Belieben mit Blattsalaten servieren.

S. 49
WARENKUNDE Gämsenrücken

S. 133
KÜCHENPRAXIS Farce herstellen

(1)

GÄMSENRÜCKEN
in Blätterteig einschlagen

(1) Die Arbeitsfläche mit Frischhaltefolie auslegen, die Schinkenscheiben leicht überlappend darauf ausbreiten und gleichmäßig mit der Farce bestreichen.

(2) Das angebratene Gämsenrückenfilet auflegen und alles mit Hilfe der Folie vorsichtig aufrollen.

(3) Das in Schinken eingerollte Gämsenrückenfilet auf den Blätterteig setzen und in den Teig einrollen. Die Enden unterschlagen, die Rolle mit der Naht nach unten auf ein mit Backpapier belegtes Blech legen und die Oberfläche mit Eigelb bestreichen.

Gämsennuss mit Tamarillos und Honig

ZUBEREITUNGSZEIT 1 Std.

FÜR DIE GÄMSENNUSS

· 1 Gämsennuss, etwa 400 g
· 4 Tamarillos (Baumtomaten) oder 4 feste Pfirsiche, gehäutet, entsteint und geachtelt
· 6 Stangen Staudensellerie
· Salz, 50 g Butter, 4 EL Kastanienhonig
· ⅛ l Beerenauslese, etwa Traminer
· 1 EL in feine Streifen geschnittenes Koriandergrün
· ¼ l Wildjus (S. 144)

FÜR DIE WÜRZMISCHUNG

· 3 Wacholderbeeren, 5 Pimentkörner
· 10 Pfefferkörner, ¼ TL Kümmel

S. 49
WARENKUNDE Gämsenkeule
◆
S. 144
KÜCHENPRAXIS Wildjus

1. Die Gämsennuss parieren. Für die Würzmischung alle Zutaten im Mörser fein zerstoßen. Reiben Sie die Gämsennuss ringsum kräftig mit den zerstoßenen Gewürzen ein.

2. Die Tamarillos blanchieren, schälen und in Spalten schneiden. Den Staudensellerie putzen, von den groben Fäden befreien und die Stangen schräg in etwa 2 cm lange Scheiben schneiden.

3. Das Fleisch salzen. Lassen Sie in einer feuerfesten Pfanne die Butter hellbraun aufschäumen und braten Sie die Gämsennuss darin von allen Seiten gut an. Vom Herd nehmen und das Fleisch bei 180 °C im vorgeheizten Ofen etwa 30 Minuten braten, dabei häufig mit der Bratbutter übergießen. Anschließend die Gämsennuss mit Honig bestreichen, den Sellerie zufügen und 5 Minuten mitbraten. Dann die Tamarillospalten zugeben und alles weitere 5 Minuten braten, dabei das Fleisch immer wieder mit der Butter übergießen.

4. Das Fleisch aus der Pfanne nehmen und im ausgeschalteten Ofen warm halten. Gießen Sie Bratsatz und Gemüse mit dem Wein auf und lassen Sie diesen auf dem Herd rasch fast vollständig einkochen, dann das Koriandergrün untermengen. Wildjus separat erhitzen. Die Gämsennuss in dünne Scheiben schneiden, mit dem Gemüse auf vorgewärmten Tellern anrichten und mit der heißen Wildjus beträufeln. Als Beilage passen Schupfnudeln (S. 264) gut dazu.

Mufflonmedaillons mit Thymiankruste

ZUBEREITUNGSZEIT 40 Min.
KÜHLZEIT 2 Std.

FÜR DIE MUFFLONMEDAILLONS
· 12 Mufflonmedaillons, je etwa 40 g
· Salz, frisch gemahlener Pfeffer, 2 EL Öl

FÜR DIE ZITRONENTHYMIANKRUSTE
· ½ Scheibe Toastbrot, ohne Rinde
· 125 g weiche Butter
· 100 g Kochschinken, fein gewürfelt
· 50 g gemahlene Haselnüsse, geröstet
· 50 g glatte Petersilie, fein gehackt
· 1 Bund Zitronenthymian,
  die Blättchen abgezupft und gehackt
· Salz, Pfeffer, frisch geriebene Muskatnuss

AUSSERDEM
· 200 g Rosenkohl, geputzt, Salz
· 1 Scheibe Räucherspeck, fein gewürfelt
· 1 EL Schalottenwürfel, 1 EL Butter
· Pfeffer, frisch geriebene Muskatnuss
· 100 ml Wildjus (S. 144)

S. 54
WARENKUNDE Mufflonrücken

S. 144
KÜCHENPRAXIS Wildjus

1. Für die Zitronenthymiankruste das Toastbrot fein würfeln und mit der weichen Butter vermengen. Mischen Sie die Schinkenwürfel, die gerösteten gemahlenen Haselnüsse, die Petersilie sowie den Zitronenthymian unter. Alles mit Salz, Pfeffer und Muskat würzen und zu einer homogenen Masse verkneten. Die Mischung in Klarsichtfolie und Alufolie einrollen und etwa 2 Stunden kühlen.

2. Inzwischen die Medaillons salzen und pfeffern. Braten Sie die Medaillons von beiden Seiten kurz in Öl an. Anschließend vom Herd nehmen, die Medaillons auf ein Blech setzen und bei 180 °C im vorgeheizten Ofen 4 bis 5 Minuten braten, herausnehmen.

3. Den Rosenkohl in Salzwasser blanchieren, kalt abschrecken und die Blättchen ablösen. Dünsten Sie die Speck- und Schalottenwürfel in der Butter kurz an. Die Rosenkohlblätter zufügen und alles mit Salz, Pfeffer und Muskat würzen. Die Zitronenthymianbutter in knapp 1 cm breite Scheiben schneiden. Die Mufflonmedaillons damit belegen und 1 bis 2 Minuten unter dem vorgeheizten Grill gratinieren.

4. Die Medaillons aus dem Ofen nehmen. Richten Sie je 3 Mufflonmedaillons mit dem Rosenkohl auf vorgewärmten Tellern an und beträufeln Sie alles mit etwas erhitzter Wildjus. Als weitere Beilagen schmecken Serviettenknödel und glasierte Schwarzwurzeln.

Eine exklusive Variante

Wer möchte, legt vor dem Braten der Medaillons im Ofen zusätzlich noch eine Scheibe Gänsestopfleber (je etwa 20 g) zwischen Mufflonfleisch und Zitronenthymianbutter, so wird die Verbindung von Fleisch und Kruste besonders fein.

Wildschwein-schinken im Teig

ZUBEREITUNGSZEIT 1 Std. 15 Min.
VORKOCHZEIT 1 Std., ABKÜHLZEIT 12 Std.

FÜR DEN SCHINKEN
· etwa 1 kg Wildschweinschinken (Nuss),
  gepökelt
· 1 Möhre, 1 Stängel Staudensellerie
· 1 kleine Stange Lauch
· 3 Stängel Petersilie
· 5 Pfefferkörner, Salz
· 500 g Sauerbrotteig vom Bäcker
· 100 g geräucherter Rückenspeck,
  in Scheiben geschnitten
· 1 EL fein gehackte Rosmarinnadeln
· 10 Weinblätter (frisch oder aus der Dose)

FÜR DAS MANGO-HAGEBUTTEN-CHUTNEY
· 2 Schalotten (60 g), geschält und fein gewürfelt
· 1 EL Butter, Salz, grob gemahlener Pfeffer
· 80 g Mangowürfel, 80 g Hagebuttenmark
· 1 kleine Chilischote ohne Samen, fein gewürfelt

1. Den Wildschweinschinken in einem Topf mit Wasser bedecken. Die Möhre schälen, Staudensellerie und Lauch putzen und alles in grobe Stücke schneiden. Geben Sie das Gemüse mit der Petersilie, den Pfefferkörnern und wenig Salz zu dem Wildschweinschinken und kochen Sie ihn etwa 1 Stunde in leicht siedendem Wasser. Anschließend vom Herd nehmen und den Wildschweinschinken über Nacht in der Brühe auskühlen lassen.

2. Den Schinken aus der Brühe nehmen und gut abtropfen lassen. Rollen Sie inzwischen den Brotteig auf einer bemehlten Arbeitsfläche etwa 2 cm dick aus. Den Teig mit den Speckscheiben belegen, dabei ringsum einen etwa 3 cm breiten Rand frei lassen. Den Speck mit gehacktem Rosmarin bestreuen und mit Weinblättern belegen.

3. Den Wildschweinschinken auflegen und den Teig mitsamt den Speckscheiben über dem Schinken zusammenschlagen. Drücken Sie dabei die Enden gut zusammen, damit der Schinken vollständig eingepackt ist.

4. Legen Sie den Schinken im Teigmantel auf ein mit Backpapier belegtes Blech und backen Sie ihn bei 220 °C im vorgeheizten Ofen etwa 10 Minuten. Anschließend die Hitze reduzieren und den Schinken bei 180 °C in etwa 50 Minuten fertig backen.

5. Für das Chutney die Schalotten in Butter hell anschwitzen, und mit Salz und grob gemahlenem Pfeffer würzen. Braten Sie die Mangowürfel etwa 1 Minute mit und rühren Sie dann das Hagebuttenmark unter. Alles gut vermischen und nach Geschmack mit Chili würzen.

6. Den Schinken aus dem Ofen nehmen und etwa 10 Minuten ruhen lassen. Schneiden Sie den Wildschweinschinken im Teig in Scheiben und richten Sie ihn mit dem Chutney auf Tellern an.

S. 61
WARENKUNDE Wildschweinkeule

S. 138
KÜCHENPRAXIS Pökeln

Und noch zwei Tipps:

Sie können den Wildschweinschinken zusätzlich leicht kalt räuchern. Oder Sie bestellen ihn bei Ihrem Fleischer gleich gepökelt und leicht geräuchert. Und: Brotteig bekommt eine besonders schöne Kruste, wenn Sie während des Backens eine Schale voll Wasser ins Rohr stellen.

Hasenrückenfilets mit Estragon-Pesto im Schinkenmantel

ZUBEREITUNGSZEIT 40 Min.

FÜR DEN HASENRÜCKEN
· 4 Hasenrückenfilets, je 120 g
· frisch gemahlener Pfeffer, Salz
· 8 Scheiben roher oder gekochter
  Wacholderschinken
· 1 EL Olivenöl
· 1 EL Butter
· 1 angedrückte Knoblauchzehe

FÜR DAS ESTRAGON-PESTO
· 10 g Estragonblätter
· etwa 2 EL Olivenöl
· 10 g geröstete Erdnüsse, gehackt

S. 66
WARENKUNDE Hasenrücken
———•———
S. 106
KÜCHENPRAXIS Braten im Ofen

1. Die Hasenrückenfilets parieren und beiseite legen. Für das Pesto die Estragonblätter von den Stängeln zupfen und hacken. Verarbeiten Sie den Estragon zusammen mit dem Olivenöl und den gehackten Erdnüssen im Blitzhacker zu einem dickflüssigen Pesto.

2. Die Hasenrückenfilets mit Pfeffer und nur wenig Salz würzen. Jeweils 2 Scheiben Wacholderschinken nebeneinander leicht überlappend auf eine Arbeitsfläche legen, der Schinken sollte so breit sein wie die Hasenfilets lang sind. Bestreichen Sie den Schinken dünn mit Estragon-Pesto. Anschließend je 1 Hasenrückenfilet auflegen und in den Schinken einrollen.

3. In einer feuerfesten Pfanne das Öl erhitzen, die Röllchen mit der Naht nach unten hineinlegen und 1 Minute auf jeder Seite anbraten, dann vom Herd nehmen. Braten Sie anschließend die Hasenrückenröllchen bei 200 ℃ im vorgeheizten Ofen in etwa 8 Minuten fertig.

4. Die Hasenrückenfilets in Alufolie einschlagen und 5 Minuten ruhen lassen. Inzwischen die Butter mit dem Knoblauch in einer Pfanne zerlassen und die Röllchen darin 2 Minuten schwenken, dann schräg in Scheiben schneiden. Richten Sie die Hasenrückenfilets im Schinkenmantel auf vorgewärmten Tellern an und übergießen Sie das Fleisch mit der Knoblauchbutter. Als Beilage passen Ofenkartoffeln mit Schnittlauchquark oder auch Orangen-Polenta (S. 198).

Geschichte vom »Falschen Hasen«

Ein Hackbraten in länglicher Form, der weder weite Sprünge tut, noch lange Ohren hat und trotzdem Falscher Hase heißt – was steckt dahinter? Ursprünglich wahrhaftig Imitationen, deren geschichtliche Hintergründe aufschlussreich sind für die Bedeutung von Wild in deutschen Landen. Denn imitiert wurden hier durch die Geschichte vor allem teure, nicht erhältliche oder verbotene Produkte – in Notzeiten oder aufgrund der strengen katholischen Fastenregeln, die im Mittelalter auch in deutschen Kochbüchern zu einer Reihe von Rezepten führten, die verbotene Fleischspeise zum Beispiel aus Mandelkäs nachahmten. Nur selten kommt dabei Humor ins Spiel – wie bei Maria Schellhammer in ihrem Kochbuch »Der wohlunterwiesenen Koechin zufällige Confect-Tafel« von 1723 in einem Rezept für Salzmarzipan: »Wenn er recht gemacht wird, soll ihn keiner kennen, biß man ihn in den Mund nimmt, da es dann ziemlichen Verdruß verursachet, und denen andern was zu lachen gibt.«

LANGE TRADITION

Die Reihe von Rezepten mit Anleitungen, Schlachtfleisch wie Wild zuzubereiten, ist auffällig und zieht sich von den ersten gedruckten deutschen Kochbüchern Ende des 16. bis weit ins 20. Jahrhundert hinein. »Wann du kein Wildpret hast, so nimm Rindtfleisch,« schreibt Marx Rumpolt 1581, »... so sieht es dem Wildpret gleich.« Maria Schellhammer widmet dem Thema einen ganzen Abschnitt, und am erstaunlichsten ist vielleicht ein Rezept, das Karl Friedrich von Rumohr in seinem 1822 erschienenen »Geist der Kochkunst« anführt: »Einen Hammelschlegel (Keule), aus dem man das ranzige Fett ausgelöst hat [...] beize man wie oben und nach den Umständen wohl auch um einige Tage länger. Alsdann klopfe und richte man sie so kurz als möglich, spicke sie und dünste sie wie oben. Man nennt dieses Gericht, welches auch kalt gegeben werden kann, einen falschen Rehschlegel.« In Kochbüchern für die bürgerliche Küche wie zum Beispiel bei Henriette Davidis häufen sich solche Wild-Imitationsanleitungen dann ab der zweiten Hälfte des 19. Jahrhunderts förmlich.

ERHÄLTLICH ODER NICHT – WILD IST EIN MUSS

Wild bedeutete Jagd und wurde dadurch eng mit herrschaftlichen Privilegien, Macht und Prunk assoziiert. Erst 1848 kam es in deutschen Landen im Zuge der bürgerlichen Revolution zur allgemeinen Abschaffung der Feudaljagd – was jedoch das Bürgertum nicht daran hinderte, genau nach diesem Statussymbol zu streben, das zudem auch den Wald mit all seinen Assoziationen der Romantik verkörperte. Ob erhältlich oder nicht, Wild sollte, musste auf den Tisch! Es brachte gleichzeitig gesellschaftlichen Stand und Naturverbundenheit zum Ausdruck.

Als wertvoll gilt Wildfleisch in Deutschland bis heute, wenn auch seine Symbolkraft nachgelassen hat. Die Ersatzwild-Rezepte werden in den Kochbüchern nach 1945 immer weniger, zweifellos aufgrund des zunehmenden Angebots an tiefgekühlter Ware und Wild aus Farmbeständen. Aber der imitierte Wildbraten und Rumohrs falscher Rehschlegel leben in der Form des Falschen Hasens weiter. Davidis gibt 1885 ein Rezept für Farcierten Braten auf sächsische Art, der mit Piment und Muskatnuss gewürzt, »wie ein Rehrücken« geformt und gespickt und mit saurer Sahne gebraten wird. »Dieser Braten kann zu einem feinen Essen gegeben werden,« bemerkt sie abschließend. Als Falscher Hase taucht er erstmals 1912 bei Mary Hahn auf, und der Begriff ist bis heute geläufig – aber an Wild-Ersatz denkt dabei wohl niemand mehr.

Ursula Heinzelmann

Rebhuhn
aus dem Ofen

ZUBEREITUNGSZEIT 40 Min.

FÜR DIE REBHÜHNER
· 4 küchenfertige Rebhühner
  mit Innereien, Ersatz:
  100 g Hähnchenleber, geputzt
· 2 Schalotten
· 1 EL Butter
· 1 EL Aceto balsamico
· Salz, frisch gemahlener Pfeffer
· je 4 kleine Rosmarin-
  und Thymianzweige
· 8 Scheiben Räucherspeck
· 2 EL Olivenöl, 2 cl Cognac
· 200 ml Wildgeflügelfond (S. 148,
  Ersatz: Geflügelfond)
· 2 Scheiben Toastbrot

1. Die Rebhühner innen und außen kalt abspülen und trockentupfen. Die Innereien herausnehmen und fein hacken. Falls keine Innereien vorhanden sind, schneiden Sie stattdessen die angegebene Menge Hähnchenleber in feine Würfel. Die Schalotten schälen, fein würfeln und in der Butter glasig anschwitzen. Die Innereien kurz mitbraten, alles mit Balsamico ablöschen, salzen, pfeffern und warm halten.

2. Die Rebhühner außen und innen mit Salz und Pfeffer einreiben und je 1 Rosmarin- und Thymianzweig in die Bauchhöhle füllen. Umwickeln Sie jedes Rebhuhn mit zwei Scheiben Speck und binden Sie es mit Küchengarn in Form. Die Rebhühner in einem Bräter in Öl ringsum anbraten. Dann vom Herd nehmen und bei 160 °C im vorgeheizten Ofen in etwa 15 Minuten fertig braten.

3. Die Rebhühner aus dem Ofen nehmen, den Bratfond aus dem Bräter in einen Topf gießen und erhitzen. Löschen Sie alles mit dem Cognac ab. Anschließend den Wildgeflügelfond zugießen und die Flüssigkeit etwa um die Hälfte reduzieren.

4. Inzwischen das Toastbrot entrinden, toasten und in vier gleiche Stücke schneiden. Verstreichen Sie die warmen Innereien auf den Toast-Ecken. Je ein Rebhuhn mit etwas Sauce auf vorgewärmten Tellern anrichten und die Toasts separat dazureichen. Dazu passen gebratene Pilze, Kartoffelpüree, glasierte Maronen oder geschmortes Gemüse.

Feine Variante

Wenn Sie das Glück haben, im Wildfachhandel oder von einem Jäger ein paar Schnepfen zu erhalten, sollten Sie dieses Rezept unbedingt auch einmal damit versuchen. Schnepfen gelten als sehr feines Wildgeflügel, kommen heute jedoch nur noch selten auf den Markt.

S. 80
WARENKUNDE Rebhuhn

S. 148
KÜCHENPRAXIS Wildgeflügelfond

Rebhuhn, gefüllt mit Geflügelfarce und Berberitzen

ZUBEREITUNGSZEIT 1 Std. 30 Min.

FÜR DIE REBHÜHNER
· 4 Rebhühner, je etwa 350 g (nach Möglichkeit bereits vom Wildhändler hohl auslösen lassen)
· Salz, frisch gemahlener Pfeffer
· 1 Stängel Zitronengras, längs geviertelt
· 1 EL Öl, 1 EL Butter, 2 Rosmarinzweige
· 2 angedrückte Knoblauchzehen

FÜR DIE FARCE
· 150 g Hähnchenbrustfilet
· 1 rote Zwiebel, geschält, 1 TL Öl
· 10 g getrocknete Berberitzen (im Gewürzfachhandel oder in der Apotheke erhältlich; Ersatz: getrocknete Cranberries)
· 10 g Pistazienkerne, grob gehackt, Salz, Zucker
· 1 Eiweiß (etwa 30 g), 2 EL Sahne (30 ml)
· 1 EL gehackte frische Minzeblätter (5 g)

S. 128
KÜCHENPRAXIS Rebhuhn hohl auslösen

S. 133
KÜCHENPRAXIS Farce herstellen

1. Spülen Sie die Rebhühner innen und außen kalt ab. Anschließend trockentupfen und die Rebhühner hohl auslösen, wie S. 128 gezeigt.

2. Für die Farce die Hähnchenbrust klein würfeln und 20 Minuten tiefkühlen. Schneiden Sie inzwischen die Zwiebel in feine Würfel und dünsten Sie diese in Öl hell an. Die Berberitzen sowie die gehackten Pistazien kurz mitbraten, alles mit Salz und Zucker würzen und die Mischung kalt stellen.

3. Pürieren Sie das gut gekühlte Hähnchenfleisch im Mixer mit dem Eiweiß und der Sahne rasch zu einer feinen Masse – sobald eine Bindung entsteht, den Mixer ausschalten. Die Berberitzen-Mischung und die Minze unterheben, die Farce in einen Spritzbeutel geben und die mit Salz und Pfeffer gewürzten Rebhühner damit füllen.

4. Die Rebhühner mit Küchengarn oder Zahnstochern verschließen und mit je ¼ Stängel Zitronengras spicken. Braten Sie die Rebhühner auf jeder Seite 1 Minute in Öl an. Vom Herd nehmen und die Rebhühner bei 200 °C im vorgeheizten Ofen noch 12 bis 15 Minuten braten.

5. Herausnehmen, die Rebhühner in Alufolie wickeln und 5 Minuten ruhen lassen. Die Butter zerlassen, Rosmarin und Knoblauch zufügen und die Rebhühner darin noch 2 Minuten schwenken. Dazu passen Meerrettich-Tagliatelle (S. 226) und eine Sanddornsauce (S. 304).

Auch mit Ananas

Sie können die Farce auch einmal mit Kokosmilch, grob gehackten Mandeln und getrockneter, klein gewürfelter Ananas abschmecken – so passt sie ebenfalls gut zum feinen Wildgeflügel.

Fasan mit Kräutern unter der Haut im Ganzen gebraten

ZUBEREITUNGSZEIT 1 Std.

FÜR DIE FASANE
· 2 küchenfertige Fasane, je etwa 800 g
· 4 kleine Rosmarinzweige
· 4 Thymianzweige
· 8 Salbeiblätter, Salz, Pfeffer
· 4–6 Scheiben grüner Speck
  (je nach Größe der Vögel)
· 2 EL Öl
· 1 Möhre (100 g), ¼ Sellerieknolle (80 g)
  und 1 Zwiebel (80 g), alles geschält und
  klein gewürfelt
· ¼ l Wildgeflügelfond (S. 148)
  oder Geflügelfond
· 4 cl Calvados, 2 EL Sauerrahm
· 1 EL Kräuter für die Garnitur

S. 74
WARENKUNDE Fasan

S. 148
KÜCHENPRAXIS Wildgeflügelfond

1. Die Fasane innen und außen kalt abspülen und mit Küchenpapier trockentupfen. Heben Sie die Haut auf der Brustseite auf beiden Seiten vorsichtig an und schieben Sie jeweils etwas Rosmarin, Thymian und zwei Salbeiblätter darunter. Die Fasane mit Salz und Pfeffer würzen, die Flügel und Keulen an den Körper anlegen, die Fasane in grünen Speck einschlagen und mit Küchengarn festbinden. Braten Sie die Fasane in Öl ringsherum an.

2. Das klein geschnittene Gemüse in einen großen Schmortopf füllen, die Fasane darauf setzen und bei 180 °C im vorgeheizten Ofen etwa 40 Minuten braten. Übergießen Sie die Fasane dabei immer wieder mit dem Wildgeflügelfond. Ist dieser aufgebraucht, den Bratensaft zum Begießen verwenden.

3. Die Fasane herausnehmen, die Brüste und Keulen auslösen und warm stellen. Kochen Sie den Bratensaft mit dem Gemüse und den zerkleinerten Karkassen nochmals kräftig durch. Die Sauce mit Salz und Pfeffer abschmecken, durch ein Sieb passieren und mit Calvados und Sauerrahm verfeinern.

4. Die Fasanenbrüste und -keulen auf Tellern anrichten, mit der Sauce übergießen und mit Kräutern garnieren. Nach Belieben Kartoffelpüree und Apfel-Sauerkraut dazureichen.

Mit Gänseleber

Sehr gut schmeckt die Fasanenbrust auch mit Gänseleber gefüllt. Dafür schneiden Sie eine Tasche ein, packen ein Stück Gänseleber hinein, wickeln alles in Schweinenetz und braten die Fasanenbrüste dann bei 185 °C im vorgeheizten Ofen 6 bis 8 Minuten.

Fasanenstrudel mit Maronenpüree

ZUBEREITUNGSZEIT 1 Std.

FÜR DEN FASANENSTRUDEL
· 4 Fasanenbrüste, mit Haut, ohne Knochen
· Salz, frisch gemahlener Pfeffer
· 1 EL Olivenöl, 4 hellgrüne große Wirsingblätter
· 100 g Maronenpüree, 2 cl Kirschwasser
· 8 Scheiben Räucherspeck
· 3 Wacholderbeeren, fein gehackt
· 1 TL gehacktes Bohnenkraut
· 1 Packung Strudelteig (200 g), 60 g Butter

AUSSERDEM
· Butter für das Blech, 4 Thymianzweige

1. Die Fasanenbrüste mit Salz und Pfeffer würzen. Braten Sie das Fleisch in Olivenöl von beiden Seiten kurz und kräftig an. Die Fasanenbrüste kalt stellen.

2. Die Wirsingblätter in Salzwasser blanchieren, die groben Rippen entfernen und die Blätter auf Küchenpapier abtropfen lassen. Rühren Sie das Maronenpüree mit dem Kirschwasser glatt.

3. Je 2 Scheiben Speck auf ein Stück Alufolie legen, darauf ein Wirsingblatt ausbreiten und mit Maronenpüree bestreichen. Würzen Sie die Fasanenbrüste mit Wacholder und Bohnenkraut. Jeweils eine Fasanenbrust auf ein Wirsingblatt legen, darin einschlagen und mit Hilfe der Alufolie 4 schöne Rollen formen.

4. Schneiden Sie aus dem Strudelteig 4 quadratische Blätter mit etwa 15 cm Kantenlänge. Die Butter zerlassen und die Teigblätter damit bestreichen. Die Alufolie entfernen und je eine Fasan-Wirsing-Rolle in ein Strudelblatt einwickeln.

5. Legen Sie die Strudelpäckchen auf ein gebuttertes Blech und bestreichen Sie die Oberfläche mit zerlassener Butter. Die Strudel bei 200 ℃ im vorgeheizten Ofen etwa 12 Minuten backen. Die Fasanenstrudel auf Tellern anrichten und mit Thymian garnieren.

S. 74
WARENKUNDE Fasan

S. 126
KÜCHENPRAXIS Federwild zerlegen

»Fasanenbrüste sind sehr delikat, jedoch nicht überall separat erhältlich. In diesem Fall einfach ganze Tiere kaufen und die Keulen anderweitig verwenden. Der Strudel schmeckt mit einem mit Salbei verfeinerten Waldpilz-Apfel-Ragout absolut köstlich.«

Taube mit feiner Champignon-Speck-Füllung

ZUBEREITUNGSZEIT 50 Min.

FÜR DIE TAUBEN
- · 4 küchenfertige Tauben, je etwa 400 g
- · Salz, frisch gemahlener Pfeffer
- · 1–2 EL Öl

FÜR DIE FÜLLUNG
- · 2 Brötchen vom Vortag, 80 ml Milch
- · 1 Zwiebel (80 g), geschält
- · 4 Scheiben Räucherspeck
- · 80 g Champignons, geputzt
- · 1–2 EL Butter, 1 Eigelb
- · Salz, frisch gemahlener Pfeffer
- · frisch geriebene Muskatnuss
- · 2 EL fein gehackte Petersilie

S. 91
WARENKUNDE Taube

S. 110
KÜCHENPRAXIS Braten

1. Die Tauben innen und außen kalt abspülen und mit Küchenpapier trockentupfen.

2. Für die Füllung die Brötchen in der Milch einweichen. Schneiden Sie die Zwiebel, den Speck und die Champignons in kleine Würfel. Die Zwiebelwürfel in Butter hell anschwitzen, dann die Speckwürfel zufügen und zuletzt die Champignons mitbraten. Vom Herd nehmen, die Masse in eine Schüssel füllen, die ausgedrückten Brötchen sowie das Eigelb untermengen und alles mit Salz, Pfeffer, Muskat und der gehackten Petersilie würzen.

3. Die Tauben innen und außen salzen, pfeffern und mit der Brötchenmasse füllen. Die Öffnung mit Zahnstochern verschließen und die Tauben mit Küchengarn in Form binden. Braten Sie die Tauben in einer feuerfesten Pfanne ringsum in Öl an. Anschließend die Tauben bei 180 °C im vorgeheizten Ofen in etwa 20 Minuten fertig braten. Herausnehmen, die gefüllten Tauben halbieren und auf Tellern anrichten. Als Beilage passt gut ein gemischter Salat oder auch Rahmwirsing.

Wachteln mit Pancetta und Salbei

ZUBEREITUNGSZEIT 50 Min.

FÜR DIE GEFÜLLTEN WACHTELN
· 8 küchenfertige Wachteln
· Salz, frisch gemahlener Pfeffer
· 100 g Parmaschinken, fein gewürfelt
· 4 Champignons,
  geputzt und fein gewürfelt
· 30 g Walnusskerne, gehackt
· 1 EL fein gehackte Blattpetersilie
· 100 g kalte Butter
· 8 große Salbeiblätter
· 8 Scheiben Pancetta
· 3 EL Olivenöl
· 30 g Butter zum Braten
· 50 g Möhre, geschält und gewürfelt
· 50 g Staudensellerie,
  geputzt und gewürfelt
· 40 g Lauch, geputzt und gewürfelt
· ¼ l Riesling

S. 82
WARENKUNDE Wachtel

S. 110
KÜCHENPRAXIS Braten

1. Die Wachteln innen und außen kalt abspülen, mit Küchenpapier trockentupfen und mit Salz und Pfeffer würzen. Vermischen Sie Parmaschinken, Champignons, Walnüsse und Petersilie miteinander und füllen Sie die Wachteln damit. Anschließend die Öffnung jeweils mit etwa 1 EL kalter Butter verschließen.

2. Legen Sie auf jede Brustseite ein Salbeiblatt. Die Wachteln mit Pancetta umwickeln und mit Küchengarn in Form binden. In einer feuerfesten Pfanne das Olivenöl mit der Butter erhitzen und die Wachteln darin von allen Seiten gleichmäßig anbraten, dann herausnehmen.

3. Die Möhren- und Selleriewürfel im verbliebenen Fett kurz anbraten. Den Lauch zufügen und kurz mitbraten. Löschen Sie alles mit dem Riesling ab. Anschließend die Wachteln auf das Gemüse setzen und bei 180 °C im vorgeheizten Ofen noch 10 bis 15 Minuten garen.

4. Die Wachteln aus dem Ofen nehmen, vom Küchengarn befreien und warm stellen. Lassen Sie den Bratfond rasch einkochen. Die Sauce anschließend durch ein Sieb passieren, mit der restlichen kalten Butter binden und mit Salz und Pfeffer abschmecken. Die Wachteln mit etwas Sauce auf einer vorgewärmten Platte anrichten, die restliche Sauce separat reichen. Dazu schmecken Blattspinat und Salbei-Gnocchi.

Ungefüllt gebraten

Wenn es schneller gehen muss, können Sie die Wachteln auch einmal ungefüllt braten. Dafür geben Sie dann gegen Ende der Bratzeit 2 EL Butter in die Pfanne und fügen 1 bis 2 fein gehackte Knoblauchzehen hinzu. Mit Salz und Pfeffer abschmecken und die Knoblauchbutter über die Wachteln gießen.

Wildente mit Feigen und Sellerie-Ravioli

ZUBEREITUNGSZEIT 1 Std. 30 Min.

FÜR DIE WILDENTEN
· 2 küchenfertige Wildenten, je etwa 800 g
· Salz, 50 g Honig
· 50 g Zucker
· 100 ml roter Portwein
· ½ l Enten- oder Wildgeflügeljus (S. 144)
· 20 g frischer Ingwer, geschält und fein gewürfelt
· 20 g zerdrückter Kardamom
· frisch gemahlener Pfeffer
· 20 Maronen, geröstet, geschält
  und 20 Minuten in Salzwasser gegart
· 4 Feigen, 30 g Butter
· 50 g kalte Butter, in Stücken

FÜR DIE SELLERIE-RAVIOLI
· 8 Scheiben Knollensellerie,
  etwa 2 mm dick und geschält
· Salz, 100 g Sahne
· frisch gemahlener Pfeffer
· frisch geriebene Muskatnuss
· Mehl zum Wenden, 1 verquirltes Ei
· 50 g Semmelbrösel (Mie de pain), 50 g Butter

S. 94
WARENKUNDE Wildente
S. 110
KÜCHENPRAXIS Braten

1. Die Wildenten innen und außen kalt abspülen, mit Küchenpapier trockentupfen, salzen, mit Küchengarn in Form binden und in einen Bräter legen. Bestreichen Sie die Enten ringsum mit dem Honig. Dann die Wildenten bei 180 °C im vorgeheizten Ofen 25 bis 30 Minuten braten. Den Ofen ausschalten und die Enten bei geöffneter Ofentür noch etwa 5 Minuten ruhen lassen.

2. Inzwischen für die Sellerie-Ravioli die Selleriescheiben in kochendem Salzwasser in etwa 5 Minuten weich garen. Abgießen, die Selleriescheiben in Eiswasser abschrecken und auf Küchenpapier abtropfen lassen. Stechen Sie mit einem Ausstechring 5 cm große Selleriekreise aus. Die dabei anfallenden Abschnitte in einem Topf mit der Sahne weich kochen. Die Sahne-Sellerie-Mischung im Mixer fein pürieren, durch ein Sieb streichen und das Selleriepüree mit Salz, Pfeffer und Muskat abschmecken.

3. Jeweils 1 TL Selleriepüree in die Mitte der Selleriekreise setzen. Die Ränder jeweils dünn mit etwas Füllung bestreichen und die Kreise halbmondförmig zusammenklappen.

In Form binden

Damit die Flügelspitzen und Keulen beim Braten nicht zu sehr abstehen, bindet man sie mit Küchengarn »in Form«, das heißt, eng an den Körper. Dadurch wird alles schön gleichmäßig gar, und die dünnen Flügelspitzen können nicht verbrennen.

Die Sellerie-Ravioli in Mehl wenden, durch das verquirlte Ei ziehen und in den Bröseln wenden. Zerlassen Sie die Butter in einer hochwandigen Pfanne und braten Sie die Sellerie-Ravioli darin langsam goldbraun aus.

4. Für die Sauce den Zucker in einer Kasserolle hell karamellisieren, mit dem Portwein ablöschen und diesen einkochen lassen. Fügen Sie die Enten- oder Wildgeflügeljus sowie die Gewürze zu und lassen Sie die Flüssigkeit etwa auf die Hälfte einkochen. Die Sauce anschließend durch ein feines Sieb passieren.

5. Ein Viertel der Sauce in eine Kasserolle geben und die Maronen darin 10 Minuten garen und glasieren. Schneiden Sie die Feigen in Viertel und schwenken Sie diese kurz in der zerlassenen Butter. Die restliche Sauce in einer Kasserolle erhitzen und mit der kalten Butter binden.

6. Richten Sie die Wildenten jeweils mit etwas Sauce, den glasierten Maronen und den Feigen auf zwei vorgewärmten Platten an. Die panierten Sellerie-Ravioli sowie die restliche Sauce separat dazureichen.

Schmoren

Hasenpfeffer, Rehragout und Hirschgulasch:
Für bindegewebsreiches Wildfleisch wie Schultern oder Haxen ist das langsame Garen ideal.

Mit Wein, Wasser und Geduld

Durch das Schmoren in viel Flüssigkeit wird auch das Fleisch der stärker beanspruchten Muskeln wunderbar zart und weich. Und das Beste: Eine wunderbar kräftige Sauce entsteht dabei ganz von alleine.

RAGOUT, ROULADEN ODER GULASCH zählen zu den großen Klassikern der Wildküche – und dies wohl nicht von ungefähr. Kann doch das Schmoren – meist gart das Wildbret hierbei in einer Mischung aus Wein, Fond, Wasser und Spirituosen – Unterschiede in der Fleischqualität sehr gut ausgleichen. Durch das langsame Schmoren in Flüssigkeit bei Temperaturen zwischen 160 und 200 °C werden auch das aromatische, jedoch etwas festere Fleisch etwas älterer Tiere oder stark von Bindegewebe durchzogene Muskelpartien schön zart.

WELCHE TEILSTÜCKE SIND GEEIGNET?

Beim Haarwild eignen sich Schultern oder Haxen, also die von Sehnen durchzogenen Unterschenkel, ausgezeichnet zum Schmoren. Häufig wird das Wildfleisch dafür entbeint, pariert und dann in mehr oder weniger große Würfel geschnitten. Am Knochen geschmort, verdichtet sich das Aroma noch stärker, das Entfernen der Knochen beim Essen ist jedoch etwas mühsamer. Dabei muss das Wildfleisch keinesfalls immer klein geschnitten sein – auch der große Braten von Reh, Hirsch oder Mufflon kommt gelegentlich geschmort auf den Tisch, vor allem, wenn das Tier schon etwas älter war. Stammt der Braten aus der Schuler, empfiehlt es sich generell, die Knochen vorher auszulösen, weil das Fleisch so gleichmäßiger gart und sich leichter aufschneiden lässt. Kleinere Keulen können auch im Ganzen geschmort werden.
Beim Federwild ist das Schmoren insbesondere für nicht mehr ganz junge und größere Tiere eine geeignete Garmethode.

IDEAL: GUSSEISEN- ODER TONGESCHIRR

Kochgeschirr aus Gusseisen ist nicht nur zum Braten, sondern auch zum Schmoren hervorragend geeignet. Die dicken Wände und Böden dieser Töpfe heizen sich langsam auf, speichern dafür aber die Hitze lange und geben diese dann langsam und gleichmäßig wieder an das Gargut ab. Auch Gefäße aus Ton, wie beispielsweise der Römertopf, eignen sich gut zum Schmoren. Das poröse Geschirr muss zunächst mindestens 10 Minuten gewässert werden, bevor es mit dem Gargut in den kalten Ofen kommt. Durch die Hitzeentwicklung gibt der Ton dann das Wasser wieder ab, dadurch wird kein oder nur wenig Fett benötigt.

ANBRATEN BRINGT GESCHMACK

Genau genommen handelt es sich beim Schmoren eigentlich um zwei miteinander kombinierte Garverfahren: Zuerst wird das Wildfleisch bei starker Hitze angebraten, die Poren schließen sich, dadurch bleibt das Fleisch schön saftig, und aromatische Röststoffe entstehen. Die Zugabe von Mirepoix, wie die Mischung aus gewürfelter Möhre, Sellerie und Zwiebel in der Fachsprache genannt wird, bringt zusätzlichen Geschmack. Sind Fleisch und Gemüse leicht gebräunt, wird alles – oft mit erhitzter – Flüssigkeit abgelöscht und die eigentliche Schmorphase beginnt. Das Wildfleisch gart jetzt zugedeckt bei reduzierter Temperatur, dabei findet ein ständiger Feuchtigkeitsaustausch statt: Das Wildfleisch gibt Geschmacksstoffe an den Schmorfond ab und nimmt die Aromen der würzenden Zutaten auf.

Das Binden der Sauce

Nach dem Reduzieren des Schmorfonds – das Fleisch vorher herausnehmen – ist die Sauce eventuell noch etwas zu dünnflüssig. Zum Binden können entweder mit Wein oder Wasser angerührte Speisestärke oder kalte Butterwürfel untergerührt werden.

DAS BESTE: DIE SAUCE IST GLEICH DABEI

Besonders kräftig wird der Geschmack des Fonds, wenn die Flüssigkeit mehrfach fast völlig eingekocht und dann wieder mit Flüssigkeit abgelöscht wird. Ein solch aromatischer Schmorfond ist die ideale Saucengrundlage und braucht nach Ende der Garzeit – je nach persönlicher Vorliebe – nur noch auf die gewünschte Konsistenz reduziert und eventuell leicht gebunden zu werden – und fertig.

Rehragout mit Pariser Gnocchi und Steinpilzen

ZUBEREITUNGSZEIT 2 Std.

FÜR DAS REHRAGOUT
· 800 g Rehfleisch, etwa aus der Schulter
  (beim Wildhändler entbeint bestellen)
· Salz, frisch gemahlener Pfeffer
· 120 g Möhren, 100 g Knollensellerie
· 80 g Schalotten, 1 Knoblauchzehe
· 2 EL Maiskeimöl, 50 g Butter
· 80 g geräucherter Bauchspeck, klein gewürfelt
· 1 EL Tomatenmark
· 1 EL Preiselbeeren aus dem Glas
· 200 ml Portwein, ¾ l Rotwein
· ½ – 1 l Rinderbrühe
· 1 Lorbeerblatt, 10 schwarze Pfefferkörner
· 2 Wacholderbeeren
· 1 Rosmarin- und 2 Thymianzweige

FÜR DIE PARISER GNOCCHI
· 75 g Butter, Salz, 125 g Mehl, gesiebt
· 3 Eier, 40 g frisch geriebener Parmesan
· Salz, frisch gemahlener Pfeffer
· frisch geriebene Muskatnuss

FÜR DIE STEINPILZE
· 250 g Steinpilze, geputzt, 2 EL Butter
· Salz, frisch gemahlener Pfeffer
· 1 Spritzer Weißwein
· 125 g Sahne, 1 EL Kalbsjus
· 1 Prise gemahlener Kümmel
· 1/2 Knoblauchzehe, abgezogen und fein gewürfelt
· 1 EL streifig geschnittene glatte Petersilie

AUSSERDEM
· 4 Portionsförmchen, Butter

S. 42
WARENKUNDE Rehschulter

◆

S. 106
KÜCHENPRAXIS Schmoren

1. Das Rehfleisch in etwa 3 cm große Würfel schneiden, salzen und pfeffern. Die Möhren, den Sellerie und die Schalotten schälen, den Knoblauch abziehen und alles klein würfeln. Braten Sie das Rehfleisch in Öl scharf an. Die Fleischstücke herausnehmen, die Butter zufügen und die gewürfelten Möhren, den Sellerie sowie den Speck darin hellbraun braten. Die Schalotten und den Knoblauch kurz mitbraten.

2. Das Tomatenmark und die Preiselbeeren zufügen und kurz mitrösten. Löschen Sie die Mischung mit dem Portwein ab. Alles einkochen lassen, bis das Gemüse wieder zu braten beginnt. Den Rotwein zugießen und das Ragout nach Bedarf mit Brühe auffüllen. Fügen Sie das Fleisch, die Gewürze und Kräuter zu und lassen Sie alles bei 160 °C im vorgeheizten Ofen 1 Stunde zugedeckt schmoren. Das Fleisch herausnehmen, die Sauce durch ein Sieb passieren und auf die gewünschte Konsistenz einkochen lassen. Das Fleisch wieder zufügen und das Ragout warm halten.

3. Für die Gnocchi einen Brandteig herstellen. Dafür kochen Sie 200 ml Wasser mit der Butter und 1 Prise Salz auf. Das Mehl auf einmal unter Rühren dazuschütten und weiterarbeiten, wie unten in Step 1 gezeigt. Die Masse vom Herd nehmen, in eine Schüssel umfüllen und etwas abkühlen lassen. Fügen Sie zuerst 1 Ei hinzu und arbeiten Sie es mit dem Rührlöffel vollständig unter die Masse. Erst dann die beiden restlichen Eier nacheinander einarbeiten und den Parmesan untermengen. Die Masse würzen, zu Gnocchi formen und garen, wie in Step 2 beschrieben.

4. Die Steinpilze putzen, 100 g in Würfel schneiden und in 1 EL Butter anbraten. Die Pilze salzen, pfeffern und mit dem Weißwein ablöschen. Fügen Sie die Sahne und die Kalbsjus zu und lassen Sie alles einmal aufkochen. Die Pilze mit Kümmel und Knoblauch abschmecken. Die Gnocchi in gebutterte Förmchen füllen, mit der Pilzsauce übergießen und bei 220 °C im vorgeheizten Ofen etwa 8 Minuten backen.

5. Schneiden Sie die übrigen Steinpilze in Spalten. Die Pilze in der restlichen Butter anbraten und mit Salz, Pfeffer, Kümmel und Knoblauch würzen. Dann die Petersilie unterrühren und das Rehragout mit den Pariser Gnocchi und den gebratenen Steinpilzen anrichten und servieren.

PARISER GNOCCHI
zubereiten und kochen

(1) Die Mischung unter ständigem Rühren etwa 2 Minuten erhitzen, bis die Masse sich als Kloß vom Topfrand löst und eine weiße Haut den Topfboden überzieht.

(2) Aus der Brandteigmasse mit zwei Teelöffeln Nocken ausstechen und in kochendes Salzwasser einlegen. Die Hitze reduzieren und die Pariser Gnocchi in siedendem Wasser etwa 5 Minuten gar ziehen lassen.

(1)

(2)

Rehschulter aus dem Römertopf

ZUBEREITUNGSZEIT 2 Std. 40 Min.
ZEIT ZUM WÄSSERN 20 Min.

FÜR DIE REHSCHULTERN
· 2 parierte Rehschultern, je etwa 800 g
· Salz, frisch gemahlener Pfeffer
· 8 weiße Pfefferkörner
· 8 Wacholderbeeren, 1 Lorbeerblatt
· 1 Rosmarinzweig, 4 Knoblauchzehen

FÜR DIE SAUCE:
· 20 g Räucherspeck, klein gewürfelt
· 60 g Schalotten, geschält und klein gewürfelt
· 20 g Möhre, geschält und klein gewürfelt
· 20 g Staudensellerie, geputzt und klein gewürfelt
· 25 ml roter Portwein
· 1 ½ cl Cognac, 25 ml Weißwein
· 200 g Sahne, 30 g Crème fraîche
· 1 EL Preiselbeeren aus dem Glas
· Salz, frisch gemahlener Pfeffer

S. 42
WARENKUNDE Rehschulter

S. 106
KÜCHENPRAXIS Schmoren

1. Wässern Sie den Römertopf 20 Minuten in kaltem Wasser. Rehschultern salzen, pfeffern und in den Topf legen. Gewürze, Kräuter und Knoblauch zufügen, den Deckel auflegen und den Römertopf in den kalten Ofen stellen. Lassen Sie die Rehschultern dann bei 200 °C etwa 2 ½ Stunden schmoren.

2. Für die Sauce den Speck auslassen. Die Gemüsewürfel zufügen und kurz mitdünsten. Löschen Sie die Mischung mit Portwein, Cognac und Weißwein ab und kochen Sie die Flüssigkeit sirupartig ein.

3. Den Römertopf aus dem Ofen nehmen, den Schmorfond durch ein Sieb passieren und zu der Saucenreduktion gießen. Lassen Sie die Flüssigkeit erneut fast völlig einkochen. Durch ein Sieb gießen, Sahne und Crème fraîche zufügen und die Sauce kurz aufkochen lassen. Preiselbeeren unterrühren und die Sauce mit Salz und Pfeffer abschmecken.

4. Entfernen Sie die Knochen und schneiden Sie die Rehschultern in Scheiben. Das Fleisch auf vorgewärmten Tellern anrichten und mit etwas Sauce übergießen. Als Beilage passen gebratene Steinpilzwürfel und Steinpilzravioli.

Rehhaxen mit Honig glasiert

ZUBEREITUNGSZEIT 1 Std. 40 Min.
MARINIERZEIT 3–12 Std.

FÜR DIE WÜRZMISCHUNG
· 20 g Gewürze (Sternanis, Gewürznelke, schwarzer Pfeffer, Pimentkörner, 1 Stück Zimtstange, frisch geriebene Muskatnuss, Japanischer Bergpfeffer und 1 Prise Madras-Currypulver)

FÜR DIE REHHAXEN
· 4–8 hintere Rehhaxen (insgesamt etwa 1 ½ kg)
· 250 g Wurzelgemüse (Petersilienwurzel, Möhren und Knollensellerie)
· 16 Perlzwiebeln, Salz
· 3–4 EL Erdnussöl, 5 EL Honig
· abgeriebene Schale und Saft von 1 Limette
· abgeriebene Schale und Saft von 1 unbehandelten Orange
· 1 l dunkler Wildfond (S. 142)
· 80 g frische Ingwerwurzel
· 100 g Bambussprossen (Asialaden)
· 1 Stück Lotuswurzel (Asialaden), geschält
· ½ TL Speisestärke nach Belieben

S. 43
WARENKUNDE Rehhaxe

S. 106
KÜCHENPRAXIS Schmoren

1. Für die Würzmischung alle Zutaten in einem Steinmörser fein zerreiben. Geben Sie die Mischung anschließend in ein Sieb, um die gröberen Bestandteile zu entfernen.

2. Die Rehhaxen in eine Form legen, mit der Würzmischung bestreuen und mindestens 3 Stunden kühl durchziehen lassen. Das Wurzelgemüse schälen und etwa 2 cm groß würfeln, die Perlzwiebeln ebenfalls schälen. Die Haxen aus der Form nehmen und gut salzen. Braten Sie die Rehhaxen in einem Bräter in Öl ringsum kräftig an, dann herausnehmen und beiseite stellen.

3. Gießen Sie etwas Öl ab und glasieren Sie die Perlzwiebeln im verbliebenen Öl goldbraun. Das Wurzelgemüse zufügen und mit dem Honig bei geringer Hitze anschwitzen. Löschen Sie das Gemüse mit dem Limetten- und Orangensaft ab. Die Haxen wieder zufügen und mit dem Wildfond aufgießen, dann die Rehhaxen bei 180 °C im vorgeheizten Ofen 40 Minuten schmoren.

4. Inzwischen den Ingwer schälen und fein reiben. Schneiden Sie die Bambussprossen in kleine Würfel und die Lotuswurzel in Scheiben. Ingwer, Bambussprossen und Lotuswurzel zufügen und die Rehhaxen bei 170 °C weitere 30 bis 40 Minuten schmoren, dabei immer wieder umdrehen. Wenn die Haxen weich sind, aus dem Bräter nehmen, die Sauce nach Belieben noch etwas reduzieren und mit der Stärke leicht binden. Die Rehhaxen mit dem Gemüse und der Sauce servieren. Als Beilage eignen sich Basmati-Reis und Pak Choi.

Reh – würzig mariniert

Am besten stellen Sie die gewürzten Rehhaxen über Nacht in den Kühlschrank – so können die Gewürze wunderbar einziehen und das Gericht schmeckt noch aromatischer. Beim Schmoren sollten Sie die Haxen immer wieder umdrehen, damit sie gleichmäßig glasiert werden und der Honig nicht verbrennt.

Hirschgulasch mit Waldpilzen

ZUBEREITUNGSZEIT 2 Std.
MARINIERZEIT 48 Std.

FÜR DAS HIRSCHGULASCH
· 450 g rote Zwiebeln
· 120 g Möhren, 120 g Knollensellerie
· 1 kg Hirschgulasch, aus der Schulter
· ½ l kräftiger Rotwein, etwa Burgunder
· 1 Gewürzsäckchen mit 1 Lorbeerblatt, einigen
  Stückchen getrockneten Steinpilzen, 5 geschälten
  Knoblauchzehen und 10 Pfefferkörnern
· Salz, Pfeffer, 40 ml Öl, 100 g Räucherspeck
· 1 EL Mehl, ¼ l Wildfond (S. 142)
· 60 g Johannisbeergelee, 30 g mittelscharfer Senf

FÜR DIE WALDPILZE
· 150 g Steinpilze, 150 g Maronenröhrlinge
· 150 g Pfifferlinge, 1 EL Butterschmalz
· 40 g Räucherspeck, 40 g Schalotten, geschält
· Salz, Pfeffer, 20 g Butter, 1 EL geschnittene
  Kräuter (glatte Petersilie, Kerbel, Schnittlauch)

AUSSERDEM
· 4 TL Crème fraîche, 4 TL Johannisbeergelee

S. 31
WARENKUNDE Hirschschulter

1. Die Zwiebeln, die Möhren und den Sellerie schälen und alles grob würfeln. Vermengen Sie das Gemüse in einer Form mit dem Hirschfleisch und dem Rotwein. Das Gewürzsäckchen zufügen und alles zwei Tage zugedeckt im Kühlschrank marinieren.

2. Das Fleisch aus der Marinade nehmen, mit Küchenpapier trockentupfen, salzen und pfeffern. Braten Sie das Fleisch ringsum in Öl an. Den Speck klein würfeln und kurz mitbraten. Das Gemüse aus der Marinade trockentupfen, kurz mitrösten und mit Mehl bestauben.

3. Die Marinade mit dem Gewürzsäckchen und dem Wildfond separat aufkochen und heiß über das Fleisch gießen. Lassen Sie alles zugedeckt bei 180 °C im vorgeheizten Ofen etwa 1 ½ Stunden schmoren.

4. Inzwischen die Pilze putzen. Schneiden Sie Steinpilze und Maronenröhrlinge in Scheiben. Die Pfifferlinge je nach Größe ganz lassen oder halbieren. Die Pilze in Butterschmalz bei starker Hitze anschwitzen, bis das austretende Wasser verdampft ist. Speck und Schalotten klein würfeln, kurz mitbraten, dann salzen und pfeffern. Fügen Sie Butter und Kräuter hinzu und schwenken Sie alles kurz durch. Die Pilze warm halten.

5. Das Fleisch ausstechen und die Sauce durch ein Spitzsieb passieren, dabei das Gemüse gut durchdrücken. Rühren Sie das Johannisbeergelee mit dem Senf glatt. Die Mischung unterrühren, die Sauce mit Salz und Pfeffer abschmecken und über das Fleisch gießen.

6. Richten Sie das Hirschgulasch mit den Pilzen auf vorgewärmten Tellern an. Alles jeweils mit 1 TL Crème fraîche und Johannisbeergelee garnieren und servieren. Dazu passen die klassischen Wildbeilagen Rotkohl und Serviettenknödel.

»Eine elegante Variante für Gäste«

Eine feine Variante erhalten Sie, wenn Sie das Hirschgulasch elegant verpackt in Blätterteig servieren. Sie können es gut schon am Vortag zubereiten. Geben Sie das erkaltete Gulasch in eine feuerfeste Form. Rollen Sie 300 g Blätterteig dünn aus und decken Sie das Gulasch damit gleichmäßig ab. Damit die Oberfläche schön glänzt, verquirlen Sie 1 Eigelb mit 1 EL Sahne und bestreichen den Blätterteig damit. Vergessen Sie die Ränder nicht! Nur wenn der Teig dicht abschließt, geht er schön locker auf. Sehr reizvoll sieht das Ganze aus, wenn Sie die Blätterteigreste für Verzierungen verwenden. Sie können Rauten legen, Blätter ausstechen oder – ganz französisch – eine Sonnenblume in der Mitte platzieren. Jetzt schieben Sie die Form bei 180 °C auf der mittleren Schiene für etwa 25 Minuten in den vorgeheizten Ofen. Das Gulasch ist warm, wenn der Blätterteig goldbraun und knusprig ist. Herrlich dazu: ein feines Spitzkohlgemüse mit Koriandergrün und Maispfannkuchen oder Kartoffelcrêpes.

Ingo Bockler

Der Hoppler aus dem Wienerwald

E s war an einem dieser zugig-kalten Wintertage, die typisch sind für Wien. Der eisige Wind vom Kahlenberg heulte zwischen den Häuserschluchten der endlosen Favoritenstraße und wir ließen uns, durchgefroren und hungrig, von seinen Böen umhertreiben. Genau wie die vielen Plastiksackerl, die der unentwegt brausende Sturm aus den Papierkörben zerrte.

»ZEHN-RADI-UM-AN-ZEEEHNA«

Auf dem Viktor-Adler-Markt riefen die Marketenderinnen allmorgendlich um sechs ihre Angebote in den schneidend kalten Wind und hielten feil, was sie den Böden ihrer Heimat in Burgenland und Waldviertel abgerungen hatten. So intonierten sie in ihrem unvergleichlichen Singsang »Zehn-Radi-um-an-Zeeehna« oder »Droa-Zeller-um-an-Zwaaanzger«. Doch wenn wir auf ihr Angebot eingingen und sagten: »Den Sellerie bitte und eine Tüte Feldsalat«, dann erstarrte die hutzelige Bäuerin mit dem verfilzten Wollschal um Kopf und Ohren wie Lots Weib zur Salzsäule.

BEGEGNUNG DER BESONDEREN ART

An diesem fürchterlich kalten Tag kam es zu einer Begegnung der besonderen Art. Als wir auf dem Markt mit seinen vielen grünen Buden um eine Ecke bogen, rannten wir, hoppla! in etwas Weiches, Pelziges hinein. Ein Bündel toter Hasen baumelte da direkt vor unserer Nase, und jeder hatte ein Preisschildchen aus Pappe an den Beinen. Auf dem Pflaster unter ihnen trocknete eine kleine Blutlache. Gesellschaft bekamen die Hasen von einem Schwarm Fasanen im vollen Federkleid – metallisch-glänzend die Hähne, erdig-braun die Hennen. »Die san jetzt grad recht«, versuchte der Wildhändler vom Viktor-Adler-Markt einer Kundin seine Vögel schmackhaft zu machen, deutete auf die kurzen Sporne der funkelnden Schreckflüchter und pries ihre Jugend. In seiner Auslage stapelten sich gespickte und ungespickte Hasenkeulen, Läufe und Rückenstücke. Die ausgelösten Brüste der Fasanen hatte er mit fettem Speck herausgeputzt.

Für den Preis eines ganzen Hasen im Fell bekam man bei ihm nur zwei ausgelöste Keulen. Keine Drecksarbeit ... und so schön praktisch ... dachten wir. Aber der Preis ... Wir entschieden uns für zwei Tage Hase satt und volles Risiko. Zugeguckt hatten wir ja schon einmal, wie ein Nachbar unserer Eltern seinen Stallhasen das Fell über die Ohren gezogen hatte. Vom Ersparten kauften wir uns ein Flasche Rotwein.

Fortan begegneten wir dem Hoppler aus dem Wienerwald auf der freundschaftlich-persönlichen Ebene und nannten ihn »Pfote«. Wir nahmen unseren neuen Hausgenossen mit in die kleine Küche der Mietwohnung, in der Fabian während seines Studienaufenthalts logierte. Dort präparierten wir den Hasen, und zwar so, dass wir seine Hinterläufe an einem hölzernen Kleiderbügel von Peek und Cloppenburg fixieren konnten. Den linken Hinterlauf auf der einen, den rechten auf der anderen Seite des Bügels. Derart vorbereitet, passte der Bügel bequem an den Griff des gekippten Küchenfensters und Pfote hing mit etwas Abstand vor der Glasscheibe. Einen Moment lang dachten wir daran, dass uns die Nachbarn bei unserem Treiben vielleicht beobachten und die Polizei rufen würden. Aber, beruhigten wir uns, wenn die hier in Wien Hasen im Fell anbieten, dann werden die auch von jemandem gekauft und aus dem Balg geschlagen. Und genau das taten wir. Pfotes Fell war wie Samt und Seide und es tat uns in der Seele weh, dass wir aus seiner Robe keinen Muff oder wenigstens einen Pelzkragen anfertigen konnten, doch dafür fehlten uns die elementaren Grundkenntnisse.

DIE KUNST DES EINBALSAMIERENS

Wenn man einen ganzen Hasen hat, heißt das natürlich nicht, dass man ihn auch im Ganzen zubereitet. Das geht leider fast immer schief, weil Wildhasenfleisch besonders viel Blut enthält und so gut wie kein Fett. Darum hat man Pfotes Vorfahren auch gespickt und dann so lange gebraten, bis sie zwar schön mürbe, aber leider auch ziemlich trocken waren. Heute lässt sich die Kerntemperatur des Fleisches beim Braten aufs Grad genau kontrollieren. Warum es da noch mit der Spicknadel traktieren? Nach einer Weile lag rechts also ein Haufen Knochen und links lagen die ausgelösten Rückenstränge, kleinen Filets, Vorderläufe und Keulen. Die Knochen haben wir ins Rohr geschoben, um sie für

den Fond zu rösten, die Beine kamen ins Ragout, den Rücken aber bestimmten wir für ein kulinarisches Sonderkommando. Dafür zerstießen wir Pimentkörner, Wacholderbeeren, schwarzen Pfeffer und Gewürznelken im Mörser, gossen Öl hinzu und rührten eine Paste daraus, mit der wir Pfotes

Wildhase ist der ideale Partner für starke Gewürze. Besonders gut übertragen Piment, Nelken und Wacholderbeeren ihr Aroma auf den ausgelösten Rücken.

Rücken nach allen Regeln altägyptischer Kunst einbalsamierten, danach in Folie einschlugen und das Päckchen in den Kühlschrank legten.

AUF DAS MAXIMUM REDUZIERT

Den nächsten Abend widmeten wir dem Ragout: Die Keulen und Vorderläufe brieten wir in Butter bei kleiner Hitze langsam an, nahmen sie aus dem Bratgeschirr, schwitzten darin die in feine Stückchen geschnittene Gemüsemischung aus Karotten, Lauch, Sellerie, Zwiebeln und Knoblauch an, bis eine kräftige Farbe entstand. Das Gemüse löschten wir mit Rotwein ab, reduzierten, bis nur noch ein blubbernder Satz übrig war, gaben dann den Hasenfond hinzu und ließen die Fleischstücke in die Flüssigkeit gleiten. Nun würzten wir mit Salz, Pfeffer, Lorbeerblätter und Thymian. Nach 90 Minuten fischten wir die Hasenbeine heraus, seihten die Brühe ab, dampften sie auf großer Flamme ein, banden sie mit kalter Butter und montierten zum Schluss noch die Hasenleber mit dem Pürierstab in die Reduktion. Mit Bandnudeln war das genau das richtige Studentenfutter.

Pfotes balsamierte Rückenstränge knöpften wir uns zwei Tage später vor. Wir entfernten Folie und Gewürzpaste, ließen das Fleisch zimmerwarm werden, bevor wir es in der Pfanne sehr scharf, doch extrem kurz anbrieten, um es durch die Hitze nicht unnötig zu strapazieren. Danach legten wir es auf einen Teller und ließen es bei 100 °C im Ofen nachgaren, damit sich die Säfte im Innern wieder gleichmäßig verteilten. Rosarot kam es heraus und wir genossen es zu einem Kartoffel-Sellerie-Püree, das wir mit Cayenepfeffer schärften und einem Stich Butter gefügig machten.

Cornelius und Fabian Lange

Hirschrouladen mediterran

ZUBEREITUNGSZEIT 1 Std. 50 Min.

- · 4 Schnitzel vom neuseeländischen Hirsch, aus der Oberschale, je 120 g
- · 120 g rote Paprikaschote, 70 g rote Zwiebel
- · 120 g Zucchini, 100 g Aubergine
- · 30 g Cranberries, 3 EL Öl, Salz, Zucker
- · 1 TL gemahlener Kreuzkümmel
- · 20 g geriebener Parmesan, 1 EL Tomatenmark
- · 1 EL gehackter Majoran, 1 EL scharfer Senf
- · 4 Scheiben Frühstücksspeck, 10 g Mehl

FÜR DEN SCHMORFOND

- · 70 g Möhre, 70 g Knollensellerie
- · 10 g frischer Ingwer, 50 g weiße Zwiebel
- · 1 EL Öl, Salz, Zucker, ¼ l Maracujasaft
- · ½ l Kirschsaft, ¼ l Rotwein, ⅛ l Madeira
- · 4 Gewürznelken, 2 Lorbeerblätter
- · 4 Wacholderbeeren, 5 cm Zimtstange

S. 33
WARENKUNDE Hirschkeule

◆

S. 132
KÜCHENPRAXIS Plattieren

1. Klopfen Sie die Hirschschnitzel zwischen Frischhaltefolie leicht flach. Paprika, Zwiebel, Zucchini und Aubergine putzen und wie die Cranberries fein würfeln. Das Gemüse in 1 EL Öl kräftig anbraten, mit Salz, Zucker und Kreuzkümmel würzen. Rühren Sie den Käse, das Tomatenmark und den Majoran unter und braten Sie alles noch etwa 2 Minuten an, dann beiseite stellen.

2. Für den Schmorfond die Möhre, den Sellerie, Ingwer und Zwiebel schälen und grob würfeln. Braten Sie das Gemüse in einem Bräter oder tiefen Topf in Öl kräftig an. Mit Salz und Zucker würzen, dann das Gemüse mit Maracuja- und Kirschsaft, Rotwein und Madeira ablöschen. Die Gewürze zufügen und alles 5 Minuten köcheln lassen.

3. Die Hirschschnitzel mit Senf bestreichen und mit je 1 Scheibe Frühstücksspeck belegen. Die mediterrane Gemüsemischung darauf verteilen, die Schnitzel vorsichtig zu Rouladen aufrollen und mit Küchengarn zusammenbinden. Wenden Sie die Rouladen leicht in Mehl und erhitzen Sie das restliche Öl. Die Rouladen darin auf jeder Seite 1 Minute anbraten. Dann die Rouladen im heißen Schmorfond etwa 30 Minuten bei geringer Hitze offen schmoren.

4. Die Rouladen herausnehmen. Mixen Sie den Schmorfond mit dem Pürierstab auf und gießen Sie den Fond durch ein Sieb. Das Küchengarn entfernen und die mediterranen Hirschrouladen mit der Sauce anrichten. Als Beilage schmecken mit Tandoori-Pulver gewürzte Kartoffelklöße oder Schupfnudeln (S. 264).

Wirsingrouladen mit Wildschwein-füllung und Kartoffelschnee

ZUBEREITUNGSZEIT 1 Std. 20 Min.

FÜR DIE WIRSINGROULADEN
- 8 große, schöne Wirsingblätter, Salz
- 350 g Wildschweinschulter
- 1 Ei, 50 g Semmelbrösel
- 2 gehäufte EL Preiselbeeren aus dem Glas
- 1 gehäufter EL mittelscharfer Senf
- frisch gemahlener Pfeffer
- frisch geriebene Muskatnuss
- 2 EL Öl
- 150 g durchwachsener Räucherspeck, fein gewürfelt
- 70 g Zwiebel, geschält und fein gewürfelt
- 300 ml Fleischbrühe
- 1 Rosmarinzweig, 2 Thymianzweige
- 3 Petersilienstängel, ¼ TL Speisestärke

FÜR DEN KARTOFFELSCHNEE
- 500 g mehlig kochende Kartoffeln
- Salz, 4 Butterröllchen

S. 59
WARENKUNDE Wildschweinschulter

S. 133
KÜCHENPRAXIS Hack herstellen

1. Die Wirsingblätter in Salzwasser blanchieren, in Eiswasser abschrecken und abtropfen lassen. Schneiden Sie die Wildschweinschulter in Würfel und drehen Sie diese durch die mittlere Scheibe des Fleischwolfs. Das Hack in einer Schüssel mit Ei, Semmelbröseln, Preiselbeeren und Senf vermengen. Die Masse mit Salz, Pfeffer und Muskat würzen und alles gut vermengen.

2. Die Wirsingblätter trockentupfen und auf der Arbeitsfläche ausbreiten. Den Fleischteig in 8 Portionen teilen. Wickeln Sie je eine Portion in ein Blatt ein, dann die Rouladen mit Küchengarn umwickeln.

3. Braten Sie die Rouladen in einem Bräter in Öl kurz an. Herausnehmen und die Speck- und Zwiebelwürfel im verbliebenen Öl kurz anschwitzen. Die Rouladen darauf setzen, die Brühe angießen und die Kräuter zufügen. Lassen Sie die Wirsingrouladen bei 180 °C im vorgeheizten Ofen etwa 35 Minuten zugedeckt schmoren.

4. Inzwischen die Kartoffeln schälen, vierteln und in Salzwasser in etwa 20 Minuten weich garen. Drücken Sie die Kartoffen noch heiß durch die Kartoffelpresse.

5. Die Rouladen herausnehmen, vom Garn befreien und warm stellen. Schmecken Sie den Schmorfond mit Salz und Pfeffer ab und binden Sie ihn leicht mit der kalt angerührten Speisestärke. Die Rouladen mit dem Kartoffelschnee auf vorgewärmten Tellern anrichten, mit der Sauce übergießen und den Kartoffelschnee mit einem Butterröllchen garnieren.

Vielfältig gefüllt

Sie können die Rouladen auch mit Reh, Hirsch oder Hase füllen. Damit die Füllung nicht zu trocken gerät, sollten Sie in diesem Fall 200 g Wildfleisch und 150 g Schweinehals verwenden.

Curry vom Wildschwein

ZUBEREITUNGSZEIT 1 Std. 30 Min.

FÜR DAS WILDSCHWEINCURRY
- · 800 g Wildschweinkeule, ohne Knochen
- · Salz, 2 EL Raps- oder Erdnussöl
- · 150 g rote Zwiebeln, geschält
- · 1 Knoblauchzehe, abgezogen
- · 1 cm Zimtstange
- · 5 Korianderkörner
- · 1 kleine getrocknete rote Chilischote
- · 10 g Jaipur-Curry-Pulver (Asialaden)
- · 1 Msp. gemahlener Kreuzkümmel (3 g)
- · 1 Prise gemahlene Muskatblüte (1 g)
- · 1 EL Tomatenmark (15 g)
- · 10 g Palmzucker (Asialaden,
  Ersatz: Rohrzucker)
- · 150 ml Wildfond (S. 142)
- · ¼ l Kokosmilch, Pfeffer
- · 100 g reife Tomaten, grob gewürfelt

AUSSERDEM
- · ein paar abgezupfte Blättchen
  Koriandergrün für die Garnitur

S. 60
WARENKUNDE Wildschweinkeule

S. 106
KÜCHENPRAXIS Schmoren

1. Die Wildschweinkeule in etwa 2 cm große Würfel schneiden und salzen. Braten Sie die Fleischwürfel in einer Pfanne im heißen Öl ringsum kräftig braun an, dann die Hitze etwas reduzieren.

2. Die Zwiebeln in Streifen schneiden und den Knoblauch zerdrücken. Rösten Sie Zimt, Koriander und Chili in einer Pfanne ohne Fett kurz an, bis sie zu duften beginnen. Anschließend die Gewürze im Mörser fein zerstoßen.

3. Die zerstoßenen Gewürze, das Currypulver, den Kreuzkümmel und die Muskatblüte sowie Zwiebeln und Knoblauch zum Fleisch geben und 1 bis 2 Minuten mitbraten. Das Tomatenmark sowie den Palmzucker zufügen und 1 Minute unter Rühren mitbraten. Löschen Sie alles mit dem Wildfond ab und füllen Sie das Curry mit der Kokosmilch auf. Alles einmal aufkochen lassen und das Wildschwein-Curry bei geringer Hitze etwa 30 Minuten zugedeckt schmoren.

4. Schmecken Sie das Curry mit Salz, Palmzucker und Pfeffer ab. 2 bis 3 Minuten, bevor das Fleisch gar ist, die gewürfelten Tomaten zugeben und alles noch einmal kurz aufkochen lassen. Das Wildschwein-Curry in vorgewärmten Schalen oder tiefen Tellern anrichten und vor dem Servieren mit ein paar Blättchen Koriandergrün bestreuen. Als Beilage empfiehlt sich mit Kardamon gedämpfter Basmatireis und Mango-Minz-Chutney.

Mango-Minz-Chutney

Fertig zu kaufen gibt es das Mango-Minz-Chutney nur selten. Sie können es jedoch leicht selbst herstellen: Dafür einfach 1 bis 2 Blätter Minze pro EL Mango-Chutney in feine Streifen schneiden und untermischen.

Hasenpfeffer mit Rosmarin-Polenta

ZUBEREITUNGSZEIT 2 Std. 30 Min.
MARINIERZEIT 2–3 Tage

FÜR DEN HASENPFEFFER
· 2 Wildhasenkeulen und -schultern
· Salz, Pfeffer, Mehl, 2 EL Olivenöl
· 1 EL Tomatenmark, 1 TL Speisestärke

FÜR DIE MARINADE
· ½ l Rotwein, 100 g Mirepoix (gewürfelte Zwiebel, Möhre, Staudensellerie)
· 1 EL Preiselbeeren (aus dem Glas)
· 1 Scheibe Bauchspeck, gewürfelt
· ½ Apfel, gewürfelt
· 1 Knoblauchzehe, abgezogen
· je 1 Rosmarin- und Thymianzweig
· 5 Wacholderbeeren, 1 Gewürznelke

FÜR DIE ROSMARIN-POLENTA
· ½ l Milch, 1 EL Olivenöl, Salz, Muskatnuss
· 1 TL geschnittener Rosmarin
· 80 g Polentagrieß, 2 rote Zwiebeln (je 120 g)
· ½ l Rotwein, 1 EL geriebener Parmesan
· 1 EL geschlagene Sahne

S. 66
WARENKUNDE Feldhase

1. Die Hasenkeulen und -schultern in eine Form legen. Sämtliche Zutaten für die Marinade vermischen, die Hasenteile damit übergießen und 2 bis 3 Tage zugedeckt im Kühlschrank durchziehen lassen. Nehmen Sie die Hasenkeulen und -schultern heraus und gießen Sie die Marinade durch ein Sieb. Aufkochen und die Flüssigkeit anschließend durch ein mit einem Tuch ausgelegtes Sieb laufen lassen.

2. Fleisch und Gemüse trockentupfen. Die Hasenteile salzen, pfeffern, mit Mehl bestauben und in Öl beidseitig anbraten. Braten Sie das Gemüse kurz mit an. Das Tomatenmark unterrühren und alles mit einem Drittel der Marinadeflüssigkeit ablöschen. Diesen Vorgang 2-mal wiederholen, bis fast alle Flüssigkeit verdampft ist. Die Hasenteile zu zwei Dritteln mit kaltem Wasser bedecken und bei 160 °C im vorgeheizten Ofen zugedeckt 1 bis 1 ½ Stunden schmoren. Die Schultern herausnehmen und die Keulen noch eine weitere ¼ Stunde schmoren lassen. Die Sauce passieren und auf ein Drittel reduzieren. Das Fleisch von den Knochen lösen, in Stücke zupfen und wieder zufügen. Die Sauce mit der mit etwas Rotwein angerührten Stärke binden, kurz aufkochen lassen und abschmecken.

3. Milch, Öl, Salz, Muskat und Rosmarin aufkochen. Rühren Sie den Grieß ein und lassen Sie die Polenta bei geringer Hitze 20 Minuten köcheln. Die Zwiebeln halbieren und in Rotwein mit etwas Salz bissfest garen. Das Innere bis auf 3 Ringe herauslösen. Die Rosmarinpolenta abschmecken, Parmesan und Sahne zufügen und die Polenta in die Zwiebelhälften füllen. Den Hasenpfeffer mit den gefüllten Zwiebeln anrichten und servieren.

Wildschwein-Szegediner

ZUBEREITUNGSZEIT 2 Std.

FÜR DEN WILDSCHWEIN-SZEGEDINER
· 800 g Wildschweinschulter, entbeint und pariert
· Salz, Pfeffer, 25 g Gänseschmalz
· 80 g Räucherspeck, in feine Streifen geschnitten
· 200 g Zwiebeln, geschält und in feine Streifen geschnitten
· 1 Knoblauchzehe, abgezogen und fein gewürfelt
· 40 g edelsüßes Paprikapulver
· ½ l heller Wild- oder Geflügelfond (S. 148)
· 320 g Sauerkraut
· 1 TL Kümmel
· 40 g Tomatenmark, doppelt konzentriert
· 80 g Schmand
· 2 Tomaten, gehäutet, entkernt und gewürfelt
· 1 EL fein geschnittene glatte Petersilie
· frisch geriebene Muskatnuss

FÜR DIE SCHUPFNUDELN
· 250 g mehlig kochende Kartoffeln
· 100 g Mehl, Salz, Pfeffer, 1 Ei
· 30 g Butter
· 1 TL fein gehackte glatte Petersilie

S. 59
WARENKUNDE Wildschweinschulter

S. 132
KÜCHENPRAXIS Parieren

»Im Ofen geschmort«

Das Schmoren bietet sich für bindegewebsreiche Fleischarten an, die lange Garzeiten benötigen. Auch für Wildhasen oder Teile davon (Schultern und Keulen) ist es ideal. Sie benötigen dafür eine Marinade aus 4 Knoblauchzehen, 1 Thymianzweig, 1 TL schwarzen Pfefferkörnern, 5 Wacholderbeeren, 3 Gewürznelken, 2 EL Olivenöl und 200 g grob gewürfelten Schalotten. Legen Sie die Hasenteile – oder anderes bindegewebsreiches Wildfleisch – 4 Stunden in die Marinade, bevor Sie die Fleischstücke dann in einem großen Bräter mit einem Stück geräucherter Speckschwarte und den Fleischabschnitten anbraten. Lassen Sie die Schalotten ebenfalls etwas Farbe nehmen und stauben Sie etwas Mehl darüber, bevor Sie 5 cl Cognac, die restliche Marinade, 400 ml Wildfond und 0,7 l Burgunder angießen. Schmoren Sie alles 1 Stunde bei 170 Grad im Ofen. Die Sauce dann passieren und mit 100 ml Schweineblut oder 1 TL angerührter Speisestärke binden. Fügen Sie 100 g Sahne sowie 1 EL Aceto balsamico zu, schmecken Sie die Sauce mit Pfeffer ab und geben Sie sie über das Ragout. Zu einem solch kräftigen Schmorgericht passt ein Kohlgemüse gut.

Ingo Bockler

1. Das Fleisch 3 cm groß würfeln, salzen und pfeffern. Braten Sie das Fleisch in einem Schmortopf in Gänse-schmalz ringsum an. Wenn es zu bräunen beginnt, den Speck kurz mitbraten, dann Zwiebeln und Knoblauch kurz mitrösten, aber nicht bräunen. Das Paprikapulver kurz mitrösten, ohne es Farbe nehmen zu lassen. Anschließend alles mit 100 ml Wildfond ablöschen, den Bratsatz lösen und die Flüssigkeit reduzieren.

2. Kochen Sie den restlichen Wildfond separat auf. Sauerkraut und Kümmel zum Fleisch geben, alles mit dem hei-ßen Wildfond auffüllen und das Tomatenmark unterrühren. Schmoren Sie das Gulasch in etwa 1 ½ Stunden zuge-deckt bei geringer Hitze weich, bei Bedarf noch etwas Fond nachgießen.

3. Die Kartoffeln in Alufolie bei 200 °C im vorgeheizten Ofen 1 Stunde backen. Das Mehl auf eine Arbeitsfläche sieben und eine Mulde eindrücken. Die Kartoffeln pellen, noch heiß auf den Mehlrand drücken, salzen, pfeffern und das Ei zufügen. Verarbeiten Sie alles rasch zu einem glatten Teig. Kurz ruhen lassen, den Teig zu Strängen formen, mit Mehl bestauben und 1 cm breite Stücke abschneiden. Diese zu spitz zulaufenden Nudeln formen und in Salzwasser 5 bis 6 Minuten gar ziehen lassen. Herausnehmen, die Schupfnudeln in Butter schwenken und mit den Kräutern bestreuen.

4. Rühren Sie den Schmand, die Tomatenwürfel und die Petersilie unter das Gulasch. Mit Muskat abschmecken, das Gulasch mit den Schupfnudeln anrichten und servieren.

Mit Chili und Steinpilzen

Noch herzhafter wird das Szegediner Wildgu lasch, wenn Sie ein paar getrocknete Steinpilze – vorher 15 Minuten kalt einweichen –, 1/2 rote Chilischote sowie 1 rote, in Streifen geschnittene Paprikaschote im Schmortopf mitgaren.

Gnocchi mit Rentierragout gefüllt

ZUBEREITUNGSZEIT 2 Std. 30 Min.

FÜR DEN GNOCCHI-TEIG
· 300 g mehlig kochende Kartoffeln
· 200 g Muskatkürbis, grobes Meersalz
· 40 g feiner Hartweizengrieß, 2 Eigelbe
· Salz, Pfeffer, frisch geriebene Muskatnuss
· 30 g Speisestärke

FÜR DAS RENTIERRAGOUT
· 50 g rote Zwiebel, 50 g Möhre, 40 g Lauch
· 50 g Staudensellerie, 50 g Apfel
· 200 g Rentierfleisch aus der Schulter,
  in 4 x 4 cm große Würfel geschnitten
· Salz, frisch gemahlener Pfeffer
· 1 EL Mehl, 1–2 EL Olivenöl
· ½ EL Tomatenmark, 200 ml Rotwein
· 3 Wacholderbeeren, 1 Zweig Thymian
· ½ angedrückte Knoblauchzehe

AUSSERDEM
· 60 g Butter, 50 g frisch geriebener Parmesan

S. 45
WARENKUNDE Rentier

S. 106
KÜCHENPRAXIS Schmoren

1. Setzen Sie die Kartoffeln und das Kürbisstück mit der Schale nach unten auf ein Bett aus grobem Meersalz. Die Kartoffeln bei 180 °C im vorgeheizten Ofen etwa 1 Stunde, den Kürbis 40 bis 45 Minuten garen. Sollte der Kürbis zu stark bräunen, decken Sie ihn mit einem Stück Alufolie ab.

2. Kürbis und Kartoffeln aus dem Ofen nehmen, die Kartoffeln aus der Schale lösen und 5 Minuten im Ofen ausdampfen lassen. Drücken Sie die Kartoffeln noch heiß durch die Kartoffelpresse. Das Kürbisfruchtfleisch aus der Schale lösen, grob würfeln, mit einem Passiertuch ausdrücken und im Mixer pürieren. Geben Sie Kartoffeln, Kürbis, Hartweizengrieß, Eigelbe, Salz, Pfeffer, Muskat und Speisestärke in eine Schüssel, dann weiterarbeiten, wie unten in Step 1 gezeigt.

3. Für das Ragout Zwiebel und Möhre schälen, Lauch und Staudensellerie putzen und alles wie den Apfel klein würfeln. Das Fleisch salzen, pfeffern und mit Mehl bestauben. Braten Sie die Rentierwürfel bei mittlerer Hitze in Olivenöl ringsum an. Das klein gewürfelte Gemüse zufügen und kurz mitbraten. Tomatenmark einrühren und alles mit dem Wein ablöschen. Fügen Sie Wacholderbeeren, Thymian und Knoblauch zu. Das Fleisch mit kaltem Wasser bedecken und bei 160 °C im vorgeheizten Ofen zugedeckt in 40 bis 50 Minuten weich schmoren. Die Fleischwürfel ausstechen und ½ cm groß würfeln. Die Sauce passieren, entfetten und stark einkochen. Das Fleisch wieder zufügen, abschmecken und das Ragout erkalten lassen.

4. Den Teig zu 6 cm großen Kugeln formen und füllen, wie in Step 2 und 3 gezeigt. Lassen Sie die Gnocchi in reichlich Salzwasser bei reduzierter Hitze in 10 bis 12 Minuten gar ziehen. Herausnehmen, abtropfen lassen und die Gnocchi mit Nussbutter und Parmesan servieren.

GNOCCHI
herstellen und füllen

(1) Die Zutaten für die Gnocchi vermischen und alles rasch zu einem glatten Teig verkneten.

(2) In die Teigkugel eine tiefe Mulde eindrücken und mit Rentierragout füllen.

(3) Den Gnocchi-Teig über dem Ragout zusammendrücken und erneut zur Kugel formen.

Schlutzkrapfen mit Gämsenfüllung

ZUBEREITUNGSZEIT 2 Std. 30 Min.

FÜR DEN TEIG
· 250 g Roggenmehl, 250 g Weizenmehl
· 4 Eier, 4–5 EL lauwarmes Wasser, Salz

FÜR DIE FÜLLUNG
· 250 g Hals von der Gämse, 1 EL Olivenöl
· 60 g geräucherter Bauchspeck, klein gewürfelt
· je 60 g Möhren- und Knollenselleriewürfel
· 100 g Zwiebelwürfel
· 4 cl Weinbrand, ⅛ l Rotwein
· 3 Wacholderbeeren, gehackt
· 3 Pimentkörner, 1 Lorbeerblatt
· 1 Knoblauchzehe, geschält und gehackt
· 1 EL Preiselbeeren, 1 EL Hagebuttenmark
· 80 g Maronen, geröstet, geschält und gehackt
· 2 Eigelbe, 1 TL Bohnenkraut, gehackt
· 1 TL Thymianblättchen, gehackt, Salz, Pfeffer

AUSSERDEM
· 80 g Butter, 1 Spritzer Apfel-Balsamessig
· 1 Ausstechring mit 6 cm Durchmesser

S. 49
WARENKUNDE Gämsenhals

S. 133
KÜCHENPRAXIS Farce herstellen

1. Kneten Sie aus den Zutaten einen glatten Teig, dann in Frischhaltefolie wickeln und etwa 1 Stunde kühl ruhen lassen.

2. Das Fleisch 3 cm groß würfeln und in einer feuerfesten Pfanne in Öl scharf anbraten. Den Speck kurz mitbraten, dann die Gemüse- und Zwiebelwürfel zufügen und mitrösten. Löschen Sie alles mit Weinbrand und Rotwein ab. Wacholderbeeren, Pimentkörner, Lorbeerblatt und Knoblauch zufügen, mit Backpapier abdecken und das Fleisch bei 170 °C im vorgeheizten Ofen 15 Minuten schmoren.

3. Herausnehmen, Lorbeerblatt entfernen und alles durch die mittlere Scheibe des Fleischwolfes drehen. Rühren Sie Preiselbeeren, Hagebuttenmark, Maroni, Eigelbe und Kräuter unter und schmecken Sie die Masse mit Salz und Pfeffer ab.

4. Rollen Sie den Teig etwa 2 mm dick aus und stechen Sie Kreise aus. Jeweils ein Häufchen Füllung darauf setzen, die Kreise zusammenklappen und die Ränder gut zusammendrücken. Lassen Sie die Krapfen in Salzwasser etwa 4 Minuten ziehen. Die Butter hellbraun aufschäumen lassen, mit dem Essig aromatisieren, die Schlutzkrapfen in der Butter schwenken und nach Belieben mit Kopfsalat servieren.

Kakao-Pappardelle mit Wildhasenragout

ZUBEREITUNGSZEIT 2 Std.
MARINIERZEIT 2–3 Tage

FÜR DAS WILDHASENRAGOUT
· 2 Wildhasenkeulen, ½ l Rotwein
· 1 rote Zwiebel, geschält und gewürfelt
· ½ Stange Staudensellerie und ¼ Stange
  Lauch, beides geputzt und gewürfelt
· 1 Zweig Rosmarin, 1 Zweig Thymian
· 1 Scheibe durchwachsener Bauchspeck,
  in Streifen geschnitten
· ½ Apfel, geschält und klein gewürfelt
· Schale von ¼ unbehandelten Orange
· Schale von ¼ unbehandelten Zitrone
· Salz, Pfeffer, 1 EL Mehl, 1 EL Olivenöl
· 1 EL Tomatenmark
· 1 EL Preiselbeeren, 6 Wacholderbeeren
· 50 g frisch geriebener Parmesan

FÜR DEN TEIG
· 150 g doppelgriffiges Weizenmehl, 1 Ei
· 2 Eigelbe, 1 Prise Salz, 10 g Kakao, gesiebt

S. 66
WARENKUNDE Hasenkeulen

S. 136
KÜCHENPRAXIS Marinieren

1. Vermischen Sie die Hasenkeulen in einer Form mit dem Rotwein, dem Gemüse, den Kräutern, Speck, Apfel, Orangen- und Zitronenschale und lassen Sie alles 2 bis 3 Tage kühl durchziehen.

2. Mehl, Ei, Eigelbe, Salz und bei Bedarf 1 EL Wasser zu einem Nudelteig verarbeiten. Halbieren Sie den Teig und mischen Sie den Kakao unter die eine Hälfte. Beide Hälften erneut gut durchkneten und kurz ruhen lassen.

3. Rollen Sie beide Teige mit der Nudelmaschine auf mittlere Stärke aus. Den dunklen Teig in 2 cm breite Streifen schneiden, dann mit Wasser oder Eiweiß befeuchten. Legen Sie jeweils 2 dunkle Streifen auf die hellen Teigplatten, anschließend gut andrücken und die Platten dünn ausrollen, so ergibt sich ein schönes Streifenmuster. Die Teigplatten mit einem gezackten Teigrad in 8 cm lange und 3 cm breite Pappardelle schneiden.

4. Die Hasenkeulen aus der Marinade nehmen, trockentupfen, salzen, pfeffern und mit Mehl bestauben. Die Marinade durch ein Sieb passieren, aufkochen und durch ein mit einem Tuch ausgelegtes Sieb laufen lassen. Braten Sie die Keulen in einem weiten Topf von beiden Seiten bei mittlerer Hitze in Öl an. Gemüse und Gewürze zufügen und 5 Minuten mitrösten. Das Tomatenmark einrühren, Preiselbeeren und Wacholderbeeren zufügen und alles mit einem Teil der Marinadeflüssigkeit ablöschen. Wiederholen Sie diesen Vorgang 2- bis 3-mal, bis der Fond dunkel und zähflüssig ist. Dann die Keulen zu zwei Dritteln mit Wasser bedecken und zugedeckt bei 160 °C im vorgeheizten Ofen etwa 1 Stunde schmoren.

5. Herausnehmen, den Fond durch ein Sieb passieren, reduzieren und entfetten. Das Fleisch von den Knochen lösen, in Stücke zupfen und in den Fond einlegen. Garen Sie die Pappardelle in reichlich Salzwasser, dann abgießen, zum Ragout geben und 2 Minuten mitgaren. Abschmecken, das Hasenragout in Teller verteilen, mit Parmesan bestreuen und servieren.

Wildentenragout mit Pancetta, Salbei und Maltagliati

S. 94
WARENKUNDE Wildente

◆

S. 126
KÜCHENPRAXIS Wildente zerlegen

ZUBEREITUNGSZEIT 2 Std. 30 Min.

FÜR DAS WILDENTENRAGOUT
· 2 Wildenten, je etwa 800 g
· Salz, frisch gemahlener Pfeffer
· 20 g Gänseschmalz
· 1 Stück Räucherspeckschwarte, etwa 30 g
· 40 g Schalotten, fein gewürfelt
· 4 Knoblauchzehen, geschält und fein gewürfelt
· 20 g Tomatenmark, doppelt konzentriert
· 100 ml roter Portwein
· ¼ l Geflügelfond (S. 148)
· 150 ml kräftiger Burgunder
· ¼ l frisch gepresster Orangensaft
· 1 Gewürzsäckchen mit ½ Lorbeerblatt,
  8 weißen Pfefferkörnern und 1 Rosmarinzweig
· 20 g Butter
· 1 EL Pistazienkerne, grob gehackt
· 2 cl Grand Marnier

· abgeriebene Schale von einer ½ unbehandelten
  Orange
· frisch geriebene Muskatnuss

FÜR DIE MALTAGLIATI
· 125 g Mehl, 125 g feiner Hartweizengrieß
· 2 Eier, 1 Eigelb, ½ gestrichener TL Salz

AUSSERDEM
· 4 Scheiben luftgetrocknete Pancetta
· 12 Salbeiblätter, etwas Mehl
· Butterschmalz, Salz
· frisch gemahlener Pfeffer
· 10 ml Olivenöl, 10 g Butter
· einige Salbeistängel, grob geschnitten
· halbierte Filets von 2 Orangen
· 150 g Tomatenfruchtfleisch, fein gewürfelt

1. Von den Wildenten jeweils die Keulen und Brüste auslösen. Die Brüste von Haut und Sehnen befreien und kühl stellen. Von den Keulen die Haut entfernen und die Knochen auslösen. Schneiden Sie das Keulenfleisch in 1 cm große Würfel. Die Zutaten für die Pasta zu einem glatten Teig verkneten, kurz ruhen lassen und dann mit der Nudelmaschine bis auf die vorletzte Stufe ausrollen. Die Teigplatten mit Grieß bestreuen, mehrfach zusammenschlagen, unregelmäßige Stücke abschneiden und etwas trocknen lassen.

2. Würzen Sie das gewürfelte Entenfleisch mit Salz und Pfeffer und braten Sie es in einem Schmortopf in Gänseschmalz ringsum kräftig an. Die Speckschwarte sowie die Schalotten- und Knoblauchwürfel zufügen, die Hitze reduzieren, das Tomatenmark einrühren und kurz mitrösten. Löschen Sie alles mit dem Portwein ab und lassen Sie diesen fast völlig einkochen, dabei die Wildentenfleischwürfel leicht glasieren.

3. Kochen Sie separat den Geflügelfond mit dem Rotwein und dem Orangensaft auf und gießen Sie die Mischung heiß über das Fleisch. Das Gewürzsäckchen zufügen und das Ragout bei 180 °C im vorgeheizten Ofen in etwa 1 Stunde weich schmoren. Das Gewürzsäckchen entfernen, das Ragout in ein Sieb geben und die Sauce in einer Kasserolle auffangen. Anschließend bei schwacher Hitze reduzieren, bis die Sauce leicht bindet. Fügen Sie das Fleisch wieder zu und rühren Sie die Butter sowie die Pistazienkerne unter. Das Ragout mit Grand Marnier, Orangenschale, Muskat, Salz und Pfeffer abschmecken.

4. Braten Sie die Pancettascheiben bei schwacher Hitze langsam knusprig, dann auf Küchenpapier entfetten. Die Salbeiblätter in Mehl wenden und in Butterschmalz knusprig ausbacken, salzen und mit Küchenpapier abtupfen.

5. Die Wildentenbrüste salzen und pfeffern. Erhitzen Sie in einer Pfanne das Öl und die Butter, bis diese leicht aufschäumt und braten Sie die Wildentenbrüste darin etwa 2 Minuten. Die Brüste wenden, die Salbeistängel zufügen und die Wildentenbrüste auf der anderen Seite ebenfalls noch 2 Minuten braten, anschließend 5 Minuten an einem warmen Ort ruhen lassen.

6. Die Maltagliati in Salzwasser bissfest garen, abgießen, mit den Orangenfilets und Tomatenwürfeln vermischen und vorsichtig unter das heiße Ragout rühren. Verteilen Sie das Wildentenragout auf vorgewärmte Teller. Die Wildentenbrüste in Scheiben schneiden, daneben anrichten, alles mit gebratenem Pancetta und Salbeiblättern garnieren und sofort servieren.

Maltagliati sind ideal

Der Name dieser Nudeln bedeutet auf Deutsch so viel wie »schlecht geschnitten«. Der Teig ist derselbe wie bei Tagliatelle, die Form jedoch ist unregelmäßig dreieckig oder rautenförmig – eine ideale Nudelart für Suppen und Ragouts. Falls Sie Maltagliati getrocknet entdecken, können Sie natürlich auch diese oder auch getrocknete Strozzapreti verwenden.

Grillen, Pökeln und Räuchern

Koteletts, Medaillons oder Rückenfilets von Reh
und Hirsch: Vom Rost oder frisch aus dem Rauch
schmeckt Wildfleisch ausgezeichnet.

Unbedingt einen Versuch wert

Das Grillen von Wildfleisch steht etwas im Schatten der traditionellen Garmethoden Braten und Schmoren. Mit den richtigen Teilstücken ist der Erfolg jedoch garantiert, ebenso wie beim Pökeln und Räuchern.

VOR ALLEM IM SOMMER ist das Grillen eine ideale Garmethode für Wildfleisch. Egal, ob drinnen oder draußen, Grillen ist unkompliziert und die Garzeiten sind meist recht kurz. Durch die hohen Temperaturen bildet sich rasch eine Kruste auf der Oberfläche, der Fleischsaft bleibt im Innern. Dennoch sollte die Hitze beim Grillen von Wildfleisch nicht zu lange allzu stark sein. Da Wildfleisch relativ fettarm ist, kann es sonst schnell austrocknen. Ein Trick: das Fleisch gegen Ende der angegebenen Garzeit auf Alufolie fertig grillen. Welcher Grill dabei verwendet wird – Holzkohlen-, Gas- oder Elektrogrill – macht im Prinzip keinen Unterschied, jedoch fehlt bei den beiden Letztgenannten natürlich das typische Holzkohlearoma, das gerade zu Wildfleisch sehr gut passt.

WELCHE STÜCKE SCHMECKEN VOM ROST?

Zum Grillen geeignet sind nur zarte, kurzfaserige Fleischstücke von Rücken, Hüfte oder Keule, die idealerweise von jungen Tieren stammen. Das Fleisch älterer Tiere benötigt längere Garzeiten, um weich zu werden und ist daher zum Grillen nicht geeignet. Besonders fein ist der zarte Rücken von Hirsch, Damhirsch, Reh, Gämse oder Wildschwein. Er kann mit den Rippenknochen in Koteletts geschnitten werden. Ausgelöst schmecken die Rückenfilets jedoch auch im Ganzen gegrillt sehr gut oder sie kommen, quer zur Faser in Medaillons geschnitten, auf den Rost. Größere Teilstücke wie etwa eine ganze Reh- oder Mufflonkeule grillt man am besten an einem Drehspieß, wobei der Abstand zur Glut oder Hitzequelle zuerst kleiner und mit zunehmender Gardauer größer sein sollte, damit die oberste Schicht nicht zu stark austrocknet. Auf den Spieß steckt man zudem Wildgeflügel im Ganzen, wie etwa eine Wildente oder Wachteln. Beim Kugelgrill ist der Drehspieß nicht unbedingt notwendig, hier gart der große Braten oder der ganze Vogel dann zugedeckt langsam in indirekter Hitze.

APPETITLICH GEFÄRBT

Salz entzieht Wildfleisch Feuchtigkeit und verringert so das Risiko eines Bakterienbefalls. Die typische Rotfärbung erhält es jedoch ausschließlich durch die Verwendung von nitrithaltigem Pökelsalz. An sich ungefährlich, können daraus jedoch bei starker Hitzeeinwirkung Krebs erregende Nitrosamine entstehen. Daher wird gepökeltes Wildfleisch grundsätzlich nicht gegrillt! Es kann jedoch in der Pfanne in wenig Butter leicht angebraten oder auch pochiert werden. Häufig wird ein größeres Fleischstück aus Keule oder Rücken zunächst gepökelt, bevor man es dann in den Rauch hängt, damit der Schinken später nicht grau, sondern appetitlich rot ist. Geringe Mengen Pökelsalz erhalten Sie in aller Regel bei Ihrem Fleischer, abgepackt in Gläser und Beutel ist es im Fleischereifachhandel oder Spezialversand erhältlich.

RÄUCHERN

Das Garen im Rauch verleiht Wildfleisch und -geflügel eine goldgelbe Farbe und ein besonderes Aroma. Man unterscheidet dabei zwei Methoden: das Kalt- und Warmräuchern. Weil man für Ersteres jedoch einen speziellen Ofen mit exakter Temperaturregulierung benötigt, wird das Kalträuchern meist den Profis überlassen. Wesentlich unkomplizierter ist das Warmräuchern bei Rauchtemperaturen zwischen 50 und 70 °C (S. 139). Hier leisten ein kleiner Amateurräucherofen, eine Räuchertonne oder ein simpler Wok gute Dienste. Ideal dafür geeignet sind – wie schon beim Grillen – die zarten Teilstücke von Hirsch, Reh oder Wildschwein, wie die ausgelösten Rückenfilets. Bei Wildgeflügel wie Wildenten oder Rebhühner schmecken die Brustfilets, aber auch die Keulen frisch aus dem Rauch ganz hervorragend.

Weniger aufwändig

Wenn das Anfachen der Glut oder das Aufstellen von Gas- oder Elektrogrill zu aufwändig ist oder falls das Wetter einmal nicht mitspielt, empfiehlt sich der Backofengrill oder auch die Grillpfanne. In diesem Fall wird das Wildfleisch mit Öl bepinselt und in die heiße Pfanne oder unter den vorgeheizten Grill gelegt.

Spieße, Koteletts und Medaillons vom Grill

GEGRILLTE FILETSPIESSE

VOM NEUSEELÄNDISCHEN HIRSCH

ZUBEREITUNGSZEIT 30 Min.

ZEIT ZUM WÄSSERN 30 Min.

· 800 g Hirschrückenfilet
  vom neuseeländischen Hirsch, pariert
· 8 Schaschlikzwiebeln, 1 TL Zucker
· 1 TL Butter, 2 EL Wildfond (S. 142)
· 8 kleine Wirsingblätter, Salz
· 2 EL Preiselbeeren aus dem Glas
· 8 süßsauer eingelegte Kürbiswürfel
· frisch gemahlener Pfeffer, 4–6 EL Öl

AUSSERDEM
· Holzspieße, 30 Minuten kalt gewässert

1. Das Hirschrückenfilet in 24 gleich große Würfel schneiden. Die Schaschlikzwiebeln schälen und mit dem Zucker, der Butter und dem Fond bei 180 °C im vorgeheizten Ofen in 10 bis 15 Minuten weich garen. Blanchieren Sie die Wirsingblätter in kochendem Salzwasser. Dann den Wirsing kalt abschrecken, leicht ausdrücken und trockentupfen.

2. Geben Sie etwa ½ TL Preiselbeeren auf jedes Wirsingblatt und falten Sie es zu einem Päckchen zusammen. Abwechselnd Zwiebelchen, Fleisch, Wirsingpäckchen, Fleisch und Kürbis auf die Spieße stecken, salzen, pfeffern und mit Öl bepinseln. Grillen Sie die Filetspieße von jeder Seite etwa 2 Minuten auf oder unter dem vorgeheizten Grill.

WÜRZIGE REHKOTELETTS VOM GRILL

ZUBEREITUNGSZEIT 25 Min.

MARINIERZEIT 30 Min.

· 12 Rehkoteletts mit Knochen, je etwa 60 g
· Salz, Ingwerpaste (Asialaden), 4 EL Öl

FÜR DIE FÜNF-GEWÜRZE-MISCHUNG
· 20 g schwarze Pfefferkörner
· 30 g Wacholderbeeren, 20 g Korianderkörner
· 10 g Zimt, 20 g Japanischer Zitronenpfeffer

1. Die Rehkoteletts von Knochensplittern befreien. Alle Zutaten für die Würzmischung im Mörser fein zerreiben, dann durch ein feines Sieb schütten. Die Rehkoteletts leicht salzen und dünn mit der Ingwerpaste bestreichen. Bestreuen Sie das Fleisch mit der Würzmischung und lassen Sie die Rehkoteletts 30 Minuten durchziehen.

2. Grillen Sie die Rehkoteletts unter oder auf dem vorgeheizten Grill von jeder Seite 2 bis 3 Minuten. Die Hitze darf dabei nicht zu stark sein, da die Gewürze leicht verbrennen. Fertig sind die Koteletts, wenn sie außen eine dunkle Farbe haben, innen aber noch schön rosa sind.

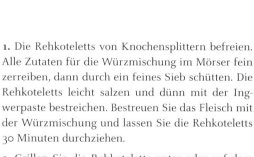

Passende Beilagen

Zu gegrilltem Wild passen Kräuterbutter, Rahmwirsing oder auch ein Kartoffel-Lauch-Püree. Exotisch wäre Pak-Choi sowie ein Süßkartoffelpüree mit Ingwer, mediterran wird's mit Knoblauchbaguette und Salaten.

GEGRILLTE DAMHIRSCHMEDAILLONS
ZUBEREITUNGSZEIT 10 Min.

· 8 Damhirschmedaillons aus der Oberschale, je 70 g
· Salz, frisch gemahlener Pfeffer
· 8 Scheiben Räucherspeck, 8 Rosmarinzweige

Die Medaillons salzen, pfeffern, seitlich mit Speck umwickeln und diesen mit 1 Rosmarinzweig feststecken. Grillen Sie die Medaillons bei nicht zu starker Hitze auf oder unter dem vorgeheizten Grill von beiden Seiten etwa 2 Minuten.

HIRSCHRÜCKEN VOM GRILL
ZUBEREITUNGSZEIT 20 Min.
MARINIERZEIT 3–4 Std.

· 8 Hirschrückenmedaillons, je 80 g
· 4 angedrückte Knoblauchzehen

· 60 g rote Zwiebel, geschält
  und in Streifen geschnitten
· 1 Limette, geachtelt, 1 EL zerdrückte Pfefferkörner
· 4 Majoranzweige, ⅛ l Olivenöl, 8 Salbeiblätter
· 8 Scheiben Räucherspeck, Salz, Pfeffer

1. Die Medaillons zwischen Folie ½ cm dick plattieren. Anschließend das Fleisch mit Knoblauch, Zwiebelstreifen, Limettenachteln, Pfefferkörnern und Majoran in eine Form legen und mit dem Öl übergießen. Lassen Sie das Fleisch 3 bis 4 Stunden im Kühlschrank durchziehen.

2. Grillen Sie das Fleisch von jeder Seite 2 bis 3 Minuten, dabei nach 1 Minute um 90 ℃ drehen, so erhält es ein schönes Muster. Salbeiblätter und Speckstreifen separat anbraten. Die fertigen Medaillons salzen, pfeffern und mit Salbei, Speckstreifen und Limetten-Pfeffer-Butter servieren (S. 299).

S. 32, 40
WARENKUNDE Hirschrücken

S. 42
WARENKUNDE Reh

S. 36
WARENKUNDE Damwildkeule

S. 104
KÜCHENPRAXIS Grillen

Gegrillte Wild-
schweinkoteletts

ZUBEREITUNGSZEIT 1 Std. 15 Min.

FÜR DIE KOTELETTS
· 8 Wildschweinkoteletts, je 80 g
· Salz, 8 Zitronengrasstängel
· abgeriebene Schale und Saft
  von 1 Limette
· 1 TL Akazienhonig (5 g)
· 1 TL gemahlener Kreuzkümmel (5 g)
· 1 TL Currypulver (5 g)
· 1 TL gemahlener Zimt (5 g)
· 2 Rosmarinzweige

FÜR DIE FOLIENKARTOFFELN MIT QUARK
· 4 große mehlig kochende Kartoffeln
· 200 g Quark (20 % Fett), 50 g saure Sahne
· 1 Chilischote, ohne Samen, fein gewürfelt
· 1 Frühlingszwiebel, geputzt und gewürfelt
· 1 Knoblauchzehe, abgezogen
· 1 Prise Currypulver
· 1 TL abgeriebene Limettenschale
· Salz, Japanischer Zitronenpfeffer
· 1 EL gehackte Petersilie
· 60 g Tomatenfruchtfleisch, gewürfelt

S. 60
WARENKUNDE Wildschweinkotelett

S. 104
KÜCHENPRAXIS Grillen

1. Schneiden Sie die Wildschweinkoteletts am Knochen entlang ein, aber nicht durch. Die Kartoffeln waschen, in Alufolie wickeln und bei 180 °C im vorgeheizten Ofen 1 Stunde backen.

2. Rühren Sie in der Zwischenzeit den Quark mit der sauren Sahne glatt. Anschließend die Chili- und Frühlingszwiebelwürfel unterrühren und den Knoblauch durch die Presse drücken und unterrühren. Den Quark mit Curry, Limettenschale, Salz und Zitronenpfeffer würzen.

3. Die Koteletts salzen und mit je einem Zitronengrasstängel aufspießen. Die abgeriebene Limettenschale auf dem Fleisch verteilen. Mixen Sie den Limettensaft mit dem Akazienhonig, Kreuzkümmel, Currypulver, Zimt und etwas Salz mit dem Pürierstab zu einer Marinade.

4. Die vorbereiteten Koteletts auf oder unter den vorgeheizten Grill legen und auf beiden Seiten je etwa 2 Minuten grillen. Schlagen Sie die Koteletts anschließend mit dem Rosmarin in Alufolie ein und lassen Sie alles noch etwa 4 Minuten ruhen.

5. Nehmen Sie die Koteletts aus der Folie und bestreichen Sie das Fleisch ringsum mit der Marinade. Anschließend die Koteletts erneut 1 Minute von jeder Seite grillen. Die Kartoffeln herausnehmen, die Folie öffnen und die Kartoffeln kreuzweise einschneiden. Petersilie und Tomatenwürfel unter den Quark mischen und jeweils einen Löffel auf die Kartoffeln geben. Die Wildschweinkoteletts mit der Folienkartoffel anrichten und servieren.

In der Grillpfanne

Wenn Ihnen das Anheizen des Grills zu lange dauert, braten Sie die Wildschweinkoteletts doch einfach auf dem Herd etwa 5 Minuten in der Grillpfanne.

Wachteln am Spieß mit Salbei und Balsamico-Zwiebeln

ZUBEREITUNGSZEIT 1 Std.

FÜR DIE WACHTELN
· 4 küchenfertige Wachteln, 16 Salbeiblätter
· 8 Scheiben Lardo di Colonnata (Feinkostgeschäft, Ersatz: geräucherter Rückenspeck)
· Salz, frisch gemahlener Pfeffer

FÜR DIE BALSAMICO-ZWIEBELN
· 8–12 kleine flache Zwiebeln, geschält
· 1 EL Olivenöl, 1 EL Zucker, 40 ml Madeira
· 3 EL Aceto balsamico, 1 Thymianzweig
· Salz, frisch gemahlener Pfeffer

S. 82
WARENKUNDE Wachtel
◆
S. 126
KÜCHENPRAXIS Federwild auslösen

1. Von den Wachteln die Brustfilets und Keulen auslösen. Entfernen Sie von den Keulen die Oberschenkelknochen. Die Brustfilets und Keulen jeweils mit einem Salbeiblatt belegen und in eine halbe Scheibe Lardo einwickeln.

2. Die Zwiebeln in Öl anbraten, mit dem Zucker karamellisieren und mit Madeira und Balsamico ablöschen. Den Thymianzweig zufügen und die Zwiebeln leicht mit Salz und Pfeffer würzen. Schmoren Sie die Zwiebeln bei 180 °C im vorgeheizten Ofen, bis die gesamte Flüssigkeit verdampft ist.

3. Je ein Wachtelbrustfilet sowie eine Keule abwechselnd mit den Zwiebelchen auf Spieße stecken und vorsichtig – Lardo kann recht salzig sein! – mit Salz und Pfeffer würzen. Grillen Sie die Wachtelspieße anschließend auf oder unter dem vorgeheizten Grill von jeder Seite etwa 4 Minuten. Dazu schmecken gegrillte Kirschtomaten, Rosmarin-Focaccia oder italienisches Landbrot.

Lardo di Colonnata

Dieser besondere weiße Speck kommt aus einem Dorf in der Nähe von Carrara. Dort reift er 10 Monate zusammen mit einer speziellen Würzmischung in Marmortruhen.

Klassisch zu Wild: Pilze & Maronen

Was würde besser zu einem feinen Wildgericht passen als jene Köstlichkeiten, die die Natur im Herbst so großzügig zur Verfügung stellt? Pilze und Esskastanien sind die klassischen Begleiter der traditionellen Wildküche. Und das leuchtet ein. Schließlich besteht ein Erfolgsrezept der guten Küche darin, Gleiches mit Gleichem zu verbinden.

PILZE – DAS WILDBRET DER ARMEN?

Pilze seien das Wildbret der Armen heißt es. Dass dieser Vergleich hinkt, merkt man spätestens bei einem herbstlichen Spaziergang über den Münchner Viktualienmarkt. Es ist ein kleines Vermögen, das man in Steinpilze und Pfifferlinge investieren kann. Denn frisch auf dem Markt erzielen sie enorme Preise. Dem Liebhaber ist's einerlei, denn für den würzig-aromatischen Geschmack frischer Waldpilze lohnt sich der Griff ins Portmonee. Frisch sollten sie dann allerdings schon sein, die Lamellen weder braun noch trocken und der Stiel makellos hell.

DER KÖNIG DES WALDES: DER STEINPILZ

Der Steinpilz adelt mit seiner Grandezza jedes Wildgericht. Für viele ist er auch wegen seiner Vielseitigkeit die erste Wahl. Hervorragend schmeckt beispielsweise ein Carpaccio aus hauchdünn geschnittenen Pilzen, mariniert mit etwas Öl und Zitronensaft. Aber auch in Butter und Petersilie geschwenkt, findet der Steinpilz zahllose Liebhaber. Und zu Wild passt er natürlich auch in einer fein abgeschmeckten Rahmsauce.

PFIFFERLINGE MÖGEN'S HEISS

Im Vergleich zum Steinpilz bleibt der Pfifferling erdverbundener. Aber bei sachkundiger Zubereitung schmeckt er nicht weniger delikat. Pfifferlinge, Schwammerl oder Reherl, wie die Bayern auch sagen, mögen es heiß. Erst bei Temperaturen um 150 Grad entfalten sie ihr volles Aroma. Das hält nicht jedes Fett aus. Butterschmalz verträgt sich jedoch bestens mit den gelben Waldbewohnern und passt auch gut zum Geschmack des Wildbrets.

CHAMPIGNONS – EIN GUTER ERSATZ

Sind weder Steinpilze noch Pfifferlinge zu haben, tun es auch weiße und braune Zuchtchampignons. Ihr Aroma ist zurückhaltender als das der Stars. Das kann vor allem bei aufwändigen Saucen, bei gebeizten oder marinierten Braten manchmal wünschenswert sein. Mehr Aufsehen erregen Herbsttrompeten oder Maronenröhrlinge. Vor allem, wenn sie von

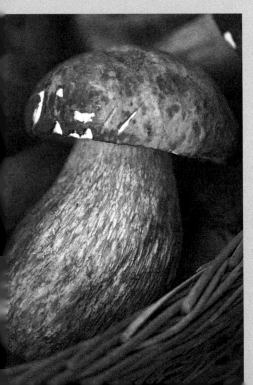

sachkundiger Hand selbst gesammelt wurden. Aber bitte Vorsicht! Wer selbst auf Pilzsuche geht, sollte sich gut auskennen. Denn die Verwechslungsgefahr mit giftigen Doppelgängern ist für unerfahrene Pilzliebhaber groß. Bei Unsicherheit ist es daher besser, eine Beratungsstelle aufzusuchen oder auf die am Markt angebotene Ware zurückzugreifen. So können Sie Ihr Wildbret bedenkenlos genießen.

MARONEN: BELIEBTE BEILAGE ZU WILD IN WÄRMEREN GEFILDEN

Ebenfalls eine traditionelle Beilage der klassischen Wildküche sind die delikaten Esskastanien – die feinen Verwandten der gemeinen Rosskastanie. Ihre Hülle ist stachlig, ihre Form herzförmig, ihr Geschmack nussig-süß. Ihr elegantes Aroma entfalten sie aber erst, wenn sie – kreuzweise eingeschnitten – so lange in der Pfanne, auf dem Feuer oder im Backrohr rösten, bis die Schalen platzen. Roh schmecken Maronen eher mehlig und trocken, insgesamt wenig verführerisch. Vielleicht galten sie deswegen als Arme-Leute-Essen?

Heute jedenfalls werden sie von Gourmets als feines Saison-Intermezzo geschätzt, das zusammen mit Steinpilzen und Rehragout die kulinarischen Freuden der kühleren Jahreszeiten einläutet. Eine traditionelle Zubereitungsart ist das Püree. Der nussige Geschmack verbindet sich mit Butter und Sahne zu einer milden Gaumenfreude, die bestens mit dem herbwürzigen Aroma vieler Wildgerichte kontrastiert. Aber auch mit glasierten Maronen lässt sich – bei geringem Aufwand – ein tolles Ergebnis erzielen. Denn der Eigengeschmack der Esskastanie ist eigentlich nicht auf Unterstützung angewiesen. Allenfalls teilt er sich den Ruhm mit anderen Saisongemüsen. Zusammen mit Rosenkohl beispielsweise machen glasierte Maronen eine gute Figur.

Und auch in Kombination mit Rotkohl sind sie gern gesehen. Puristen lassen die Maronen aber hin und wieder auch die Hauptrolle spielen. Dann werden sie schlicht über dem Feuer geröstet, heiß geschält und sofort verspeist.

GEBRATENE WALDPILZE

Nach diesem einfachen Rezept können Sie Ihre gesammelten oder gekauften Schätze braten: 400 g Waldpilze putzen, falls nötig, kurz abbrausen und in Stücke schneiden. Braten Sie die Pilze in Öl und Butter oder in Butterschmalz mit einer gewürfelten Schalotte kräftig an. Nach Belieben können Sie 1 bis 2 EL gewürfelten Speck zufügen. Die Pilze leicht salzen und 1 EL gehackte Petersilie unterrühren.

MARONENPÜREE

Dafür 600 g kreuzweise eingeschnittene Maronen 10 Minuten bei 220 °C rösten und schälen. In einem Topf 20 g Zucker hell karamellisieren, die Maronen sowie 30 g Butter zufügen und kurz anschwitzen. Gießen Sie dann so viel kaltes Wasser hinzu, bis die Maronen leicht bedeckt sind. Leicht salzen und alles 40 Minuten köcheln lassen. Streichen Sie die weichen Maronen mit einem Teigschaber durch ein Sieb. Das Püree mit je $\frac{1}{8}$ l Milch und Sahne glatt rühren und mit 2 cl Madeira verfeinern.

GLASIERTE MARONEN

Dafür 400 g Maronen rösten und schälen. Karamellisieren Sie 1 EL Zucker mit 2 EL Butter in einer Kasserolle. Die Maronen zufügen und 3 Minuten darin wenden. Etwa 150 ml Wasser angießen und die Maronen unter Rühren etwa 35 Minuten garen, dann leicht salzen und in der verbliebenen sirupartigen Flüssigkeit glasieren.

Margarethe Brunner

Gepökelter Wildschweinschinken

ZUBEREITUNGSZEIT 2 Std. 50 Min.
MARINIERZEIT 12 Std., ABKÜHLZEIT 2 Std.

FÜR DEN WILDSCHWEINSCHINKEN
· 600 g Wildschweinnuss oder -oberschale,
  aus der Keule
· 150 ml Wildfond (S. 142), 50 ml Rotwein
· 5 Wacholderbeeren, 1 Lorbeerblatt
· 20 g Pökelsalz, Pfeffer, 6 cl Kirschwasser
· 1 TL getrocknete Lavendelblüten
· 2 EL Lavendelhonig, einige marinierte Salatblätter

FÜR DIE PFIRSICHSAUCE
· 50 ml Roséwein, $\frac{1}{8}$ l Pfirsichsaft
· 200 ml Wildfond (S. 142)
· 1 Frühlingszwiebel, 1 Chilischote, ohne Samen
· 20 g Butter, 1 Pfirsich, geschält, Salz, Pfeffer

FÜR DAS PFIRSICH-TEMPURA
· 2 Pfirsiche, geschält, 3 EL Tempura-Mehl
· Eiswasser, 1 Prise Salz, Öl zum Frittieren

S. 60
WARENKUNDE Wildschweinkeule
◆
S. 138
KÜCHENPRAXIS Pökeln und Räuchern

1. Das Fleisch parieren. In einem Topf Wildfond und Rotwein aufkochen. Fügen Sie alle weiteren Zutaten für den Schinken hinzu. Dann den Wildschweinschinken mit der Marinade in einen Gefrierbeutel füllen und über Nacht im Kühlschrank marinieren.

2. Den Beutel in siedendes Wasser hängen und die Keule etwa 2 Stunden pochieren. Nehmen Sie den Beutel heraus und lassen Sie den Wildschweinschinken darin erkalten.

3. Für die Pfirsichsauce Rosé, Pfirsichsaft und Wildfond aufkochen und um ein Drittel reduzieren. Passieren Sie den Fond dann durch ein feines Sieb. Die Frühlingszwiebel putzen, wie die Chilischote fein würfeln und beides in der Butter hell anschwitzen. Den Pfirsich entsteinen, das Fruchtfleisch fein würfeln und kurz mit andünsten. Alles mit Fond auffüllen, kurz aufkochen und die Sauce abschmecken.

4. Für die Pfirsich-Tempura die Früchte halbieren, entsteinen und jeweils in 8 Spalten schneiden. Rühren Sie das Tempura-Mehl mit etwas Eiswasser und Salz glatt, bis ein zähflüssiger Teig entsteht. Die Pfirsichspalten durch den Teig ziehen und im 180 °C heißen Öl goldgelb und knusprig frittieren. Herausnehmen und die gebackenen Pfirsichspalten auf Küchenpapier kurz abtropfen lassen.

5. Den Wildschweinschinken aus dem Beutel nehmen und auf der Aufschnittmaschine dünn aufschneiden. Richten Sie jeweils 5 Scheiben auf einem Teller an. Mit etwas mariniertem Salat und nach Belieben mit frischen Lavendelblüten garnieren, die knusprigen Pfirsichspalten daneben legen und alles mit etwas Pfirsichsauce beträufeln.

»Wildschweinschinken aus dem Rauch«

Ebenso delikat, aber viel schneller zubereitet ist der Wildschweinschinken aus dem Lavendelrauch. Abgesehen von der Marinierzeit müssen Sie für ein köstliches Ergebnis lediglich 30 Minuten investieren. Alles, was Sie dazu brauchen, ist ein Topf oder Bräter mit Gittereinsatz und Deckel. Auch ein Wok ist geeignet.
Reiben Sie eine Wildschweinnuss oder ein anderes, etwa 600 g schweres Stück aus der Wildschweinoberschale mit 6 cl Kirschwasser, 5 zerdrückten Wacholderbeeren, 1 zerkleinerten Lorbeerblatt, Salz, Pfeffer sowie 2 EL Öl ein und lassen Sie das Fleisch anschließend 24 Stunden zugedeckt im Kühlschrank durchziehen. Entzünden Sie etwa 100 g Räuchermehl (es ist in Fachgeschäften für Anglerbedarf erhältlich) in einem feuerfesten Topf und legen Sie den Gittereinsatz ein. Sobald sich Rauch entwickelt, können Sie den Wildschweinschinken mit 1 Tasse Lavendelblüten auf den Einsatz geben. Decken Sie den Topf zu und räuchern Sie das Fleisch etwa 20 Minuten. Lassen Sie den Schinken vor dem Aufschneiden abkühlen.

Gerd Eis

Rehrücken, gepökelt und gebraten

ZUBEREITUNGSZEIT 1 Std.
ZEIT ZUM PÖKELN 48 Std.

FÜR DEN REHRÜCKEN
· 600 g Rehrückenfilet, 1–2 EL Öl

FÜR DIE PÖKELLAKE
· 120 g Salz, 60 g Pökelsalz
· 1 Lorbeerblatt
· 5 Wacholderbeeren
· 2 Rosmarinzweige
· 5 Thymianzweige
· 1 Knoblauchzehe, abgezogen

FÜR DIE KRÄUTERSPÄTZLE
· 500 g Mehl, 5 Eier
· Salz
· 2 EL fein gehackte Kräuter (etwa Kerbel,
  Schnittlauch, Petersilie)

S. 42
WARENKUNDE Rehrücken

S. 138
KÜCHENPRAXIS Pökeln

1. Den Rehrücken von allen Häutchen und Sehnen befreien. Kochen Sie für die Pökellake in einem Topf 2 l Wasser mit dem Salz, dem Pökelsalz, den Kräutern sowie dem Knoblauch einmal kurz auf. Anschließend auskühlen lassen und die Pökellake in eine entsprechend große Form einfüllen.

2. Legen Sie den parierten Rehrücken für 48 Stunden in die Pökellake ein. Die Form dabei zugedeckt in den Kühlschrank stellen.

3. Für die Kräuterspätzle aus Mehl, Eiern, 1 TL Salz sowie 50 bis 80 ml Wasser einen Teig herstellen. Mischen Sie die Kräuter unter und lassen Sie den Teig etwa 10 Minuten quellen. Anschließend Spätzle vom Brett schaben oder durch die Presse drücken und in kochendem Salzwasser garen, bis sie an die Oberfläche steigen. Herausnehmen, die Kräuterspätzle kurz in kaltes Wasser tauchen und warm halten.

4. Den Rehrücken aus der Lake nehmen, gut abtropfen lassen und mit Küchenpapier trockentupfen. Braten Sie den Rehrücken anschließend in Öl von allen Seiten insgesamt 8 bis 10 Minuten bei mittlerer Hitze an.

5. Schneiden Sie den Rehrücken in dünne Scheiben und richten Sie ihn mit den Kräuterspätzle auf vorgewärmten Tellern an. Sehr gut passt dazu die Orangensauce von S. 299.

Als Vorspeise serviert

Sie können den Rehrücken auch mit einer Preiselbeer-Vinaigrette und Blattsalaten servieren – dann haben Sie eine leichte Vorspeise. Oder aber Sie pochieren ihn und servieren Kräutermaultäschchen und gebratene Waldpilze dazu. Wenn Sie den gepökelten Rehrücken für 30 Minuten in den Rauch hängen und ihn anschließend trocknen lassen, erhalten Sie einen prima Rehschinken.

Frischlingsfilet aus dem Rauch

ZUBEREITUNGSZEIT 30 Min.
ZEIT ZUM PÖKELN 24 Std.

FÜR DAS FRISCHLINGSFILET
· 4–8 Frischlingsfilets, je nach Größe
· 1 EL Butter

FÜR DIE PÖKELLAKE
· 60 g Salz, 30 g Pökelsalz (Fleischer)
· 10 g Zucker, 1 Thymianzweig
· 8 Wacholderbeeren, 2 Lorbeerblätter
· 6 schwarze Pfefferkörner
· 4 Gewürznelken, 3 Pimentkörner
· Schale von ½ unbehandelten Orange
· Schale von ½ unbehandelten Zitrone
· 3 Petersilienstängel

FÜR DIE RAHMKOHLRABI
· 500 g junge Kohlrabi, 1 EL Butter
· 1 Zwiebel (60 g), geschält und fein gewürfelt
· 150 ml Gemüsefond
· Salz, frisch gemahlener Pfeffer
· 80 g Sahne, 1 EL gehackte Petersilie

AUSSERDEM
· 100 g Buchenräuchermehl (Anglerbedarf)

1. Die Frischlingsfilets von allem sichtbaren Fett und den Sehnen befreien. Kochen Sie in einem Topf 1 l Wasser mit allen Zutaten für die Pökellake einmal kurz auf. Die Pökellake anschließend abkühlen lassen und in eine Form geben.

2. Legen Sie die Frischlingsfilets für 24 Stunden in die Pökellake. Die Form dabei zugedeckt kühl lagern, aber nicht in den Kühlschrank stellen.

3. Die Frischlingsfilets aus der Lake nehmen, gut abtropfen lassen und mit Küchenpapier trockentupfen. Räuchern Sie die Filets etwa 10 Minuten in einem Räucherofen oder in einem Wok über Buchenräuchermehl. Die Filets herausnehmen und auskühlen lassen.

4. In der Zwischenzeit die Kohlrabi schälen, dabei die Herzblättchen beiseite legen. Schneiden Sie die Kohlrabi in etwa 1 cm große Würfel. In einer Pfan-ne die Butter zerlassen und die Zwiebel- und Kohlrabiwürfel darin hell anschwitzen. Alles mit dem Gemüsefond ablöschen, mit Salz und Pfeffer würzen, und die Kohlrabi zugedeckt in etwa 10 Minuten weich dünsten.

5. Braten Sie die Filets in Butter leicht an. Die Sahne unter das Kohlrabigemüse rühren und alles erneut kurz aufkochen. Die Herzblättchen fein hacken, mit der Petersilie untermischen und die Kohlrabi abschmecken.

6. Schneiden Sie die Frischlingsfilets jeweils dünn auf. Je ein Filet mit etwas Kohlrabigemüse auf vorgewärmten Tellern anrichten und nach Belieben Tagliatelle dazureichen.

S. 60
WARENKUNDE Wildschweinfilet

S. 139
KÜCHENPRAXIS Räuchern

Gepökelte Wildentenbrust aus dem Rauch mit karamellisiertem Chicorée

ZUBEREITUNGSZEIT 40 Min.
ZEIT ZUM PÖKELN 3–4 Tage

FÜR DIE WILDENTENBRUST
· 4 Wildentenbrustfilets, ohne Haut,
  je etwa 100 g
  (Ersatz: 2 Wildenten, die Brustfilets auslösen
  und den Rest anderweitig verwenden)

FÜR DIE PÖKELLAKE
· 50 g Pökelsalz
· 1 Rosmarinzweig
· 2 Knoblauchzehen, abgezogen
· 3 angedrückte Wacholderbeeren
· ½ Lorbeerblatt
· 8 weiße Pfefferkörner

FÜR DEN KARAMELLSISIERTEN CHICORÉE
· 4 Chicoréestauden
· Puderzucker zum Bestauben
· 100 g Shiitake-Pilze
· 1 EL Butterschmalz zum Braten
· Salz, frisch gemahlener Pfeffer
· 1 ½ EL Butter
· 1 EL Zucker
· 1 EL Himbeeressig
· 80 g Tomatenfruchtfleisch, klein gewürfelt
· 1 EL fein geschnittener Kerbel

AUSSERDEM
· etwas Räuchermehl
· 3–5 Wacholderbeeren
· Kerbelblättchen zum Garnieren

S. 95
WARENKUNDE Wildentenbrust

S. 139
KÜCHENPRAXIS Pökeln und Räuchern

1. Die Wildentenbrustfilets pökeln, wie unten in Step 1 gezeigt. Nehmen Sie anschließend die Brustfilets aus der Lake und spülen Sie die Wildentenbrüste mit kaltem Wasser gut ab. Dann die Brustfilets mit Küchenpapier trockentupfen.

2. Etwas Räuchermehl mit den Wacholderbeeren in einen Wok oder in den Einsatz des Räucherofens geben. Räuchern Sie die Wildentenbrustfilets, wie unten in Step 2 beschrieben.

3. Inzwischen für den karamellisierten Chicorée von den Stauden 20 große äußere Blätter abtrennen und jeweils das untere, leicht bittere Ende abschneiden. Legen Sie die Blätter nebeneinander auf ein Blech und bestauben Sie den Chicorée gleichmäßig mit Puderzucker.

4. Die Shiitake-Pilze putzen und in feine Streifen schneiden. Braten Sie die Pilze in Butterschmalz kurz an. Anschließend die Pilze mit Salz und Pfeffer würzen. Die Chicoréeherzen quer in $\frac{1}{2}$ cm breite Streifen schneiden. Zerlassen Sie Butter und Zucker in einer Kasserolle und dünsten Sie die Chicoréestreifen darin kurz an. Alles mit dem Himbeeressig ablösen und etwa 1 Minute durchschwenken. Anschließend die gebratenen Shiitake-Pilze sowie die Tomatenwürfel und den geschnittenen Kerbel zufügen, alles erneut kurz durchschwenken und warm halten.

5. Lassen Sie die Chicoréeblätter unter dem vorgeheizten Grill in 3 bis 4 Minuten karamellisieren.

6. Jeweils 5 Chicoréeblätter sternförmig auf jedem Teller anrichten. Die Entenbrüste leicht schräg in dünne Scheiben schneiden, halbkreisförmig neben dem Chicorée anrichten und in die Mitte die Chicoréestreifen mit den Pilzen verteilen. Zwischen die Chicoréeblätter nach Belieben jeweils einen Tupfer Orangen-Chutney (S. 306) geben, alles mit Kerbelblättchen garnieren und servieren.

Auch ungepökelt

Wer auf das Pökeln verzichten möchte oder keine Zeit dafür hat, kann die Wildentenbrustfilets stattdessen kurz vor dem Räuchern auch nur mit Salz und Pfeffer einreiben. Die Räucherzeit bleibt gleich, nur der Geschmack ist ein anderer.

WILDENTENBRUST
pökeln und räuchern

(1) Das Pökelsalz in $\frac{1}{2}$ l Wasser auflösen und die restlichen Zutaten für die Pökellake zufügen. Die Lake in eine Form geben, die Wildentenbrustfilets darin einlegen und im Kühlschrank 3 bis 4 Tage durchziehen lassen.

(2) Die Brustfilets auf ein mit Alufolie belegtes Gitter setzen und dieses in den Wok stellen. Die Hitzequelle entzünden und die Brustfilets 12 bis 15 Minuten räuchern, bis sie eine Kerntemperatur von 55 °C haben. Die Hitzequelle ausschalten und die Brustfilets 4 Minuten ruhen lassen.

(1)

(2)

Innereien vom Wild

Selten erhältlich, doch von Liebhabern geschätzt: Herz und Leber, Lunge und Niere von Hirsch, Gams, Reh oder Wildschwein.

Rosa gebraten eine Delikatesse

Die Leber von Hase, Reh, Damhirsch oder vom Wildschwein schmeckt – in Scheiben oder im Ganzen – gebraten vorzüglich. Aber auch Herz und Nieren gelten vielen als echte Leckerbissen.

IN DEN WILDFACHHANDEL gelangen Innereien seltener. Der Grund dafür liegt in ihrer raschen Verderblichkeit. Herz, Leber, Lunge und Niere stehen als »Aufbruch« daher nach alter Waidmannssitte dem Jäger zu, da die Innereien nach dem Erlegen und Aufbrechen des Tieres rasch weiterverarbeitet werden müssen.

GELEGENTLICHER VERZEHR IST O.K.

Wenn Innereien vom Wild durch den Jäger oder durch den Veterinär nach einer amtlichen Fleischuntersuchung zum Verzehr freigegeben sind, besteht kaum Grund zu gesundheitlichen Bedenken. Zumal Innereien viel Eiweiß, Vitamine, Mineralstoffe und Spurenelemente enthalten. Dennoch sollten Leber, Herz und Nieren von Wildtieren auch nicht allzu häufig auf dem Speiseplan stehen, da sie – wie die Innereien von Schlachttieren auch – höhere Purinwerte als das Fleisch von Wildtieren aufweisen und stärker mit Schadstoffen belastet sind. Das Hirn wird heute kaum mehr zubereitet, Milz und Lunge gelegentlich; am gängisten sind Zunge, Herz, Leber und Nieren.

WELCHE INNEREIEN WIE VORBEREITEN?

Innereien benötigen meist eine spezielle Vorbereitung, die über das Waschen und Trockentupfen mit Küchenpapier hinausgeht. So wird etwa die Leber von Hirsch, Reh oder Wildschwein vor der Zubereitung grundsätzlich pariert. Das heißt, alle Häutchen, Sehnen und Adern sowie eventuell vorhandenes aufliegendes Fett werden mit einem scharfen Messer entfernt. Die Nieren halbiert man in der Regel längs und befreit sie anschließend ebenfalls von allen Häutchen, Röhren und dem aufliegenden Fett. Zudem empfiehlt sich bei ihnen ein mehrstündiges Wässern. Die gesäuberten Nierenhälften kommen für mehrere Stunden in eine Schüssel mit kaltem Wasser, das dabei mehrfach gewechselt werden sollte. Zunge oder Lunge müssen in einem speziellen Sud oder auch einfach in Salzwasser eine gewisse Zeit vorgegart werden, ehe sie in Vorspeisen (Zunge) oder für ein Beuscherl (Lunge, oft auch Herz, wie auf S. 290) verwendet werden können.

VERSCHIEDENE ZUBEREITUNGSARTEN FÜR INNEREIEN VOM WILD

Generell können Innereien von Wildtieren zubereitet werden, wie jene von Schlachttieren auch. Wildleber wird für die Herstellung von Wildwurst, -terrinen oder -pasteten verwendet. Sie schmeckt aber auch in Scheiben oder im Ganzen gebraten hervorragend, sofern sie im Kern noch schön rosa ist. Auch sollte man mit dem Salzen bis nach dem Braten warten, die Wildleber wird sonst trocken und hart. Das Herz von Wildtieren schmeckt im Ganzen oder als Ragout in Stücken geschmort. Nieren werden meist in Scheiben geschnitten und gebraten, manchmal auch gedünstet. Sie können jedoch auch, ebenso wie die gekochte, gehäutete und in Würfel oder Streifen geschnittene Zunge, als Einlage für Wildterrinen und -pasteten dienen. Die Milz von Wildtieren wird zunächst aus der Haut geschabt und dann entweder gebraten oder für Suppeneinlagen und Terrinen weiterverarbeitet.

EINKAUFSMÖGLICHKEITEN

Die Innereien von Wild aus Gatterhaltung können häufig bei den einzelnen Betrieben direkt bestellt werden, beispielsweise eine Leber vom Damhirsch oder auch Nieren vom Wildschwein. Erhältlich sind die Innereien von Hirsch, Reh, Gams, Hase oder Wildschwein ansonsten direkt beim Jäger – Auskunft hierzu erteilen die einzelnen regionalen Jagdverbände – sowie gelegentlich auch, jedoch nur auf Vorbestellung, beim Wildfachhandel.

Qualität muss stimmen

Die Innereien von Wildtieren sollten eine normale rotbraune oder dunkle Färbung haben und dürfen weder unangenehm süßlich riechen noch grünlich schillern.

Gebratene Rehleber mit Cassis-Sauce und Sellerie-Walnuss-Salat

ZUBEREITUNGSZEIT 50 Min.

FÜR DIE LEBER
· 8 Scheiben Rehleber, je 60 g, etwas Mehl
· 1 EL Öl zum Braten, 1 EL Butter, Salz, Pfeffer
· 120 g Schwarze Johannisbeeren, gewaschen, abgezupft und zur Hälfte durch ein Sieb passiert
· 1 Spritzer Zitronensaft, 40 g Sahne
· 20 g kalte Butter, in Würfeln

· 1 EL Cassislikör, etwa Crème de Cassis
· 1 Msp. englisches Senfpulver

FÜR DEN SALAT
· 120 g Knollensellerie, geschält, Salz, Zucker
· 1 EL Zitronensaft, 1 ½ EL weißer Aceto balsamico
· 1 Schalotte, geschält und gewürfelt, Pfeffer
· 3 EL Walnussöl, 2 Walnusskerne, grob gehackt
· 100 g Tomatenfruchtfleisch, klein gewürfelt
· 4 Sellerieblätter, in feine Streifen geschnitten
· einige Salatblätter (Chicorée, Frisée, Feldsalat)
· Selleriegrün zum Garnieren

S. 42
WARENKUNDE Reh

S. 104
KÜCHENPRAXIS Braten

1. Schneiden Sie den Sellerie für den Salat in 3 cm lange und ½ cm breite Stifte. In einem Topf Wasser mit Salz, Zucker und Zitronensaft aufkochen und den Sellerie darin etwa 10 Minuten nicht zu weich garen, dann im Sud abkühlen lassen. Vom Sud 20 ml abmessen, mit dem Essig, den Schalottenwürfeln, Pfeffer und Walnussöl zu einer Vinaigrette verrühren und abschmecken. Die Selleriestifte 30 Minuten in der Vinaigrette ziehen lassen.

2. Die Rehleber in Mehl wenden. Braten Sie die Leberscheiben in Öl und Butter auf jeder Seite etwa 1 Minute braun an. Dann salzen, pfeffern und die gebratene Leber warm stellen. Das Bratfett abgießen und den aufgefangenen Johannisbeersaft und den Zitronensaft zufügen. Alles aufkochen lassen, die Sahne unterrühren und erneut aufkochen. Die Sauce mit der kalten Butter binden, aber nicht mehr kochen lassen. Die restlichen ganzen Johannisbeeren mit dem Likör untermischen und die Sauce mit Senfpulver, Salz und Pfeffer abschmecken.

3. Kurz vor dem Anrichten die Walnusskerne, die Hälfte der Tomatenwürfel und die fein geschnittenen Sellerieblätter zum Sellerie geben, alles gut vermischen und abschmecken.

4. Die Salatblätter in etwas Vinaigrette vom Selleriesalat marinieren und halbkreisförmig auf Tellern anrichten. Den abgetropften Selleriesalat links und rechts davon verteilen und mit Selleriegrün und Tomatenwürfeln garnieren. Richten Sie die Rehleberscheiben mit etwas Sauce dazwischen an.

Damwildleber
im Ganzen

ZUBEREITUNGSZEIT 1 Std. 10 Min.

FÜR DIE LEBER
- · 1 ganze Damwildleber
  oder Rehleber
- · 1 Minzestängel
- · 1 Majoranzweig
- · 1 Zimtstange
- · 1 TL Salz (5 g)
- · 1 TL frisch gemahlener Pfeffer (5 g)
- · 1 TL Tandoori-Pulver (5 g)
- · 1 EL Mehl, 1–2 EL Öl
- · 2 EL Butter
- · 2 angedrückte Knoblauchzehen

1. Die Leber von allen Äderchen und Häutchen sowie anhaftendem Fett befreien und zum Braten vorbereiten, wie unten in Step 1 und 2 gezeigt. Wenden Sie die Leber in Mehl und braten Sie die Leberrolle in einer Pfanne in Öl ringsum etwa 2 Minuten an. Die Leber anschließend bei 200 °C im vorgeheizten Ofen in 45 bis 50 Minuten fertig garen. Dann aus dem Ofen nehmen, die Leber in Alufolie einschlagen und noch 4 Minuten ruhen lassen.

2. Das Garn und die Zimtstange entfernen. Würzen Sie die Leber mit Salz, Pfeffer und Tandoori-Pulver. In einer Pfanne die Butter mit dem Knoblauch zerlassen und die Leber vor dem Servieren noch etwa 2 Minuten darin schwenken. Die Damwildleber in Scheiben schneiden und servieren. Als Beilage schmeckt ein Pilzrisotto wunderbar dazu.

S. 37
WARENKUNDE Damwildleber

S. 104
KÜCHENPRAXIS Braten

(1)

DAMWILDLEBER
zum Braten vorbereiten

(1) Den Minzestängel, den Majoranzweig sowie die Zimtstange mittig auf die Leber legen.

(2) Die Kräuter und Gewürze in die Leber einrollen und diese wie einen Rollbraten mit Küchengarn in Form binden.

(2)

Rehbeuscherl mit kleinen Semmelknödeln

ZUBEREITUNGSZEIT 1 Std. 40 Min.
ZEIT ZUM WÄSSERN 1 Std.

FÜR DIE INNEREIEN
- · 2 Rehherzen, 1 Rehlunge
- · 100 ml trockener Weißwein
- · ½ Stange Lauch, 1 Stange Sellerie
- · 1 kleine Zwiebel, mit 1 Lorbeerblatt und
  1 Gewürznelke gespickt
- · 4 zerdrückte Wacholderbeeren
- · 1 Thymianzweig, grobes Salz
- · je 80 g Möhre, Knollensellerie und Lauch,
  alles geputzt und in feine Streifen geschnitten
- · 1 Essiggurke, in feine Streifen geschnitten

FÜR DIE SAUCE
- · 1 Schalotte (30 g), 50 g Champignons, 1 TL Kapern
- · 1 Sardelle, 1–2 EL Butter, 100 ml Weißwein
- · 200 g Sahne, 50 g Crème fraîche, 50 ml Rehjus (S. 144)
- · Salz, weißer Pfeffer, 1 Spritzer Champagneressig

FÜR DIE SEMMELKNÖDEL
- · 2 Brötchen vom Vortag, 100 g Sahne
- · 1 Scheibe Räucherspeck, 1 Schalotte (30 g)
- · 1 EL Butter, 1 Ei, 2 EL fein gehackte glatte Petersilie
- · Salz, Pfeffer, frisch geriebene Muskatnuss

1. Rehherzen und -lunge etwa 1 Stunde kalt wässern. Kochen Sie die Innereien anschließend in 1 l Wasser mit dem Weißwein, dem Gemüse, der gespickten Zwiebel, Wacholderbeeren, Thymian und etwas Salz etwa 45 Minuten, dabei Herz und Lunge mit einem Teller beschweren, dann herausnehmen. 400 ml vom Kochsud abmessen, durch ein Sieb passieren und beiseite stellen.

2. Für die Sauce die Schalotte schälen und in dünne Scheiben schneiden. Die Pilze putzen und ebenfalls in dünne Scheiben schneiden. Dünsten Sie die Schalotte mit den Champignons, den Kapern und der Sardelle in Butter an. Anschließend alles mit dem Weißwein ablöschen und diesen reduzieren. Dann die Reduktion mit dem abgemessenen Kochsud auffüllen und diesen ebenfalls fast vollständig einkochen lassen. Die Sahne sowie die Crème fraîche unterrühren, die Rehjus dazugeben, alles kurz aufkochen lassen, durch ein feines Sieb passieren und mit dem Pürierstab aufmixen. Die Sauce mit Salz, Pfeffer und dem Essig abschmecken.

Innereien leicht pressen

Wenn Sie die Rehherzen und die Lunge nach dem Garen zwischen zwei Schüsseln pressen, lassen sich die Innereien später leichter in Streifen schneiden.

3. Schneiden Sie die Rehherzen sowie die Lunge in feine Streifen. Die Gemüse-streifen in kochendem Salzwasser blanchieren und kalt abschrecken. Herz- und Lungenstreifen, Gemüse- und Essiggurkenstreifen unter die Sauce mischen und das Beuscherl warm halten.

4. Die Brötchen für die Knödel in feine Scheiben schneiden, in eine Schüssel geben und mit der Sahne übergießen. Den Speck fein würfeln. Die Schalotte schä-len und ebenfalls fein würfeln. Dünsten Sie die Speck- und Schalottenwürfel in Butter an. Die Mischung zu der Brötchenmasse geben und diese 10 Minuten zuge-deckt quellen lassen. Anschließend das Ei einarbeiten, die Petersilie untermischen und alles mit Salz, Pfeffer und Muskat würzen. Aus der Masse kleine Knödel for-men und in leicht siedendem Salzwasser in 8 bis 10 Minuten gar ziehen lassen.

5. Richten Sie das Rehbeuscherl in vorgewärmten tiefen Tellern an und setzen Sie jeweils 1 Knödel darauf. Die restlichen Knödel separat dazureichen.

S. 42
WARENKUNDE Reh

S. 144
KÜCHENPRAXIS Rehjus

Sauté von der Frischlingsniere mit Balsamico, Oliven und Tomaten

ZUBEREITUNGSZEIT 40 Min.
ZEIT ZUM WÄSSERN 30 Min.

FÜR DAS SAUTÉ
· 600 g Frischlingsnieren
· 1 Spritzer Essig, Salz
· 80 g Butter, 2 Tomaten (200 g)
· 1 Stange junger Lauch (60 g), geputzt
· ¼ TL Mehl, 100 ml Aceto balsamico
· 50 g getrocknete Tomaten,
  fein gewürfelt
· 80 g schwarze Oliven, entsteint
  und in dünne Ringe geschnitten
· 20 g kalte Butter, in Stücken
· Salz, frisch gemahlener Pfeffer
· 2 EL grober Senf nach Belieben

S. 61
WARENKUNDE Wildschweinniere

S. 104
KÜCHENPRAXIS Braten

1. Die Frischlingsnieren kalt abspülen, häuten, halbieren und die innenliegenden Röhren sowie das Fettgewebe entfernen. Anschließend die Nieren 30 Minuten kalt wässern. Herausnehmen, die Nieren mit Küchenpapier trockentupfen und in Scheiben schneiden. Braten Sie die Frischlingsnieren in der Butter kurz kräftig an. Dann herausnehmen und die Nieren in einem Sieb abtropfen lassen.

2. Die Tomaten blanchieren, häuten, Stielansatz und Samen entfernen und das Fruchtfleisch klein würfeln. Den Lauch in dünne Ringe schneiden. Braten Sie die Lauchringe im verbliebenen Fett kurz an. Anschließend mit Mehl bestauben und mit Balsamico ablöschen. Alles mit 150 ml Wasser aufgießen, die getrockneten Tomaten sowie die Oliven zufügen und alles nochmals kurz aufkochen lassen.

3. Die kalte Butter sowie die frischen Tomatenwürfel zugeben. Lassen Sie die Sauce unter Rühren sämig einkochen. Anschließend alles mit Salz und Pfeffer abschmecken, die abgetropften Nieren zufügen und in der Sauce erwärmen.

4. Rühren Sie nach Belieben noch 2 EL groben Senf unter die Sauce. Alles gut vermischen, das Sauté von der Frischlingsniere auf vorgewärmten Tellern anrichten und servieren. Als Beilage passen Kartoffelpüree, geschmorte Kopfsalatherzen oder auch Polenta.

Crostini mit Wildentenleber

ZUBEREITUNGSZEIT 30 Min.

FÜR DIE CROSTINI
· 8 küchenfertige Wildentenlebern
· 8 küchenfertige Wildentenherzen
· ¼ Möhre (60 g)
· ¼ Stange Lauch (50 g)
· 1 Schalotte (20 g)
· 1–2 EL Olivenöl
· Salz, frisch gemahlener Pfeffer
· 1 EL Aceto balsamico
· 100 ml Wildentenjus (S. 144)
· 16 dünne Scheiben Ciabatta
  oder Baguette
· ½ Bund glatte Petersilie, die Blätter
  abgezupft und fein gehackt

S. 94
WARENKUNDE Wildente

S. 144
KÜCHENPRAXIS Wildentenjus

*»Eine köstliche, pikante
kleine Vorspeise, wie sie in
Italien gern vor einem feinen
Wildmenü serviert wird.«*

1. Spülen Sie die Wildentenlebern und -herzen kalt ab und tupfen Sie die Innereien mit Küchenpapier sorgfältig trocken. Die Möhre schälen, den Lauch putzen und beides sehr fein würfeln. Die Schalotte schälen und ebenfalls in feine Würfel schneiden. Die Wildentenlebern und -herzen fein hacken.

2. In einer Pfanne das Olivenöl erhitzen und die gehackten Innereien darin kurz anbraten, dann mit Salz und Pfeffer würzen. Braten Sie die Möhren, Lauch- und Zwiebelwürfel kurz mit. Anschließend alles mit Balsamico ablöschen und diesen fast völlig reduzieren. Die Reduktion mit Wildentenjus auffüllen und alles langsam einköcheln lassen, bis die Wildentenlebermasse eine sämige Konsistenz hat.

3. Rösten Sie in der Zwischenzeit die Ciabatta- oder Baguettescheiben bei 200 °C im vorgeheizten Ofen oder auch im Toaster goldbraun.

4. Schmecken Sie die Lebermasse mit Salz und Pfeffer ab. Anschließend die gehackte Petersilie unterrühren, die gerösteten Brotscheiben mit der Lebermasse bestreichen und die Crostini sofort servieren.

Alternative

Die Innereien von Wildenten sind nicht überall separat im Handel erhältlich. Verwenden Sie in diesem Fall Lebern und Herzen von Flugenten, diese sind ein guter Ersatz.

Feine Saucen

Von den Klassikern der Wildküche über würzige
Buttermischungen bis zu Gaumenschmeichlern
mit Zitrusfrüchten, Ingwer und Wildbeeren.

Geschmackvoll und aromatisch

*Sahnig-cremig, exotisch-würzig oder fruchtig-herb – Saucen zu Wild
können sehr unterschiedlich sein, eines aber ist allen gemein: Sie
stecken voller Aroma, ebenso wie Gelees, Chutneys und Würzbutter.*

BASIS EINER GESCHMACKVOLLEN SAUCE ist
meist ein selbst gekochter Wildfond, der aus den
klein gehackten Knochen der jeweiligen Tierart, ver-
schiedenem Röstgemüse sowie aromatischen Kräutern und Gewürzen gezogen wird. Weil dies jedoch
recht zeitaufwändig ist, lohnt es sich, einen Wildfond gleich in größeren Mengen herzustellen, da er
sich tiefgekühlt sehr gut aufbewahren lässt.

MIT ODER OHNE WEIN?

Als Grundlage für verschiedene Saucen zu Wild, bei
denen während der Zubereitung noch Wein, Portwein, Madeira, Cognac oder andere Spirituosen hinzukommen, eignet sich am besten ein Grundfond
ohne Alkohol, wie er auf S. 146 beschrieben ist.
Werden die weiteren Zutaten für die Sauce jedoch
nicht mit Alkohol abgelöscht, ist der dunkle Wildfond von S. 142 die beste Wahl.

SAUCEN ZU KURZGEBRATENEM ODER
GEGRILLTEM WILD

Während beim Köcheln von Ragouts und Schmorgerichten ganz automatisch eine Saucengrundlage
entsteht, die dann nur noch durch ein Sieb passiert
und entsprechend verfeinert werden muss, ist dies
bei Wildgerichten aus der Pfanne oder vom Grill
nicht der Fall. Umso wichtiger ist hier eine feine
Sauce, die den jeweiligen Eigengeschmack des
Wildes ideal ergänzt. Mit einem ordentlichen Vorrat
an Wildfond ist das kein Problem. Was aber, wenn
dieser einmal erschöpft ist und keine Zeit mehr für
das Rösten und Ansetzen der Knochen bleibt? In
diesem Fall sind für Hirsch, Gams, Reh, Wildschwein oder Wildhase und -kaninchen die im Handel erhältlichen Wildfonds aus dem Glas ein brauch-
barer Ersatz. Sie können jedoch auch zu einem
Kalbsfond greifen. Dieser verstärkt den Wildgeschmack zwar nicht, rundet aber die anderen Saucenzutaten harmonisch ab. Dasselbe gilt bei Wildgeflügel: Die beste Alternative ist auch hier der

geduldig aus den Karkassen des Tieres gekochte
Wildgeflügelfond (S. 148). Bleibt dazu aber keine
Zeit oder sind keine Karkassen vorhanden, können
Sie auch zu Geflügel- oder Entenfond aus dem Glas
greifen.

WILDJUS: INTENSIVER IM GESCHMACK

Wenn für die verschiedenen Saucenzutaten nur
eine kurze Garzeit vorgesehen ist, verwendet man
statt Wildfond besser Wildjus (S. 144). Hier ist das
Aroma stärker konzentriert, es genügt daher eine
kleinere Menge, die nicht so lange einkochen muss.
Noch intensiver im Geschmack ist eine Wildglace
(S. 145), die ebenfalls zum Verfeinern von Saucen
dient. Besonders gut mit dem Eigengeschmack von
Wild harmonieren süßsaure, leicht süße oder süß-
herbe Kreationen wie etwa die Preiselbeer- oder
Gewürzlebkuchensauce des folgenden Kapitels, die
zudem noch eine interessante Schokoladennote aufweist. Auch eine gewisse Schärfe macht sich gut, die
durch Beigabe von fein gewürfelten Chilischoten,
Cayennepfeffer oder fein ge-
hacktem Ingwer erzielt werden kann. Sehr gut zu Wild
passen auch – ganz klassisch –
Wald- oder Zuchtpilze, die als
Fond (S. 149) oder auch frisch
oder getrocknet in der Sauce
mitgekocht werden.

FRUCHTIGE AROMEN

Besonders fein zu gebratenem
oder gegrilltem Wild passen Saucen oder Chutneys
mit Fruchtaromen, beispielsweise von Orangen, Feigen oder Sauerkirschen. Aber auch Äpfel, Birnen
oder Quitten sind eine gute Ergänzung – als Gelee
oder Kompott serviert. Raffiniert sind die Saucen-
kreationen mit Wildfrüchten wie Holunder, Sanddorn oder Hagebutten sowie die neuen Kräuterbut-
ter-Variationen.

Saucen binden

Überwiegend werden Wildsaucen leicht
gebunden. Dies funktioniert entweder
durch das Aufschlagen mit kalter Butter
oder auch durch das Unterrühren
von mit kaltem Wasser oder Rotwein
angerührter Speisestärke.

Klassische Saucen zu Wild

CUMBERLANDSAUCE

ZUBEREITUNGSZEIT 30 Min.

· 1 rote Zwiebel (70 g), 10 g frischer Ingwer, 1 TL Öl
· 50 ml Johannisbeersaft, 200 g Johannisbeergelee
· 1 EL geriebener Meerrettich
· 1 TL scharfer Senf, 1 EL Pernod (10 ml), Salz

1. Die Zwiebel schälen und fein würfeln. Den Ingwer schälen und fein hacken. Braten Sie die Zwiebel mit dem Ingwer kurz in Öl an. Alles mit Johannisbeersaft ablöschen und 5 Minuten köcheln lassen.

2. Das Johannisbeergelee, Meerrettich, Senf und Pernod unterrühren und alles mit dem Pürierstab aufmixen. Schmecken Sie die Sauce mit Salz ab. Diese Variation der klassischen Cumberlandsauce passt gut zu gebratenem Haarwild und sollte lauwarm mit etwas frischem Koriandergrün serviert werden.

PREISELBEERSAUCE

ZUBEREITUNGSZEIT 2 Std.

· 2 kg Wildknochen (etwa von Reh oder Hirsch)
· 2 Möhren (150 g), 1 große Zwiebel (150 g)
· ¼ Knollensellerie (100 g)
· 1 Stange Lauch (120 g), 2 Äpfel (je 150 g)
· 1–2 EL Öl, 100 g Räucherspeck, fein gewürfelt
· 2 EL Tomatenmark, 4 EL Ketchup
· etwa 4 EL Preiselbeeren (Glas), 200 ml Rotwein
· je 1 Rosmarin- und Thymianzweig
· 3 zerdrückte Wacholderbeeren
· 10 Pfefferkörner, 5 Pimentkörner
· ¼ TL Senfkörner, 1 Lorbeerblatt, Salz
· 1 TL Speisestärke, 2 EL geschlagene Sahne

1. Waschen Sie die Knochen gründlich und hacken Sie diese in Stücke. Möhren, Zwiebel sowie Sellerie schälen und alles grob würfeln. Den Lauch putzen und würfeln. Die Äpfel schälen, vierteln, vom Kerngehäuse befreien und in Stücke schneiden.

2. Braten Sie die Knochen in Öl an. Möhren-, Zwiebel- und Selleriewürfel mitrösten, bis sie leicht gebräunt sind. Speck, Lauch und Äpfel mitbraten,

dann Tomatenmark, Ketchup und Preiselbeeren unterrühren. Alles mit Rotwein ablöschen und mit 2 l Wasser aufgießen. Alles aufkochen lassen, abschäumen, Kräuter und Gewürze zufügen und offen auf ein Viertel reduzieren. Die Sauce durch ein Sieb passieren, erneut aufkochen, mit Salz und Preiselbeeren würzen und mit der angerührten Stärke binden. Vor dem Servieren die geschlagene Sahne unter die Sauce rühren.

PFEFFERSAUCE

ZUBEREITUNGSZEIT 30 Min.

· 10 g Zucker, 15 g eingelegter grüner Pfeffer
· 2 cl Cognac, 40 ml roter Portwein
· 200 ml Wildjus (S. 144), 1 EL Butter
· etwas Pfefferfond (aus dem Glas)

Den Zucker mit den abgetropften Pfefferkörnern karamellisieren. Mit Cognac und Portwein ablöschen und die Flüssigkeit auf die Hälfte einkochen. Wildjus zufügen und die Sauce auf die gewünschte Konsistenz reduzieren. Butter zufügen, erneut aufkochen und mit etwas Pfefferfond abschmecken. Diese kräftige Sauce passt zu kurz gebratenem Fleisch von Hirsch, Hase oder Reh und kann mit Sahne, Orangenfilets oder Preiselbeeren variiert werden.

S. 42
WARENKUNDE Reh

S. 144
KÜCHENPRAXIS Wildjus

Fruchtige Saucen und Würzbutter

FEIGENSAUCE

ZUBEREITUNGSZEIT 30 Min.

· 2 Schalotten (40 g), geschält, 1 EL Butter
· 20 ml Sherryessig, ⅛ l roter Portwein
· 2 cl Sambuca
· 4 reife, blaue Feigen, geschält und gewürfelt
· 2 EL Kastanienhonig
· 1 Msp. gemahlener Kardamom

1. Die Schalotten in feine Würfel schneiden. Braten Sie die Schalottenwürfel in der Butter hellbraun an. Alles mit dem Essig ablöschen, Portwein und Likör zugießen und aufkochen lassen.

2. Rühren Sie die Feigenwürfel sowie den Honig unter. Anschließend alles einmal aufkochen lassen und die Sauce mit Kardamom abschmecken. Die süßsaure Feigensauce passt sehr gut zu gebratenem Federwild, aber auch zu Haarwild.

INGWERSAUCE

ZUBEREITUNGSZEIT 30 Min.

· 5 Schalotten (100 g), geschält
· ½ l Rotwein
· ½ l roter Portwein
· 1 ½ EL gehackter frischer Ingwer
· 250 g eiskalte Butter, in Würfeln, Salz, Pfeffer

1. Die Schalotten fein würfeln und in einer Kasserolle zusammen mit dem Rotwein, dem Portwein und dem gehackten Ingwer zum Kochen bringen. Reduzieren Sie anschließend die Flüssigkeit bei schwacher Hitze etwa auf die Hälfte.

2. Die Sauce vom Herd nehmen und durch ein feines Sieb passieren. Rühren Sie zur Bindung nach und nach die kalten Butterwürfel unter.

3. Schmecken Sie die Ingwersauce vor dem Servieren mit Salz und Pfeffer ab. Sie passt ausgezeichnet zu gebratenem Haarwild wie Hirsch, Reh oder Wildschwein.

S. 146
KÜCHENPRAXIS Wildfond

ORANGENSAUCE
ZUBEREITUNGSZEIT 1 Std.

· 3 unbehandelte Orangen, 1–2 EL Zucker (15 g)
· 2 cl Orangenlikör, etwa Grand Marnier
· 150 ml Rotwein, 100 ml roter Portwein
· ¼ l Wildfond (S. 146), Salz, Cayennepfeffer

1. Von 2 Orangen die Schale in feinen Streifen abziehen. Pressen Sie alle Orangen aus, es sollten etwa 300 ml Saft sein. Den Zucker in einer Kasserolle
hell karamellisieren und mit dem Orangensaft ablöschen. Orangenschale und Likör zufügen und alles
bei schwacher Hitze sirupartig einkochen lassen.

2. Den Rotwein auf ein Drittel, den Portwein auf die
Hälfte reduzieren. Den Wildfond sowie die Rot- und
Portweinreduktion zugeben und die Sauce auf die
gewünschte Konsistenz einkochen lassen. Schme-
cken Sie die Sauce mit Salz und Cayennepfeffer ab.
Sie passt gut zu gebratenem Reh, Hase oder Hirsch.

BRENNNESSELBUTTER
ZUBEREITUNGSZEIT 20 Min.
FÜR 6–8 PORTIONEN

· 100 g junge Brennnesseln, 250 g weiche Butter
· Salz, Pfeffer, frisch geriebene Muskatnuss
· 1 Spritzer Zitronensaft

Die Brennnesseln waschen, die Blätter abzupfen,
und 1 Minute blanchieren, dann kalt abschrecken
und trockentupfen. Bräunen Sie 50 g Butter leicht
und vermengen Sie die flüssige Butter mit der übrigen Butter. Die Brennnesselblätter im Mixer fein
hacken, unterrühren und die Butter mit Salz, Pfeffer, Muskat und Zitronensaft abschmecken. Sie
passt zu kurz gebratenem oder gegrilltem Wild und
kann einige Tage kühl aufbewahrt werden.

OLIVEN-PIGNOLI-BUTTER
ZUBEREITUNGSZEIT 20 Min.
FÜR 6–8 PORTIONEN

· 80 g Pinienkerne, ohne Fett geröstet
· 100 g kleine schwarze Oliven, entsteint
· ½ TL Thymianblättchen, 250 g weiche Butter, Salz

Pinienkerne, Oliven und Thymian fein hacken und
unter die Butter mischen. Schmecken Sie die Würzbutter zum Schluss mit Salz ab. Sie passt gut zu
gegrilltem oder kurzgebratenem Wild.

LIMETTEN-PFEFFER-BUTTER (OHNE ABB.)
ZUBEREITUNGSZEIT 20 Min.
FÜR 6 PORTIONEN

· 200 g weiche Butter
· 1 EL Limettensaft
· abgeriebene Schale von 1 Limette
· 1 TL grob gemahlener bunter Pfeffer
· 1 EL fein gehackte Petersilie
· 1 Knoblauchzehe, abgezogen, Salz

1. Verrühren Sie die weiche Butter mit dem Limettensaft. Anschließend die abgeriebene Limettenschale, den groben Pfeffer sowie die gehackte Petersilie unterrühren.

2. Drücken Sie den Knoblauch durch die Presse
dazu und schmecken Sie die Limetten-Pfeffer-Butter
mit Salz ab. Sie passt sehr gut zu gegrilltem Wild.

Raffiniert und voller Geschmack

SAUERKIRSCHSAUCE

ZUBEREITUNGSZEIT 40 Min.

· 1 kleine rote Zwiebel
· 1 TL gehackter Ingwer (5 g)
· 1 TL Öl, Salz, 1 TL Currypulver (5 g)
· 2 EL Akazienhonig
· 1 TL Tomatenmark (5 g)
· 200 g entsteinte Sauerkirschen
  (frisch oder TK-Ware), abgetropft
· 200 ml Wildfond (S. 142)
· 50 g Doppelrahmfrischkäse
· 1 TL Kaffeelikör, etwa Tia Maria

1. Die Zwiebel schälen und fein würfeln. Braten Sie die Zwiebel mit dem Ingwer in einem Topf in Öl an. Anschließend alles mit Salz, Currypulver, Akazienhonig und Tomatenmark würzen.

2. Die Sauerkirschen zufügen und alles mit dem Wildfond aufgießen. Die Flüssigkeit offen bei mittlerer Hitze in etwa 15 Minuten auf die Hälfte reduzieren. Rühren Sie den Frischkäse und den Kaffeelikör unter und mixen Sie die Sauce mit dem Pürierstab auf. Die Sauerkirschsauce warm servieren. Sie passt sehr gut zu Reh, Hirsch, Fasan und Wildente.

GEWÜRZLEBKUCHENSAUCE

ZUBEREITUNGSZEIT 50 Min.

· 100 g Maronen, 4 unbehandelte Orangen
· 50 ml roter Portwein, 30 ml Madeira
· 1 Chilischote, ohne Samen fein gewürfelt
· 200 ml Wildfond (S. 146)
· 2 Elisenlebkuchen mit Schokolade, fein gerieben
· 10 g frischer Ingwer, geschält und fein gerieben

1. Die Maronen rösten und schälen, wie in der Stepfolge rechts gezeigt. Garen Sie die Maronen 40 Minuten in Wasser. Dann die Maronen abgießen, kurz ausdampfen lassen und fein hacken.

geriebenen Lebkuchen. Den Ingwer unterrühren und die Sauce erneut kurz köcheln lassen. Zuletzt die gehackten Maronen unterrühren. Diese aromatische Sauce passt zu allem kurz gebratenem Wild und Wildgeflügel.

S. 146
KÜCHENPRAXIS Wildfond
━━━━━━
S. 148
KÜCHENPRAXIS Wildgeflügelfond

KÜRBIS-TROMPETENPFIFFERLING-SAUCE

ZUBEREITUNGSZEIT 45 Min.

· 1 Schalotte, geschält und gewürfelt
· 40 g Butter, 150 g Muskatkürbis, geschält
· 40 ml Weißwein
· 20 ml trockener Wermut, etwa Noilly Prat
· 100 ml Wildgeflügelfond (S. 148)
· 1 EL getrocknete Steinpilze, eingeweicht
· 200 g Sahne, Salz, frisch gemahlener Pfeffer
· frisch geriebene Muskatnuss
· 200 g Trompetenpfifferlinge, geputzt und gehackt
· 1–2 EL Olivenöl, 2 EL fein gehackter Kerbel

1. Dünsten Sie die Schalottenwürfel in Butter an. Das Kürbisfruchtfleisch klein würfeln, zugeben, kurz mitdünsten, mit Weißwein und Wermut ablöschen und die Flüssigkeit reduzieren.

2. Alles mit dem Wildgeflügelfond auffüllen, die ausgedrückten Steinpilze zufügen und die Flüssigkeit auf die Hälfte einkochen lassen. Die Sahne unterrühren, alles mit Salz, Pfeffer und Muskat würzen und aufkochen lassen. Die Sauce mit dem Pürierstab aufmixen und durch ein Sieb passieren.

3. Braten Sie die Trompetenpilze in Olivenöl an. Die Pilze mit dem Kerbel unterrühren. Die Kürbis-Pilz-Sauce harmoniert mit Wildgeflügel wunderbar.

2. Die Orangen filetieren und die Häute ausdrücken, dabei den Saft auffangen. Die Orangenfilets in kleine Stücke schneiden und mit dem Orangensaft, Portwein und Madeira aufkochen, dann die Flüssigkeit um etwa ein Drittel reduzieren.

3. Die Sauce nach Geschmack mit Chili würzen, dann mit dem Wildfond auffüllen und alles einmal aufkochen lassen. Binden Sie die Sauce mit den

(1)

MARONEN
rösten und schälen

(1) Die Maronen oben mit einem kleinen scharfen Messer kreuzweise einritzen, ohne das Fruchtfleisch zu verletzen. Die Maronen in eine feuerfeste Form geben und bei 220 ˚C im vorgeheizten Ofen etwa 10 Minuten backen.

(2) Die Maronen aus dem Ofen nehmen und die aufgesprungenen Schalen entfernen. Dabei die heißen Maronen am besten mit einem Tuch festhalten.

(2)

Holunder, Vogelbeere, Berberitze

Herb-fruchtig, leicht säuerlich oder auch mit einer ausgeprägten Bitternote überraschen viele heimischen Wildobstarten mit einem ganz eigenen, arttypischen Geschmack, den im Garten kultivierte Früchte nicht zu bieten haben. Ein Geschmack, der weitgehend in Vergessenheit geraten ist und den es wieder zu entdecken gilt. Denn wer weiß schon noch, wie Vogelbeeren oder Berberitzen schmecken? Sammelten früher noch viele Familien Wildobst, um es zu Mark, Gelee oder Konfitüre für den Winter zu verarbeiten, sind diese Kenntnisse heute vielerorts in Vergessenheit geraten. Dabei sind Wildfrüchte ein idealer geschmacklicher Begleiter zu Hirsch, Reh oder Gämse, schon allein deshalb, weil beide zur gleichen Zeit im Spätsommer und Herbst Saison haben.

Wieder verstärkt in den Blick von Köchen und Feinschmeckern geraten sind viele Wildobstarten jedoch wegen ihres interessanten Aromas, das sich mit Wildfleisch raffiniert kombinieren lässt, entweder als Sauce oder auch in Form von Konfitüre und Gelee. Einige solcher Produkte, wie beispielsweise die beliebten Preiselbeeren, gibt es heute im Supermarkt im Glas fertig zu kaufen. Bei anderen Wildobstarten wie etwa Vogelbeeren oder Berberitzen muss man sich selbst auf die Suche machen, sie gelangen nicht oder nur selten auf den Markt.

SAFT UND GELEE

Wildfrüchte werden häufig zu Saft und anschließend zu Gelee verarbeitet. Zum Kaltentsaften die Wildfrüchte verlesen, waschen, abtropfen lassen und in einem elektrischen Entsafter auspressen. Sie können die Früchte aber auch leicht zerdrücken, in ein Tuch füllen und den Saft dann über Nacht ablaufen lassen. Zum Heißentsaften geben Sie die Früchte entweder in den Dampfentsafter oder dünsten sie in wenig Wasser kurz an und lassen den Saft dann ebenfalls durch ein Tuch ablaufen; das Tuch dabei nur leicht ausdrücken. Für ein Gelee kochen Sie den Saft dann mit derselben Menge Gelierzucker (1:1) etwa 3 Minuten auf.

HOLUNDER

Der Holunderstrauch oder -baum (Sambucus nigra) ist weit verbreitet, daher sind bei der Ernte – je nach Sorte ab Mitte August bis Oktober – keine langen Wege nötig. Roh sind die beerenartigen Steinfrüchte ungenießbar, gekocht jedoch absolut unbedenklich. Sobald sich die Beeren blauschwarz verfärben, die Fruchtstände vom Strauch schneiden, waschen und abtropfen lassen. Alle unreifen Beeren entfernen, der Saft oder die Konfitüre werden sonst bitter. Für Holundermark 200 g Beeren 5 Minuten mit wenig Wasser dünsten, pürieren und die Mischung durch ein Sieb passieren. Das markante Aroma des Holunders passt vor allem zu kräftigen Wildarten wie Hirsch, Wildschwein oder Gämse.

VOGELBEEREN

Die orangefarbenen Früchte der Eberesche, wie der Vogelbeerbaum *(Sorbus aucuparia)* auch genannt wird, sind roh ungenießbar, ergänzen aber als angenehm herbes Gelee Haarwild ausgezeichnet. Ernten kann man Vogelbeeren ab Anfang September, reif sind sie 4 Wochen später. Für das Gelee 1 kg Beeren von den Dolden streifen, waschen, blanchieren und abgießen. Die Vogelbeeren mit ½ l frischem Wasser in etwa 30 Minuten weich garen, dann im Mixer pürieren, in ein Tuch geben und 24 Stunden abtropfen lassen. Den Saft abmessen und mit derselben Menge Gelierzucker (1:1) etwa 3 bis 5 Minuten kochen. 2 cl Wacholderschnaps einrühren und das Gelee in vorbereitete Gläser füllen.

HAGEBUTTEN

Die Früchte der Hundsrose *(Rosa canina)* enthalten viel Vitamin C und verleihen Saucen eine fruchtige Würze. Wenn Sie Hagebuttenmark selbst herstellen wollen, sammeln Sie 1 kg Hagebutten. Die Früchte von Stiel und Blütenansatz befreien, halbieren und die Kerne entfernen. Die Früchte mehrmals waschen, bis alle Härchen entfernt sind. Die Hagebutten knapp mit Wasser bedecken und 45 Minuten köcheln lassen, pürieren und passieren. Das Mark mit Gelierzucker (2:1) und etwas Zitronensaft etwa 4 Minuten kochen und in vorbereitete Gläser füllen.

BERBERITZEN

Die säuerlichen roten Früchte der Berberitze *(Berberis vulgaris)* können roh oder getrocknet gegessen werden. Die länglichen Früchte können aber auch zu Saft, Gelee oder Mus verarbeitet werden. Erntezeit ist von Ende August bis in den Oktober. Sie können Berberitzensaft als Säuerungsmittel an der Stelle von Essig oder Zitronensaft verwenden.

SANDDORN

Die säuerlichen Früchte des Sanddornstrauchs oder -baums *(Hippophae rhamnoides)* sind sehr reich an Vitamin C. Sie hängen so fest, dass sie von Hand nur schlecht geerntet werden können. Daher schneidet man die orangefarbenen Scheinbeeren am besten mit der Schere ab. Sanddorn wird zu Extrakt, Mark, Saft, Gelee oder mit anderen Früchten auch zu Konfitüre verarbeitet. Viele Sanddornprodukte sind im Reformhaus erhältlich.

SCHWARZE NÜSSE

Die eingelegten schwarzen Nüsse schmecken sehr gut zu Haarwild. Dafür benötigen Sie 300 g unreife, im Juni oder Juli geerntete grüne Walnüsse. Stechen Sie die Nüsse mit einer Nadel ringsum ein. Die Walnüsse dann etwa 2 Wochen in Wasser legen, dabei dieses täglich wechseln. Die Nüsse etwa 30 Minuten in Wasser weich garen. 300 g Zucker mit 170 ml

Das kräftige Aroma vieler Wildobstarten harmoniert ausgezeichnet mit Wildarten wie Hirsch, Gämse, Reh oder Wildschwein, ebenso wie die schwarzen Nüsse.

Essig aufkochen, ein Stückchen Zimtstange und geschälte Ingwerwurzel sowie 3 Gewürznelken zufügen und die Mischung heiß über die Nüsse gießen. Die Nüsse 3 Tage stehen lassen, dann den Saft abgießen, erneut aufkochen und ein zweites Mal über die Nüsse gießen. Die schwarzen Nüsse mitsamt der Flüssigkeit in ein Glas füllen, gut verschließen und kühl aufbewahren.

Katrin Wittmann

Saucen mit dem Aroma von Wildfrüchten

HAGEBUTTENSAUCE
ZUBEREITUNGSZEIT 25 Min.

· 200 g Hagebuttenmark (S. 303), 80 g Zucker
· ½ TL scharfer Senf
· abgeriebene Schale
  von 1/4 unbehandelten Zitrone
· abgeriebene Schale
  von 1/8 unbehandelten Orange
· 2 EL Zitronensaft
· Salz, frisch gemahlener Pfeffer
· 2 EL Crème fraîche

1. Verrühren Sie das Hagebuttenmark in einer Kasserolle mit dem Zucker, dem Senf und der Zitronen- und Orangenschale und Zitronensaft. Anschließend alles salzen, pfeffern und alles unter ständigem Rühren etwa 15 Minuten offen köcheln lassen.

2. Nehmen Sie die Hagebuttensauce vom Herd und rühren Sie die Crème fraîche unter. Die Hagebuttensauce passt gut zu Hirsch-, Gams-, Reh- oder Wildschweinbraten.

SANDDORNSAUCE
ZUBEREITUNGSZEIT 4 Std. 30 Min.

FÜR DEN WILDFOND
· 500 g Wildknochen, klein gehackt, 2 EL Öl
· 200 g Röstgemüse (Möhre, Knollensellerie
  und Zwiebel, geschält und klein gewürfelt)
· 1 EL Tomatenmark
· 150 ml Rotwein, 150 ml roter Portwein
· 1 Knoblauchzehe, abgezogen
· je 1 Rosmarin- und Thymianzweig
· abgeriebene Schale
  von 1 unbehandelten Orange
· 1 Lorbeerblatt, 5 Pfefferkörner, 3 Pimentkörner
· 3 Wacholderbeeren, 1 Gewürznelke, Salz

FÜR DIE SAUCE
· 1 EL Butter, 2 Schalotten (50 g), geschält
  und in Ringe geschnitten

· 1 TL Thymianhonig, 100 ml Orangensaft
· 100 ml roter Portwein, 75 ml Sanddornmark
· Salz, Pfeffer, etwas Speisestärke nach Belieben

1. Für den Fond rösten Sie die Knochen in einem Bräter in Öl ringsum braun an. Dann das gewürfelte Gemüse zugeben und 10 Minuten mitrösten. Das Tomatenmark einrühren und kurz mitrösten. Alles mit je einem Drittel Rot- und Portwein ablöschen, beides reduzieren und dies zweimal wiederholen.

2. Anschließend alles mit 2 l Wasser auffüllen und den Wildfond etwa 2 Stunden bei schwacher Hitze köcheln lassen, dabei immer wieder entfetten. Dann die Kräuter und Gewürze zufügen und den Fond weitere 2 Stunden köcheln lassen. Den Wildfond passieren und auf ein Drittel einkochen.

3. In der Zwischenzeit für die Sauce in einem separaten Topf die Butter zerlassen, die Schalotten darin

anschwitzen und den Thymianhonig unterrühren. Löschen Sie alles mit Orangensaft und Portwein ab und lassen Sie beides etwa um die Hälfte einkochen. Anschließend die Reduktion mit dem Wildfond auffüllen und das Sanddornmark unterrühren. Die Sauce mit Salz und Pfeffer abschmecken, durch ein Tuch passieren und nach Belieben mit etwas angerührter Speisestärke binden.

HOLUNDERSAUCE MIT GRÜNEM PFEFFER
ZUBEREITUNGSZEIT 15 Min.

· 1 EL Zucker (10 g)
· 3–4 TL eingelegter grüner Pfeffer (15 g)
· 2 cl Cognac, 40 ml Madeira, 50 ml roter Portwein
· 100 ml Holunderbeerenmark (S. 302)
· 200 ml Wildjus (S. 144), 10 g kalte Butter
· etwas Pfefferfond aus dem Glas

1. Lassen Sie den Zucker zusammen mit den abgetropften grünen Pfefferkörnern in einer Kasserolle karamellisieren. Anschließend mit Cognac, Madeira und Portwein ablöschen und die Mischung sirupartig einkochen lassen.

2. Fügen Sie das Holundermark sowie die Wildjus zu und lassen Sie die Sauce auf die gewünschte Konsistenz einkochen. Dann die kalte Butter unterrühren, die Sauce nochmals durchkochen und mit etwas Pfefferfond abschmecken. Die süßscharfe Holundersauce passt mit ihrem kräftigen Aroma ganz ausgezeichnet zu dunklem, kurz gebratenem Wildfleisch. Sie kann zudem durch weitere Zutaten ausgebaut werden (siehe Tipp).

Mit Preiselbeeren

Wenn Sie die Holundersauce zu gebratenen Rehrückenmedaillons reichen wollen, ersetzen Sie die Hälfte des Zuckers durch 1 EL Preiselbeeren aus dem Glas. Durch die Zugabe von 1 bis 2 EL Crème fraîche oder Sahne gewinnt die Sauce an Eleganz und schmeckt dann wunderbar zu Wildgeflügel.

Herrlich fruchtig:
Kompott, Gelees und Chutney

FEINES APFELKOMPOTT

ZUBEREITUNGSZEIT 15 Min.

· 6 säuerliche Äpfel, etwa Elstar,
  Gravensteiner oder Jonagold
· 2 EL Zucker
· ⅛ l Weißwein
· 1 Zimtstange
· 2 Gewürznelken
· 1 kleines Stück unbehandelte Zitronenschale

1. Die Äpfel schälen, vierteln und das Kerngehäuse herausschneiden. Lassen Sie den Zucker in einer Kasserolle hell karamellisieren und löschen Sie ihn mit dem Weißwein ab. Alles kurz durchkochen, bis sich der Zucker wieder gelöst hat.

2. Die Zimtstange, die Gewürznelken sowie die Zitronenschale einlegen. Fügen Sie die Apfelspalten hinzu und dünsten Sie diese zugedeckt weich.

3. Das Apfelkompott vom Herd nehmen. Sie können es entweder durch ein Sieb streichen oder auch stückig servieren. Es passt sehr gut zu Haarwild. Zur Weihnachtszeit können Sie nach Belieben noch etwas Sternanis mitgaren.

BIRNENGELEE

ZUBEREITUNGSZEIT 2 Std. 30 Min.

· 3–4 kg saftige Birnen
· 80 ml Zitronensaft
· 300 g Gelierzucker (3:1)

1. Die Birnen vierteln und jeweils den Stiel sowie das Kerngehäuse entfernen. Die Birnen im Dampf-entsafter entsaften. Messen Sie 1 l Birnensaft für das Gelee ab, den Rest anderweitig verwenden.

2. Kochen Sie den Birnensaft mit dem Zitronensaft sowie dem Gelierzucker in einem Topf auf. Alles etwa 3 Minuten köcheln lassen, dann eine Gelier-probe machen. Dafür gießen Sie 1 TL Gelee auf einen Teller. Wenn es leicht geliert, das Gelee in vorbereitete, heiß ausgespülte Gläser füllen, andernfalls noch 1 bis 2 Minuten kochen. Das Birnengelee passt zu allen Wild- und Wildgeflügelarten und kann nach Belieben zusätzlich mit Ingwer, Nelken oder Muskatblüte aromatisiert werden.

ORANGEN-CHUTNEY

ZUBEREITUNGSZEIT 1 Std.

· 2 kernlose Orangen (400 g)
· 2 säuerliche Äpfel, etwa Cox Orange (250 g)
· 2 reife Birnen, etwa Williams Christ (250 g)
· 40 g Sultaninen
· 200 g brauner Kandis
· 50 ml Birnenessig

· 1 EL gemahlener Ingwer
· abgeriebene Schale
  von ½ unbehandelten Orange
· frisch geriebene Muskatnuss, Salz

1. Die Orangen schälen und die weißen Innenhäutchen sorgfältig entfernen. Lösen Sie die Orangenfilets aus und schneiden Sie diese in etwa ½ cm große Würfel. Die Äpfel und Birnen schälen, vierteln, von Stiel und Kerngehäuse befreien und beides ebenfalls etwa ½ cm groß würfeln.

2. Die Orangen-, Apfel- und Birnenwürfel in einen Topf geben und die Sultaninen zufügen. Bringen Sie alles zusammen mit dem Kandis, dem Birnenessig sowie den Gewürzen unter Rühren zum Kochen. Die Hitze reduzieren und das Chutney 30 bis 40 Minuten einkochen lassen.

3. Füllen Sie das Chutney in vorbereitete, heiß ausgespülte Gläser. Die Gläser fest verschließen. Das Orangen-Chutney schmeckt sehr gut zu gebratenem Reh, aber auch zu Wildente und Fasan. Gut verschlossen hält es sich im Kühlschrank mehrere Wochen. Sie können es nach Belieben zusätzlich noch mit Curry, grünen Pfefferkörnern oder auch mit Vanille und Tonkabohnen aromatisieren.

ROSMARINGELEE
ZUBEREITUNGSZEIT 40 Min.

· 4 Schalotten (100 g)
· 1–2 EL Butter (20 g)
· ¼ l Madeira
· 60 ml trockener Sherry
· 1 EL Rosmarinnadeln
· 1 ½ EL Kastanienhonig (20 g)
· ¼ l Wild-Consommé (S. 147)
· 6 Blatt Gelatine, kalt eingeweicht
· Salz

1. Die Schalotten schälen und in dünne Scheiben schneiden. Braten Sie die Schalotten bei schwacher Hitze in der Butter langsam hellbraun.

2. Die Schalotten mit Madeira und Sherry ablöschen. Fügen Sie die Rosmarinnadeln sowie den Kastanienhonig zu und bringen Sie alles wieder zum Kochen.

3. Die Mischung etwa 10 Minuten bei schwacher Hitze köcheln lassen. Alles mit der Consommé auffüllen, aufkochen lassen und die gut ausgedrückte Gelatine darin schmelzen.

4. Die Mischung durch ein mit einem Tuch ausgelegtes Sieb passieren und mit Salz abschmecken. Füllen Sie das Gelee in vorbereitete Gläser. Das Rosmaringelee kalt stellen, erstarren lassen und ausgekühlt entfetten. Dafür einfach die oberste Schicht mit einem Löffel abnehmen.

Gelungene Garnitur

In kleine Würfel geschnitten ist das Rosmarin-Gelee eine ideale Garnitur für Terrinen, Pasteten oder andere kalte Wildvorspeisen. Es schmeckt aber auch zu kurz gebratenem Wild, ebenso passt es zu Rebhuhn, Wachtel und Fasan.

ABBALGEN: Entfernen des Fells bei Feldhase und Wildkaninchen.

ABSCHÄUMEN: Fonds, Saucen oder Brühen vom »Schaum« aus geronnenem Eiweiß und Trübstoffen befreien, der sich beim Kochen an der Oberfläche absetzt.

ABSCHWARTEN: Entfernen des Fells bei Wildschweinen.

AUSSTECHEN: Einzelne Fleischstücke, etwa eines Ragouts, mit einer Gabel aus der Sauce nehmen.

AUS DER DECKE SCHLAGEN: Entfernen des Fells von Wildtierkörpern.

BALLOTINE: Kleinere, mit Farce gefüllte Tierkörperteile, etwa Geflügelkeulen. Oder auch kleine mit einer Füllung versehene Roulade aus entbeintem Fleisch.

BARDIEREN: Fleisch oder Geflügel zum Schutz vor Austrocknung mit dünnen Speckscheiben umbinden.

BEIZEN: Einlegen von Fleisch oder Geflügel in eine gewürzte kalte Flüssigkeit, etwa Essig, Wein oder Buttermilch zur Geschmacksverbesserung und kurzzeitigen Haltbarmachung.

BINDEN: Auch als Legieren bezeichnet. Andicken und Sämigmachen von Flüssigkeiten wie Suppen, Saucen oder Cremes durch Einrühren von Bindemitteln (zum Beispiel Mehl, Speisestärke, Mehlbutter, Sahne, Eigelb).

BOUQUET GARNI: Würzsträußchen aus verschiedenen Kräutern, Gemüsearten und Gewürzen zur Verfeinerung von Fonds und Brühen. Klassisch ist die Zusammenstellung aus Möhre, Staudensellerie, Petersilienwurzel, Thymian und Lorbeer.

CHARTREUSE: Nach Kartäuserart – im Becher oder becherartig angerichtetes Gemüse (Kohl) und Fleisch oder Wild. Gericht der klassischen Französischen Küche.

CONFIT: von frz. confire – einlegen. Fleisch- oder Geflügelstücke, etwa Wildente, im eigenen Fett gegart und anschließend darin haltbar gelagert.

CONSOMMÉ: Besonders kräftige, klare Brühe von Fisch, Geflügel, Fleisch oder Wild, die durch Reduzieren und Klären aus einem Fond gewonnen wird.

CRAPAUDINE: von frz. craupaud – Kröte. Gespaltenes und – wie eine Kröte – flach gedrücktes kleines gebratenes, paniertes oder gegrilltes Geflügel oder Wildgeflügel.

CRÉPINETTE: von frz. crépine – Schweinenetz. Würstchen oder kleineres Fleischstück mit Farceauflage in Schweinenetz gewickelt und gegart.

ENTFETTEN: Auch als Degraissieren bezeichnet. Entfernen des Fetts von Brühen und Fonds mit einem Löffel, absaugen mit Küchenpapier oder abheben des erstarrten Fettes von der erkalteten Brühe.

ENGLISCHES SENFPULVER: Gelbes, fein gemahlenes Senf-Pulver mit etwas Chili von ausgewogener Schärfe, Säure und Süße zum Aromatisieren von Braten.

FARCE: Gewürzte, gebundene Füllung für Pasteten oder Terrinen aus zerkleinertem Fleisch, Wild, Geflügel oder Fisch.

FOND: Grundbrühe (auf der Basis von Knochen, Parüren und Gemüse), die als Grundlage für die Herstellung von Suppen und Saucen verwendet wird.

GALANTINE: Aus roh entbeintem Geflügel oder entgrätetem Fisch hergestellte, mit Farce gefüllte Rollpastete. Klassisch: hohl ausgelöstes, mit feiner Farce gefülltes Geflügel und Wildgeflügel.

GEWÜRZSÄCKCHEN: Kleiner Beutel aus Mulltuch oder Behälter aus Metall zum Mitgaren von Gewürzen; ermöglicht deren einfache und vollständige Entnahme.

GLACE: Sirupartig eingedickter aromatischer Fleischsaft zum Verbessern von Saucen und zum Überziehen von Fleisch.

GRÜNER SPECK: Frischer weißer Rückenspeck vom Schwein, wird in Scheiben geschnitten zum Bardieren oder für Pasteten und Terrinen, in Streifen zum Spicken verwendet.

HAUTGOUT: Strenger, scharfer Geruch, den Wildfleisch unweigerlich annimmt, wenn es zu lange oder zu warm gelagert wurde und sich zu zersetzen beginnt.

JULIENNE: In sehr feine Streifen geschnittenes Gemüse. Wird als Einlage für Suppen oder auch als kleine Gemüsebeilage verwendet.

JUS: Beim Braten von Fleisch austretender, fettfreier Saft, der beim Erkalten geliert. Oder auch konzentrierte Fonds aus Knochen, Parüren und Gemüse.

KARKASSE: Bei Fleisch, Wild und Geflügel werden die Knochen, bei Fisch die Gräten als Karkassen bezeichnet. Sie dienen zur Herstellung von Fonds.

KLÄREN: Bei Kraftbrühen alle trübenden Bestandteile entfernen. Mit Hilfe von Eiweiß und gehacktem Klärfleisch werden diese Bestandteile beim Kochen gebunden und entfernt.

MARINIEREN: Einlegen von Lebensmitteln in eine säure- und gewürzhaltige Flüssigkeit oder in eine würzige Marinade auf Ölbasis zur Geschmacksverbesserung und kurzzeitigen Haltbarmachung. Wildfleisch zum Braten oder Grillen sollte nicht zu lange in einer Ölmarinade liegen, 3 bis 4 Stunden sind ausreichend.

MIE DE PAIN: von frz. mie – weiche Brotkrume. Geriebenes oder sehr fein gehacktes Weißbrot ohne Rinde.

MIREPOIX: Klein gewürfeltes, geröstetes Wurzelgemüse, dient zum Aromatisieren von Braten oder Saucen.

MONTIEREN: Eiskalte Butterstückchen mit dem Schneebesen oder Pürierstab in eine Sauce oder Suppe einarbeiten. Dadurch wird die Flüssigkeit leicht gebunden, sämiger und erhält einen feinen Buttergeschmack.

NAPPIEREN: Überziehen von Speisen mit einer Sauce oder mit Gelee.

NUSSBUTTER: Leicht gebräunte Butter.

PARIEREN: Fleisch, Geflügel, Wild oder Fisch von nicht essbaren Teilen befreien und gleichmäßig zuschneiden.

PARÜREN: Abschnitte, die beim Parieren anfallen, sie werden für die Herstellung von Fonds und Saucen verwendet.

PASSIEREN: Flüssigkeiten, Pürees oder auch feine Farcen durch ein Passiertuch oder ein mit einem Tuch ausgelegtes Sieb gießen. Oder eine Masse, etwa eine Farce oder ein Püree, durch ein feines Sieb streichen oder drücken.

PASSIERTUCH: Spezielles Tuch aus einem gazeähnlichen Gewebe (Etamin), das zum Durchgießen von Flüssigkeiten verwendet wird. Es ist in gut sortierten Haushaltswarengeschäften erhältlich.

PLATTIEREN: Fleischscheiben mit dem Fleischklopfer oder mit dem Plattiereisen gleichmäßig flach klopfen. Dadurch wird die natürliche Bindegewebsstruktur des Fleisches etwas gelockert und eine einheitliche Stärke erzielt, sodass das Fleisch beim Braten etwas zarter wird und überall gleichmäßig gart.

REDUZIEREN: Flüssigkeiten wie Fonds, Brühen oder Saucen im offenen Topf einkochen lassen, um das Aroma zu intensivieren.

SCHWEINENETZ: Fetthaltige Gewebehaut des Bauchfells vom Schwein. Schweinenetz wird häufig als Hülle für Farcen oder zum Zusammenhalten von Fleischscheiben mit Auf- oder Einlage verwendet (siehe Crépinette). Das Fett tritt bei der Zubereitung aus dem netzartigen Gewebe aus, dieses wird daher vor dem Essen in der Regel nicht entfernt.

SPICKEN: Durchziehen von tiefgekühlten Speckstreifen mit Hilfe einer Spicknadel durch Bratenstücke zum Schutz vor Austrocknung. Bei Wild werden oft tiefgekühlte, gewürzte Speckstreifen zum Aromatisieren des Fleisches verwendet und ohne Spicknadel eingebracht. Auch nicht zu tiefes Einbringen von Kräutern oder Knoblauch mit dem Spickmesser zum Aromatisieren.

TIMBALE: Im Becher oder in einem Portionsförmchen gegarte kleine Pastete aus einer feinen Fleisch-, Wild-, Geflügel- oder Fischfarce oder aus püriertem Gemüse.

TRANCHIEREN: von frz. trancher – abschneiden; tranche – Scheibe. Fachgerechtes Aufschneiden und Portionieren

von Fleisch, Geflügel oder Wild, etwa einen Braten in Scheiben schneiden.

VAKUUMIEREN: Lebensmittel unter Luftentzug und Unterdruck in einen Kunststoffbeutel einschweißen. Dadurch werden die Oxidationsvorgänge verringert und die Haltbarkeit von Speisen verlängert.

VELOUTÉ: Samtige weiße Grundsauce auf Basis einer hellen Mehlschwitze, einem kräftigen Fond und Sahne. Auch gebundene Samtsuppe.

WÄSSERN: Lebensmittel für eine gewisse Zeit in Wasser legen, um unerwünschte Stoffe herauszulösen, insbesondere bei Innereien wie Bries, Nieren oder auch bei Schweinenetz.

ZESTEN: Dünne, etwa streichholzlange Streifen der Schale von Zitrusfrüchten.

ZERWIRKEN: Einen Wildkörper in seine Einzelteile zerlegen.

ZURICHTEN: Wildfleischteile für die Verarbeitung in der Küche herrichten.

Unsere Spitzenköche ...

BERND AROLD

MARKUS BISCHOFF

INGO BOCKLER

Zu Recht wird Bernd Arold als Meister fantasievoller Gerichte bezeichnet, der mit den verschiedensten Kräutern und Gewürzen und vor allem mit Fruchtsaftaromen spannende kulinarische Kreationen schafft.
Nach seiner Ausbildung zum Koch in Würzburg waren »Käfer« in München und die renommierten »Schweizer Stuben« in Bettingen Stationen seiner Kochkarriere. Zu Stefan Marquard, als dessen Schüler er sich nach wie vor versteht, kam er dann in die »3 Stuben« in Meersburg und folgte ihm anschließend nach München ins »Lenbach«. Marquards Philosophie, die keine Rezepte und vor allem keine Kompromisse kennt, nahm Bernd Arold als Küchenchef mit in das »Ess Neun« in München. Seit Juli 2008 stellt er sich mit seinem eigenen Restaurant »Gesellschaftsraum« in München neuen Herausforderungen und überrascht seine Gäste mit innovativen Aroma-Kombinationen wie Süßholzthunfisch auf Rosenkalbsvitello und in Sesam gebackener Rumfeige.

Seinen Ruf als hervorragender Koch begründete Markus Bischoff in seiner Arbeit in den unterschiedlichen Spitzenrestaurants: So war er unter anderem in der »Auberge de l'Ill« im elsässischen Illhäusern, bei Eckart Witzigmann in der »Aubergine« in München und lange Jahre im »Leeberghof« am Tegernsee als Inhaber und Küchenchef tätig. Im eigenen, malerisch gelegenen Restaurant »Bischoff am See« am Tegernsee begeisterte er seine Gäste mit seinem außergewöhnlichen Kochstil, der bayerische, aber auch italienische und asiatische Akzente aufweist. Der Gault Millau verlieh Markus Bischoff 17 Punkte, und sein Restaurant schmückte sich mit einem Michelin-Stern. Der Feinschmecker Hotel & Restaurant Guide 2007 ehrte Markus Bischoff mit 3,5 F. Heute verwöhnt Markus Bischoff im edlen Clubrestaurant »Bischoff« der Dekra-Hauptverwaltung in Stuttgart Gourmets aus Kultur und Politik (www.bischoff-club.de).

Gute Produkte in ein gutes Essen zu verwandeln – das ist das ebenso einfache wie erfolgreiche Motto, nach dem Ingo Bockler kocht. Nach seiner Ausbildung war er in den unterschiedlichsten Restaurants tätig, so im Hotel »Alpenhof« in Murnau oder im Schlossrestaurant »Schöningen«. Als Küchenchef im Restaurant »Merlin« in Großburgwedel erhielt er für seine kreative Küche den begehrten Michelin-Stern. Der Feinschmecker Hotel & Restaurant Guide 2007 ehrte Ingo Bocklers Küche mit 3 F. Derzeit arbeitet er im Hotel »Hohenhaus« in Herleshausen. Eine modern interpretierte Klassik bildet die Basis für seine Kreationen, die – jede für sich – als individuelle Highlights aus der Küche kommen. So versetzt beispielsweise seine ganz besondere Spezialität »Rehrücken mit zwei Pfeffersaucen und gebratenen Pfifferlingen mit handgeschabten Spätzle« seine Gäste immer wieder aufs Neue in Entzücken.

BOBBY BRÄUER

KATJA BURGWINKEL

GERD EIS

»... Bobby Bräuer ist ein Cagliostro am Herd, ein Zauberer ...« So beschreibt der bekannte Gastronomie-Journalist August F. Winkler die Kochkünste des Spitzengastronomen. Bobby Bräuer erwarb seine Kochkünste in vielen renommierten Häusern: So war er nach seiner Ausbildung zum Koch unter anderem bei Eckart Witzigmann im Restaurant »Aubergine« in München tätig, später arbeitete er als Küchenchef im Hotel »Königshof« in München und im Restaurant »Victorian« in Düsseldorf. Die Liste seiner Auszeichnungen und Preise ist lang und umfasst unter anderem einen Michelin-Stern und 17 Punkte im Gault Millau. Nach vier Jahren als Küchenchef in der »Quadriga«, Berlin, wo er vom FEINSCHMECKER mit 3,5 F ausgezeichnet wurde ging er für weitere vier Jahre nach Kitzbühel ins »Petit Tirolia«. Seit Februar 2013 verwöhnt Bobby Bräuer seine Gäste im »EssZimmer« der BMW Welt, München, wo er 2014 vom Guide Michelin mit zwei Sternen ausgezeichnet wurde.

Katja Burgwinkel, die junge Küchenchefin des Gourmet-Restaurants »Novalis« im Burghotel Hardenberg, hat schon während ihrer Ausbildung Erfahrung in der Spitzengastronomie sammeln können. Bobby Bräuer, bei dem sie als Küchenchefin im Restaurant »Victorian« in Düsseldorf arbeitete, schätzt sie als ihren Mentor.
Sie verbindet die klassische Kochkunst mit dem Ideenreichtum moderner Sterne-Küche. Besonders hat es ihr die raffinierte, aber leichte Zubereitung von Wild aus eigener Jagd angetan. So serviert sie wahre Gaumenfreuden wie den Rücken vom Reh mit Feigenjus und Zuckerschotenpüree, dazu gebratene Steinpilze und Mohn-Gnocchi. Im Jahre 2005 wurde das Gourmet-Restaurant daher auch vom Gault Millau mit 15 Punkten und zwei Hauben ausgezeichnet.
Der Feinschmecker Hotel & Restaurant Guide 2007 ehrte Katja Burgwinkels Küche mit 1,5 F.

Nach seiner Ausbildung und Stationen wie dem Mainzer Hilton erlebte Gerd Eis seine kreativen Prägungen bei Johann Lafer. In dem damals gerade mit zwei Michelin-Sternen ausgezeichneten Restaurant »Le Val d'Or« lernte er die asiatische Küche kennen. Er verbrachte sieben Jahre in führenden Häusern Asiens, wie dem The Imperial Queen´s Park oder dem Pacific City Club in Bangkok, Thailand. Zuletzt war er Küchenchef im Restaurant »Plume« im Regent Hotel in Hongkong. 1998 ereilte ihn der Ruf zurück in die Heimat als Küchenchef und Restaurateur der legendären »Ente« im Hotel Nassauer Hof in Wiesbaden. Dort erkochte er sich einen Michelin-Stern sowie 17 Punkte im Gault Millau. Er machte sich mit seinen Kreationen und seiner leichten, frischen und weltoffenen Küche einen Namen. Derzeit stellt sich Gerd Eis neuen Herausforderungen als Leiter der Entwicklung und Qualitätskontrolle für Sander-Gourmet in Wiebelsheim. Dort nutzt er seine Kreativität für Innovationen auf dem Food-Markt.

NIK GYGAX

WOLFGANG MÜLLER

CHRISTIAN PETZ

Nik Gygax stammt aus der Schweiz, wo er in einer Land- und Gastwirtsfamilie aufwuchs. Von seiner Mutter erbte er die Leidenschaft für das Kochen. Nach seinen Lehr- und Wanderjahren, die ihn unter anderen zu Seppi Hunkeler nach Nebikon, einem der Pioniere der »neuen Küche« in der Schweiz, und später zu Hans Stucki ins Restaurant »Bruderholz« in Basel und zu Meisterköchen an die Côte d'Azur führten, übernahm er den elterlichen Betrieb, den Landgasthof »Löwen« in Thörigen. Schon 1985 wurde der Gault Millau zum ersten Mal auf ihn aufmerksam. Inzwischen hat sich Nik Gygax 18 Punkte vom Gault Millau und einen Michelin-Stern erkocht. Der Feinschmecker ehrte ihn 2007 mit 4 F. In seiner Küche werden Klassiker der Schweizer Küche neu interpretiert und eigene, wunderbare Kreationen geschaffen. Aus seiner Feder stammen zum Beispiel die Rezepte der Chartreuse vom Wildhasen und der Wildente mit Sellerieravioli, die Sie in diesem Buch finden.

Aus allem das Beste machen und dabei das Leben in vollen Zügen genießen – das ist das Motto von Wolfgang Müller und dieses Prinzip setzt er auch in seiner Küche um: 18 Gault-Millau-Punkte für das »Adermann« sprechen für sich. Wolfgang Müller arbeitete nach seiner Ausbildung zum Koch in zahlreichen Spitzenrestaurants, etwa in der »Alten Stadtmühle« in Schopfheim und im »Hotelrestaurant Adler« in Pfullendorf. Nach einem Jahr im Gourmetrestaurant »Imperial« im Schlosshotel Bühler Höhe machte er seine Meisterprüfung und blieb dem »Imperial« als Sous-Chef, Küchenchef und als Executive Chef wiederum 8 Jahre treu. Schließlich eröffnete er in Berlin das »Adermann«, wo er rasch einen Michelin-Stern erwarb. Danach war Müller vier Jahre Chefkoch des Restaurants »Horváth« in Berlin und erkochte sich dort bald wieder einen Michelin-Stern. Seit Mitte 2009 ist Wolfgang Müller freiberuflicher Koch, Kochbuchautor, gibt Kochkurse und züchtet Yaks.

Nach der Ausbildung zum Koch startete Christian Petz seine Wanderjahre durch die besten Restaurants Mitteleuropas. So arbeitete er im »Königshof« in München, bei Eckart Witzigmann in der »Aubergine« in München und im Hotel »Hilton Plaza« in Wien. Seinen Ruf als Wiener Spitzenkoch begründete er im »Palais Schwarzenberg« und im »Meinl im Graben«, wo er bereits im zweiten Jahr nach der Eröffnung 17 Punkte von »Gault Millau« erhielt. Bis 2009 servierte der Kenner mediterraner Küche im »Palais Coburg« seine köstlichen Kreationen, für die ihn der »Guide Michelin« mit einem Stern ausgezeichnet hat. Seit November 2009 ist Christian Petz Partner der »Xocolat-Manufaktur« in Wien. Hier entstehen unter seiner Anleitung Schokokreationen, die geprägt sind von edlen Zutaten und höchster handwerklicher Kunst.

IMPRESSUM

Verlag	© 2007 TEUBNER
	Ungekürzte, aktualisierte Sonderausgabe des Titels »Das große Buch vom Wild« (ISBN 978-3-8338-0695-7)
	Grillparzerstr. 12, D-81675 München
	TEUBNER ist ein Unternehmen des Verlagshauses GRÄFE UND UNZER, GANSKE VERLAGSGRUPPE
	Leserservice@graefe-und-unzer.de
	www.teubner-verlag.de
Projektleitung, Redaktion und Bildredaktion	Astrid Mathé
Konzept	Dr. Maria Haumaier, Katrin Wittmann, w & w, Füssen
Text, Lektorat und Redaktion	Katrin Wittmann, w & w, Füssen
Herstellung	Susanne Mühldorfer
Beratung	Bobby Bräuer, Olgierd E. J. Graf Kujawski
Rezepte	Bernd Arold, Markus Bischoff, Ingo Bockler, Bobby Bräuer, Katja Burgwinkel, Gerd Eis, Nik Gygax, Wolfgang Müller, Christian Petz
Freie Autoren	Historie und Sonderseiten: Ingrid Schindler
	Sonderseiten: Margarethe Brunner, Ursula Heinzelmann, Olgierd E. J. Graf Kujawski, Cornelius und Fabian Lange, Katrin Wittmann
Fotografie	Alle Rezeptaufnahmen, Haupttitel, Kapitelaufmacher, Warenkunde- und Küchenpraxisaufnahmen: Teubner Foodfoto, Füssen: Odette Teubner, Andreas Nimpsch Foodstyling: Odette Teubner Kapitelaufmacher »Warenkunde« S. 12–13, S. 16: getty images, S. 14–15: CORBIS
Gestaltungskonzept	independent Medien-Design, München, Sandra Gramisci
Layout, Satz und Bildredaktion	Gabriele Wahl, w & w, Füssen
Reproduktion	Repromayer, Reutlingen
Druck	Appl, Wemding
Buchbinderei	m.appl, Wemding
Auflage	2. Auflage 2015
ISBN	978-3-8338-4906-0
Syndication	www.jalag-syndication.de

Liebe Leserin und lieber Leser,

wir freuen uns, dass Sie sich für ein TEUBNER-Buch entschieden haben. Mit Ihrem Kauf setzen Sie auf die Qualität, Kompetenz und Aktualität unserer Bücher. Dafür sagen wir Danke! Ihre Meinung ist uns wichtig, daher senden Sie uns bitte Ihre Anregungen, Kritik oder Lob zu unseren Büchern. Haben Sie Fragen oder benötigen Sie weiteren Rat zum Thema? Wir freuen uns auf Ihre Nachricht!

Wir sind für Sie da!
Telefon: 00800 / 72 37 33 33*
Telefax: 00800 / 50 12 05 44*
Mo–Do: 8.00–18.00 Uhr
Fr: 8.00–16.00 Uhr
(* gebührenfrei in D, A, CH)

E-Mail:
leserservice@graefe-und-unzer.de

GRÄFE UND UNZER Verlag
Leserservice
Postfach 86 03 13
81630 München

GRÄFE
UND
UNZER

Ein Unternehmen der
GANSKE VERLAGSGRUPPE

RÖSLE

Ein besonderer Dank geht an die Firma Rösle für die Bereitstellung der verschiedenen Küchenutensilien.

Wir danken Frau Manuela Ferling, Agentur Kochende Leidenschaft, für die Vermittlung der Köche (www.kochende-leidenschaft.de). Außerdem danken wir dem Revierjäger Herrn Andreas Thiermeyer, Forstbetrieb Wasserburg, Franz Gerster, Metzgerei Gerster, Schwangau sowie Herrn Stehle, Hirschhof Stehle, Waldburg. Ein besonderer Dank geht an die Deer Industry New Zealand (www.neuseelandhirsch.de) sowie an Frau Andrea Klepsch und ihre Mitarbeiter, Agentur Modem Conclusa, München für die tatkräftige Unterstützung bei der Realisierung dieses Buches.

S. 6: getty images/Rügner; S. 7: getty images, Krahmer; S. 8: mauritius images/fm; S. 9: getty images/The Bridgeman Art Library; S. 10: akg-images/De Agostini Pictl.Li; S. 11, links: mauritius images/Cupak; S. 11, rechts: ullstein bild/Haeckel; S. 12–13: getty images/Preis; S. 14–15: CORBIS/Hamblin; S. 16: getty images/Diodato; S. 19: Teubner Foodfoto; S. 20, links: mauritius images/Römmelt; S. 20, rechts: Graf Kujawski; S. 21, links: ullstein bild/Herrmann; S. 21, rechts: ullstein bild/ Hohlfeld; S. 22: ullstein bild/Ex-Press/Spichal; S. 23: Graf Kujawski; S. 24: mauritius images/Milse; S. 25: mauritius images/Rauch; S. 26: getty images/Ron Erwin; S. 30: mauritius images/Blume Bild; S. 34: mauritius images/Wittek; S. 35, links: OKAPIA/Bagyi; S. 35, rechts: mauritius images/O'Brien; S. 37: mauritius images/ Nordic Photos; S. 40, 41: Graf Kujawski; S. 43: mauritius images/Westend 61; S. 44: getty images/Purestock; S. 45: mauritius images/age; S. 46: getty images/De Agostini picture library; S. 48: mauritius images/imagebroker.net; S. 50, links: akg-images; S. 50, rechts: ullstein bild/Archiv Gerstenberg; S. 51: Katrin Wittmann; S. 52: mauritius images/ Herrmann; S. 54: getty images/Erich Kuchling; S. 55: ullstein bild/Arnold; S. 56: mauritius images/Reinhard; S. 59 mauritius images/Layer; S. 64: mauritius images/Kehrer; S. 66: mauritius images/imagebroker.net; S. 68: mauritius images/Oxford Scientific; S. 70, links: ullstein bild/Mayall; S. 70, rechts: CORBIS/James Hager/Robert Harding World Imagery; S. 71, links: mauritius images/Oxford Scientific; S. 71, rechts: getty images/Andrew Howe; S. 72: getty images/Ben Hall; S. 74: mauritius images/imagebroker.net; S. 78: mauritius images/age; S. 79: mauritius images/Botanica; S. 80: mauritius images/imagebroker.net; S. 81: Premium Stock Photography/Bildagentur Waldhaeusl; S. 83, links: mauritius images/imagebroker/Dieter Hopf; S. 84: mauritius images/Oxford Scientific; S. 86, links: ullstein bild/blw Naturstudio; S. 86, rechts: getty images, Joseph Van Os; S. 88, links: ullstein bild/KPA; S. 88, rechts: mauritius images/age; S. 89, links: Blickwinkel/S. Meyers; S. 89, rechts: mauritius images/Nordic Photos; S. 90, links: OKAPIA/Danegger; S. 90, rechts: getty images/Andrew Howe; S. 91: OKAPIA/Synatzschke; S. 92: ullstein bild/Mayall; S. 94, oben: Dieter Fürrutter; S. 96: mauritius images/Preis; S. 97, links: mauritius Images/Wiede; S. 97, rechts: Dieter Fürrutter; S. 109: Teubner Foodfoto; S. 113: mauritius images/Food and Drink; S. 120, links: akg-images/Lessing; S. 120, Mauritius images/Foodpix; S. 140, 141: Teubner Foodfoto; S. 159: akg-images; S. 211: ullstein bild/Roger Viollet; S. 232, 233: Teubner Foodfoto; S. 241: akg-images; S. 258, links: Teubner Foodfoto; S. 258, rechts: mauritius images/Pigneter; S. 259, S. 278, rechts, 279, links: Teubner Foodfoto; S. 278, links: getty images/Hans-Peter Siffert; S.279, rechts: getty images/Yuji Sakai; S. 302, 303: Teubner Foodfoto, S. 318, rechts: Palais Coburg/ Lehmann, S. 320: Axel Häsler

Umwelthinweis: Dieses Buch ist auf PEFC-zertifiziertem Papier aus nachhaltiger Waldwirtschaft gedruckt.

PEFC
PEFC/04-32-0928